教育部人文社会科学研究重大项目(项目编号:2001ZDXM740006)
浙江省省级社会科学学术著作出版基金资助

中古近代汉语词汇学

下　编

方一新　著

目　录

下　编

第十二章　中古近代汉语词汇研究简史·古代期…………… 843
　第一节　注疏里的中古近代汉语研究……………………… 844
　第二节　训诂专书里的中古近代汉语研究 ………………… 862
　第三节　笔记、杂著里的中古近代汉语研究 ……………… 898

第十三章　中古近代汉语词汇研究简史·近现代期………… 943
　第一节　近代期的中古近代汉语研究 ……………………… 943
　第二节　现代期之一：内地的中古近代汉语研究 ………… 962
　第三节　现代期之二：台港的中古近代汉语研究 ………… 970
　第四节　现代期之三：日韩的中古近代汉语研究 ………… 998
　第五节　现代期之四：欧美的中古近代汉语研究 ………… 1025

第十四章　中古近代汉语词汇研究简史·现代
　　　　　期（上）·考释类 …………………………………… 1045
　第一节　早期散见的词语考释 ……………………………… 1046
　第二节　相关的古籍整理著作 ……………………………… 1048

第三节　中古近代汉语贯通文体的考释著作 …………… 1053
第四节　敦煌文献及近代白话作品的考释著作 ………… 1085
第五节　中古近代汉语断代词语通释及语言词典 ……… 1111
第六节　结合方言、少数民族语言以及考古发现的
　　　　中古近代汉语词语考释 ………………………… 1127
第七节　近代文字考释研究 ………………………………… 1133
第八节　中古近代汉语语料的整理和介绍 ………………… 1139
第九节　海外成果的译介、研究生培养及相关会议 ……… 1142

第十五章　中古近代汉语词汇研究简史·现代期（下）·概论类 …………………………… 1151
第一节　中古近代汉语概论类著述 ………………………… 1151
第二节　理论阐发：词汇演变及词义理论探讨 …………… 1194
第三节　近年来研究的新进展 ……………………………… 1222

第十六章　存在的问题及展望 ……………………………… 1279
第一节　中古近代汉语词汇研究中存在的问题 …………… 1280
第二节　中古近代汉语词汇研究的展望 …………………… 1295

词语索引 ………………………………………………………… 1307

后记 …………………………………………………………… 1379

第十二章　中古近代汉语词汇研究简史·古代期

既然中古近代汉语词汇研究有着无可替代的巨大的研究价值,那么,从古至今,从中到外,研究的状况究竟怎样,有哪些主要研究者和重要成果呢?这是第十二、十三两章要讨论的问题。

从历代研究的情况看,中古近代汉语研究经历了几个发展阶段,笔者概括为三期,即:古代期、近代期和现代期。现代期的研究我们在第一章已经作了介绍,有代表性的著作还将在第十四、十五两章评述,这里主要介绍古代和近代(包括海外)两期,本章介绍古代期,第十三章介绍近代和海外的研究概况。

如前所述,中古汉语指东汉魏晋南北朝文献语言,语言学意义上的中古汉语研究较晚,始于20世纪,但有关汉魏六朝词语的考释研究汉末就开始了。近代汉语是指晚唐五代以迄明清的比较接近口语的文献语言,它的上限可以到初唐、中唐,下限则到清代中期。从历史上看,真正语言学意义上的近代汉语词汇研究始于20世纪,但考释唐代以来的方俗语词,涉及近代汉语词汇的工作从唐代就开始了。

中古近代汉语词汇研究的起源很早,几乎和中古汉语的历史同步,始于东汉,《通俗文》就是代表。① 有关中古近代汉语词汇研究的著述主要有三类,即:①东汉六朝以来的注疏;②六朝唐宋以来的笔记;③古代的研究专著。

第一节　注疏里的中古近代汉语研究

历代的注释体著作很多,但和中古、近代汉语词汇有关的倒并不太多。因为历代注释家的注疏重点在于先秦经书,集中在九经三传,相对而言,对魏晋以下的典籍特别是口语性较强的典籍注意不够,注释就更少了。故这里拟分期重点介绍几种。

一、六朝

六朝是注释史上更新的时期,注释范围更加扩大,注释的模式也更加多样化,出现了诸如裴松之《三国志注》、刘孝标《世说新语注》、郦道元《水经注》等注释史上的名著。当然,这些著作的着重点在于补充史料,考辨事实,订讹补阙等,在训诂、词汇上并不十分留意,只是略有一些这方面的内容罢了。例如,在南朝宋裴松之《三国志注》、梁刘昭《续汉书·八志注》、刘孝标《世说新语注》等六朝典籍中,有一些解释中古汉语口语词或常用词的注释;在《宋书》《魏书》等六朝史书中,有一些文中自注或夹注,数量虽不多,但弥足珍贵。

---

① 关于《通俗文》,本章第二节有介绍,可参。

(一) 裴松之《三国志注》

裴松之注释《三国志》,侧重于补正史实、增广异闻、矫违惩妄、论辩得失(裴松之《上三国志表》)等几个方面,重点不在训诂、释义上,但也偶有涉及词语方面的注释。

1. 有阐明古语的

《三国志·魏志·华佗传》:"成得药,去五六岁。"又:"卿今强健,我欲死,何忍无急去药,以待不祥?"裴松之在"何忍无急去药"句下注:"古语以藏为去。"(803页)又颜师古注《汉书》也多次注明"去"有"藏"义。

2. 有校正文字的

《三国志·魏志·高贵乡公髦纪》"必有三老五更以崇至敬"裴注引蔡邕《明堂论》谓"'更'应作'叟'……",裴注:"臣松之以为邕谓'更'为'叟',诚为有似,而诸儒莫之从,未知孰是。"(142页)①

3. 有验证方言的

《三国志·蜀志·刘二牧传评》裴注:"孔衍《汉魏春秋》曰:'许负,河内温县之妇人,汉高祖封为明雌亭侯。'臣松之以为今东人呼母为负,衍以许负为妇人,如为有似。"(870页)

4. 有推究得义之由的

《三国志·蜀志·先主传》:"先主未出时,献帝舅车骑将军董承辞受帝衣带中密诏,当诛曹公。"裴注:"董承,汉灵帝母董太后之侄,于献帝为丈人。盖古无丈人之名,故谓之舅也。"(875页)裴氏说明称"献帝舅"而不称"献帝丈人"的原因,说明"舅"就是后来的

---

① 明方以智《通雅》卷一《疑始》"更叟相近"条:"蔡邕《明堂论》:'三老五更,应作五叟。嫂字女旁叟,今亦作媭,以此验知应为叟也。'此说最是。而当时诸儒断然不从,何其执邪? 后且有议伯喈者。"(91页)

"丈人"。

《三国志·蜀志·彭羕传》:"羕曰:'老革荒悖,可复道邪!'"裴注:"臣松之以为皮去毛曰革。古者以革为兵,故语称兵革,革犹兵也。羕骂备为老革,犹言老兵也。"(996页)又《蜀志·费诗传》:"羽闻黄忠为后将军,羽怒曰:'大丈夫终不与老兵同列!'"(1015页)"老革"就是"老兵",裴注可信。①

当然,也有误释的情况。《三国志·蜀志·刘璋传》:"瑁狂疾物故。"裴松之注:"魏台访'物故'之义,高堂隆答曰:'闻之先师:物,无也;故,事也;言无复所能于事也。'"(869页)按:"物故"一词历来说者纷纭,高堂隆之说外,颜师古注《汉书·苏武传》"前以降及物故,凡随武还者九人"云:"物故,谓死也,言其同于鬼物而故也。一说:不欲斥言,但云其所服用之物皆已故耳。"(2467页)裴、颜二注均不确。"物"当读为"歾","歾"即"殁"字,《广韵·没韵》:"殁,又作歾。"《说文·歺部》:"歾,终也。""歾故"犹言死亡。②

(二) 史敬胤《世说新语注》

《世说新语》问世后,南朝的史敬胤、刘孝标先后为之作注,这两个人大概是最早研究《世说新语》的学者。

史敬胤,生平事迹不详。根据宋人汪藻《世说考异》所辑录的敬胤注中"王大将军在西朝"(635页)、"王丞相过江"(650页)、"会稽虞骎元皇时与桓宣武同使"(658页)三条的注释,知道他是南朝齐时人,生活时代大约相当于南朝齐(479—502),晚于刘义庆约六

---

① 参看郭在贻《魏晋南北朝史书语词琐记》"老革"条。
② 参看王念孙《读书杂志·汉书第十》"物故"条;郭在贻(1986:131[2005:92])。

七十年。①

现存汪藻《世说考异》载录史敬胤辑录的《世说新语》凡五十一条,其中四十条有注,余十一条无注。其所录的敬胤注不是完本,尚有散佚,这在注文中可以找到证据。"许侍中顾司空俱作丞相从事"条注:"隗生敷,敷别有说。"(648页)"会稽虞㻛元皇时与桓宣武同使"条注:"序生建之、放、温等,别有说。……(孔愉)生安国,……安国别有说。"(658页)明白地说顾和、桓建之、桓放之、桓温、孔安国等人"别有说",但除了本条以外,这些人的名字再也没有出现过。显然,史敬胤给顾和等人作注的文字早在南宋时就已经散佚,汪藻仅仅就所见的五十一条辑注录作《考异》,敬胤原注当不止这些。有人认为史敬胤"仅仅辑录了这五十余事",②并不符合实际情况。

现存的这四十条敬胤注,以注出史实、人物谱系及考证地理沿革为主,间亦辩驳《世说新语》原文疏失之处,其注例大体类同于南朝宋裴松之注释《三国志》,直接注释词语的条目尚未见到,故此处从略。史敬胤注中真正和词语理解有关的,是其中的一些异文材料,如:《晋书·祖逖传》:"仍将本流徙部曲百余人渡江,……屯于江阴,起冶铸兵器。"中华书局点校本《晋书校勘记》云:"逖既北渡,不得再屯江阴。"并据《建康实录》等书疑应作"淮阴"。按:所校是,《世说新语》敬胤注恰好可以为这一条校勘提供证据。敬胤在"刘琨称祖车骑为朗诣"条下注:"逖屯淮水南,于庐州起冶铸军器。"山北水南为"阴","淮水南"正是"淮水的阴面"(淮阴),是《晋书》"江阴"为"淮阴"之讹的明证。

---

① 刘义庆(403—444),原为宋高祖刘裕胞弟长沙景王道怜的次子,后出嗣给临川烈王道归,永初元年(420)袭封临川王。

② 见徐传武《世说新语刘注浅探》,载《文献》1986年第1期。

(三) 刘孝标《世说新语注》

在史敬胤之后约一二十年,南朝梁的刘孝标给《世说新语》作了注解。① 刘孝标注释《世说新语》和史敬胤所注大体相当,重在注明人物谱系、事迹;其次是补充史料,纠谬正讹,不重在文字训诂上;但也有相当数量的条目是注释词语或牵涉到词语的,大概可以说,《世说新语》词语的研究发轫于刘孝标。

刘注词的方式大体有三类:一类是在注释中征引他书或古注对文字的训诂;一类是自注原文中的词语,疏通文义;还有一类则是罗列异文,并以此来进行校勘。例如:

《雅量》第 18 则:"吏云:'昨有一伧父来寄亭中。'"刘注:"《晋阳秋》曰:'吴人以中州人为伧。'"《排调》第 13 则:"刘真长始见丞相,时盛暑之月,丞相以腹熨弹棋局,曰:'何乃渹?'"刘注:"吴人以冷为渹。"

(四) 沈约《宋书》

古代史书就有书中解释的传统,如《左传·庄公三年》:"凡师,一宿为舍,再宿为信,过信为次。"又《庄公十一年》:"凡师,敌未陈曰败某师,皆陈曰战,大崩曰败绩。"

南朝梁文学家、史学家沈约撰《宋书》,对书中的若干词语作了文中自注,其形式、方式值得训诂学研究者注意。这里酌举一例:

《何尚之传》:"太子左卫率袁淑与尚之书曰:'昨遣修问,承丈人已晦志山田。……然而已议涂闻者,谓丈人徽明未耗,誉业方籍,倘能屈事康道,降节殉务,舍南濑之操,淑此行永决矣。望眷有

---

① 刘峻(462—521),字孝标,平原(今属山东)人,南朝梁文学家,注释《世说新语》,征引已佚古籍数百种,弥足珍贵。

积,约日无误.'尚之宅在南涧寺侧,故书云'南濒',《毛诗》所谓'于以采蘋,南涧之濒'也."(1736页)对"南濒"一语作了解释,可称之为"文中自注"。

(五)魏收《魏书》

魏收撰《魏书》,书中也有一些这样的解释。不好归类,姑且放在这里。

《魏书·李雄传》:"賨李雄,字仲俊,盖廪君之苗裔也。其先居于巴西宕渠。秦并天下,为黔中郡,薄赋其民,口出钱三十,巴人谓赋为'賨',因为名焉。"(2110页)解释了以"賨"称呼四川少数民族的原因。

又《刘裕传》:"凡蛮夷不受鞭罚,输财赎罪,谓之赕,时人谓叔通被赕刺史。"(2149页)解释了"赕"是"输财赎罪"的意思。

又《高句丽传》:"及其长也,字之曰朱蒙,其俗言'朱蒙'者,善射也。"(2213页)解释了"朱蒙"这一外来词的含义。

又:"宫曾孙位宫亦生而视,人以其似曾祖宫,故名为位宫,高句丽呼相似为'位'."(2214页)解释了宫的曾孙之所以名"位宫"的原因。

二、唐宋

唐、宋两代是古书注解十分兴盛的时代,一方面,先秦以来的经传都有新的注解,如孔颖达《五经正义》、邢昺"三疏"(《论语疏》《孝经疏》《尔雅疏》)等;另一方面,唐宋学者也为后人留下了许多独立的注释名著,其中有一些和中古、近代汉语有关的内容。这里举唐修史书、唐代颜师古《汉书注》、李贤《后汉书注》、李善和五臣《文选注》以及宋任渊《山谷内集》为例。

(一)唐修史书的文中自注

和《宋书》《魏书》相仿,唐修史书也有一些文中自注的例子,它们从内容到形式可能都来自于六朝,姑举《晋书》《南史》各一例以概其貌。

《晋书·周处传附子玘》:"将卒,谓子飚曰:'杀我者诸伧子,能复之,乃吾子也。'吴人谓中州人曰'伧',故云耳。"(1574页)此条显然是用东晋孙盛《晋阳秋》语(见《世说新语·雅量》第18则刘注)。

《南史·梁宗室传下·始兴忠武王憺》:"居丧过礼,武帝优诏勉之,使摄州任。是冬,诏徵以本号还朝。人歌曰:'始兴王,人之爹,赴人急,如水火,何时复来哺乳我。'荆土方言谓父为爹,故云。"(1301页)这几句也见于《梁书·始兴王憺传》。《广雅·释亲》:"爹,父也。"用"爹"称父,《南史》《梁书》是最早的文献用例。

(二)颜师古《汉书注》

颜师古注《汉书》,博大精深,成绩可观。(参见祝鸿杰1981)就中古近代汉语词汇方面的内容而言,有这样几个特点:

一是对《汉书》中的词语进行疏通解释,如《朱博传》:"齐郡舒缓养名。"颜注:"言齐人之俗,其性迟缓,多自高大,以养名声。"(3400页)又:"博新视事,右曹掾史皆移病卧。"颜注:"移病,谓移书言病也,一曰以病而移居也。"(3400页)对"养名""移病"作了解释。

二是引唐代口语来解释《汉书》,颜氏常用的术语是"今""今言"。如《翟方进传》:"须臾义至,内谒径入。"颜注:"内谒,犹今之通名也。"(3425页)唐代称传递名片、通报来客姓名的人为"通名",颜氏用来解释汉代的"内谒"。《爰盎传》:"且缓急人所有,夫一旦叩门,不以亲为解,不以在亡为辞,天下所望者,独季心、剧孟。"颜注:"解者,若今言分疏矣。"(2275页)《汉书》把辩解叫作"解"或"辞",唐人就叫"分疏"。(参见蒋礼鸿1997:190)《外戚传》:"子夫上车,主拊其背曰:'行矣!强饭勉之!'"颜注:"'行矣',犹今言

'好去'。"(3949页)(参见钱锺书 1986:957)

三是颜师古《汉书注》本身也经常有六朝隋唐的口语词,可以为中古、近代汉语词汇研究提供材料。

(三) 李贤《后汉书注》

最先给范晔《后汉书》作注的,是南朝梁代的刘昭。《后汉书》未竟而作者被诛,所以缺少"志"这一类。刘昭就把晋司马彪《续汉书》里的八篇志并入范书并作注。刘注以补充史料为主,对字词训诂并不在意,很少涉及,其风格和裴松之《三国志注》相似。可惜的是除了这八篇《续汉书志注》以外,刘昭的注解基本上都亡佚了。

唐章怀太子李贤是今传世本《后汉书》的注者,他注书的风格和在他之前的颜师古相近,也注重字词训诂,[①]所以,从语言学的角度看,李贤注的价值比刘昭注的价值要大。李贤所做的工作有:

1. 训释、校勘疑难词语

比较多的是,征引前人的注疏、字书等古训,对词语进行诠释,如:

《张衡传》:"用后勋,雪前吝,婞佷不柔,以意谁靳也。"李注:"吝,耻也。《左传》曰:'宋公靳之。'杜预注云:'戏而相愧曰靳。'"(1901页)

在征引古训的基础上,加上自己的考证和校释,如:

《光武帝纪上》:"时三辅吏士东迎更始,见诸将过,皆冠帻,而服妇人衣,诸于绣镼,莫不笑之,或有畏而走者。"李贤注:"《前书音义》曰:'诸于,大掖衣也,如妇人之袿衣。'字书无'镼'字,《续汉书》作'䘼',音其物反。扬雄《方言》曰:'襜褕,其短者,自关之西谓之

[①] 李贤注《后汉书》,也有一定的篇幅是补充史实、考证制度和名物,征引较为广博,这一点又类李善《文选注》。

祆襦。'郭璞注云:'俗名襦掖。'据此,即是诸于上加绣襦,如今之半臂也。或'绣'下有'拥'字。"(10页)这一条注,既解释了范书中的"诸于""绣镼",又对文句作了校勘。

2. 为一般词语作释

李贤也经常用自己的话来为范书词语作解释,如:

《桓荣传》:"荣被服儒衣,温恭有蕴籍。"李注:"蕴籍,犹言宽博有馀也。蕴音于问反。"(1251页)《桓谭传》:"今富商大贾,多放钱货,中家子弟,为之保役。"李注:"中家,犹中等也。保役,可保信也。"(959页)

3. 探求义源

除了释义外,李贤在注释部分词语时还有意识地以声音(形声字等)为线索,探求意义的来源,如:

《光武十王传·楚王英》:"遣大鸿胪持节护送,使伎人奴婢工技鼓吹悉从,得乘辎䍪。"李注:"䍪,犹屏也,自隐蔽之车。《苍颉篇》曰:'衣车也。'"(1429页)"䍪""屏"二字均从"并"得声,这里李贤解释了"辎䍪"的"䍪"是由"屏"得义,表示隐蔽之意,解释了意义的来源。

唐宋时期,较多的诗文集部类作品都有注本,这些注本对六朝以来词语特别是唐宋时期习见的词语都有揭示和注释,为读者提供了方便。

(四)李善、五臣《文选注》

自南朝梁昭明太子萧统编纂《文选》后,较早的注本有两种,就是唐代李善及五臣的《文选注》。

李善《文选注》,有中华书局影印本,1977。

李善(约 630—689),扬州江都(今属江苏)人,初唐学者。曾任崇贤馆学士、兰台郎等职。读书甚广,学富五车,但不善撰述,有"书簏"之称。李善精研《文选》,向弟子传授"《文选》学",并为之作注,把三十卷析为六十卷,撰《文选注》六十卷,人称"李善注"。李注重在注明出典和词语的出处,也征引古注和字书来训释词语,以征引广博著称。

五臣《文选注》,有浙江古籍出版社影印本《六臣注文选》,1999。

五臣,指唐开元年间吕延祚将吕延济、刘良、张铣、吕向、李周翰五人,他们合注《文选》,人称"五臣注"。和李善注不同的是,五臣重字词训诂,虽不及李注精善,但也多有引证和发明。宋人把李善注和五臣注合刻,称之为《六臣注文选》。

以下,试酌举《文选》诗文的注释片断,以概见李善注和五臣注的异同优劣。

1. 左思《招隐诗》之二(《文选》卷二二)

"经始东山庐,果下自成榛。"李善注:"王隐《晋书》曰:'左思徙居洛城东,著经始东山庐诗。'《毛诗》曰:'经始灵台。'高诱《淮南子注》曰:'丛木曰榛,小栗小棘曰榛。'"(中华书局本 310 页)五臣注:"向曰:'经始,经营之始。东山,《思所居》之东山也。木丛生曰榛。"(浙江古籍出版社《六臣注文选》本 385 页)

2. 晋李密《陈情表》(《文选》卷三七)

"生孩六月,慈父见背。"李善注:"《孟子》曰:'孩提之童。'赵岐曰:'知孩笑,可提抱也。'《文子》曰:'慈父之爱子,非求报。'"(中华书局本 523 页)五臣注:"铣曰:背,死也。"(浙江古籍出版社本 677 页)按:"见背"即背我而去、离我而去,是死的委婉说法;"见"指代第一人称我。张铣径注"背"为"死",不确。

"零丁孤苦,至于成立。"李善注:"李陵《赠苏武》诗曰:'远处天一隅,苦困独伶丁。'《国语》曰:'晋赵文子冠,韩献之戒之曰:此之谓成人。'《论语》曰:'三十而立。'"(中华书局本523页)五臣注:"铣曰:零丁,危弱貌。成立,谓二十成人也。"(浙江古籍出版社本677页)李善用旧题李陵《赠苏武》诗"伶丁"来注本文的"零丁",但未释义;张铣则径直解释"零丁"为"危弱貌",李注重出处、用典,五臣重字词训诂的特点灼然可见。又李善分别用"此之谓成人"和"三十而立"来注"成立",可见此处"成立"指(长大)成人,自立门户,与现代汉语"成立"(①机构开始存在;②有根据,站得住)的词义无涉。张铣则用"谓二十成人"作释,和李注不同。

"凡在故老,犹蒙矜育。"李善注:"《尔雅》曰:'矜,怜也。'"(524页)五臣无注。可见李注也有训诂的内容。

3. 嵇康《与山巨源绝交书》(《文选》卷四三)

"顾此恨恨,如何可言。"李善注:"《广雅》曰:'恨恨,悲也。'"(603页)五臣注:"恨恨,悲恨也。"(785页)

"今空语同知有达人无所不堪,外不殊俗,而内不失正,与一世同其波流,而悔吝不生耳。"李善注:"空语,犹虚说也。……《太玄经》曰:'君子内正而外驯。'《庄子》曰:'与物委蛇而同其波。'《周易》曰:'悔吝者,忧虞之象也。'"(601页)五臣注:"翰曰:'空语,谓虚说也。……内,谓心也。吝,恨也。言迹能同俗而心不失正道,与时同流而悔恨不生者耳,言闻有如是人也。"(782页)

"性复疏懒,筋驽肉缓。"李善无注。五臣注:"铣曰:疏,慢;懒,堕也。筋驽,谓宽缓若驽马也。"(783页)

从以上三文(一首诗歌,两篇散文)的部分注释中可以大致窥见李善注、五臣注的旨趣:李善重在注明出处、用典,间或引用字书古注来训释词义；五臣重训诂，多揭橥字词含义，串解文意，对李注作订正补阙。两家的注解往往可以互相补充、合并参观。

（五）任渊《山谷内集注》

任渊，宋代学者，撰有《山谷内集注》二十卷，为黄庭坚诗作注。①

黄庭坚《戏答王定国题门绝句》云："白鸥入群颇相委。"任注："委，谓谙识也。《世说新语》：'司马徽有人委识徽猪者。'"②

按：六朝、唐宋时期，"委"有知晓、知道义，③晋王羲之《杂帖》："白屋之人，复得还转，极佳。未委几人？"《魏书·韩麒麟传附子显宗》："卿等之文，朕自委悉，中省之品，卿等所闻。""委悉"同义连文。杜甫《示从孙济》诗："平明骑驴出，未知适谁门。"《全唐诗》于"知"下出异文"委"，"未委"就是"未知"。任氏是较早揭举此义的学者。

三、元明清

元明清时期的注释中涉及中古、近代汉语词汇训释的也有不少，这里举元初胡三省《资治通鉴注》和清代李慈铭、王先谦的《世说新语》研究著述、四库馆臣为四库本《二十四史》中南北朝诸史写的校勘记为例。

（一）胡三省《资治通鉴注》

《资治通鉴》一书，北宋司马光撰。宋末元初的胡三省所撰《资治通鉴注》，是为《资治通鉴》作注的著名注本，价值很大。除了史

---

① 清纪昀等《四库全书总目提要》卷一五四《集部七·别集类七》《山谷内集注》二十卷》条云："渊，字子渊，蜀之新津人。绍兴元年乙丑，以文艺类试有司第一，仕至潼川宪。"

② 今本《世说新语·言语》第9则刘注引《司马徽别传》作"尝有妄认徽猪者"，疑后人改"委"为"妄"，任渊所见本尚作"委"。

③ "委"有知义，参看蒋礼鸿（1997：223）。

料考订、阐明典章制度等方面的内容外,胡注也比较注重字词训释,尤其注重对六朝以来方俗语词的考证、阐释。从大体上看,《魏纪》以上,胡氏采用旧注的比重比较大,而自《魏纪》以下,胡氏自注的比例开始增大,其中尤为突出的是对汉魏以来产生的语词或词义的考释和抉发。举例来看:

谓体中有不节适也,语曰不佳,微有疾也。(《汉桓帝延熹七年》卷五五,4 册 1770 页)

了事,犹言晓事也。(《梁武帝太清二年》卷一六一,11 册 4985 页)

却,后也。晋人帖中多用"少却"字,其意犹言"少退"也。(《汉献帝建安五年》卷六三,5 册 2032 页)

晋人多自称为身。(《晋安帝义熙十四年》卷一一八,8 册 3721 页)身,犹今人言我。(《宋明帝泰始五年》卷一三二,9 册 4147 页)

程大昌曰:不直云"同"而云"将无同"者,晋人语度自尔也。……将无者,犹言殆是此人也,意以为是而未敢自主也。(《晋惠帝元康七年》卷八二,6 册 2618 页)

晋人于人子之前称其父为尊君、尊公。(《晋海西公太和四年》卷一〇二,7 册 3227 页)魏、晋之间,凡人子者称其父曰家公,人称之曰尊公。(《晋安帝义熙十四年》卷一一八,8 册 3721 页)

今世俗多呼其主为郎主,又呼其主之子为郎君。(《晋孝武帝太元九年》卷一〇五,7 册 3321 页)

江东人士,其名位通显于时者,率谓之佳胜、名胜。(《晋安帝隆安五年》卷一一二,8 册 3532 页)

晋宋间子妇称其姑曰"大家",考《南史·孝义·孙棘传》可见。(《晋安帝元兴三年》卷一一三,8 册 3559 页)大家,谓主也。臣妾呼

天子为大家,亦此义。(《陈宣帝太建三年》卷一七〇,12 册 5295 页)

南人呼北人为伧。(《宋文帝元嘉二十三年》卷一二四,9 册 3927 页)江南人呼中州人为伧。王玄谟,太原人也,故呼之为老伧。(《宋孝武帝大明七年》卷一二九,9 册 4064 页)江东人谓楚人别种为伧,亦谓西北人为伧。(《宋苍梧王元徽四年》卷一三四,9 册 4190 页)

登,登时也;登时,犹言即时也。(《宋顺帝昇明元年》卷一三四,9 册 4194 页)

虽然这些词语有的已为前人所言(如"不佳""伧"),但像这样注意汉魏六朝词语,比较集中地进行考释、揭示,可以说是前无古人的。

探讨成词之由,说明词义演变。在注解中,胡氏还试图对词语的成因作出解释。在释义的基础上,胡氏还部分地考察了词义的演变情况。如:

《晋惠帝元康元年》:"今内外隔绝,不知国家所在。"胡注:"国家,谓天子也。自东汉以来皆然。"(6 册 2605 页)

《宋武帝永初三年》:"癸亥,帝殂于西殿。"胡注:"自是以后,南北朝之君没皆称殂。"(8 册 3745 页)

《齐明帝建武四年》:"如阿戎所见,今犹未晚也。"胡注:"晋、宋间人,多谓从弟为阿戎,至唐犹然。如杜甫《于从弟杜位宅守岁》诗云:'守岁阿戎家。'是也。"(10 册 4407 页)

《梁武帝中大通六年》:"不图今日分疏至此!"胡注:"今人犹谓辩析为分疏。"(11 册 4847 页)

《陈宣帝太建十四年》:"摩诃马容陈智深迎刺叔陵僵仆,陈叔华就斩其首。"胡注:"军行,择便于鞍马、躯干壮伟者,乘马居前,以壮军容,谓之马容。"(12 册 5453)

在这些注解中，胡氏分别对这几个词的产生及使用年代作了说明。从一定意义上说，这已经属于后代断代词汇史研究的内容。

胡氏注释词语的另一个特点是喜欢用当时的语言来加以印证。胡三省生活在宋末元初，所以在《资治通鉴注》中，经常可以看到注者引用宋、元方言口语来作注。譬如：

优，饶也。今人犹谓宽假为优饶。(《魏明帝太和三年》，5册2253页)

将牢，谓先自固而不妄动也，犹今人之言把稳。(《晋孝武帝太元十六年》，8册3403页)

自尔以来，犹今言自那时以来也。(《晋安帝隆安二年》，8册3475页)

善思，犹今人言好思量也。(《宋文帝元嘉三十年》，9册3989页)

都伯，行刑者也，今谓之刽子。(《齐明帝建武元年》，10册4347页)

像这样用今语释古语，把古今语言贯通起来的做法，历来是训诂学家的好传统，在《资治通鉴注》中得到了发扬光大。

胡注也有失误之处。《资治通鉴·汉献帝兴平元年》："布弓弩乱发，矢至如雨，韦不视，谓等人曰：'虏来十步，乃白之。'等人曰：'十步矣。'又曰：'五步乃白。'等人惧，疾言：'虏至矣！'"(5册1955页)胡注："'等人'者，立等以募人，及等者谓之'等人'。或曰：'等人'，一等应募之人也。"

按：胡注两说皆非。"等人"是等辈、等类的意思，指典韦的同伴，同伙。吴康僧会译《六度集经》卷四："菩萨承命，讥寐察之，睹真如云，厥心惧焉。明日密相告，等人佥然。""等人"是指和菩萨同

行者,用法和《三国志》相同。(参见吴金华 1990:118)

又《晋元帝永昌元年》:"太子中庶子温峤谓仆射周顗曰:'大将军此举似有所在,当无滥邪?'顗曰:'不然,人主自非尧、舜,何能无失,人臣安可举兵以胁之?举动如此,岂得云非乱乎!处仲狼抗无上,其意宁有限邪!'"胡注:"狼似犬,锐头白颊,高前广后,贪而敢抗,人故以为喻。"(7 册 2893 页)受到刘盼遂的批评,刘云:"是未达狀字之例也。"(参见刘盼遂 1926:81)

清代是传统考据学大兴的时代,有关古书注解的著作数量多,质量高,成就很大。当然,一流的大家基本上都把视野投向经书,其次是史书和子书,对口语性较强的中古、近代汉语著作则少有人问津。这里拟以《世说新语》为例,看看清人的研究情况。①

(二) 李慈铭的《世说新语》研究

李慈铭是晚清的大学者,著述很多,尤以《越缦堂日记》著称。李氏对《世说新语》下过功夫,曾撰著《世说新语简端记》,对《世说新语》中的疑难之处进行了校勘和考释,有自己的发明和创见。举一例以见一斑:

《世说新语·言语》第 7 则:"荀慈明与汝南袁阆相见。"李慈铭云:"案此处袁阆下无注,可知前所云袁闳,皆袁阆之讹。故孝标注例已见于前者,不复注也。"

按:《德行》第 3 则的"袁闳"(《校笺》本作袁宏)当作"袁阆",李校是。

当然,李慈铭的校释也有失误者,如:《德行》第 47 则:"吴道助、

---

① 《世说新语》,是中古汉语的代表作之一,反映了东汉魏晋士族的生活,以描写人物生动形象,语言自然流畅、接近口语而著称。乾嘉时期的大学者无人问津,到清代晚期,才有李慈铭、王先谦等人做过专门的研究。

附子兄弟居在丹阳郡后,遭母童夫人艰,朝夕哭临及思至、宾客吊省,号踊哀绝,路人为之落泪。"李校:"'思至'有误,各本皆同。……疑此'思至'二字当作'周忌','思''周'形近,'至''忌'声近。"

按:"朝夕哭临""思至""宾客吊省"是三种吴氏兄弟放声大哭的场合,其中"思至"就是思念所至、每一念及的意思,不误。李氏改"思至"为"周忌",根据不足,甚无谓也。

(三)王先谦的《世说新语》研究

清末知名学者王先谦,对《世说新语》也下过不少工夫。他曾校刻《世说新语》,后称"清王先谦刻本"。有清光绪十七年思贤讲舍刻本,上海古籍出版社于1982年影印出版。王先谦刻本系根据明嘉靖间袁褧嘉趣堂刻本、清道光间周心如纷欣阁刻本两种版本,加以校订考证而成,并撰有《校勘小识》和《校勘小识补》,对《世说新语》作了校释研究,有一定的价值。如:

(《赏誉》)又简文云"'刘尹茗柯有实理'一条注:柯一作打,又作仃,又作打"。二打字必有一误,下打疑杄。(《校勘小识》3页)杄与芉同声,茗芉即古酩酊字。本书《任诞篇》"山季伦为荆州"条:"茗芉无所知。"唐人《琱玉集·嗜酒篇》引《襄阳记》同。今《晋书·山简传》作酩酊,是俗书也。酩、茗二字均不见《说文》,茗字盖起于六朝,酩字尤后。"茗杄有实理",文句故作抑扬,本篇多此例。(《校勘小识补》5页)

当然,王氏也有失误之处,如:

(《言语》)又"中朝有小儿"一条注,"大将军反病疟耶",袁本耶作耳。

按:《后汉·景丹传》注引《东观记》作"今汉大将军反病疟邪",明此作耶是。(《校勘小识补》2页)"耳"有疑问语气词用法,略同于"耶"或"邪",王氏误断。①

（四）殿本南北朝诸史校勘记

清乾嘉朝,在武英殿校刻的《十三经》《二十四史》,称为殿本。殿本《二十四史》通常在每卷后面附有"考证",亦即校勘记。其中有关魏晋南北朝诸史的"考证",就会涉及相关的六朝习语。② 举"肉薄"为例。

"肉薄"是一个南北朝史书多见的词,义为蜂拥而上、前赴后继,形容进攻一方兵力多,攻势猛。③ 如:《宋书·柳元景传》:"既至,柴栅已坚,仓卒无攻具,便使肉薄攻之。"《南齐书·王广之传》:"宝结营拒战,广之等肉薄攻营,自晡至日没,大败之。"

但正史中关于此词也时常有误。《宋书·朱龄石传》:"嗣又遣南平公托跋嵩三万骑至,遂内薄攻营。"殿本《宋书》卷四八《考证》:"内,一本作肉。按'肉薄'二字《汉书》屡见之,谓以身迫近其营而攻之也,应从之。"《宋书·文九王传·南平穆王铄》:"贼多作虾蟆车以填堑,肉薄攻城。"殿本《宋书》卷七二《考证》:"《南平穆王铄传》:'贼多作虾蟆车以填堑,肉薄攻城。''肉薄',义见前。监本讹'因薄',《南史》讹'内薄',今改正。"《梁书·王僧辩传》:"开八道向城,遣五千兔头,肉薄苦攻。"殿本《梁书》卷四五《考证》:"《王僧辩传》:'肉薄苦攻。'肉,《南史》作内,讹。"《南史·朱龄石传附弟超石》:"魏军四面俱至,魏明元皇帝又遣南平公长孙嵩三万骑,肉薄攻营。"殿本《南史》卷十六《考证》:"《朱龄石弟超石传》:'长孙嵩三万骑,肉薄攻营。'肉,监本讹内,今改正。"

---

① 参见第四章第四节"耳"的考述。
② 四库馆臣编纂《四库全书》,于《二十四史》即采用殿本。
③ 关于"肉薄",第十一章有详考,可参见。

可见,在南北朝诸史中,"肉薄"的"肉"经常会讹成"内"或"因",盖后人不明六朝口语而然。殿本编修者的校正是对的,对"肉薄"的解释也庶几近之。

第二节 训诂专书里的中古近代汉语研究

本节的"专书",是指六朝以来和中古、近代汉语关系密切的辞书以及解释俚言俗语的专著。

一般认为,先秦时期言(口语)文(书面语)是基本一致的,即便有些不同,估计差距也不会太大。秦代的历史较短,至晚从汉代开始,言文分离的痕迹明显加大,我们从西汉一些比较俚俗的作品如王褒《僮约》与当时占正统地位的汉赋的语言风格之间的巨大反差中不难看出这一点。正因为如此,一些专门解释俚言俗语的著作就产生了。

一、考释方俗口语的辞书

历代字书中的材料。历代字书是收集汉字字形、字音、字义的宝库,自东汉许慎的《说文解字》以来盛行不衰,保存了一部分中古近代汉语词汇的材料。

(一)《说文解字》

《说文解字》,东汉许慎撰。这是我国第一部成系统的字书,全书以小篆立字头,分汉字为540部,始于一部,终于亥部。以六书为纲分析了9353个汉字、1163个重文,记录了大量的古字、古义和古语,其中有一些指明俗语方面的材料。例如:

"幸,一曰:俗语以盗不止为幸。"(夲部,大徐本214页)

"聿,聿饰也。从聿从彡。俗语以书好为聿,读若津。"(聿部,

65页)

"殇,弃也。从歺,奇声。俗语谓死曰大殇。"(歺部,86页)

"皇,大也。从自,自,始也。……自读若鼻,今俗以始生子为鼻子。"(王部,10页)

这几条都有"俗语"或"今俗"等词,说明许慎已经注意搜集民间的俚俗语言来印证说解。

历代研究《说文解字》的著作中,也不乏抉发中古、近代口语词、方俗语词的,如清代段玉裁《说文解字注》。段玉裁注《说文》,经常联系中古以来典籍中的语词,从《说文》中为其找出本字。

《说文·米部》:"粲,散之也。"段玉裁注:"是粲本谓散米,引申之,凡放散皆曰粲,字讹作蔡耳,亦省作杀。《齐民要术》凡云杀米者皆粲米也。"《齐民要术》多见"杀米"一类的用法,如:"若作秋、黍米酒,一斗曲,杀米二石一斗。""若作糯米酒,一斗曲,杀米一石八斗。"(卷七《造神曲并酒》)"大率一斗曲,杀米七斗,用水四斗,率以此加减之。""笨曲一斗,杀米六斗;用神曲弥佳,亦随曲杀多少,以意消息。"(卷七《笨曲并酒》)按照段氏的解释,"杀米"的"杀",本字应作"粲",义为散开、搅拌(佐料)。今广东潮汕话把盐、酱油等佐料撒到食物中并搅匀仍读"杀"(有音无字),可为佐证。(参见王继如 1990:377—378)

《说文·只部》:"𠮛,声也。从只,龺声。读若馨。"(末句从小徐本,大徐本作"读若声")段玉裁注:"谓语声也。晋宋人多用馨字,……馨行而𠮛废矣。"这也是从《说文》中为《世说新语》《语林》等书中出现的"……馨"找出本字,详下。

(二)原本《玉篇》

《玉篇》,南朝梁顾野王撰。顾野王(519—581),字希冯,吴郡吴（原江苏吴县，今属苏州）人。现存的《玉篇》有宋本和原本之分。宋本是经过宋代陈彭年等人之手修订的通行本，[①]原本则是近人黎庶昌、罗振玉在日本发现后介绍回国的，系残本。[②]宋本除了保留反切、释义及《说文》等少数书证外，其余的内容一概删去，它和原本之间的差异是显而易见的。

除了史敬胤、刘孝标二人的《世说新语注》外，南北朝时期涉及《世说新语》语词的，恐怕当推梁、陈之际的顾野王了。虽然今本《玉篇》已非顾氏之旧，但20世纪初在日本发现的《原本玉篇残卷》中尚保留了顾野王对《世说新语》的些许研究。

原本《玉篇》虽仅存残卷，但其中保留了丰富的文字、音韵和训诂材料，对了解南北朝时期的语言情况很有价值；又书中所引先秦、两汉群经典籍及《方言》《说文》《广雅》等训诂专书的文字和今本颇有异同，故在校勘学上也极具价值。[③] 这里举一例：

[①] 《玉篇》完成于梁大同九年（543），梁武帝以其"详略未当"，让萧恺和学士删改。（事见《梁书》卷三五《萧恺传》）唐代孙强也曾"稍增多其字"（清朱彝尊《重刊〈玉篇〉序》）。到了宋代，陈彭年等人曾修订《玉篇》，书名也改为《大广益会玉篇》。

[②] 清末，黎庶昌、罗振玉先后在日本发现了原本《玉篇》残卷，并各自集佚成书。黎本所辑为卷九（言部至幸部）、卷十八（放部至方部）、卷十九（水部）、卷二十七（糸部至索部）、卷九（册部至欠部）、卷二十二（山部至厽部），题《影旧钞卷子原本玉篇零卷》（《玉篇零卷》），收入《古逸丛书》刊行，后商务印书馆《丛书集成初编·语文学类》也据此影印出版。罗本所辑为卷九（言部至幸部）、卷九（册部至欠部）、卷二十四（鱼部）、卷二十七（糸部至索部），编次为《卷子本玉篇残卷》影印出版。1985年，中华书局把黎、罗两种残本加上卷八心部五字汇集在一起影印出版，题名《原本玉篇残卷》。

[③] 丁锋（2001）说："原本《玉篇》于南（朝）梁大同九年（543年）成书，四年后的太清元年，太子萧纲命萧恺'更与文士删改''详略未当'之处，以付流布。今残卷即此删改本的传钞本，原汁原味，于研究《玉篇》文献史，于了解原本《玉篇》所引数十种字书、训注书的原貌，于探究当时音韵状况，尤为可珍。"参看《原本玉篇残卷的版本源流及其与〈篆隶万象名义〉的传承关系》，载《熊本学园大学 文学·语言学论集》2001年第8卷第1号69—90页。近年出版的《俄藏敦煌文献》中有残本写卷《玉篇》，详下。

"𠮷,呼丁反。《说文》:'𠮷,声也。'野王案:今谓'如此'为'如𠮷',是也。"(《原本玉篇残卷·只部》,111 页)检六朝典籍,只有《世说新语》《语林》(见《古小说钩沉》所辑)二书出现过"如馨"。如《古小说钩沉》辑《裴子语林》:"王仲祖有好仪形,每揽镜自照曰:'王文开那生如馨儿!'"《世说新语》又有"尔馨",《品藻》:"与何次道语,唯举手指地曰:'正自尔馨。'"后代又有"宁馨"一词。"馨"都是代词词尾。据《世说新语·轻诋》第 24 则载,东晋裴启撰《语林》,因为记述谢安的事"不实",遭到谢安的诋毁,"于此《语林》遂废"(451 页),故顾氏此语当系指《世说新语》而言。"馨"的本义是馨香,何以会有词尾的作用,学者从《说文解字》中找到了答案。《说文·只部》:"𠮷,声也。从只,甹声。读若馨。"(末句从小徐本,大徐本作"读若声")段玉裁注:"谓语声也。晋宋人多用馨字,……馨行而𠮷废矣。"段氏为晋宋人习用的"馨"找出了本字"𠮷",被公认为是一大发明,其说常为人所称道。但顾氏在这里是用本字"如𠮷"来代替"如馨",说明其假借关系,并释其义为"如此"。就现存的文献材料来看,原本《玉篇》保存的顾氏这一条按语说明:顾野王是最早指出"馨"为"𠮷"之借字并正确解释"如𠮷"(如馨)的学者。① 段玉裁与之暗合耳,并非首创(参看第三章第一节)。

"充自外还,乳母抱儿在中庭,儿见充喜踊。充就乳母手中呜之。"(《世说新语·惑溺》第 3 则)"呜"是亲吻的意思。佛典多见。

---

① 南朝宋前废帝萧子业以暴戾无道被废,史书记载他的一件不孝事云:"初,太后疾笃,遣呼帝。帝曰:'病人间多鬼,可畏,那可往!'太后怒,语侍者:'将刀来破我腹,那得生如此宁馨儿!'"《宋书·前废帝纪》,147 页)《南史·宋前废帝纪》作"那得生宁馨儿"!(71 页)南朝梁元帝萧绎著《金楼子》,在卷一《箴戒篇》中举到宋前废帝此事作"那得生如此儿"!(一·9 页)直接改"如此宁馨"为"如此",和顾野王解释"如馨"为"如此"相似。

《说文·欠部》:"欭,心有所思者也。一曰口相就也。"段玉裁注:"谓口与口相就也。"是对许慎原文的进一步说明。考《原本玉篇残卷·欠部》"欭"字下顾野王引《说文》"又曰:'二口相就也。'"并加按语说:"今亦为'呣'字,在口部。"比较今本《说文》对"欭"另一义位(一曰)的解释,顾野王所见本《说文》多了一个"二"字,这样,"二口相就也"就比"口相就也"明确多了,也即是段玉裁所说的"口与口相就"的意思。此外,从口从欠之字多可相通,顾野王已经注意到"二口相就"义在典籍中都写作"呣",特地予以指明。《原本玉篇残卷》的价值由此可见一斑。①

除了《原本玉篇残卷》外,敦煌遗书中也存有片断。现知《俄藏敦煌文献》有《玉篇》残卷(编号:Дх01399 Дх02844В V),仅一页,系《玉篇·页部》。前半页是缺少字头的说解,后半页字头可辨者,只有"须""鬚""顕""頋""頗"等几个字,且有的释语漶漫不清。

(三)玄应《一切经音义》、慧琳《一切经音义》

从东西汉之交佛教传入内地以来,大量的佛典在中土译出,流向民间;与此同时,解释佛经音义的著作也开始出现了。比较早的佛经音义有北齐释道慧的《一切经音》(见《大唐内典录》),②可惜原书已佚。玄应《一切经音义》成于贞观末年,是我国现存最早的一部佛经音义;慧琳《一切经音义》则是一部集大成者。这是两种专释佛经音义的辞典。两书在中古、近代汉语研究方面有着重要的参考价值。

---

① 参看第四章第四节及第九章第二节。
② "一切经",也称"大藏经",是佛教全部经典的总称。

1. 玄应《一切经音义》

也称《众经音义》《大唐众经音义》《玄应音义》,二十五卷,是初唐僧人玄应编撰的一部解释佛经音义的著作。玄应是长安(今陕西西安)大慈恩寺翻译僧,释儒兼通,尤精字学。它的编纂体例类似于《经典释文》,每卷卷首先列注经名目,再按该经卷次从四百五十部佛教著作中选取词语加以解释。所选的词语除了梵文音译或意译词以外,也选释一般词语,基本上都是复音节词。每一词语下先标音,次释义,兼辨俗体;均枚举群书传注、训诂资料,说明训释依据。《一切经音义》征引了许多先唐时期的传注和字书、训诂书,由于其中的部分著作后世已经亡佚,故本书在训诂学以及校勘、辑佚等方面的价值也很大。尤其是其中保存了相当数量的汉魏以来产生的新词新义、方俗口语词,为研究中古语言词汇提供了素材。这里举数例以见一斑:

秔

汉扬雄《长杨赋》:"驰骋秔稻之地,周流梨栗之林。"张衡《南都赋》:"若其厨膳则有华薌重秬,滍皋香秔。"玄应《一切经音义》卷二三《瑜伽师地论》第二卷音义:"秔稻:俗作粳,同。迦衡反。不粘稻也。江南呼粳为秈,音仙,方言也。"(《中华大藏经》本 57—76 页下栏)

按:"秔"(粳)、"秈"都是汉代以来产生的新词,《说文》《声类》等汉魏字书有解释(见《文选·扬雄〈长杨赋〉》"驰骋秔稻之地"句下李善注引),玄应则进一步指出,"秔"俗作"粳",是一种不粘的稻;江南方言又把早熟的粳稻称为"秈"。

料理

《世说新语·德行》第 47 则:"韩康伯时为丹阳尹,母殷在郡,每闻二吴之哭,辄为悽恻,语康伯曰:'汝若为选官,当好料理此人。'"玄应《一切经音义》卷一四《四分律》第十三卷音义:"撩理:力条反。《通俗文》:'理乱谓之撩理。'谓橑捋整理也。今多作料量之料字也。捋,音力活反。"(《中华大藏经》本56—1028页上栏)

按:"料理"原也作"撩理""橑理",后多作"料理",是一个从汉魏六朝至今一直使用的词语,而在不同的时期,各有特定的词义。

泅戏

"又作汙,同。似由反。《说文》:'水上浮也。'今江南呼拍浮为泅也。"(玄应《五分律》第八卷音义,慧琳音义卷五八引,54/697/b)

按:"拍浮"为六朝语词,义为游泳。《世说新语·任诞》:"毕茂世云:'一手持蟹螯,一手持酒杯,拍浮酒池中,便足了一生。'"《北史》卷五三《刘丰传》:"船缆忽绝,漂至城下;丰拍浮向土山,为浪激,不时至。"同记一件事,唐许嵩《建康实录》卷七引《三十国春秋》"拍浮"作"泊浮",误。后代也有用例:《敦煌变文校注·庐山远公话》:"凡人渡水,弟一须解怕(拍)浮。"(267页)《续传灯录》卷一七《大鉴下第十四世·净土思禅师法嗣·杭州灵凤山万寿法诠禅师》:"僧问:'如何是佛?'师曰:'抱桩打拍浮。'"(51/583/c)

拔

《敦煌变文校注·捉季布传文》:"拔马挥鞭而便走,阵似山崩遍野尘。"(91页)《北梦琐言》卷一六:"其前军朱友裕为朱瑄掩扑,拔军南去。"两例中的"拔"都是掉转,回转的意思。玄应《一切经音义》卷四《不必定入印经》音义:"拔身:蒲末反,回也。""回"是回转、掉转(身去)义,正好可用来解释《变文集》,"拔马"就是回马。(参见蒋礼鸿1997:143)

玄应这部书受到清代学者的重视,如王念孙、段玉裁、郝懿行等人的著作中时常引用《众经音义》,就是指玄应此书。

2. 慧琳《一切经音义》

又称《大藏音义》《慧琳音义》,一百卷。慧琳(737—820),俗姓裴,疏勒国(今新疆喀什市)人,长安大兴善寺和西明寺沙门。慧琳撰写此书,始于唐德宗建中四年(783),完成于宪宗元和二年(807),历时24年。此书在我国失传已久,明天顺中高丽国在塞北得到正续《一切经音义》,在海印寺刊刻流行。清乾隆年间,日本狮谷白莲社又据高丽本翻刻。直到清光绪初年才从日本传回我国。所以乾嘉时期的大师们如段玉裁、王念孙等都未见到此书。

慧琳这本书在内容、体例等方面都和玄应书相同。也是撷取两个字(有时是复音词,有时不是)作字头,先标注反切,再举字书及传注释义,间也辨正字形。全书共解释佛典1300部,篇幅比玄应那部大得多。编纂时直接利用了前人的成果,如玄应《一切经音义》、慧苑《华严经音义》等著作都被慧琳悉数收入书中。当然,就总体数量来说,还是慧琳自撰的为主。和玄应书一样,本书也保存了丰富的词汇训诂材料,篇幅数量则数倍于前者,在汉语史研究方面极具参考价值。[日]真察《新雕大藏音义序》云:"议者以为:诂训之府,无出琳之右矣。"(上海古籍本《正续一切经音义》第一册14页)评价很高。慧琳书的内容十分丰富,仅举其大者而言,就包括以下几方面:

(1) 有考辨字形者,如:

谐耦

"胡皆反。《广雅》:'谐,和也。耦,合也。'经文作'偶''调',非也。《尚书》:'克谐以孝。'注云:'谐,和也。'耦,合也。"(卷九《放光般若经》第六卷音义,326页)

按:"谐耦",吉利,顺利。《易林》卷一六《既济之涣》:"马服长股,宜行善市;蒙祐谐耦,获金五倍。"又多作"谐偶","耦""偶"义同。《易林》卷一四《丰之复》:"马服长股,宜行善市;蒙祐谐偶,获利五倍。"旧题东汉安世高译《佛说阿难问事佛吉凶经》:"阿难白佛言:'有人事佛得富贵谐偶者,有衰耗不得谐偶者,云何不等耶?'""谐",和谐,"耦""偶",偶合,顺利,故"谐耦""谐偶"都表示吉利、顺利义。慧琳必谓作"偶"为非,未必如此。

驶流

"师事反。《苍颉篇》:'驶,疾也。'《桂苑珠丛》云:'疾速。从马史声也。'经文从夬,音怪;作駃,音决,误也。有音为决者,非也。"(卷一二《大宝积经》第三五卷音义,468页)

按:汉魏以降,产生了两个新词,"驶"和"駃"。西晋竺法护译《生经》卷五《佛说譬喻经》:"学者亦如是,随善知识,则日精进;精进者,得道驶。"元魏瞿昙般若流支译《正法念处经》卷六七:"其河不驶,洋洋而流。"是"驶"的用例。《尸子》卷下:"黄河龙门駃流如竹箭。"《太平御览》卷九〇〇引《祖台之志怪》:"道中有土墙,见一小儿,裸身,正赤,手持刀,长五六寸,企墙上磨,甚駃。"(《古小说钩沉》324页)是"駃"的用例。"驶""駃"形极近,容易互讹。

(2) 有考释词义演变者,如:

坌/坋

"盆闷反。《韵英》云:'坌,尘污也。'《考声》:'尘猥至也。'《说文》从土作坋,尘也。从土分声也。"(卷四《大般若波罗蜜多经》第四百卷音义,上古本167页)

按:"坌"是中古时期产生的新词,佛经尤多见,如:竺法护译《生经》卷四《佛说水牛经》:"今师当坐说经,及诸弟子皆当来听,我更扫除,整顿坐席。整已,地辄有尘土来坌师及诸阇士。"刘宋沮渠京声译《治禅病秘要法》卷下:"若心念恶,口说恶言,犯突吉罗摩尼珠上,则雨黑土,日月坌尘,星宿不行。"字也作"坋"。

讹病

"又作譌、吪二形,同。五和反。《诗》云:'民之讹言。'笺曰:'讹,伪也。'谓诈伪也。"(卷三三《六度集经》第六卷音义,132页)

按:在三国吴康僧会译《六度集经》中,"讹"有一个新的义位:欺诈,假装。如:《六度集经》卷五:"欲图杀儿,书敕冶师曰:'……书到极摄,投之火中。'讹命儿曰:'吾年西夕,加有重疾,尔到冶师所,谛计钱宝。'"又卷六:"而子淫荒,讹云有务,吾诣佛庙,子往乱道。"他经亦见:《经律异相》卷三二引《遮罗国王经》:"后惧月光恶太子状,讹曰:'吾国旧仪,室家无白日相见,视之重者也。'"

从上述各例可以看出,慧琳《一切经音义》不仅对阅读佛典颇有帮助,而且对阅读理解中土文献同样具有很高的参考价值。

慧琳之后,辽释希麟撰《续一切经音义》十卷,解释佛典共二百六十六卷,对慧琳《音义》有所增补。

(四)《祖庭事苑》

宋代睦庵善卿编,宋大观二年(1108)序刊,绍兴二十四年(1154)重刊。原收录于《卍续藏》第113册,现收录于台湾佛光山宗务委员会印行《佛光大藏经·禅藏·杂集部》,凡二册,1994年。

《祖庭事苑》的内容大抵如《佛光大藏经·题解》所言,为"牒释其难解之语义,揭示其典据事缘,并匡正脱落之字句",涉及的面较广,条目相当多,包括:

1. 考释字词

有比较普通、常见的,如:

〖这〗当作者,别事之词。禅录多作这,或作遮,皆非义。这,《三苍诂训》云:"古文适字。"今非此用。(卷一 13 页)按:本条又见卷二 153 页,论及"这"的注音,更加明晰。

〖某甲〗某,如甘在木上,指其实也,然犹未足以定其名;甲,次第之言,亦犹某甲、某乙也。(卷二 127 页)

也有生僻难解的,经常涉及俗字俗语,如:

〖㦬㦁〗上忙果切,下郎可切。惭也。(卷一 91 页)"㦬㦁"一词在唐宋作品中经见,也作"䪾䪿",《敦煌变文校注·庐山远公话》:"于是道安被数,䪾䪿非常,耻见相公,羞看四众。"(265 页)

〖僮侗〗上方董切,下它孔切。未成器也,又直也。一曰长大也。(卷四 372 页)

2. 校正讹字

作者在注释时,往往还勘正文字,提出自己的校勘意见。

〖洟唾〗上正作洟,音替,鼻液也。下吐卧切,口液也。(卷一 32 页)

〖踏跳〗正作敊趆,音孛眺,排越也。(卷一 42 页;又见卷二 140 页"柘趆"条)

〖触忤〗当作触忤。忤,逆也。悮,欺也,非义。(卷二 138 页)

3. 揭明外来词

书中多有揭明外来词的内容,例如:

〖袈裟〗梵云袈裟,此言不正色。律云:"一切上色衣不得畜,当作袈裟。"《业疏》曰:"字本作迦沙。"梁葛洪撰《宁苑》:"下添衣,言道服也。"(卷三 315 页)①

---

① 《宁苑》,"宁",当作"字"。

〖练若〗亦云兰若,又云阿兰拏,此云空寂,亦云闲寂。闲亦无诤之义也。(卷四 348 页、790 页"兰若")

〖檀越〗檀那,此云施者。越,谓度越彼岸。(卷五 466 页)

〖调达〗梵云调达,或云提婆达多,或云提婆达兜。此并翻天热,……或翻为天授。(卷五 511 页)

作者还指出外来词汉化的痕迹——华梵混合语:

〖维那〗《寄归传》云:华梵兼举也。维,是纲维,华言也。那,是略梵语,删去"羯磨陀"三字,此云悦众也。(卷八 841 页)

当然,该书也有一些可商或疑误的条目,如对"措大"(言措置天下之大者。卷六 636 页)的解释和对"貌悴"的校勘(当作頯,音萃。顋頯也。悴,忧也,非义。卷七 786 页),均未当。

总体上说,作为很早就考释禅宗语录俗字俗语的音义类著作,《祖庭事苑》有其范围广泛、征引繁复的特点,值得作深入的剖析和研究。

(五)《广韵》《集韵》

这两部都是韵书,但在汉语词汇史研究方面的价值也不能小看。

1.《广韵》

全称《大宋重修广韵》,五卷,北宋陈彭年(961—1017)等奉诏修撰。此书在《切韵》基础上增益而成,收有 26194 字,较《切韵》(11558 字)增加近一倍,是保存完整的切韵系统韵书,在音韵学史上具有重要价值。《广韵》在研究中古、近代汉语口语词、俗语词方面也有一定的价值,保留了一批方俗语词。

可借以考本字,如:宋无名氏《江南馀载》卷上:"举子齐愈及第,缀行至白门,忽于马上大笑不已,遂坠。驭者扶策,良久乃苏。"

《三国演义》第 50 回:"焦头烂额者扶策而行,中箭着枪者勉强而走。"《广韵·麦韵》:"拺,楚革切,扶拺也。""拺"的读音和"策"相同,《敦煌变文字义通释》认为"扶拺"就是"扶策"的专字。(138—139页)

可借以明俗字、俗语,俗字如:

《广韵·效韵》:"哃,不静。……闹,上同。"(418页)又《震韵》:"悋,悔悋。又惜也,恨也。俗作悋。"(394页)指明了"闹"和"哃"、"悋"和"悋"两组正俗字的关系。

中古俗语如:

《论衡·论死》:"死而形体朽、精气散,犹囊橐穿败,粟米弃出也。"《后汉书·虞诩传》:"鹥曰:'譬若衣败,坏一以相补,犹有所完。'""败"都是器物破损义。辽希麟《续一切经音义》卷九引《广韵》云:"自破曰败也。"旧题三国吴支谦译《菩萨本缘经》卷中:"既入其舍,复值无人,即盗粳米,满口而唵。"(3/61/c)《百喻经·唵米决口喻》:"昔有一人,至妇家舍,见妇捣米,便往其所,偷米唵之。妇来见夫,欲共其语,满口中米,都不应和。"《广韵·感韵》:"唵,手进食也。"

近代俗语如:

《敦煌变文·伍子胥变文》:"城上修营战格,门门格立抛车,更伏(复)作冶镕铜,四面多安擂木。"(《唐五代卷》203页;《敦煌变文校注·伍子胥变文》12页)《广韵·效韵》:"抛,抛车。又普交切。"已经指出古代有所谓"抛车",即能自动投掷石块击敌的车子。《敦煌变文校注·佛说阿弥陀经讲经文》:"碎磨□(慧)剑,断六贼于解脱之场;张绾定弓,射四魔于菩提之路。"(669页)《广韵·队韵》:"碎,碎磨。"可见"碎"就是磨、磨砺义。"碎磨"同义连文。(参见蒋

礼鸿 1997:100、138)

2.《集韵》

十卷,宋丁度(990—1053)等奉敕修撰。收字达 53525 个,远远超过《广韵》。正体而外,兼收古体、或体和俗体,收字宏富,其中保存了不少俗字别体。同时也保存了部分口语词,在词汇史研究方面有参考价值。

如俗字方面,《敦煌变文校注·降魔变文》:"是日六师渐冒懆,忿恨罔知无计校。"(566 页)①"冒懆",《敦煌变文字义通释》认为就是《国史补》卷下"不捷而醉饱,谓之打毷氉"的"毷氉"。因为《集韵·感韵》:"懆,七感切,《说文》:'愁不申也。'通作'慘'。"(320 页)可证从"喿"与从"参"之字可以相通。

口语词方面,"狼狈"在中古时有匆遽、匆忙义,《世说新语·方正》第 27 则:"明旦报仲智,仲智狼狈来。"《宋书·后妃传·文帝袁皇后》:"初,后生劭,自详视之,驰白太祖:'此儿形貌异常,必破国亡家,不可举。'便欲杀之。太祖狼狈至后殿户外,手拨幔禁之。"《集韵·荠韵》:"狈,兽名。狼属也。生子或欠一足二足者,相附而行,离则颠,故猝遽谓之狼狈。"前半部分的解释显然属于牵强附会,但"猝遽谓之狼狈"云云,则说明编者已经注意到文献中作匆忙义用的"狼狈"了。

(六)《干禄字书》《龙龛手镜》

这是两本考释俗字别体的字典,在研究近代俗字、俗语词方面有着重要的参考价值。

---

① "计校",《敦煌变文集·降魔变文》原作"□控",见王重民等(1957:386)。此从《校注》改。

1.《干禄字书》

《干禄字书》,一卷,唐颜元孙撰。本书原为章奏、书启、判状而作,故名"干禄"(意即求禄位)。颜氏此书以辨正字形为主旨,每字列俗、正、通三体,详加考辨。收字先按四声,再根据二百零六韵编排。举"嫂/㛮"一例。

《三国志·魏志·高贵乡公髦纪》:"必有三老、五更以崇至敬。"裴松之注引蔡邕《明堂论》云:"'更'应作'叟'。叟,长老之称,字与'更'相似,书者遂误以为'更'。'嫂'字'女'傍'叟',今亦以为'更',以此验知应为'叟'也。"(142 页)

自东汉蔡邕辨正"三老五更"应作"三老五叟"后,学者多从之,如:元陆友仁《研北杂志》卷下:"程义父云:'三老五更',更字当作叟。今嫂字或作㛮,可以验知其故。"明方以智《通雅》卷一《疑始》"叜叜相近"条谓"此说(指蔡邕《明堂论》——引者)最是"。(91 页)

但事实上,六朝以来作品特别是书札中,"㛮"字多见:《全晋文》卷二五王羲之《杂帖》:"伏想㛮安和,自下悉佳。"又卷二六王羲之《杂帖》:"㛮故不差。"《淳化阁帖》卷三王涣之《书》:"涣之等白:不审二㛮常患复何如? 驰情。"又王徽之《书》:"得信,承㛮疾不减,忧灼,宁可复言。"明方以智《通雅》卷一《疑始》:"仓公大小溲,后遂作大小便。此与晋人《㛮帖》俱可互证。"(92 页)又卷一九《称谓》"丘嫂即巨嫂"条:"《楚元王传》:'高祖过丘嫂飡。'……嫂,本作媼,《晋帖》作㛮。"(655 页)可见习非成是,"㛮"已由误写变成俗字了。

《干禄字书·上声》云:"㛮嫂媼:上俗,中通,下正。"[①]视"㛮"

[①] 《玉篇·女部》:"㛮,同上。俗又作媼。"是南朝的顾野王已经把"㛮"当作"嫂"的俗字了。

为"嫂"的俗字,十分明通。此书的俗字观由此可见一斑。

2.《龙龛手镜》

《龙龛手镜》,四卷,辽释行均撰。本书体例是:先按四声排列部首,部首下各字再以四声为序,字头下先注反切,再释义。多收俗字别构,注明文字正俗,是学习研究中古近代汉语的重要参考书。

后汉竺大力共康孟详译《修行本起经》卷下《出家品》:"已见猴猿师子面,虎兕毒蛇豕鬼形,皆持刀剑攫戈鉾,超跃哮吼满空中。"失译《兴起行经》卷上《佛说孙陀利宿缘经》:"王敕诸臣,急缚驴驮,打鼓遍巡,然后出城南门,将至树下,铁鉾欑之,贯著竿头,聚弓射之。"(4/165/a)又:"王便敕臣,驴驮此人,于城南,先以鉾欑之,然后立竿贯头,聚弓射之。"(4/165/b)按:"鉾",同"矛"。《龙龛手镜·金部》:"鉾,与矛同。长丈二,建于兵车也。""鋑鉾"盖即枪矛一类的兵器,这从本篇标题"木枪刺脚……"及下文"以鉾鋑彼脚"的"木枪"和"鉾"中可以得到证明。

《敦煌变文校注·金刚般若波罗蜜经讲经文》:"言'一切有为法'者,总冞有为之法也。"(644 页)冞,即"举"字。《祖堂集》卷四《石头和尚》:"侍者持此偈举似师。师答曰:'任你哭声哀,终不过山来。'侍者却来冞似和尚。和尚云:'这阿师他后子孙,噪却天下人口去。'""冞似",今四部丛刊本《景德传灯录》作"举似"。《龙龛手镜·乙部》:"冞,古文,音举。"说明"冞"是"举"的俗写。(参见蒋礼鸿 1997:136 和梅祖麟 1983)

(七)敦煌古字书《字宝碎金》等

19、20 世纪交替之际,在敦煌藏经洞出土了数万卷的写本,主要是佛经,也包括世俗文献。其中就有一批古字书,如《碎金》《俗务要名林》等。

王梵志诗采用了大量唐代口语词汇,时隔一千多年,索解不易。项楚曾举《吾富有钱时》(002首)云:"邂逅暂时贫,看吾即貌哨。"指出:这个"貌哨"就很费解。敦煌写本中的通俗字书《字宝碎金》里有"人魊魊"的话,原注:"音魊,色兒反。""兒"同"貌","音兒"是对上字的注音,"色兒反"是下字的反切,因此"魊魊"和"貌哨"读音近似,其实就是一个词。这两个字从"鬼"得义,鬼的形象是丑恶的,所以"醜"字也从"鬼"。联系梵志诗意,"貌哨"应该是丑陋的意思。梵志诗是说,一旦人穷了,在别人眼中就变丑了。(参见项楚1993:326—327)

敦煌古字书,台湾学者朱凤玉、蔡兴宗有深入的研究,见下章。

(八) 方以智《通雅》

方以智(1611—1671),字密之,号曼公,明代著名的学者,博学多才,在哲学、文学、史学、语言学、天文、地理、物理、生物、医药等领域都有精深的造诣。《通雅》是方氏在语言学方面的代表作,也是研究中古、近代汉语的名著。全书52卷,除了卷首《音义杂论》诸篇和语言学有关外,自卷一《疑始》至卷一〇《释诂》,都是语言文字的考订和解释;卷四九《谚原》、卷五〇《切韵声原》两卷也是这方面的内容。

相於,犹阿与也。(卷四,188页)

浑脱,犹言活脱也。(卷四,200页)

喔噱,大笑也。(卷四,202页)

冰衿,犹言冷也。(卷五,213页)

落魄,一作落泊、洛度、落度、乐托、拓落、托落。《史·郦食其传》:"家贫落魄。"《陈书》:"杜棱少落泊,不为当世所知。"《晋·佛图澄传》:"铃声云:'胡子洛度。'"又大安童谣:"元超兄弟大落度,上桑打椹为苟作。"注:"东海王超,字元超,苟谓苟晞。"《蜀志·杨仪传》:"往者丞相亡,吾举兵就魏氏,宁当落度如此邪?"《世说》:"王耆之乐托,出自门风。"又《扬雄传》:"何为官之拓落?"又《晋·慕容皝传》:"孤危托落。"(268页)对词义相近,都有寂寞、失意、困窘义的几个联绵词作了系联,因声求义,大抵正确。①

"刘贡父《诗话》:'今人呼秃狗为厥尾,衣短后亦曰厥,故欧公记陶尚书诗语末厥兵。何子元曰:'末厥可对卑凡字。'又曰:'世语虚伪为何楼,始于京师有何家楼,其下皆行滥货。此非也。'智以为:活络一转耳。《庄》《列》'橛株',焦弱侯曰:'短木曰楬柮,即橛之转语也。'《方言》曰:'㿬,短也。'郭璞曰:'蹶㿬,短小貌,音㩻。'"(卷四九《谚原》"末厥,犹言短后也。何楼,活络之转语也"条,1454页)

"《卮言》曰:'王僧虔用掘笔。'《幽明录》云:'磨十指垂掘。'《搜神记》:'苟序得撅头船。'张志和《渔父词》用'撅头船'。撅、掘通。"(卷四九《谚原》"撅头即掘头"条,1453页)

类似这样的条目在上述各卷展卷即是,方氏的考订基本可信。偶然也有失误,如:

遮莫,犹言尽教也,盖侔莫也。陈骙《杂识》云:"《方言》:'侔莫,强也。'若云努力。"栾肇言:"勉强为文莫。尽教即是强意,犹解郑重为频烦,当以言外会之。"干令升记"雷孔章谓茂先以犬诫狐,狐曰:'遮莫千试万虑。'"则自晋人已有此语,不自"遮莫邻鸡下五更"也。或曰:"遮莫,犹诸莫也。"《方言》:"拃摸,言持去也。"诸莫亦拃摸之声。若《公莫篇》则曰:"公莫舞,公莫舞。"非此解矣。

---

① 当然,《世说新语·赏誉》之"乐托"有放荡不羁、不受拘束义,与其他各词不同,方氏未察,失当。参看周一良《魏晋南北朝史书札记》40—41页。

(《通雅》卷五《释诂·古隽》,226页)方氏释"遮莫"为"尽教"(即尽管),是;但以干宝《搜神记》为例,谓"自晋人已有此语",则非是。在唐以前作品中,仅《搜神记》有一例"遮莫",再无他证。这违反了语言的社会性原则,可见所谓《搜神记》的这一例是有问题的。参见第七章第一节。

(九)刘淇《助字辨略》

《助字辨略》,五卷,清刘淇撰。共收字476个,编排体例是:把这些字按平上去入四声分韵部编次,从卷一到卷五依次是上平声、下平声、上声、去声和入声。每字下先释单字,再以复语次之并加解释。

《助字辨略》的优点很多,撇开别的不说,仅就中古近代汉语词汇而言,也有"征引广博"和"解释了一批六朝以来口语词"两个特点。

在取材方面,《辨略》不限于先秦、两汉典籍,往往在此基础上扩大到六朝、唐宋乃至明清。例如,"通"条(卷一)先后引用了《史记》《水经注》《后汉书》及李贤注、韩愈《论变盐法事宜状》《(礼记)中庸》朱熹注。"容"条(卷一)先后引用了《三国志》《水经注》《左传》《后汉书》《颜氏家训》《管子》《董子》。"除"条(卷一)引《宋史》、晏殊《长相思》词。由取材的广博,也反映出本书解释词语的范围很广。《辨略》所收释的条目,既有比较多的先秦词语,也有一定数量的汉魏六朝和唐宋时期的词语。

在释义方面,《辨略》考释了一批六朝口语词,所释的词语大都剀切妥当。

二、解释俚言俗语的专书

(一)服虔《通俗文》

服虔是东汉的一位著名学者,他曾撰《通俗文》,这是第一部以俚俗语词为研究对象的著作。

《通俗文》原书可能在宋初尚存，《太平御览》仍有引录，后来就亡佚了。清代学者任大椿、臧镛、马国翰、黄奭等以及近代学者龙璋都有辑本。从这些辑本中，可以大致窥见此书的一些面貌。

此书搜集了一些不见于"九经三传"的方俗口语词，尤其是汉代以来产生的新词、口语词。如：

埠土曰坌。(慧琳《一切经音义》卷九、卷二七引)以"埠土"为"坌"，是汉代以来产生的一个新词，多见于中古译经。东汉安世高译《地道经》："或时尘坌头，或时虎遮断。"又："复见小儿，俱相坌土。"东晋法显译《大般涅槃经》卷中："见我身上，尘坌污衣，即便拂之。"

积土曰垛。(慧琳《一切经音义》卷二八引)"垛"也是一个中古新词。《说文·土部》："垛，堂塾也。"原指门堂两侧的房间，也可指墙的两侧或建筑物突出部分。西晋竺法护译《普曜经》卷五："八万玉女各持供养，名香木蜜，诸杂琦异，执金香瓶，著宝垛上。"后秦佛陀耶舍共竺佛念译《长阿含经》卷二〇："粗涩园中有二石垛，天金校饰。"

《通俗文》只有辑本，说已见前，比较容易找到的有清人马国翰《玉函山房辑佚书》辑本(上海古籍出版社 1994 年影印)、黄奭《汉学堂丛书》辑本。复旦大学林源博士撰有《〈通俗文〉初探》一文，就"《通俗文》与古籍整理""《通俗文》与辞书编纂"问题作了探讨。(参见林源 2003:328—338)

（二）何承天《纂文》

《纂文》，何承天撰。何承天，南朝宋人，《宋书》卷六四有传。《纂文》一书早已亡佚，从保留的部分内容来看，也是解释比较俚俗的语词的。例如：

诖

欺骗。慧琳《一切经音义》卷一七引玄应《佛遗日摩尼宝经》音义"谀訑"条:"《纂文》云:'兖州人以相欺为訑。'"(54/412/b)后汉支娄迦谶译《佛说遗日摩尼宝经》:"何谓四事? 一者不欺师,尽其形寿,不两舌谀訑。"(12/189/b)訑,宋元明三本及宫本作"謟"。吴维祇难等译《法句经》卷下:"慢訑无戒,舍贪思道,乃应息心。"(4/572/b)《大宝积经》卷八西晋竺法护译《密迹金刚力士会第三之一》:"菩萨无有谀谄,不为匿訑,不自贡高。"(11/44/a)

谸詷

匆遽,急忙。慧琳《一切经音义》卷一三《大宝积经》卷四〇音义"詷疾"条:"上音动。《纂文》云:'谸詷,急也。'《通俗文》曰:'言过谓之谸詷。'《考声》云:'戏詷语也,言气俱急皃也。'"(54/383/c)《三国志·魏志·程昱传附孙晓》:"其选官属,以谨慎为粗疏,以谸詷为贤能;其治事,以刻暴为公严,以循理为怯弱。"又《臧霸传》:"沛国武周为下邳令,霸敬异周,身诣令舍。部从事谸詷不法,周得其罪,便收考竟,霸益以善周。"《后汉书·皇后纪上·和熹邓皇后》:"每览前代外戚宾客,假借威权,轻薄谸詷,至有浊乱奉公,为人患苦。"李贤注:"(谸詷)言怱遽也。谸音七洞反,詷音洞。"明朱谋㙔《骈雅》卷二《释训》:"谸詷,遽也。"清徐乾学等编注《御选古文渊鉴》卷二一引《三国志》"以谨慎为粗疏以谸詷为贤能"句注:"谸詷,急遽也。"

(三) 陈士元《俚言解》

《俚言解》二卷,明陈士元撰。收入作者《归云外集》卷五六(卷一,154 条)、卷五七(卷二,135 条),共计 289 条。①

---

① 陈氏集录的词条为 688 条,已刊印的不到一半。日人长泽规矩也《解题》谓"其中三百余条已付梓",条目数字不确。

1. 大多数条目为词语寻找出处，如：

羞笑

"暗笑人谓之冷笑。李白《上李邕》诗：'世人见我恒殊调，闻余大言皆冷笑。'"(21页)

按：《汉语大词典》"冷笑"条首例举《北史·崔赡传》。

老狗

"骂人为老狗，亦古语。汉武帝尝与栗姬语，姬怒，弗应，又骂上曰老狗。其狎昵如此。"(27页)

按：此事出《汉武故事》。

2. 也有一些条目解释了中古、近代汉语词语。如：

羞死

"俗谓人有大愧耻之事曰羞死。梁武帝与沈约各疏栗事，约少上三事。出谓人曰：'此公护前，不即羞死。'……护前者，自护其短，不欲人在己前。"(28页)

按：这个解释，实际上是用《资治通鉴·梁武帝天监十二年》"此公护前，不则羞死"下胡三省注："护前者，自护其所短，不使人在己前。"胡氏对《通鉴》(典出《梁书·沈约传》)"护前"一词的解释并不正确。①

3. 有些考证尚可商榷，如：

不中

"中音众。俗以不可为不中。何燕泉云：'萧参《希通录》引杜预注《左传》"无能为役"曰："不中为役。"是晋时已有此语。'不知汉

---

① 关于"护前"，笔者另有《中古词语考辨二题——再释"护前""觉损"》(《中国语文》2007年第3期)专文探讨，此不赘述。

高祖与太子手敕内已有'不中立之'语矣。序录所载如此。余谓不始汉也。秦始皇闻卢生窃议亡去,怒曰:'吾将收天下书不中用者,尽去之!'是秦已有此语。"(24页)

按:"不中"表不能够、不行,《孟子》已有,①当非起于秦代;又所举秦始皇语中"不中用者",应为"中用"连读,而非"不中"连读,作者举以为证,值得商榷。

《俚言解》原在《归云外集》中,有明万历刊本。日本长泽规矩也编《明清俗语辞书集成》第一集收有此书,原由日本汲古书院1974年影印出版。上海古籍出版社1989年重新影印出版《明清俗语辞书集成》,本书收在第一册。

(四)明张存绅《雅俗稽言》

张存绅撰,吴炳选、张希台校,明天启三年(1623)序刊本,凡四十卷,十二册。全书涉猎广泛,卷帙浩繁。有关中古、近代汉语词汇的内容不少。例如:

卷一七、卷一八《人事》,有"门下""明公""阿""尔汝""信使""傐江""绝倒"等,都和中古汉语有关。"洗泥""抽丰""措大""本分"等,都和近代汉语有关。卷二一《人物·仆隶》"客作""苍头""小妮子""便了";《人物·杂记》"潦倒""灵利""乖角""鲫溜""发性""火伴""偻罗""糊涂"等,都和中古、近代汉语词汇有关。

洗泥

凡朝臣出有赐,曰饯路;反有劳,曰软脚。方言有洗泥酒。东坡云:"多买黄封作洗泥",是也。今俗凡于人出曰饯程,反曰接风。

---

① 《孟子·离娄下》:"中也养不中,才也养不才,故人乐有贤父兄也。"此例《汉语大词典》已举。

(卷一七《人事·交际》,1888页)

古语稚拙

古人语有稚拙不可掩者。如《乐府》:何以消忧,惟此杜康。《东坡诗》:独对红蕖倾白堕。夫杜康、刘白堕皆造酒者,遂以为酒名。用是即称主簿为仇香也。其与汤烊右军,醋浸曹公之说何异。吴人谓梅子为曹公,以曹尝望梅止渴也。又谓鹅为右军,以右军好鹅也。(卷三一《诗文》,1993页)

张氏不知古有用典一说,故归之为"稚拙"。其实,以古代故事称代名物,是古书常例。

卷三一《诗文·续录》云:"世俗谈说与笔札,引用骈字偶句,鄙语文言,往往未详出处。兹摘《困学纪闻》所载,稍附杂录,聊以便阅,非敢为博雅言也。"下列举了"家数""伏事""分付"等数十个词语和成语、谚语,数量可观。(1994—1997页)尤其举述了许多乡里民谚,把古书上的和作者所处时代民间所说的进行对比,在熟语研究史方面很有价值(详见第三章)。

又卷三二至卷三四《字学》,多为对字音字义的考察辨正,虽然多为征引、汇集前人的说法,也间有作者(如"绅按")自己的看法,不无发明。例如:

廉字

《周礼》廉能之类,诸家虽训廉为察,尝疑理不相附。因阅《汉·高帝纪》:诏廉问,有不如吾诏者,以重论之。颜氏曰:廉字本作覝,其音仝。乃知廉之为察,本覝字也。韵书云:覝,察视也。其义著矣。(卷三二《字学》,2005页)

按:郭在贻《训诂丛稿·训诂五讲》第三讲论述破假借的重要性,曾举廉为覝字之借的例子,说:"《汉书·高帝纪》:'且廉问,有不如吾诏者,以重论之。'廉乃覝之假借字,《说文》:'覝,察视也。读若镰。'"(《郭在贻文集》第一卷283页)在《〈说文段注〉与汉语词汇研究》一文中提到段注的贡献时说:"又如史书中习见之'廉察'一词,一般易误会'廉'为廉洁之意,段氏指出'廉'的本字为见部之覝字,覝者,察视也。按《汉书·高帝纪》:'且廉问,有不如吾诏者,以重论之。'《何武王嘉师丹传》'武使从事廉得其罪',师古注并训'廉'为察。"(同上,317页)

从上引张存绅《雅俗稽言·字学》"廉字"一条看,为"廉察"的"廉"找到本字"覝",早在明代已然。段玉裁在《说文解字注》中指出"'廉'的本字为见部之覝字",为读《说文》者提供了很好的帮助,当然值得称赞。但如要追踪其发明权也就是"专利"所有,则非张存绅莫属,段玉裁正巧和张氏"所见略同"罢了。

张氏疏误之处当然也有,最大的问题就是,书中不少条目,哪些是引自他书,哪些属于作者个人发明,并不都很清楚。除了注明出处是引自他书,"绅按"是明确的作者个人见解外,有不少条目既无出处,也未明确标明作者所"按",隶属不明。除此之外,则有引文疏漏,释义可商等问题。后者如:

匆匆忽忽

作者认为《颜氏家训·勉学》引《说文》释"匆匆""忽忽"均非。释云:"匆匆犹勉勉也。《祭义》:'匆匆其欲飨之也。'杜樊川诗:'浮生长匆匆。'王廙帖:'臣故患,胸气满上,顿乏匆匆。'皆此意。"(卷三二《字学》,2006页)

按:"匆匆"是一个多义词,有勤勉不懈义,如《礼记·祭义》例,"匆匆犹勉勉也"是郑玄注语。但王廙帖之"匆匆"则与《祭义》不同,张氏不察,混为一谈,非是。《汉语大词典》亦误。"顿乏匆匆"

的"匆匆",郭在贻《六朝俗语杂释·匆匆》已经作了正确的解释,义为困顿,疲劣(参见郭在贻1981),可从。

该书收入日本长泽规矩也编《明清俗语辞书集成》第二册1695—2106页,上海古籍出版社影印出版,1989。

(五)周梦旸《常谈考误》

《常谈考误》,明周梦旸撰,是一部考订词语的著作。全书共分四卷,第一卷考订71则,第二卷69则,第三卷72则,第四卷68则,合计280则。

本书的特点是,凡考证某事某词,都有自己的按断,所说未必正确,但大抵有些根据,值得参考。例如:

桓褐

"《史记·秦始皇纪》曰:'夫寒者利桓褐,而饥者甘糟糠。'《汉书·贡禹传》曰:'臣禹年老贫穷,家赀不满万钱,妻子糠豆不赡,桓褐不完。'班固《叙传》、班彪《王命论》曰:'思有桓褐之亵,儋石之畜,所愿不过一金。'注:桓皆晋树,谓僮竖所着布长儒也。褐,毛布之衣也。《荀》《韩》《淮南》诸子亦有之,亦皆桓褐,绝无有言短褐者。自杜诗有'天吴与紫凤,颠倒在短褐'之句,后人遂循用短褐。岂刻杜诗者误桓为短乎?不然不应自杜作俑。"(卷四,2226页)①

玄箸

"《世说》:王夷甫答乐令曰:我与王安丰说延陵子房,亦超超玄箸。本作箸。《说文》云:'箸,陟虑切。'注云:'饭敧也。借为住箸之箸。'后人从草,则知箸即元字,著为俗字矣。见有批评《世说》者

---

① 参《汉语大词典》"桓褐"(9册94页)、"短褐"(7册1545页)两条。《汉语大词典》引孙诒让说,谓"短褐"即"桓褐"之借字。

云:'古本原作箸字,殆不可晓。'何也? 凡云著述、著作,皆当用箸。第传写日久,骤难变易耳。"(卷四,2217页)

该书的有些论述过于刻板,缺乏发展的眼光,见识也不够,如对"阿堵""宁馨"的考论——"阿堵犹言若个、这个也,指以为钱者,谬。"(卷三,2207页)"则宁馨犹言若何、这样也。岂可便以为佳。"(卷三,2208页)未为明通。

该书收入日本长泽规矩也编《明清俗语辞书集成》第三册2163—2229页,上海古籍出版社,1989。

(六)《目前集》

《目前集》,明刊本。长泽规矩也《解题》未提作者,上海古籍出版社《出版说明》考定其作者为明人赵南星(字梦白,明万历进士)。分前卷(天、地、人、时令、饮食、衣服、宫室、器物、官吏、妇女、释教、道教和文墨各部)和后卷(杂事、常言、禽兽、草木、药物、俗字各部)。① 后卷中的"常言部",多收常言俗语,如阁下足下、亲家、方寸、偻偲等,举一例:

可人

"桓温过王敦墓,曰:'可人! 可人!'陈后山诗:'客有可人期不来。'今之浮浪子弟以所私娼女为可人,甚可恶也。"(2143页)以"可人"指心爱之人,如明汤显祖《牡丹亭·魂游》:"有情人叫不出情人应,为什么不唱出你可人名姓?"明风月轩又玄子《浪史奇观》第4回:"素先再拜,奉达文妃:可人妆次,前往中途,遥接尊颜,恍疑仙子,猿马难拴,千金之躯,虽未连袂,而夜夜梦阳台,久已神交矣。"系在其本义(称心如意之人)之上产生的新义。

---

① 最后"俗字",长泽规矩也《解题》误作"俗事"。

"俗字"一部中,多收方言俚语,标举声韵,颇可玩味。

剑利,快性人也。俗作伶俐,非也。(2150页)

趵,跳跃也。俱布效,效韵。(2151页)

按:今吴方言如浙江台州话仍有此语,如说"给气得趵起来",是说他气得跳起来了。

奘,大也。音壮之上声。(2158页)

按:今吴语称人肥胖仍说"奘"。

骒,音草,牝马也。俗但云草驴。(2162页)

按:今吴语仍称雌性牲畜为"草"。

(七)翟灏《通俗编》

《通俗编》38卷,清翟灏撰。翟灏(1736—1788),字大川,一字晴江,浙江仁和(今浙江杭州)人。乾隆进士,历任衢州、金华两地府学教授。殚见洽闻,勤于著述,本书之外,尚有《尔雅补郭》《四书考异》《艮山杂志》等十多种。

《通俗编》是翟氏集毕生精力写成的一部书,清人周中孚在《郑堂读书记补逸》里评价说:"盖晴江之为是书(指《通俗编》),颇尽一生精力,故能搜罗宏富,考证精详,而自成其为一家之书,非他家所能及也。"全书收集俚言熟语五千余条,分为三十八类,每卷一类,①即:天文、地理、时序、伦常、仕进、政治、文学、武功、仪节、祝诵、品目、行事、交际、境遇、性情、身体、言笑、称谓、神鬼、释道、艺术、妇女、货财、居处、服饰、器用、饮食、兽畜、禽鱼、草木、俳优、数目、语辞、状貌、声音、杂字、故事、识余。其体例通常是条目下只举

---

① 《通俗编》最初卷数较少,有25卷、15卷(少后面10卷)等版本,后来增补改定为38卷。

例证,指明出处;也有一些条目是先举书证,后再以"按"的形式酌加考辨,有时也征引宋元以来的有关笔记。部分条目能旁征博引,考镜源流,对所收语词的发展演变作了有益的考察,有助于汉语词汇史的研究。例如:

勾当

卷十二"勾当"条:"《北史·序传》:'事无大小,士彦一委仲举推寻勾当。'《(旧)唐书·第五琦传》:'拜监察御史,勾当江淮租庸。'……[按]勾当乃干事之谓,今直以事为勾当。据《元典章》延祐三年均赋役诏,有云'只交百姓当差,勾当也成就不得',盖其时已如是矣。"(250页)对"勾当"由动词转为名词的用法作了考察。

娄罗

卷八"娄罗"条,作者列举《唐书·回纥传》《五代史·刘铢传》等例证和苏鹗《(苏氏)演义》("'人能搂览罗绾,谓之搂罗。'字从手,不从木")、段成式《酉阳杂俎》等考证,加按语说:"古人多取双声字为形容之辞,其字初无定体。故或作娄罗,或作偻罗,或又以娄作楼、搂,《笑林》'……吴人轳辘,欺我如此',轳辘亦娄罗之转,大率言其儇狡而已。苏、段以义说之,皆属穿凿。"(169页)联绵词字无定体,翟氏对"娄罗"的解释是比较明通的。

肚皮

卷二十七"多吃坏肚皮"条:"《元典章》:'如今但是勾当里行的官人多吃,只应教百姓生受,要肚皮坏了。'[按]当时所云肚皮,乃取受钱物之辞,今谚则实谓腹。"(598页)对谚语中"肚皮"所指的不同作了说明。

这三条,可以大致看出作者"[按]"的体例,是其学术价值较高的内容。当然,全书更多的是举出俗词、俗语和俗谚出处及来历,加按语的并不很多。

全书与中古、近代汉语词汇关系较为密切的,应该是卷三三"语辞"、卷三四"状貌"、卷三五"声音"和卷三六"杂字"部分,涉及部分汉魏六朝以来的方言、俗语词和俗字。

《通俗编》也有一些明显的不足。比如引书或者以意删节,或者不明举出处;对有些语词的分析不尽确当,其源头也往往失考。如上举"生"条,翟氏只举唐宋诗歌,不知此词实由六朝的"馨""形"演变而来。

和翟灏同时的学者梁同书,曾经编有四卷本的《直语类录》,后来因为《通俗编》已经问世而放弃出版,改为搜集、剪辑有关材料,专补翟氏之阙,写成《直语补证》一书。《直语补证》共收词语四百余条,对翟书的条目或例证进行了增补,可以和《通俗编》合起来看。

《通俗编》《直语补证》原来各有刊本,商务印书馆1958年把两书合在一起排印出版,名《通俗编附直语补证》,书后还附有《通俗编·直语补证索引》,是方便使用的一个本子。

(八) 钱大昕《恒言录》

《恒言录》六卷,清人钱大昕撰。钱大昕(1728—1804),字晓征,一字辛楣,号竹汀,江苏嘉定(今属上海市)人。清代著名学者,治学领域宽广,在音韵、训诂等方面多所创获,有关著述见《十驾斋养新录》《潜研堂文集》等,另有史学著作多种。《恒言录》是作者在小学方面的一部著作。

《恒言录》者,"恒"有常义,所谓"恒言",就是常言,也就是俚言俗语。本书搜集古书中的俗语、方言八百余条,按吉语、人身、交际、毁誉(以上卷一)、常语、单字、叠字(以上卷二)、亲属称谓(以上卷三)、仕宦、选举、法禁、货财(以上卷四)、俗仪、居处器用、饮食衣

饰(以上卷五)、文翰、方术、成语、俗谚有出(以上卷六)划分,凡六卷十九类,逐一举证溯源。例如:

鼻头

"鼻头"一条,举《南史·曹景宗传》:"耳后生风,鼻头出火。"黄山谷诗:"法从空处起,人向鼻头参。"(7页)按:《南史》此例"鼻头"尚指鼻尖、鼻端,"头"还是顶端的意思,不是词尾。后汉安世高译《道地经》:"见身重骨节不随,鼻头曲戾,皮黑咤干。""鼻头曲戾"即鼻子弯曲。是"鼻头"指鼻子的较早用例。

憃子

"憃子"一条,举《七修类稿》"苏杭呼痴人为憃歹字平声子,又或书獃、駾音呆二字……。程大昌《演繁露》:'郑獬……作《楚乐亭记》,有颂云:"我是苏州监本獃,与爷祝寿献棺材,近来仿佛知人事,雨落还归屋里来。"又知亦有来历。'加按语说:"《广韵》:'憃剴,失志貌。憃,丁来切;剴,五来切。'又云:'獃痴,象犬小时未有分别。獃亦丁来切。'此又在《海篇》之前矣。范石湖有《卖痴獃》诗。"(18页)对表痴呆义的几个字作了考察。

耐烦

"耐烦"一条引嵇康《与山巨源绝交书》"心不耐烦"一句,指出宋赵与时《宾退录》、元陶宗仪《南村辍耕录》"俱引《宋书·庾仲文传》,然嵇叔夜魏人,已有此语"。(卷二,27页)

和中古、近代汉语词语关系较近的,有卷二常语、单字、叠字三类,如"常语"类的"闲话""著忙""登时""手下"等。

在《恒言录》之后,清陈鳣撰《恒言广证》,卷数、类别、条目一仍钱氏之旧,所不同者,在每条下都补充新的例证,可以和钱书互相参证。

《恒言录》钱大昕生前未能刊行。清嘉庆十年(1805)，阮元长子阮常生承阮元训示，将其书刻入《文选楼丛书》内，部分条目下附有阮常生和乌程张鉴的补注(以"常生案""鉴案"标识)。此书得以流布，阮氏父子功不可没。商务印书馆《丛书集成初编》本就是据文选楼本排印的。

《恒言广证》是陈鳣的手稿，旧未刊行。商务印书馆1958年把《恒言录》和《恒言广证》合在一起排印出版，书后附两书语词的四角号码索引，是阅读、检索都很方便的本子。

(九)郝懿行《证俗文》《晋宋书故》

《证俗文》，是清代著名学者郝懿行的一部著作。本书的取名，据郝氏自己说："命曰《证俗文》，盖慕服子慎《通俗文》，兼取《儒林传》疏通证明之意云。"(《证俗文述首》)全书十九卷，没有标举门类，但每卷的内容大体集中，即：卷一释饮食，卷二释服饰，卷三释器物，卷四释称谓，卷五释时令，卷六释语词，卷七释量词，卷八至卷十一释典制名物，卷十二释草木鸟兽，卷十三至卷十七释字词俗语，卷十八释异域殊语，卷十九释梵语。例如：

书信

书者，札也。古诗中有"尺素书"，《左传》"寓书于韩宣子"，是也。信者，古谓使人曰信，信之为言讯也，遣使者通问讯。《史记·韩世家》："陈轸说楚王发信臣，多其车，重其弊。"《汉书》："司马相如谕巴蜀檄，故遣信使晓谕百姓"，是也。其称书为信者，始于梁武帝《赐到溉连珠》曰："研磨墨以腾文，笔飞豪以书信。"自后遂有书信之名，其实非也。《日知录》三十二卷："《东观馀论》引晋武帝、王右军、陶隐居帖及《谢宣城传》，谓凡言信者，皆谓使人。"杨用修又引《古乐府》"有信数寄书，无信常相忆"为证，良是。然此语起于东汉以下,杨太尉夫人袁氏《答曹公卞夫人书》云:"辄付往信。"《古诗为焦仲卿妻作》:"自可断来信,徐徐更谓之。"魏杜挚赠毌丘俭诗:"闻有韩众药,信来给一丸。"以使人为信,始见于此。若古人所谓信者,乃符验之别名云云。《周礼·掌节》注:"节犹信也。行者所执之信。"此如今人言印信、信牌之信,不得谓为使人也。(《证俗文》卷六,2680页)

按:本条对"信""书信"等词的考证,已经相当详尽;虽然其中不无错误(如引梁武帝《演连珠》例以为是"信"的书信义),但就整体而言,考证扎实可信,代表了清儒在这一领域的最高成就。

此外,郝氏还从典籍中广搜博引,列举各地方言中的别名异称,如:

"东方人名我为阿,巴濮之人自呼阿阳。南蛮呼我曰歼,北人称我曰俺,或曰喒,亦曰咱;我曰我们,人曰你们。南人谓我为侬,谓彼渠侬。瓯人呼为能。蜀人称尊老者为波,或曰天波。汉世谓蜀为叟,宋时称川嘉苴,五代宋初人自称沙家。吴人谓中州人为伧,或曰吴人骂楚人曰伧,楚人曰干鱼头。南人詈北人为奤子,京师谓江西人曰鸡,南朝江右人曰傒。任身佣作曰傡,谓贱丈夫为汉子。江西俚语骂人曰客作儿,客作儿者,佣夫也。女子贱者曰丫头。措大,士也。"(《证俗文》卷一七,2468—2469页)

"兖州人谓泽曰掌,保定河间之间谓浅水曰淀。齐人谓泉涌高数尺曰瀑流,又曰趵突。闽人谓水曰沋,越人谓瀑布为洩。楚越之间谓水之反流者为渴。蜀人谓江石碛水浅曰碛。扶南谓溪濑曰究,滩碛相凑曰沋,水疾崖倾曰碥,水如转毂曰漕,水黑不流曰卢奴,水漫不流曰沱;洞,疾流也。江东谓山陇之间曰干,即墨人谓峰为岫,蜀人谓山间之流通江者曰瀼,齐鲁谓田中高处为部。岭南谓邨市为墟，水津为步。水际谓之步。上虞有石䲣步，吴中有瓜步，吴人卖瓜于江畔，因以名也。江中有鱼步、龟步，湘中有灵妃步。案吴楚间谓浦为步，盖语讹耳。江之浒凡舟可縻而上下者曰步。濑，湍也。吴越谓之濑，中国谓之碛。楚人谓桥曰圯。北方谓田为晌，有田者不计亩，但以人工穷日之力数之曰有田若干晌。上洛谓田为索，山田亦不计亩，但以百尺绳量之，曰某家种得若干索。云南谓田一亩为一双，辽西人谓删亩为堵，西南黑水之间、广都之野谓播殖为播琴，楚人谓冢为琴。徐州人谓尘土为蓬块，东北人名土块为蓬颗，岐道谓之差。河东谓治道为繇，繇，役也。……"（《证俗文》卷一七，2470—2472 页）

诸如此类的方言异称，自汉代扬雄《方言》以后还没有人做过，郝氏所作填补了这方面的空白。有不少称呼，至今还保留在现代汉语方言中，如"越人谓瀑布为洩"，郝氏据《水经注·浙江》的记载："浦阳江水导源乌伤县，东径诸暨县，与洩溪合，凡有五洩。此是瀑布，土人号为洩也。"

按：以"泄"称瀑布，是浙东一带的方言，今浙江诸暨仍然有"五泄"景点，就是《水经注》提到的"五洩"。"洩"是"泄"的异体字。"江之浒凡舟可縻而上下者曰步""吴楚间谓浦为步"，今浙江把渡口、江河停船的码头都称为"步"，也称"船步头"。"步"即"埠"的音近借字。凡此都为研究汉语词汇史、汉语方言学等提供了很好的材料。

《晋宋书故》，是郝氏撰写的另一部解释六朝词语的著作。据郝懿行妻子王照圆《晋宋书故·跋》说，有一段时间，郝氏养病在家，暂停《尔雅义疏》的写作，又不听她静心养病的劝告，在病中阅读了"《晋（书）》《宋（书）》"等书，写了不少读书札记，后来整理成书，刊行了这部《晋宋书故》，目的是"亦以志数年来因病废书，犹复缘间订史，庶不致虚费时日，亦有资乎考镜，爱古嗜学家其必有所取焉"。伍绍棠《晋宋书故·跋》则称赞郝氏"史学渊洽，于《晋》《宋书》音训、名义皆能指其要而撷其精"。全书所释的条目共有五十一条，而和语词有关的则是以下诸条：膏粱、乃祖、宗稷、伍伯、颠沛、子卯、门生、通家、白丁、土豪、书吏、人事、都督都统、彭排、舭稍、彤管、白笔、粉、告身、策命、灼然、文笔、快手、盅、塗步神、元由、乾没、阿堵、宁馨、鸡鸣歌、寒食散、式占、射雉、有马、脉术𩰚术、凶门柏历、蜜章、祕器、署暑、锭铤等，凡四十条，约占全书的五分之四。从书中所释的条目来看，虽然解释的都是史书词语，但不仅有助于史学研究，对语言学也有很高的参考价值。

《晋宋书故》有郝氏遗书本、粤雅堂丛书本等。

（十）清顾张思《土风录》

《土风录》，清顾张思（字雪亭）撰，清嘉庆三年（1798）序刊本，六册。日本长泽规矩也《解题》云："土风"原为民谣之义，见《左传·成公九年》。到左思《魏都赋》、陆机《吴趋行》，开始转为风俗的意思。本书则是取为集录地方言语之义。

全书共十八卷，和中古、近代汉语词汇研究关系较密切的是卷七至卷十诸卷。如卷九，共释书信、家信等词，凡66个词；卷十，释"交关""相与"等词，都和中古、近代汉语词语有关，并流传至今。

《土风录》收录的许多都是口语、俗语、方言词，例如：

活泼

做人圆转曰活泼，见《五灯会元》。无住禅师云："活泼泼地平常自在，此心体毕竟不可得。"《朱子语类》："或问：'活泼泼地，是禅

语否?'曰:'不是禅语,是俗语。'"(卷七,248页)

趸当

买卖整块曰趸当。(卷九,274页)是一总、成总儿的意思。现今吴语仍然有此说法,如:零散盘趸当。

有些条目的考证已经有一定的水准,如:

生活

百工作事曰生活。按:二字始见《孟子》书,然非此义。《魏书·胡叟传》:"蓬室草筵,以酒自适。谓友人曰:'我此生活,似胜焦先。'"《南史·临川王宏传》:"武帝谓云:'阿六,汝生活大可。'"《北史·尉景传》:"与尔计生活孰多?"又《祖莹传》:"文章须自出机轴,何能共人同生活也!"此今语所本。(卷八,266页)

从语料的征用上看,采择广泛,经史子集外,旁及佛典。如:

"小便"条,中土文献外,还征引《圆觉经》《杂宝藏经》的"大小便利"(卷七,253页),"心花"条引《圆觉经》,都是较早利用佛经的例子。

也有一些条目释义牵强可商的,如:

落度音铎

落落不管事曰落度。按《宋书·五行志》:"元超兄弟大落度,上桑打椹为苟作。"度字正作入声。又三国杨仪语费祎曰:"处世宁当落度如此!"度字注无音,疑亦当入声。(卷七,249页)

按:"落度"犹言落拓、落魄,联绵词,顾氏所释牵强。

此外,还有一些条目(如"登时")的溯源仍然未到源头。

该书收入日本长泽规矩也编《明清俗语辞书集成》第一册153—394页,上海古籍出版社,1989。

(十一)清西厓《谈徵》

《谈徵》,清嘉庆二十年(1815)柯古堂刊本。作者姓名不详,自题"外方山人",序跋称其为"西厓先生"。全书分为名(上、下)、言、事、物四部分,每部下有目录。条目数计名部上139条、名部下193条、言部307条、事部204条、物部217条,共收词语1060条。

名部上有白衣、府君家君、爷、爹、泰山、东床等条;名部下有道士、和尚、白丁、快婿、妇人称奴、招提、寺、下官、郎等;言部有不耐烦、小便、宁馨、打秋丰、醋大、大手笔、匆匆、冤家、倩、二百五、者个等;事部、物部收集的都是名物类词语。

该书收入日本长泽规矩也编《明清俗语辞书集成》第二册1147—1358页,上海古籍出版社,1989。

第三节 笔记、杂著里的中古近代汉语研究 [①]

笔记在我国的历史已经相当悠久了,它产生于六朝,兴盛于唐宋,自此以后,长盛不衰,是研究中古近代汉语的宝贵材料。根据笔记的内容,可以把它分为小说故事型、历史琐闻型和考据辨证型三类。[②] 它们都已出现于六朝。小说故事型如《博物志》《拾遗记》《搜神记》一类;历史琐闻型如《西京杂记》《荆楚岁时记》一类;考据辨证型如《古今注》一类。和训诂学关系密切,保存了较多训诂资料的就是这最后一类——考据辨证型笔记了。

---

① 这里所说的笔记主要是指考据型笔记,而不包括《世说新语》之类的小说在内。
② 分类参考了刘叶秋《历代笔记概述》,中华书局,1980。

一、六朝

六朝时期已经见到历史琐闻型的笔记,如《博物志》《拾遗记》《荆楚岁时记》等,考据型的笔记并不多见,崔豹的《古今注》大约可以算是一种。

《古今注》三卷,晋崔豹撰。共分舆服、都邑、音乐、鸟兽、鱼虫、草木、杂注、问答释义八类,分类汇录材料,主要是古代文物、典章制度的考证。

六朝时期,专门考释性的笔记未见,但有的著作中已经有所涉及,如颜之推《颜氏家训》中的《勉学》和《书证》两篇。

北魏郦道元《水经注》,是一部地理学方面的名著,其中已经有论及校勘方面的内容。如《谷水》:"刘澄之云:'新安有涧水,源出县北,又有渊水,未知其源。'余考诸地记,并无渊水,但渊、涧字相似,时有字错为渊也。……是以知传写书误,字谬舛真,澄之不思所致耳。既无斯水,何源之可求乎?"(参见杨守敬、熊会贞 1989:1371)

二、唐五代

唐代是考据型笔记开始兴起的时期,出现了《匡谬正俗》《资暇集》《苏氏演义》等考据类笔记,其中就有一些中古、近代汉语的词语考释方面的内容,以下分别来看。

1.《匡谬正俗》

《匡谬正俗》八卷,唐代颜师古撰。颜师古是北朝著名学者颜之推的孙子,博学多闻,精通文字训诂之学,为《汉书》《急就章》作注,名重当时。本书是颜氏有影响的训诂著作之一。

全书八卷,"前四卷凡五十五条,皆论诸经训诂音释,后四卷凡一百二十七条,皆论诸书字义字音及俗语相承之异",[①]就是说,前四卷是论述经书训诂的,后四卷是论述群书训诂的,这句话指出了颜氏此书的特点。书名为《匡谬正俗》,取"以世俗之言多谬误,质诸经史,匡而正之,谓之《匡谬正俗》"(清卢见曾《匡谬正俗·序》)。

《匡谬正俗》对不少词语的解释、辨证是比较出色的,例如:

坼

或问曰:"俗呼检察探试谓之覆坼,坼者何也?"答曰:"当为覆逴,音敕角反,俗语音讹,故变为坼耳。按《晋令》成帝元年四月十七日甲寅诏书云:'火节度七条云:火发之日,诣火所赴救,御史兰台令史覆逴,有不以法随事录坐。'又云:'交互逴覆,有犯禁者,依制罚之。逴者,谓超逾不依次第。《令》所云覆坼,亦谓乍检乍否,不依次历履行之,以出其不意耳。今谓董卓为董磔,故呼逴亦为坼,是其例也。"(卷六,61页)

按:晋人的"覆逴",意思是突击检查;到了唐人则音变成"覆坼",其义也已经转变为检查探视。

底

问曰:"俗谓何物为底,底义何训?"答曰:"此本言何等物,其后遂省,但言直云'等物'耳。等字本音都在反,又转音丁儿反。……今吴越之人呼齐等皆为丁儿反。应瑗(应作璩)诗云:'文章不经国,筐篚无尺书,用等称才学?往往见叹誉。'此言讥其用何等才学见叹誉而为官乎? 以是知去'何'而直言'等',其言已旧。今人不详其本,乃作底字,非也。"(卷六,68页)

按:汉魏六朝以来,"底"有疑问代词的用法,《宋书·文九王

---

① 见《四库全书总目提要》卷四〇《〈匡谬正俗〉提要》。

传·始安王休仁》:"及在房内见诸妓妾,恒语:'我去不知朝夕见底,若一旦死去作鬼,亦不取汝。'""见底"就是见到什么。南朝民歌《欢闻歌》:"单身如萤火,持底报郎恩?""等"也有何义,应璩诗外,《后汉书·文苑传·祢衡》:"(黄)祖惭,乃诃之,衡更熟视曰:'死公!云等道?'"李贤注:"等道,犹今言何勿语也。"就是"说什么话"的意思。"等"为"何等"之省,就像"何缘"可省作"缘"一样。而"等"和"底"在声音上具有相转的可能。①

草马

问曰:"牝马谓之草马,何也?"答曰:"本以牡马壮健,堪驾乘及军戎者,皆伏皂枥,刍而养之。其牝马唯充蕃字,不暇服役,常牧于草,故称草马耳。"(卷六,76页)

按:颜氏考证了其得名的由来。自六朝以来,常以"草"指称家畜或家禽。如:《三国志·魏志·杜畿传》:"渐课民畜牸牛、草马,下逮鸡豚犬豕,皆有章程。"《齐民要术》卷六《养牛马驴骡》:"草骡不产,产无不死。养草骡,常须防,勿令杂群也。"章太炎《新方言·释动物》:"今北方通谓牝马曰草马,牝驴曰草驴。"吴方言也把雌性的鸡、鸭称为草鸡、草鸭,称母狗为草狗。

类似的考辨展卷即是,大都言之成理,持之有故。特别值得注意的是书中对汉魏以来语词和唐代方俗口语的考辨解释,前者如

---

① 颜师古认为"底"有"何"义来自于"等",章太炎《新方言》卷一、张相《诗词曲语辞汇释》卷一均从之,而王力《汉语史稿》中册292页则说"这种揣测的话是靠不住的"。吕叔湘《近代汉语指代词》在讨论"底"的来源时说:"我们怀疑这个底字有无可能是者字的另一形式。我们知道跟者相对的若兼有指别和疑问两用,那么者字除指别外另有疑问的用法,也是有可能的。至于者字转变为底,我曾经在另一篇文字里讨论过近代汉语助词底(>的)是从古代汉语助词者变来的,可供参考。"(178—179页)这个假说的关键是要找出"者"有表疑问的用例,可惜吕先生并未提供。

卷五"便面""阏氏""计偕",卷八"上下"等条;后者如卷六"洋"卷七"渴罩""中""章估"和卷八"硐麼"等条。

《匡谬正俗》的字义训释也有不够妥当的,如卷五"隄"条云:"凡言提封者,谓提举封疆大数以为率耳。后之学者不晓,辄读'提'为'隄',著述文章者径变为'隄'字,云'摠其隄防封界,故曰隄封。'"

按:此条所说已见于颜师古《汉书·刑法志注》。"提封""隄封"都是"通共、大率"义,"后之学者"所说不当,颜氏之释亦未为得。参看王念孙《广雅·释训》"堤封,都凡也"条疏证。虽然颜氏的观点未必没有可商之处,但颜氏能注意这些文献词语和方言口语情况,是难能可贵的。

《匡谬正俗》有刘晓东整理本《〈匡谬正俗〉平议》(山东大学出版社,1999),在正文后附有整理者"平议",可以参用。

2.《资暇集》

《资暇集》三卷,唐李匡乂撰。本书是唐人考据辨证类笔记的一种。考据的内容涉及文字、词义、语源等,和中古、近代汉语有关的如卷中"俗字""俗谭"两条:

俗字

俗字至夥:芻字已有二草在心,今或更加草,非也。因芻又记得趨走之趨,今皆以多居走,非也。焦下已有火,今复更加一火,剩也。瓜果字皆不假,更有加草,瓜字已象剖形明矣。俗字甚众,不可殚论。(16页)

俗谭

俗之误谭,不可以证者何限。今人呼郡刺史为刺史,谓般涉为官涉,谓茜为堃,食鱼谓鱖为桂,以鲨为诟人,振鼻为喷涕,吐口为爱富,熨斗为醖,剪刀为箭,帽为慕,礼为里,保为补,褒为逋,暴为

步。触类甚多,不可悉数。(16页)

按:李氏所说的"俗字",多数是属于叠床架屋而造成的后起形声字,如蒻、燋、苁、菓等。至于"趍",则是"趋"的异体,谓之俗字也可。所谓"俗谈(谭)",实则属于同物异称,盖民间对这些事物称呼如此,有些当属于方音转变。这些在李氏看来,都已经是下里巴人的东西了。

除了一般语词外,《资暇集》还考证了一些谚语或惯用语。如卷中有"急急如律令"条,对汉代以来公文、符祝语"急急如律令"进行了考证。(15页)①卷下"不反刞"条,对俗谚"千里井,不反唾"进行了考辨,认为典出南朝宋的计吏,原本当为"千里井,不反刞",语讹为"唾"。(19页)

当然,《资暇集》的考释也有可商者,如"措大"条对"措大""醋大"的词源列举四说后云:"愚以为四说皆非也。醋宜作措,止言其能举措大事而已。"(21页)

按:类似的传说也见于苏鹗《苏氏演义》。所举四说固非,而李氏所谓"能举措大事"云云亦是望文生训。"醋大"指称读书人、穷书生,当和酸溜溜的"醋"有关。其作"措"者,"醋"的同音假借字耳。②又"毕罗"条对"毕罗""不托"(馎饦)的解释也属望文生训,不可从。

3.《苏氏演义》

《苏氏演义》,唐苏鹗撰。原十卷,今本二卷,仅及原书的五分之一,系清四库馆臣辑自《永乐大典》。本书内容包括经传、词语、

---

① 程大昌《考古编》、叶大庆《考古质疑》卷四都对李说有所补正,可参。
② 江蓝生(1995)认为"醋大""措大"取义于读书人的"酸"味,即谈吐喜欢引经据典,举动拿款作样,思想方法迂腐不合时。

名物、典章制度的考证,有足资参考者。和中古、近代汉语有关的条目有:

醋大者,一云郑州东有醋沟,多士流所居,因谓之醋大。一云作此措字,言其举措之疏,谓之措大。此二说恐未当。醋大者,或有抬肩拱臂攒眉蹙目以为姿态,如人食酸醋之貌,故谓之醋大。大者,广也,长也。(卷上,9页)按:苏氏对"醋大"的解释,较之李匡乂《资暇集》要可信一些。

娄罗者,干办集事之称。世曰娄敬、甘罗,非也。(卷上,10页)

龙钟者,不昌炽、不翘举貌,如鬞鬖、拉搭、解纵之类。(同上)

拉飒者,与龙钟、褴缕之义略同。(同上)

这几条考释都言简意赅,常为后代学者所引据。

苏氏失误的地方也有,如汉代以来习见"乾没"一词,历来解者纷如。苏鹗不同意《汉书注》"得利曰乾,失利曰没"的解释。认为"乾没之义如陆沉之义,陆沉者,因陆沉之水,又曰陆地而沉,不待在于水中也。乾没者,言乾在于地,没在于水,货殖之事,或在于陆地,或没于水;又言物之极不利者,乾地而没,不特沉于江湖也,故谓之乾没。"(卷上,10页)按:苏氏对"乾没"的解释仍然没有摆脱其字面意义的束缚,未为明通之论。蒋礼鸿认为"乾"宜读如乾健之乾,其义为贪,"没"宜读如贪昧之昧。(参见蒋礼鸿1987:30—33)又如苏氏对"狼狈"的解释牵扯到狼和狈两种动物,误与《酉阳杂俎》相同。

三、宋代

宋代是笔记的高峰期,出现了一大批考据精当、质量上乘的笔记,如《梦溪笔谈》《学林》《容斋随笔》《困学纪闻》《能改斋漫录》《老学庵笔记》《野客丛书》《瓮牖闲评》等,兹依次评介如下。

（一）北宋时期

1. 沈括《梦溪笔谈》

沈括是北宋著名的科学家、学者,《梦溪笔谈》是宋代一部著名的笔记,其中涉及语言词汇的虽不多,也有考释中古、近代汉语词语的条目。例如:

野马

《庄子》言:"野马也,尘埃也。"乃是两物。古人即谓野马为尘埃,如吴融云:"动梁间之野马。"又韩偓云:"窗里日光飞野马。"皆以尘为野马,恐不然也。"野马"乃田野间浮气耳,远望如群马,又如水波。佛书谓"如热时野马阳焰",即此物也。(卷三《辩证一》,151页)

关于《庄子·逍遥游》中的"野马",历来有不同解释。晋人司马彪注:"野马,春日泽中游气也。"唐成玄英疏:"春时阳气发动,遥望薮泽中有如奔马,故谓之'野马'。"马叙伦《庄子义证》引清人钱坫说:"《庄子》'野马'字当作'塺',《说文》曰:'塺,尘也。'"从沈氏引述来看,六朝、唐人已经把"野马"当作尘埃来解,钱坫则读"马"为"塺"。其实"野马"就是春天时雾气蒸腾,形状像野马罢了,沈括的理解是正确的。更为难得的是,沈氏已经征引"佛书",视野十分开阔。姚秦鸠摩罗什译《大智度论》卷六:"如炎者,炎以日光风动尘故,旷野中见如野马,无智人初见谓为水。"唐释玄应《一切经音义》卷三:"野马,犹阳炎也。……乃是游气耳。《大论》云:'饥渴闷极,见热气谓为水',是也。"(参见胡道静1987:151—152 和朱庆之1990)

乌鬼

杜甫《戏作俳谐体遣闷》二首之一:"异俗吁可怪,斯人难并居。

家家养乌鬼,顿顿食黄鱼。""乌鬼"究为何物,说者纷如。沈括《梦溪笔谈》卷一六《艺文三》引刘克说:"按《夔州图经》,称峡中人谓鸬鹚为'乌鬼'。蜀人临水居者,皆养鸬鹚,绳系其颈,使之捕鱼,得鱼则倒提出之,至今如此。"(530页)沈氏之后,宋人黄朝英《靖康缃素杂记》、黄彻《䖝溪诗话》、佚名《漫叟诗话》、马永卿《嬾真子》、吴曾《能改斋漫录》、邵博《邵氏闻见后录》、程大昌《演繁录》、王楙《野客丛书》、袁文《甕牖闲评》、蔡梦弼《杜工部草堂诗话》等均有说,参看胡道静《梦溪笔谈校证》第530—534页。

2. 欧阳修《归田录》

欧阳修撰《归田录》,也有一些和近代汉语相关的条目。如论"打"的用法说:"今世俗言语之讹,而举世君子小人皆同其缪,惟打字尔。其义本谓考击,故人相殴,以物相击,皆谓之打。而工造金银器,亦谓之打,可矣,盖有槌击之义。至于造舟车者曰打船、打车,网鱼曰打鱼,汲水曰打水,役夫饷饭曰打饭,兵士给衣粮曰打衣粮,从者执伞曰打伞,以糊粘纸曰打粘,以丈尺量地曰打量,举手试眼之昏明曰打试。至于名儒硕学,语皆如此,触事皆谓之打。"

关于"打",宋吴曾《能改斋漫录》卷五《辨误》"打字从手从丁"条补充说:"予尝考《释文》云:'丁者,当也。'打字从手从丁,以手当其事者也。触事谓之打,于义亦无嫌矣。"(113页)刘昌诗《芦浦笔记》卷三"打"条也有补充。

此外,赵令畤《侯鲭录》(中华书局,2002,孔凡礼点校)也较多论及中古、近代词语的词汇,如:卷一"绿沈"(竹名)和"广南俗呼"(中古时期的一些特殊量词)、卷四"脱"(不定之词)、卷八"唐人多以春名酒"等条。

(二) 南宋时期

1. 王观国《学林》

《学林》,十卷,分三百五十八则。内容比较广泛,有对典籍文献的考证,有对诗文语句的理解,最多的则是对汉字字形、字音、字义作的考证,颇有创获,是宋代笔记中的名著。作者小学功底较深,"书中专以辨别字体、字义、字音为主",《四库全书总目提要》称其"引据详洽,辨析精核者十之八九","多前人之所未发",①清陈春曾刊入《湖海楼丛书》中,并作《跋》誉之为"于宋人说部中最称精核",都不为过誉之辞。

作者考释的有中古、近代汉语词语,如《晋书·顾悦之传》(按:出《世说新语·言语》第57则):"顾悦之与简文帝同年而发早白,帝问其故,对曰:'松柏之姿,经霜犹茂。蒲柳之质,望秋先零。'"作者据《尔雅》"杨,蒲柳"、崔豹《古今注》"蒲柳,水边生,叶似青杨,亦名蒲杨"等材料,说:"所谓蒲柳者,乃柳之一种,其名为蒲柳,是一物也。"并指出《晋书》"以松柏对蒲柳,意谓蒲草与柳为二物也,误矣。"杜甫《重过何氏》诗:"手自移蒲柳,家才足稻粱。"是沿顾氏之误。(卷五"蒲柳"条,151页)

作者对一些僻难字作了考释。如《南史·颜峻传》:"宋明帝时,岁旱人饥,中书令颜峻上言,禁粻一月,息米万斛。"作者征引《集韵》:"'粻,音唐,精米也。'……凡米初出糠秕而未精熟,则谓之粗粝,其得米多,及精熟之,则得米少。禁粻者,惟食粗粝而不得精熟米也。"(卷十"粻"条,302页)

书中对俗字也给予了关注。卷五"格"条:"史书言格杀、格斗

---

① 参见清纪昀等《四库全书总目提要》卷一一八《子部二十八·杂家类二》。

者,当用从手之挌,而亦或用从木之格。如《汉书·子虚赋》用从木之格。盖古人于从木从手之字,多通用之,如樧枪、攬抢之类是也。"(163页)卷一〇"参"条:"草书法,枭字与参字同形,故晋人书操字皆作掺。……古人草书缫字作縿字,盖缫音骚,乃绎茧为丝者;縿音衫,乃旌旗之斿也。又草书澡字作渗字,盖澡音早,而渗音所禁切也。又草书趜字作趁字,盖趜音躁,而趁音骖也。若据草书而改变隶体,则碍矣。"(320页)指出从枭与从参之字古书多通作的情况。

卷四有"方俗声语"条,王氏把《史记》和《汉书》作对比,指出《史记·陈涉世家》"夥颐"、《外戚世家》"嚘"都是方俗语词,《汉书》加以删落,失其义矣。他如《南史·萧澹传》"始兴王,人之爹,赴人急,如水火,何时复来哺乳我"的"爹"、孟郊诗"侬是拍浪儿"的"侬"、柳宗元文"欸乃一声山水绿"的"欸乃"等,都是后代的方俗语词。(130页)

《学林》也有一些疏失。如卷七"精舍"条谓"精舍本为儒士设"云云,未是。按:"精舍"当是梵文 vihāra 的意译,起初是用于指僧侣静修的住所,后来才为儒士所用耳。(参见张永言 1992:224)

2. 洪迈《容斋随笔》

《容斋随笔》内分《随笔》《续笔》《三笔》《四笔》《五笔》,共五集七十四卷。

洪迈此书,涉及政史、文学、哲学、艺术等方面的内容,其中有关宋代的典章制度记述尤详。其考释中古、近代汉语语词的条目不多,例如:

乐天诗云:"江州去日听筝夜,白发新生不愿闻。如今格是头成雪,弹到天明亦任君。"元微之诗云:"隔是身如梦,频来不为名,

怜君近南住，时得到山行。'""格"与"隔"二字义同，格是犹言已是也。(《随笔》卷二"隔是"条,19页)

洪迈还对六朝口语词"宁馨""阿堵""凤毛"作了考辨,他认为"至今吴中人语言尚多用'宁馨'字为问,犹言'若何'也。"批评"后人但见王衍指钱云:'举阿堵物却。'又山涛见衍曰:'何物老妪,生宁馨儿?'今遂以阿堵为钱,宁馨儿为佳儿,殊不然也。"(《随笔》卷四"宁馨阿堵"条,50页)同卷"凤毛"条指出时人以子为凤毛,"多谓出此"(按:指《宋书·谢超宗传》"殊有凤毛"),实则《世说》已经有"大奴固自有凤毛"了,"其事在前"。(51页)

洪迈对词义起源也给予了关注,在《五笔》卷六"俗语放钱"条考证说:"今人出本钱以规利入,俗语谓之放债,又名生放。予考之亦有所来。《汉书·谷永传》云:'至为人起责,分利受谢。'颜师古注曰:'言富贾有钱,假托其名,代之为主,放与他人,以取利息而共分之。'此放字所起也。"(876页)今《汉语大词典》《汉语大字典》"放"字"为收取利息而借钱给人"义下都举《红楼梦》等为例,比颜师古《汉书注》要晚得多。

《容斋随笔》也有疏失之处,如:《四笔》卷一二"主臣"条把汉代"主臣"和南朝"即主"混为一谈,附会为一词,而以正确属读为非,未是。以《奏弹刘整》为例,"整即主"三字是六朝时弹劾文章在列举罪状后的惯用结语,"主"就是主犯、元凶的意思,不和下"臣"字连读。"某人即主"的用法,近人吴世昌(1982)有考证。

3. 吴曾《能改斋漫录》

吴曾《能改斋漫录》,是宋代著名笔记,收有许多揭举、考证词语出处、来源等方面的条目,是宋代著名笔记,该书对中古、近代汉语的语词都有所考证。六朝有"舍弟"一词:卷二《事始》"舍弟之称"条:"兄称弟曰舍弟,亦有所本。魏文帝《与钟繇书》曰:'是以令舍弟子建,因荀仲茂,时从容喻鄙旨。'"(25页)汉魏以来新产生了量词"领""顿"等,吴氏指出,"簟可以言一领","食可以言一顿",分见"一领簟""一顿食"条。(29页)"俗骂客作"条云:"江西俚俗骂人,有曰'客作儿'。……凡言客作儿者,佣夫也。"(34页)特别是部分条目下,指明"俗语",如卷二《事始》"阿谁"条:"《传灯录》:'宗风嗣阿谁。'阿谁,俗语也。《庞统传》:'向者之论,阿谁为是。'停待,亦俗语也。《愍怀传》:'陛下停待。'"(42页)

《漫录》也有考俗字的内容。卷四《辨误》"牙郎"条:"刘贡父《诗话》谓:'今人谓驵侩为牙,谓之互郎,主互市事也。唐人书互作乎,乎似牙字,因转为牙。'予考《肃宗实录》:'安禄山为互市牙郎盗羊事。'然则以乎为牙,唐已然矣。画短为乎,画长为牙。"(72页)

《漫录》也有考俗语语源的条目。卷二《事始》"盛喜中不许人物"条:"俗谚云:'盛喜中不许人物,盛怒中不答人简。'按,《列子》:宋元君曰:'昔有异技干寡人者,技无庸。适值寡人有欢心,故赐金帛。'乃知俗语亦有所自也。"(41页)又卷五《辨误》"息妇 新妇"条征引王彦辅《麈史》辨误所用《吕氏春秋》"新妇"用例以驳后人改称"息妇",并补正说《战国策》已有"新妇","彦辅辨息妇之误而不及此者,岂偶忘之耶?"(109页)这和洪迈《容斋随笔》"俗语有所自"条相似。

《能改斋漫录》也不免于失误。卷二《事始》"併当二字"条说:"併当二字,俗训收拾,然晋已有此语。"举《世说新语·德行》"常为曹夫人併当箱箧"为证。(29页)

按:《世说新语》是刘宋刘义庆所撰,不是晋代的作品。其实"併当"一词汉代已见。服虔《通俗文》:"除物曰併当。"文献用例

中,佛典有早于《世说》的书证。(参见王云路、方一新1992:39—40)

又"床凳子"条:"床凳之凳,晋已有此器。《世说》:'顾和与时贤共清言,张玄之、顾敷是中外孙。年七岁,在床边戏,于时闻语,神情如不相属,瞑在镫下。'乃作此镫字。今《广韵》以镫为鞍镫之镫,岂古多借字耶?"(32页)

按:《世说》此例"镫",实为"灯"字的异体,吴氏以为"凳子"的"凳",误。参看《四库总目提要》《世说新语笺疏》等。

类似的又有"干笑"一词。吴曾举南朝宋范晔事"蔚宗唯干笑而已"(出《宋书·范晔传》),谓"干笑此为始"。(卷二《事始》"干笑"条)实则早期翻译佛经(如《兴起行经》)已见。(参见王云路、方一新1992:162—163)

4. 王楙《野客丛书》

《野客丛书》,共三十卷,此书"在宋人的学术笔记当中还算是比较著名的一种"。(中华书局本"点校前言")所涉及的词语考释条目很多,例如:

释"阿堵"说:"今人称钱为阿堵,盖祖王衍之言也。阿堵,晋人方言,犹言这个耳。王衍当时指钱而为是言,非真以钱为阿堵也。今直称钱为阿堵,不知阿堵果何物邪?且顾长康曰:'传神写照,正在阿堵中。'谢安曰:'明公何须壁间著阿堵辈。'殷中军曰:'理应在阿堵上。'此皆言阿堵,岂必钱邪?"(卷八"阿堵此君"条,91页)

卷一八"王胡之字"条驳正刘孝标注《世说》"谢太傅语真长:'阿龄于此事,故欲太厉'"的"阿龄"为"王胡之小字",指出:"仆谓胡之本字修龄,呼阿龄者,即其字耳,非小字也。犹桓公呼殷源为阿源,王处仲呼王平子为阿平之类也。'阿'之一字,顾所施用:有缀以姓者,有缀以名者,有缀以字者,有缀以第行者。缀以姓如阿阮,缀以名如阿戎,缀以字如阿平,缀以第行如阿大。讵可因其称阿,遂以为小字乎?"(204页)都很有见地。

近代汉语词语则如卷一〇"石冻春"条说:"东坡云:'唐人名酒,多以春名。'"所举有土窟春、石冻春、剑南烧春、麹米春、梨花春、金陵春等。(113页)今白酒中仍然有剑南春。卷二四"以鄙俗语入诗中用"条指出:"唐人有以俗字入诗中用者。"这里的所谓"俗字",就是小标题中的"鄙俗语"。作者所举的唐诗用语如"擎"动摇""遮莫""撩乱""子细""底""模样""一般般""耳边风""娇娃""里许""旁边""忽地""诸馀""温暾"等(270页),确实比较口语化。

明代叶盛《水东日记》卷一〇"俗语见唐诗"条也说:"今时俗语,事物纪名,相传莫知所自,而见诸唐人诗最多。"作者从王建诗中,选了一些有俗语的句子,如:"卤簿分头入太常""银带排方獭尾长""恐防天子在楼头""射生宫女宿红妆""地衣帘额一时新""御厨不食索时新""家常爱著旧衣裳"等(113页)。

不足之处是对词义演变过于拘泥,如卷二八"谅闇登遐"条已经看到在魏晋时期,诸如"孤""寡人""谅闇""登遐""临哭"等原本用于帝王的词语,臣子也可以使用,盖当时君主和臣下的界限不如后代那样分明耳;王氏明知于此,却牵强地用"当时未甚避忌故尔"作解释,"然不可谓臣下亦可称也",自相矛盾,不够通达。

5. 赵彦卫《云麓漫钞》

《云麓漫钞》十五卷,宋赵彦卫撰。《四库全书总目提要》卷一二一《子部三十一·杂家类三》称"书中记宋时杂事者十之三,考证名物者十之七"。清人李慈铭《越缦堂读书记》认为此书"正与朱少章之《曲洧旧闻》、朱新仲之《猗觉寮杂记》、戴埴之《鼠璞》、周公瑾之《齐东野语》可以骖驔雁行",评价还是比较高的。

(《汉书》)《韩延寿传》"明府"注:"郡骑吏称太守为明府,齐梁人亦如之。"唐人则以"明府"称县令,杜子美《从韦二明府续处觅锦竹诗》云:"华轩蔼蔼它年到,锦竹亭亭出县高。"……既称令为明府,尉遂曰"少府"。(卷二,23页)国忌行香,起于后魏及江左齐梁间,每然香熏手,或以香末散行,谓之行香。(卷三,41页)

按:赵氏所考证的"明府",是汉代以来对太守的称呼,而"行香"则为六朝时一种礼俗,周一良(1985:463—464)有详考。

《云麓漫钞》有些条目的考证已经具有汉语史研究的性质。如:

蔡邕《独断》:"汉百户小吏称天子曰天家。"晋曰天。唐人多曰大家,又云官。今人曰官家,禁中又相语曰官里。官家之义,盖取五帝官天下,三王家天下。唐明皇自称三郎,何耶?(卷三,44页)

古人称父曰大人,又曰家父,捐馆则曰皇考。今人呼父曰爹,语人则曰老儿,捐馆曰先子,以"儿""子"呼父习以为常,不怪也。羌人呼父为爹,渐及中国。法帖:陈、隋诸帝与诸王书,自称"耶耶"。韩退之《祭女挐文》,自称曰"阿爹""阿八",岂唐人又称母为阿八?今人则曰妈。按《诗》:"来朝走马,率西水浒。"马音姆,岂中国之人,因西音而小转耶?先子,《礼经》皆曰先君子,惟《孟子》载曾西之语曰"吾先子",盖称父之爵耳。(卷三,49页)

这两条,把历代对皇帝和父亲的不同称呼收集到一起,触类旁通,举一反三,为后代《通俗编》《恒言录》等资料汇编性质的专书提供了参考。又如:

古人多言"阿"字,如秦皇阿旁宫,汉武阿娇金屋。晋尤甚,阿戎、阿连等语极多。唐人号武后为"阿武婆"。妇人无名,第以姓加

"阿"字。今之官府妇人供状,皆云阿王、阿张,盖是承袭之旧云。(卷一〇,168页)作为名词前缀"阿",汉代以来就已使用,赵氏此条说明到宋代还是如此。

对官府文书用语,作者也给予了关注。如:"官府多用'申''解'二字。申之训曰重,凡以状达上官,必曰'申闻';施于简札,亦曰'札子申呈',然皆无重意。解,古隘切,训曰除聚,而词人上于其长曰'解',士人获乡荐亦曰'得解',皆无除去之义。举世咸用之,政与欧阳子言'打'字同。"(卷四,57页)虽然"申""解"二字就组词能力、使用范围来说还无法和"打"字相比,但正如赵氏所指出的那样,都有各自特定的用法。

《云麓漫钞》也有不够准确的地方。如说汉、晋时是诸侯之国,官吏在君主面前自称臣;宋孝武孝建中,始有制,不得称臣,止宜云下官。(卷四,71页)

按:官吏在君主面前自称"下官"不始于宋代,魏晋时就已如此,赵氏的说法可疑。

6. 袁文《甕牖闲评》

《甕牖闲评》今本所存八卷,内容涉及经史小学、宋朝时事、诗词文章等,而以文字、音韵、训诂校释方面最见功力。《四库全书总目提要》称赞本书"而音韵之学,尤为精审,凡偏旁点画,反切训诂,悉能剖别于毫厘疑似之间,使学者确然得所依据,洵足为小学指南"。评价是很高的。

袁氏此书在字词校释方面多有发明。如:

"去"字若作起吕切,字书训藏。《晋书》云"阿堵物去"与《汉书》"去草实而食之"是已。(卷二,20页)

按:"去"确有藏义,除袁氏所举《汉书·苏武传》"去草实"例外,再如《三国志·魏志·华佗传》:"成得药,去五六岁。"又:"卿今强健,我欲死,何忍无急去药,以待不祥?"①唯《晋书》例袁氏理解有误。

该书在考证训释的同时,对前人的误说多所纠正。如:

《邈斋闲览》载:"闽中泉、福、兴化三州濒海,每岁七八月多东北风,俗号痴风,亦名为报风。"此说妄也。余乡常有飓风,但初来声势颇恶,与三州不异,人家即曰:"报起矣!"有顷则亦蜚瓦拔木,无所不至。所谓"报起"者,即飓风也,第其名不同耳,初不见有东北风。邈斋泥"报"字,遂有报风之说,以余乡之事观之,则邈斋之言为无据矣。(卷三,24页)

按:袁氏是四明鄞州(今浙江鄞县)人,所说称"飓风"为"报"一事,今浙江台州临海民间仍有此说,即把迅急凶猛之风称为"报",而并不限于东北风;通常也不说"报风",就单说"报"。

书中类似这样对旧说加以辨正的条目多见,如对颜师古《匡谬正俗》、王观国《学林》、黄朝英《靖康缃素杂记》、洪迈《容斋随笔》等笔记中的一些说法都提出了自己的见解。

尤其值得注意的是,《闲评》的词义训释已能注意到唐宋语词,如:

针指二字,本俗语,《夷坚志》采而用之,亦自不恶也。其记婺州民女书云:"夜与母共寝,昼则作针指于牖下。"(卷六,62页)按:"针指"就是针线活。

白乐天诗云:"而今格在颈成雪(按:白居易《听夜筝有感》诗作'如

---

① 《三国志》卷二九《魏志·华佗传》"何忍无急去药"句下裴松之注:"古语以藏为去。"又颜师古注《汉书》也多次注明"去"有藏义。盖为袁氏所本。

今格是头成雪',此处所引当有误)。"元微之诗云:"隔是身如梦。""格""隔"二字殊不晓其义,二公用之又不同。《容斋随笔》云:"犹言已是也。"余谓只是"已是",不须作"犹言",第未知出处耳。……以是知"格""隔"二字,二公用之虽别,皆只是"已是"。(佚文,出《永乐大典》卷八二一,93页)洪迈、袁文对"隔(格)是"的解释是对的。①

辞赋、诗词中的俚言俗语也是作者关注的对象,如:

杜陵诗云:"饭抄云子白。"盖谓饭可以比云子之白也。至后世则便以饭为云子,故唐子西诗云:"云子满田行可捣。"又汪彦章诗云:"秋来云子滑流匙。"更不究云子为何物,见杜工部有饭抄之句,竟指饭为云子也。然云子乃神仙之食,出《汉武外传》中。(卷六,57页,第269条)②

按:"云子"本指白色细长的石子,形状和饭粒相似。自唐杜甫《与鄠县源大少府宴渼陂》诗用"饭抄云子白"的诗句后,演变出指饭粒或米粒的意思来。本条说明了这一变化及其产生的根源。

束皙《饼赋》云:"春馒头,夏薄持,秋起搜,冬汤饼。四时皆宜,惟牢九乎!"初不知牢九是何物。后读苏东坡诗云:"岂惟牢九荐古味,要使真一流天浆。"虽东坡殆亦未知牢九果何物耳。(卷六,57页,270条)在自注中,袁氏又指出"牢九"或本作"牢丸"。

按:"牢九",又作"牢丸",一种食品名,或云汤团,或云蒸饼。③袁氏不轻下断语,表现了一种谨慎求实的学风。

---

① 参看洪迈《容斋随笔》条。
② 许彦周《诗话》曾论及"云子"得义由来,见明胡震亨《唐音癸签》卷二十《诂笺五》(214页)引。
③ 清代俞正燮赞同"汤团"之说,不同意解释为包子或蒸饼,参看清俞正燮《癸巳存稿》卷一〇"牢丸"条。

研究古代诗作、文章中的俚言俗语是宋代学者的传统,北宋沈括《梦溪笔谈》对杜甫《戏作俳谐体遣闷》之一"家家养乌鬼,顿顿食黄鱼"中的"乌鬼"的考证开其风气之先,后来笔记纷纷起而效仿,《甕牖闲评》也是如此。凡此,都为正确理解作品的含义提供了参考。

7. 其他

除此之外,还有一些笔记涉及个别的词语考释,如:

宋罗大经《鹤林玉露》,有考释诗歌习语的:丙编卷一"遮莫"条:"诗家用'遮莫'字,盖今俗语所谓'尽教'者是也。故杜陵诗云,'已拼野鹤如双鬓,遮莫邻鸡下五更',言鬓如野鹤,已拼老矣。尽教邻鸡下五更,日月逾迈,不复惜也。而乃有用为禁止之辞者,误矣。"(244页)有考俗语出处:丙编卷六"方寸地"条:"俗语云:'但存方寸地,留与子孙耕。'指心而言也。三字虽不见于经传,却亦甚雅。"(335页)

宋张世南《游宦纪闻》卷二:"《韵略》中无'打'字,已详见《归田录》中。但于《广韵》'梗'字韵中,音德冷,又都挺切。今俗谈谓打鱼、打水、打船、打伞、打量之类,于义无取。沙随先生云:'往年在太学炉亭中,以此语同舍,有三山黄师尹曰:丁,当也,以手当之也。'其义该而有理。"(17页)

庄绰《鸡肋编》的内容也较广泛,如考俗语、俗谚:卷上:"浙西谚曰:'苏杭两浙,春寒秋热。对面厮啜,背地厮说。'言其反覆如此。又云:'雨下便寒晴便热,不论春夏与秋冬。'言其无常也。"(10页)考成语来源:卷上:"'管中窥豹',世人唯知为王献之事。而其原,乃魏武令中语也。《魏志》注:建安八年庚申,令曰:'议者或以军吏虽有功能,德行不足堪任郡国之选。故明君不官无功之臣,不

赏不战之士。治平尚德行，有事赏功能。论者之言，一似管窥虎豹！'"（37页）

在一些条目下，庄绰还从避讳、民俗的角度考证了词义的变迁。如，宋代南宫曾称点灯为"放火"，《鸡肋编》卷中叙其来由说："世有自讳其名者。如田登在至和间为南宫留守，上元，有司举故事呈禀，乃判状云：'依例放火三日。'坐此为言者所攻而罢。"（72页）宋代浙人讳"鸭"，原因是当时"两浙妇人皆事服饰口腹，而耻为营生。故小民之家，不能供其费者，皆纵其私通，谓之贴夫，公然出入，不以为怪。……浙人以鸭儿为大讳，北人但知鸭羹虽甚热，亦无气。后至南方，乃知鸭若只一雄，则虽合而无卵，须二三始有子。其以为讳者，盖为是耳，不在于无气也。"（73页）此外，宋时渭州潘原讳"赖"、常州讳"打爷贼"、楚州讳"乌龟头"、泗州讳"靠山子"、真州讳"火柴头"、苏州讳"贼"等，庄氏也都原原本本，考其原由。

宋曾敏行《独醒杂志》也谈到了避讳而造成的名物异称。"江南呼蜜为蜂糖，盖避杨行密名也。"（卷一，3页）

宋黄朝英《靖康缃素杂记》卷五"乌鬼"条先后征引《梦溪笔谈》《东斋记事》的考证，印证沈括所说的"乌鬼"就是鸬鹚。（44页）"搂罗"条引《酉阳杂俎》和苏鹗《演义》两家之说，对"搂罗"作了考证。云："予读梁元帝《风人辞》云：'城头网雀，楼罗人著。'则知楼罗之言，起已多时。"（66页）宋吴曾《能改斋漫录》卷一《事始》"楼罗"条有所补正。（1页）

邵博《邵氏闻见后录》（中华书局，1983）也有考证唐宋口语词的条目，如：唐代以来，把接风洗尘，招待叫作"软脚"。《敦煌变文校注·捉季布传文》："归宅亲故来软脚，开筵列馔广铺陈。"（95页）邵博有考证："大儒宋景文公学该九流，于音训尤邃，故所著书用奇字,人多不识。尝纳子妇三日,子以妇家馈食物书白,一过目即曰:'书错一字。姑报之!'至白报书,即怒曰:'吾薄他人错字,汝亦尔邪?'子皇骇,却立,缓扣其错,以笔涂'煖'字。盖妇家书'以食物煖女'云,报亦如之。子益骇,又缓扣当用何煖字。久之,怒声曰:'从食从而从大。'子退检字书《博雅》,中出'餪'字,注云:'女嫁三日,饷食为餪女。'始知俗闻餪女云者,自有本字。"(《邵氏闻见后录》卷二七,212页)邵氏认为"软脚"的本字应作"餪",但近代汉语作品多作"软脚"。《新唐书·杨国忠传》:"出有赐,曰'饯路',返有劳,曰'顿脚'。""顿"与"软"同。

宋陆游《老学庵笔记》卷八:"魏公憎其喋喋,因置不复取。白席者又曰:'资政恶发也,却请众客放下荔支。'魏公为一笑。恶发,犹云怒也。"(109页)

《老学庵续笔记》云:"王方平曰:'吾子不戏作狡狯事。'盖古语谓戏为狡狯。《列异传》云:'北地传书小女,折花作鼠以狡狯'是也。今闽人谓儿戏为狡顽,盖本于此。或以奸猾为狡狯,则失之。"

刘昌诗《芦浦笔记》(中华书局,1986)卷一有"宁馨"条引《能改斋漫录》释"宁馨"的考辨,末云:"观此,则(宁馨)只如今人说恁地。"(3—4页)"阿"条云:"古人称呼每带阿字,以至小名小字见于史传者多有之。"(6页)"阿堵""生活"两条则列出"阿堵"和"生活"的出处(7—8页)。卷三"打"条多列"打"的用例,对《归田录》有补充。(24页)

宋孔平仲《珩璜新论》(商务印书馆,丛书集成初编)卷四云:"谓人为明公阁下之类,亦可谓之高明。"(38页)卷四还对"管家(天子)""具之""仰""平善""累重""瓜葛""阿谁""见钱见谷""日子""停待""劣(仅)""无状""课马"(45—46页)等词的出处作了考证。

宋朱翌《猗觉寮杂记》（商务印书馆，丛书集成初编）卷上辨"宁馨"之读平声（16页），列举"沈（沉）吟"（24页）、"投老"（26页）；卷下论"整擖"、"整妮"、"半子"（女婿）、"儿"（妇人自称）、"次对"（待制）（44页）、"阿堵"（49页）、"死马医"（54页）、"埭"（70页）、"酒望子"（75页）、"居然"（81页）等词，大多列举例证，表明出处，如此而已。

宋祝穆《古今事文类聚别集》卷六《文章部·字义》引《艺苑雌黄》："遮莫，盖俚语，尤言尽教也。自唐以来有之。"①

（三）宋人笔记的不足之处

总起来看，宋人笔记的成就很高，在中古、近代汉语词汇研究方面有着重要的参考价值。当然，也存在着一些阙失和错误。除了上面提到的外，又如：黄朝英《靖康缃素杂记》卷八"阿奴"条以《世说新语》刘孝标注"阿奴，周谟也"为可信，因谓《晋书·周𫖮传》"阿奴火攻，固出下策耳"的"阿奴"当作"阿嵩"，"盖史误也"。（67页）未确。

宋人笔记存在的另一个问题是对同一词语的重复考证，如近代汉语词语"乌鬼"，《梦溪笔谈》率先考证，《能改斋漫录》卷六《事实》"乌鬼"条、宋黄朝英《靖康缃素杂记》卷五"乌鬼"条也有考证；他如"宁馨""阿堵""遮莫"等词也有多种宋人笔记涉及，往往互相因袭，缺乏新意。

四、元明

（一）元代

1. 李治《敬斋古今黈》

《敬斋古今黈》，十二卷，②元代李治撰。书名取《淮南子·主

---

① 《艺苑雌黄》本条亦见宋胡仔《苕溪渔隐丛话后集》卷八53页引。
② 本书的卷数，原目四十卷，清四库馆臣辑为八卷。此十二卷说，系清缪荃孙编定。参见中华书局本刘德权"点校说明"。

术》"黈纩塞耳"注义,表示"不欲其妄闻"之意。① 书中对经史典籍的讹误有所订补,对前人的阙失加以是正。《四库全书总目提要》评价说:"有元一代之说部,固未有过之者也。"

李氏注意字词训诂,其中对六朝以来词语的考释也不乏可取之处,如:

肉薄攻城。或以肉薄为裸袒,或以肉薄为逼之使若鱼肉,然皆非是。肉薄,大抵谓士卒身相币,如肉相迫也。(卷三)

按:"肉薄攻城"一类的描写在六朝史乘中多见,"肉薄"犹言你推我攘、蜂拥而上,形容攻方人员密集。李氏的解释近是,可从。

"料理"之语见于《世说》者三:"韩康伯母闻吴隐之兄弟居丧孝,语康伯曰:'汝若为选官,当好料理此人。'""王子猷为桓温车骑参军,温问子猷曰:'卿在府日久,比当相料理。'""卫展在江州,知旧投之,都不料理。"料理者,盖营护之义。犹今俚俗所谓照顾觑当耳。《石林》以为料理犹言谁何,料多作平音。当作平音,《石林》固是;其言谁何则非也。谁何乃诃喝禁御之谓。(卷一〇)

按:"料理"之释当如本书所说,《石林》解为"谁何",未确;李氏驳之是也。

"乖角"犹言乖张,盖俗语也。然唐人诗有之。独孤及《酬于逖毕曜问病》云:"救物智所昧,学仙愿未从;行藏两乖角,蹭蹬风波中。"(卷四)

书中也有一些疏失,就不一一指出了。

2.《南村辍耕录》

《南村辍耕录》三十卷,元陶宗仪撰。本书是元代著名的考据

---

① 《淮南子·主术》:"黈纩塞耳,所以掩聪。"高诱注:"不欲其妄闻也。"

型笔记,其中和中古、近代汉语有关的条目不少,诸如:

有考释俗字的:

弖即卷字。《真诰》中谓一卷为一弖。或以为弔字及篇字者,皆非。(卷二"弖字"条,31页)

有考释俗语、谚语的:

世言家之尊者曰家主翁,亦曰家公。唐代宗谓郭子仪曰:"鄙谚有云:'不痴不聋,不作家翁。'"(卷六"家翁"条,74页)

世之鄙人之不肖者为奴材。郭子仪曰:"子仪诸子,皆奴材也。"(卷六"奴材"条,74页)

湖南益阳州,夜中,同寝之人无故忽自相打,每每有之,名曰沙魔。(卷六"沙魔"条,74页)

俗语以不洁为麤糟。按《霍去病传》麤皋兰下注:"世俗谓尽死杀人为麤糟。"然义虽不同,却有所出。(卷一〇"麤糟"条,124页)

在释义基础上,或考释六朝、唐宋元明口语词,或进一步推求词语来源。

凡男女缔姻者,两家相谓曰亲家,此二字见《唐·萧嵩传》。(卷六"亲家"条,78页)

今人之指佣工者曰客作,三国时已有此语:焦光饥则出为人客作,饱食而已。(卷七"客作"条,88页)

"不耐烦"三字,见《宋书·庾登之弟仲文传》。(卷八"不耐烦"条,106页)

南人方言曰温暾者,乃微煖也。唐王建《宫词》:"新晴草色暖温暾。"又白乐天诗:"池水煖温暾。"则古已然矣。(卷八"温暾"条,103页)相对于元代而言,唐代已经为"古"了,陶氏还是具有历史发展观点的。

陶宗仪生活于元末明初,故他在笔记中也时常考证当时的口语词。如:

卷八"汉子"条指出"今人谓贱丈夫曰汉子",并征引《北齐(书)》魏恺"何物汉子"和唐段成式《庐陵官下记》"研朱汉子"为源头。(104页)

陶宗仪是浙江黄岩人,《南村辍耕录》保存了很多的吴方言词语,值得重视。鲁国尧曾撰《〈南村辍耕录〉与元代吴方言》一文,对书中所记载的元代吴方言作了疏通解释,并征引现代吴方言为例,很有说服力。(参见鲁国尧1988)

吾乡称舟人之老者曰长年。长,上声。盖唐已有之矣。杜工部诗云:"长年三老歌声里,白昼摊钱高浪中。"《古今诗话》谓川峡以篙手为三老,乃推一船之最尊者言之耳。因思海舶中以司柁曰大翁,是亦长年三老之意。(卷八"长年"条,104页)

按:今江浙一带犹称船上掌舵者为(船)老大。

(二)明代

有明一代的学风,以往的评价不很高,"明朝的学者,大都矜尚广博而忽略了专精的一面,所写笔记一类的书,总是兼收并蓄,细大不捐"。① 当然,广博也有广博的好处,明代笔记并非毫无可取之处。

明代学者的考据型笔记中,《焦氏笔乘》等较为著名。

1. 焦竑《焦氏笔乘》

《焦氏笔乘》,明焦竑撰。《焦氏笔乘》是焦竑的一部笔记体著作。全书正集六卷,续集八卷,凡491条(据上海古籍本"目

---

① 见点校本《四友斋丛说·出版说明》,中华书局,1959。

录"统计)。内容包括儒释经典的阐释、史实制度的考证、文章诗词的品评、时事见闻的记叙、文字音义的训释以及版本目录的研究等,内容十分广泛。焦氏的学问见识在明代学者中是出类拔萃的,书中有关小学考据的部分内容丰富,涉及面较广,兹举述如下。

首先,焦氏对一些理论问题作了阐释,如:

卷三"古诗无叶音"条云:"诗有古韵今韵。古韵久不传,学者于《毛诗》《离骚》皆以今韵读之,其有不合,则强为之音,曰'此叶也',予意不然。如'驺虞','一'虞'也,既音牙而叶葭与豝,又音五红反而叶蓬与貑;'好仇',一'仇'也,既音求而叶鸠与洲,又音渠之反而叶逑。如此则东亦可音西,南亦可音北,上亦可音下,前亦可音后,凡字皆无正呼,凡诗皆无正字矣,岂理也哉?"此对宋代流行的"叶韵说"作了批判。焦竑和明代著名学者陈第(1541—1617)同时,并为陈第《毛诗古音考》作序,故上述观点,大概是受到了陈氏的影响而然。即便如此,焦氏能够赞同陈第的见解,并写下"古诗无谐音"一条与陈说相呼应,还是很有学术见地的。

卷六"古字有通用假借用"条指出:"经籍中多有古字通用及假借而同,读者每不之察。"并详举古字通用、假借的典籍用例。

卷六"古文多倒语"条云:"古文多倒语,如息之为长,乱之为治,扰之为顺,荒之为定,臭之为香,溃之为遂,蕚之为祥,结之为解,坐之为跪,浮之为沈,面之为背,粪之为除,皆美恶相对之字,而反其义以用之。如'天地盈虚,与时消息',以息训长也。……'则皆坐奠之而后取',以坐训跪也。'越浮西子于江',以浮训沈也。'马童面之''面缚衔璧''面规槊而改错',以面训背也。'为长者粪',以粪训除也。"对反训现象作了探讨。①

就具体的文字训诂校释而言,《笔乘》也不乏可读之条。校正文字者如卷一"盗笀"、续集卷五"讹字"等条,续集卷六"俗书之误"则涉及俗字问题。训释词语者如卷一"束修"条对《论语·述而》"自行束修以上"之"束修"的传统解释提出异议,认为"束修非谓脯贽也,盖言自行束带修饰之礼以上",可备一说。② 续集卷五"阿堵"条解释说"阿堵自是当时谚语,如今所谓此物云耳""宁馨"条解释说"宁馨,犹言'恁的'也;如阿堵,皆虚活字",都有可取之处。

此外,《笔乘》续集卷四"古名字"条提出利用古人名和字相对应的规律来确定人名正讹的观点并辅以实例,续集卷五"句读"条对多例古书属读关系容易混淆之处提出正确的句读意见,都反映出作者深厚的小学及文献学功底,给读者以不少启迪。

焦氏此书的缺陷在于,部分考证实前有所承,而不明举出处,受到《四库全书总目提要》(卷一二八《子部·杂家类存目五》)的批评;少数条目或板起面孔说教,或宣传迷信巫术,没有什么学术价值。

焦竑《焦氏笔乘》现存较早的有明万历三十四年(1606)刻本,后来又有"粤雅堂丛书"本、"金陵丛书"本、"丛书集成初编"本等。上海古籍出版社1986年以"粤雅堂丛书"本为底本排印出版,李剑雄点校。

2. 陆容《菽园杂记》

《菽园杂记》十五卷,明陆容撰。据明刻本《菽园杂记序》记:

---

① 明杨慎《丹铅杂录》卷九有"古文倒语"条,已经论及这种"皆美恶相对之字,而反其义以用之"的现象,盖即焦氏所本;但《笔乘》所举"息""坐""浮""面""粪"几条为杨书所无。
② 《后汉书》卷六四《延笃传》:"且吾自束修以来,为人臣不陷于不忠,为人子不陷于不孝。"李贤注:"束修谓束带修饰。"已经对"束修"作如是解释。

"王文恪罢相归吴,每语其门人曰:'本朝纪事家当以陆文量(按:陆容,字文量)《菽园杂记》为第一。'"《四库全书总目提要》谓"虽无双之誉,奖借过深,要其所以取之者必有在矣"。

《杂记》记载了明代许多和语言有关的文化现象,如:

民间俗讳,各处有之,而吴中为甚。如舟行讳"住"、讳"翻",以"箸"为"快儿","幡布"为"抹布"。讳"离散",以"梨"为"圆果","伞"为"竖笠"。讳"狼藉",以"榔槌"为"兴哥"。讳"恼躁",以"谢灶"为"谢欢喜"。此皆俚俗可笑处,今士大夫亦有犯俗称"快儿"者。(卷一,8页)

陆氏所记载的吴中"俗讳",今江浙一带仍有保留,如杭州话管筷子叫"筷儿",擦洗用的旧布叫"抹布","抹"音近 me。

移中文字,有日用而不知所自,及因袭误用而未能正者。姑举一二:如"查"字音义与"楂"同,水中浮木也。今云查理、查勘,有稽考之义。"吊"本伤也,愍也。今云吊卷、吊册,有索取之义。"票"与"慓"同,本训急疾,今以为票帖。"绰"本训宽缓,今以为巡绰。"盔"本"盂"也,今以名铁冑。"镯"本"钲"也,今以名钏属。又如闸朝、闸班、课程,其义皆未晓,其亦始于方言与?(卷二,16页)

从陆氏所举的明代文书用语如"查理""查勘""吊卷""吊册""票帖""巡绰"等词及释义中,可以窥见明代口语词汇之一斑。

陆氏书中也有对文字演变的考证。有推阐大写数字的产生年代的:"壹贰叁肆伍陆柒捌玖拾阡陌等字,相传始于国初刑部尚书开济,然宋边实《崑山志》已有之。盖钱谷之数用本字,则奸人得以盗改,故易此以关防之耳。"(卷三,29页)有考辨俗字写法的:"今俗吏于移文中,如价直之直作值,枪刀之枪作鎗,案卓作案棹,交倚作交椅。此类甚多,使欧公见之,当更绝倒也。"(卷

三,30 页)

3. 杨慎《丹铅总录》《丹铅续录》《丹铅杂录》《俗言》

杨慎这几部笔记都有一些条目讨论了中古、近代汉语词汇。如《丹铅总录》卷五讨论"勿勿",卷七讨论"至足乐耶"(丛书集成本,37 页)等,《丹铅续录》卷三讨论"阿堵"和"宁馨",如论"阿堵"时说:"晋人云阿堵,犹唐人曰若个,今曰这个也。"(61 页)

《丹铅续录》卷三"使者曰信"专门讨论了"信"的古今词义差别的问题。杨氏列举晋武帝《炎报帖》末云"故遣信还"、《南史》"晨起出陌头,属与信会"两例,云:"古者谓使者曰信。"又举《贡诰》云:"公至山下,又遣一信见告。"《谢宣城传》云:"荆州信去倚待。"陶隐居《帖》云:"明旦信还,仍过取反。"虞永兴《帖》云:"事已信人口具。"指出:"凡信者,皆谓使者也。今之流俗,遂以遣书馈物为信,故谓之书信,而谓前人之语亦然,谬矣。"(丛书集成初编本 59 页)杨氏的意见无疑是对的。

《丹铅续录》卷三"《世说》误字"对《世说新语》作了校勘,卷六释"过所"为"今之行路文引也""零丁"为"今之寻人招子也"等,都有一定的参考价值。

《丹铅杂录》卷四"挞打同字"、卷五"帆字音""勿勿"等条,也考证了中古、近代汉语里的字词俗语。

《俗言》卷一"拍张"条释"拍张"为"盖手搏捽胡之戏",又释"乃淘""搜牢""附近""窟咤""了蔫""将牢"("将牢",犹俗言把稳)等,[①]也有可参考之处。

[①] 《资治通鉴·晋烈宗孝武皇帝中之下》:"(姚)苌置酒高会,诸将皆曰:'若值魏武王,不令此贼至今。陛下将牢太过耳。'"胡三省注:"将牢,谓先自固而不妄动也。犹今人之言把稳。"是杨氏所本。

4. 徐渭《南词叙录》

书中有一些考证戏曲词语的内容，除考证戏曲术语"生""旦"等 15 个词外，还指出："曲中常用方言字义，今解于此，庶作者不误用。"诠释了"员外""谢娘"等 53 个词语。例如："相公：唐、宋谓执政曰'相公'。最古。今人改曰'大人'，已俗矣。""奴家：妇人自称。今闽人犹然。""挜摆：把持也。今人云'挜摆不下'，即此二字。"（247 页）"波查：犹言口舌。北音凡语毕必以'波查'助词，故云。""遮莫：尽教也。亦曰'折莫'。杜诗：'遮莫邻鸡下五更。'""打脊：古人鞭背，故詈人曰'打脊'。唐之遗言也。""恁的：犹言'如此'也。吴人曰'更个'。""胡柴：乱说也。今人云：'被我柴倒'，即此字。"尽管解释的词语并不多，但徐渭又征引古语（唐人语、杜诗），又旁及今说（今人云），还语涉方言（今闽人，吴人），触类旁通，举一反三，就像一个老练的语言学家那样考证字词，给人不少启迪。

当然，书中也有一些望文生义之说，如："包弹：包拯为中丞，善弹劾，故世谓物有可议者曰'包弹'。"（《中国古典戏曲论著集成·南词叙录》247 页）

5. 胡震亨《唐音癸签》

《唐音癸签》，明胡震亨撰，上海古籍出版社，1981 年。本书是一部诗评体笔记，其中有对常用词汇的解释考订，部分条目与中古、近代书中俗语有关。

杜又用俗字。黄常明云："数物以个，谓食为吃，甚近鄙，独杜屡用。'峡口惊猿闻一个''两个黄鹂鸣翠柳''却绕井栏添个个''临歧意颇切，对酒不能吃''楼头吃酒楼下卧''但使残年饱吃饭''梅熟许同朱老吃'。篇中大概奇特，用俗字更可映带益妍耳。**用方言里谚**。孙季昭云：'杜子美善以方言、里谚点化入诗句中。如云:'吾家老孙子,质朴古人风。''客睡何曾著,秋天不肯明。''枣熟从人打,葵荒欲自锄。''一夜水高二尺强,数日不可更禁当。''不分桃花红胜锦,生憎柳絮白于绵。''负盐出井此溪女,打鼓发船何处郎。'此类尤多,不可殚述。"(卷十一《评汇七》,105页)

按:俗语入诗,在杜甫为常事。其《峡中诗》有"家家养乌鬼,顿顿食黄鱼",这"乌鬼"显见就是某一动物的俗称,以致至今聚讼纷纭。胡震亨认为是指"鸬鹚",似未必;但胡氏指出,不能因为明代峡中不以"乌鬼"称鸬鹚就另寻他解,"方言今古不同者多,可一概论耶"!(见卷二〇《诂笺五》,220页)胡氏认识到包括方言在内的语言古今有差异,这是可取的。

"今世所道俗语,多唐以来人诗。当时原说得太俚,后来便作俗谚相举。如'公道世间惟白发,不知辛苦为谁甜'之类,难悉举。宋人以王季友观壁画山水诗'于公大笑向予说,小弟丹青能尔为'等语为浅陋类儿童幼学者,一拈出便欲喷饭。"(卷一一《评汇七》,113页)

书中最负盛名的,是卷二四《诂笺九》,其中多有对中古、近代汉语词语的解释。有胡氏自己发明的,如:

镇

六朝人诗用镇字,唐诗尤多,如褚亮"莫言春稍晚,自有镇开花"之类。《韵书》:"镇,压也,亦安之也。"盖有常之义。约略用之,代常字,令声俊耳。(251页)

忽地

王建诗:"杨柳宫前忽地春。"忽地,犹言忽底,盖以地为助辞。(254页)

也有引他书说法的。如:

生

李白戏杜甫云:"借问别来太瘦生,只为从前作诗苦。"太瘦生,唐人语也。至今犹以生为语助,所谓可怜生、作么生之类。(引杨慎《谈苑》,251页)

格是

乐天诗云:"江州去日听筝夜,白发新生不愿闻。如今格是头成雪,弹到天明亦任君。"元微之诗云:"隔是身如梦,频来不为名。怜君近南住,时得到山行。"格与隔二字义同,格是犹言已是也。(引《容斋一笔》,254页)

此外,在卷二四《诂笺九》中,作者还征引、讨论了"泥""踏""底""煞""依""亲家""遮莫""宁馨""阿那""斟酌""料理""处分""温噢""乖角"等中古近代词语。(251—259页)

本书也有不足,如有照抄前人条目者:"【酒名春】东坡云:唐人酒多以春名,今具列一二:金陵春、竹叶春、麹米春、抛青春、梨花春、若下春、石冻春、土窟春、烧春、松醪春。"(卷二〇《诂笺五》,213页)

按:唐人以"春"名酒,宋人早已发之,此条几乎全袭自王楙《野客丛书》卷一〇"石冻春"条("东坡云:'唐人名酒,多以春名'");又可参宋赵令畤《侯鲭录》(中华书局,2002)卷八"唐人多以春名酒"条。诸如此类,有的注明出处,有的则没有。

6. 其他

除了上面介绍的著作以外,还有一些笔记也有值得注意的条目,例如:

(1) 有对口语词的考证

明杨慎《艺林伐山》卷二〇"泥人娇"条:"俗谓柔言索物曰泥,乃计切,谚所谓软缠也。杜子美诗:'忽忽穷愁泥杀人。'元微之《忆内》诗:'顾我无衣搜画匣,泥他沽酒拔金钗'。《非烟传》诗曰:'郎心应似琴心怨,脉脉春情更泥谁?'杨乘诗:'昼泥琴声夜泥书。'又元邓文原赠妓诗有'银灯影里泥人娇',后人用者不一。"(丛书集成本156页)又明胡震亨《唐音癸签》卷二四《诂笺九》"泥"条引《升菴外集》亦同,251页)。

沈榜《宛署杂记》中的《民俗·方言》条云:"寻取曰找。"

(2) 有对俗语、俗谚的考证

今天口语中有"翻跟头"之说,也说"翻筋斗",当由来已久。明于慎行《谷山笔麈》卷一四有过考证:"汉有鱼龙百戏,齐、梁以来,谓之散乐,有舞盘伎、舞伦伎、长蹻伎、跳铃伎、掷倒伎、跳剑伎、吞剑伎,今教坊百戏大率有之。惟掷倒不知何法,疑即翻金斗也。翻金斗,字义起于赵简子之杀中山王,后之工人以头委地而翻身跳过,谓之金斗,想其形类为名耳。"(159页)

(3) 有对习语或固定名物词的考证

明代有"钱积"一语。于慎行《谷山笔麈》卷一四云:"唐庄宗置酒钱库,令其子继岌为张业起舞,指钱积曰:'和哥乞钱,尽以钱一积与之。''钱积'二字始此。"(163页)

(4) 有保存了若干吴方言的

《四友斋丛说》,明何良俊撰。何氏是明代学者中的佼佼者,"其博学多闻,仅在杨慎、胡应麟、王世贞诸人之亚"。(中华书局本《出版说明》)

嬉,嬉戏,玩耍。明何良俊《四友斋丛说》卷一三:"又有乐工二人教童子声乐,习箫鼓弦索。余小时好嬉,每放学即往听之。"(110页)

按:今浙江台州方言仍称玩耍为"嬉",如说,"天亮到我屋里来嬉"(明天到我家来玩)。

明郎瑛《七修类稿》(上海书店,2001)一书,于"考证类"有一些语词札记性质的条目,如卷二一"阿堵潦倒"(221页)、"襁褓子"(222页),卷二三"偻儸"(240页),卷二四"郎称"(250页)、"谚语始"(257页)、"俗言讹"(260页),卷二七"方头"(292页),卷二八"欸乃"(302页)等。

其中误言者,如卷二三"谚语解"云:"措大为秀才者,以其举措大道也。"(244页)郎氏的"措大"的解释有误,说已见前。

五、清代

1. 黄生《字诂》《义府》

《字诂》《义府》,清初黄生撰。黄生生平事迹不详。《字诂》《义府》是他在语言文字方面的两部著作。

《字诂》一卷,以考证字形演变、文字通假、字音及字义为主,其考证字义的如谓"以"可转为语词,与"而"通用,举《(礼记)乐记》"治世之音安以乐"等例、释"郎当"音转为"笼东""伶仃""龙锺""落托","大抵皆失志蹭蹬之意,特古今方言转口有异耳"("郎当"条),都十分精彩,要言不烦。但释《三国志·魏志·明帝纪》裴注引《魏略》"衣冠了鸟"之"了鸟"为小裤短衣,则未为的论。实则此处"了鸟"与服饰了无所涉,"了鸟"盖联绵词,有破旧、弊恶义。①

《义府》二卷,以训诂考据为主要内容,其中如谓《左传·隐公元年》"庄公寤生"之"寤""当与牾通,牾,逆也"(卷上"寤生"条)②、

---

① 此从郭在贻说,郭文并认为"了鸟"实与"兰弹""郎当""陇种""潦倒""鹿独""笼东"等同出一源。参阅郭在贻(2002:26—27)。

② 焦竑《焦氏笔乘》续集卷五"寤生"条引吴元满解释此例"寤"说:"据文理,'寤'当作'逜',音同而字讹。逜者,逆也。凡妇人产子,首先出者为顺,足先出者为逆。庄公盖逆生,所以惊姜氏。"已经指出"寤"当作"逆"解。

《史记》"不自喜""即今俗云'好不思量'之意"（卷下"不自喜"条）、《三国志》"此何太适适"之"适"与"的"同，"适适"是"的的分明"义、《世说新语》"和峤踢䳟不得休"的"踢䳟即妯扰，即擿娆"（"踢䳟"条）、校《世说新语》"刘尹茗柯有实理"的"茗柯"为"茗芋"之误（"茗柯"条），都精确可信。黄生还对南朝梁陶弘景《（周氏）冥通记》中的许多语词作了研究考释。

当然，黄生也免不了误说，如卷下"物故"条云："物犹事也，不正言死，但讳云事故，犹孟子所谓大故耳。"不知"物"当读为"勿"，"勿"即"殁"字。《左传·僖公二十二年》："叔詹曰：'楚王其不勿乎！'"杜预注："不勿，言不以寿终也。""勿故"和"殁死"一例，犹言死亡。王念孙《读书杂志·汉书第十》"物故"条已经加以纠正。

《字诂》《义府》有清黄承吉整理（合按）的《字诂义府合按》本（中华书局，1984）。

2. 顾炎武《日知录》

《日知录》，三十二卷，清顾炎武撰。此书"凡经义、史学、官方吏治、财赋、典礼、舆地、艺文之属，一一疏通其源，考正其缪误"。（潘耒语）该书对不少词语进行了考辨。如卷二四"郎"条：

郎者，奴仆称其主人之辞。通鉴注：门生家奴呼其主为郎，今俗犹谓之郎主。……其名起自秦汉郎官。……自唐以后，僮仆称主人通谓之郎，今则舆台厮养无不称之矣。……又按，北朝人子呼其父亦谓之郎。《北史·节义传》："李宪为汲固长育，至十余岁，恒呼固夫妇为郎、婆。"把中古汉语时期作为称谓的郎的意义、来源及其变化说得清清楚楚。

"荡"条云："古人以左右冲杀为荡。陈其锐卒，谓之跳荡；别帅谓之荡主。荡舟盖兼此义。"

另外如卷三十二"奈何""乾没""信""阿""幺""写""场屋""石炭"等条都涉及中古近代汉语方面的内容。

《日知录》有清黄汝成《日知录集释》(上海古籍出版社,1985)。

3. 胡鸣玉《订讹杂录》

清胡鸣玉《订讹杂录》(丛书集成初编本 0350)卷三"郑重"条,云:"郑重有频烦、殷勤二义,不作珍重、不敢轻忽解。"(25 页)卷四"又拜"条,考证书翰中"又行"二字,"不详所出",究其实,"行"原来是草书"拜"字之误,"又行"其实原来是"又拜"。(41 页)"龙钟"条考证"龙钟"有数义:"有作下泪解者,有作蹭蹬解者,今人但知为老惫用耳。"(47 页)卷五"茗艼"条考证"茗艼即酩酊字。《世说》:'日暮倒载归,茗艼无所知。'《晋书·山简传》同。"(53 页)他如卷三"宁馨阿堵"(26 页)、卷六"道人"(63 页)、卷七"装潢"(77 页)、卷八"相於"(92 页)。

有的条目写得相当不错,层层累增,追溯源流,类似于后代词汇史研究,如:

卷九"客作"条:"《野客丛书》引吴曾《漫录》云:'江西俚俗,骂人曰"客作儿"。案陈从易《奇荔枝与盛参政》诗:"橄榄为卜辈,枇杷客作儿。"仆谓受雇者为客作,已见于南北朝。观袁翻谓人曰:"邢家小儿,为人客作。表章此语,自古而然。"'勉夫之言如此。予又案《西京杂记》:'匡衡家贫勤学,邑有大姓多书,乃与客作,得遍读主人书。'又《辍畊录》云:'今人之指偏工者,曰客作,三国时已有此语。焦光饥,则出为人客作,饱食而已。观此,则又不始于南北朝矣。"(98 页)

4. 赵翼《陔馀丛考》

本书分上中下三册,中华书局,1963 年新 1 版。赵翼以史学名家,但在笔记考证方面,同样出色当行,多有可采。

卷二二"猖獗"条云:"今人见人恣横不可制者,辄曰猖獗。史传亦多用之,然更有别义。汉昭烈谓诸葛武侯曰:'孤智术浅短,遂用猖獗。'王彪之谓殷浩曰:'无故忽忽,先自猖獗。'……凡此皆有倾覆之意,与常解不同。"(中册 446 页)

按:南朝梁丘迟《与陈伯之书》:"沉迷猖獗,以至于此。""猖獗"形容遭受挫折而处境狼狈,也是失足、失败、倾覆义,足证赵说可信。

卷二二"绝倒"条云:"今人遇事之可笑者,每云绝倒。其实此二字不仅形容可笑也。《晋书·卫玠传》:'王澄每闻玠言,辄叹息绝倒。时人为之语曰:卫玠谈道,平子绝倒。'《世说》:'王敦见卫玠后,谓谢琨曰:不意永嘉之后,复闻正始之音。阿平若在,当复绝倒。'《魏书·李苗传》:'苗览《周瑜传》,未尝不咨嗟绝倒。'此皆言倾倒之意。《北史·崔赡传》:'赡使于陈,过彭城,读道旁碑文,未毕而绝倒。从者遥见,以为中恶。此碑乃赡父徐州时所立,故哀感焉。'《隋书·陈孝意传》:'孝意居父丧,朝夕哀临,每发一声,未尝不绝倒。'此又极形其悲怆之致也。惟《五代史·晋家人传》:'出帝居丧,纳其叔母冯氏为后,酣饮歌舞,过梓宫前,贯而告曰:皇太后之命,与先帝不任大庆。左右皆失笑,帝亦其绝倒。'此则捧腹鼓掌等义,意义相近耳。然《宋史·王登传》:'登夜分正理军书,幕客唐舜申至,登忽绝倒,五藏出血而卒。'元赵秉文《杂拟》诗:'不敢上高楼,惟恐愁绝倒。'则宋元之间,亦尚不以绝倒字专指诙笑。赵与时《宾退录》亦引卫玠事而论流俗以绝倒为大笑之误。"(447 页)

卷三十"名帖"条云:"窃意古人通名,本用削木书字,汉时谓之

谒,汉末谓之刺,汉以后则虽用纸,而仍相沿曰刺。"(637页)

卷三六"夫弟称小郎"条云:"女呼夫之弟曰小郎,是六朝人语。"举《晋书》《世说》《南史》等为例。(793页)又卷四三"登时"条云:"俗谓俄顷间曰登时,亦云即刻。"举《宋书》《北齐书》《旧唐书》等为例。(968页)

卷四三"卖弄"条云:"近代俗语卖弄二字,专指夸耀之意。六朝以前则谓招权揽势也。《后汉书·灵帝纪注》:'闵贡厉声责张让等卖弄国恩。'《朱浮传》:'坐卖弄国事免。'……"(973页)

他如卷三六"至尊""公""卿""门生""门子",卷三七"博士待诏大夫郎中""大人""下官""官人""爷""爹""家祖家父家君家兄舍弟家姑家姊""尊老尊兄令弟""丈人""舅""哥",卷三八"娘子""小姐""姨娘""阿",卷四三"点心""钻""暖房""杜撰""底""你"等都颇具特色。

但是该书也有失误,如卷三一"高坐缘起",引程大昌《演繁录》谓"其名之曰椅子,则自宋初始"(662页),未确。又卷三八"布袋"条谓"俗以赘婿为布袋。按《天香楼偶得》云:《三馀帖》:'冯布少时,赘于孙氏,其外舅有琐事,辄曰:令布代之。'布袋之讹本此"。(833页)误。卷四三"相打"条云:"俗以斗殴曰相打。语本《南史·黄回传》:'回在宣阳门,与人相打。'"(971页)其实《奏弹刘整》已经出现,此误。

5. 俞正燮《癸巳存稿》《癸巳类稿》(商务印书馆,1957年重印第1版)

这是俞正燮的两部著名笔记。先看《癸巳存稿》:

卷三"莫",读《宋史·岳飞传》"其事体莫须有"为"其事体莫,须有",误(68页)。

卷三"吃酒"条:"《无量清净平等觉经》有吃酒,则唐时常语。"(73页)这一条已经注意利用汉译佛经加以说明,俞氏也是清代较早利用佛典进行词语考释的学者之一。

另如"贝勒"(75页)、"桉班"(76页)两条考证金元借词,"阿雅"一条考证状喊痛声的象声词"安伟""阿雅伟""阿呀喂""阿瘖瘖""阿与""阿唨""阿嚛""哎呦""阿燕"等,系联甚广。(76页)卷四"白"条考证"白屋",云:"古屋美曰白屋,……后世则贫家曰白屋,贵人有丧则白屋。"(120页)"女人称谓贵重"条考证"盖娘子以称内主,其闺女则称小娘子也",举《丙子平宋录》"丞相娘子"之称后云:"盖初译时以娘子为一家尊称,六朝唐人相沿,辽金元皆承用之。或笑其俚,不知其托意至高也。""又公婆公姥对,娘子郎君对。……郎君是奴称主,知娘子亦奴称主也。"(125页)

此外,卷四"妳母"(126页)、卷七"仰"(218页)、卷十"麦条子"(286页)、"锦地"(290页)、《补遗》"你侬偺们"(473页)、"妞"(473页)等条,也都解释了一些中古、近代语词。

再看《癸巳类稿》:

卷七"复语解",对古书中有些"同义并列"的复合词作了分析,《尚书·无逸》:"文王自朝至于日中昃,不遑暇食。"正义云:"遑,亦暇也,重言之。古人自有复语。"指出:"其义非也。……此句暇食连文,不遑连文,非遑暇连文。"(247页)"释毛"一条对《后汉书·冯衍传》"饥者毛食"的"毛"作了考证,并连带解释了相关的表示无、没有义的一组词。"夥颐何乃㴞还音义"对《世说新语》的"何乃㴞"作了解释,认为"乃㴞即宁馨、而馨、如馨",并广引宋代笔记加以考证。"等还音义"条考证了六朝以来的"等""底",并联系了"兀底""恁底""宁底""凭底""恶得""恶垛""阿堕""阿堵"等词,认为都是指示代词,云"皆言此等也"。(254页)卷一一"长者义"条释云:"所谓长者,皆言富贵有气力。……佛书东汉始译,其徒相承,尚知此语。《维摩诘所说经》长者音义云:'……财盈一亿,德行又高,便称长者。'""盖长者有三义:父兄,一也;富贵人,二也;德行高,三也。三义,注书者不可相牵涉。"(401页)

也有考辨字形的条目,如"劼虪伈字形说"和"鲲字形说"(265页)等。

6. 王鸣盛《十七史商榷》(商务印书馆,1959年重印第1版)

王鸣盛和钱大昕、赵翼并称为清代史学三大家,其《十七史商榷》也和钱氏《廿二史考证》、赵氏《廿二史札记》齐名。不唯如此,在中古近代汉语词汇训诂方面,《十七史商榷》也有一定的成绩。

诸如卷十一"卖弄"条、卷八七"好汉"、卷二六"便面"(219页)、卷三七"台阁"(313页)、卷三八"雕"(329页)、卷四○"回倒"(356页)、卷五四"魕"条(494页)、卷五五"白纱帽"条(502页)、卷六十"耶耶"条(579页)、卷六一"中诏"条(591页)、卷六二"靴"条(604页)、卷六四"白门"条(647页)、"东府"条(650页)、卷六七"蛮左"条(693页)、卷六八"解巾"条(704页)、卷八一"过所"条(880页)、卷九二"替"(1045页)、"《旧唐》载俗字"(1055页)、卷九八"五代俗字俗语"条(1130页)等,都考证了六朝、唐至明代的方俗语词,值得参考。

特别是卷三五"自搏"条云:"《赵憙传》:'憙欲报兄仇,挟兵往仇家,疾病无相距者,皆卧自搏。'注:'自搏,犹叩头也。'考《三国志·吴·韦曜传》:'孙皓收曜付狱,曜上辞曰:谨叩头五百下,两手自搏。'裴松之虽无注,然上文既言叩头,下文即言自搏,则自搏非叩头。李贤注殊误。叩头以首叩地,自搏以手自搏击,悔过而痛自责之意也。"(《后汉书》卷七 300 页)卷六一"与手"条列举《宋书》《南史》《资治通鉴》的多条"与手"用例,并引胡三省《资治通鉴注》:"言与之毒手而杀之。"(601 页)卷六二"官"条多举南北朝史书中称皇帝为"官"的用例,指出:"然则谓帝为官,南北朝有此语。"(609 页)卷六八"对兄自称儿"条指出,北齐皇室有对兄自称"儿"的用例,原因是"齐有呼父为兄兄者,见《南阳王绰传》;呼母姊姊,见《文宣李后传》,则对兄自称儿,亦当时语"。(711 页)卷八六"个小儿"条云:"《旧(唐书)·李密传》:'为左亲侍,在仗下。炀帝谓宇文述曰:个小儿视瞻异常,勿令宿卫。'《新(唐书)》作'此儿顾盼不常,无入卫。'此等却以仍旧为佳。《通鉴》第一百八十五卷,炀帝好效吴语,谓萧后曰:'外间大有人图侬。'胡三省注:'吴人自称曰侬。''个小儿'亦吴语也。"(927 页)多有见地,可供参考。

7. 其他

此外,还有不少清代学者的笔记中有中古近代汉语词汇方面的条目,如:

王士禛《香祖笔记》曾讨论过"信"(信使、书信),又卷一〇:"……鬼死为'(聻)'……音'积',又有'你'音,指物貌,禅家有此语。"钱锺书云:"'你'音即'呢','物貌'之解非是。"(《〈管锥编〉增订》,四册增订 55 页)

孙诒让《札迻》(中华书局,1989)。作者是小学功底极深的训诂学大家,在晚清学者中首屈一指。其《周礼正义》《墨子间诂》等都是著名的训诂学、文献学专著。《札迻》是作者的一部笔记体著作,凡十二卷,校勘订正了秦汉至齐梁间十八种古书中的讹误千余条。其中有些内容涉及中古汉语词汇。如:

"肥而扶疏则多秕。注云：根扇迫也。案：扇者，侵削之意。《齐民要术》云：'榆性扇地，其阴下五谷不植。'陶弘景《周氏冥通记》云：'年内多劳，扇削鬼神。'盖汉、晋、六朝常语。"（卷六 202 页）"扇"盖遮蔽之义。清黄生《义府》卷下释《（周氏）冥通记》"扇削"云："扇谓蔽翳之也，削谓侵削之也。"① 当是。然则孙说虽不甚确，但能注意利用《齐民要术》《周氏冥通记》等中古语言材料为之作释，是值得肯定的。

这方面的著述还有不少，恕不能一一尽举。

本章参考文献

蔡镜浩　1990　《魏晋南北朝词语例释》，江苏古籍出版社。
[日]长泽规矩也　1989　《明清俗语辞书集成》，上海古籍出版社。
程大昌　2000　《程氏考古编》，辽宁教育出版社。
丁　锋　2001　《原本玉篇残卷的版本源流及其与〈篆隶万象名义〉的传承关系》，载《熊本学园大学 文学·语言学论集》第 8 卷第 1 号第 69—90 页。
——　2005　《〈大广益会玉篇〉删改〈玉篇〉增补内容考——兼谈各国所藏〈玉篇〉残卷的版本问题》，载日本熊本学园大学海外事情研究所编《海外事情研究》第 32 卷第 2 号 71—89 页。
郭在贻　1981　《释"匆匆""无赖"》，《中国语文》第 1 期；收入《郭在贻文集》第一卷第 65—67 页，中华书局，2002。
——　1986　《训诂学》，湖南人民出版社；修订本，中华书局，2005。
——　1992　《魏晋南北朝史书语词琐记》，载《郭在贻语言文学论稿》，浙江古籍出版社；又《郭在贻文集》第三卷 29—30 页，中华书局，2002。
胡道静　1987　《梦溪笔谈校正》，上海古籍出版社。
黄　征　张涌泉　1997　《敦煌变文校注》，中华书局。
江蓝生　1995　《说"措大"》，《语言研究》第 1 期；收入《近代汉语探源》290—

---

① 蔡镜浩《魏晋南北朝词语例释》"扇"条释云："为蔽荫、遮挡之义。"（284 页）

298页,商务印书馆,2000。
蒋礼鸿　1987　《义府续貂》修订本,中华书局。
——　　1997　《敦煌变文字义通释》,上海古籍出版社。
黎庶昌　罗振玉　1985　《原本玉篇残卷》,中华书局。
林　源　2003　《〈通俗文〉初探》,载《汉语史研究集刊》第六辑328—338页,巴蜀书社。
刘盼遂　1926　《世说新语校笺》,《国学论丛》第一卷第四号。
刘晓东　1999　《〈匡谬正俗〉平议》,山东大学出版社。
刘叶秋　1980　《历代笔记概述》,中华书局。
鲁国尧　1988　《〈南村辍耕录〉与元代吴方言》,《中国语言学报》第三期,商务印书馆;收入《鲁国尧自选集》250—291页,河南教育出版社,1994;又《鲁国尧语言学论文集》217—252页,江苏教育出版社,2003。
罗竹风　1986　《汉语大词典》,辞书出版社。
吕叔湘　1985　《近代汉语指代词》,学林出版社。
梅祖麟　1983　《敦煌变文里的"熠没"和"举"字》,《中国语文》第1期。
钱玄同　1930　《寄陈独秀》,收入《胡适文存》卷一,上海亚东图书馆。
钱锺书　1986　《管锥编》第三册,中华书局。
孙锦标　2000　《通俗常言疏证》,中华书局。
王重民等　1957　《敦煌变文集》,人民文学出版社。
王继如　1990　《魏晋南北朝疑难词语辨析三则》,《中国语文》第5期。
王　力　2004　《汉语史稿》,中华书局。
王云路　方一新　1992　《中古汉语语词例释》,吉林教育出版社。
吴金华　1990　《三国志校诂》,江苏古籍出版社。
吴世昌　1982　《罗音室读书笔记》,载《学林漫录》第五集,中华书局。
项　楚　1993　《敦煌诗歌导论》,台北新文丰出版公司。
徐传武　1986　《世说新语刘注浅探》,《文献》第1期。
杨守敬　熊会贞　1989　《水经注疏》,江苏古籍出版社。
姚永铭　2003　《慧琳〈一切经音义〉研究》,江苏古籍出版社。
张　相　1979　《诗词曲语辞汇释》,中华书局。
张永言　1992　《世说新语辞典》,四川人民出版社。
真大成　2004　《〈南齐书〉词汇研究》,浙江大学硕士学位论文。
周一良　1985　《魏晋南北朝史札记》,中华书局。

朱葆华 2004 《原本玉篇文字研究》,齐鲁书社。
朱庆之 1990 《"野马"义证》,《古汉语研究》第 2 期。
祝鸿杰 1981 《〈汉书〉颜注释例》,杭州大学硕士学位论文,载《研究生论文选集·语言文字分册(一)》,江苏古籍出版社,1985。

第十三章　中古近代汉语词汇研究简史·近现代期

本章讨论近代、现代两期的中古、近代汉语词汇研究。所谓近现代，主要是指自 1901 年以来的整个 20 世纪百年之间的历史时期。具体可分为近代和现代两期：近代期是指从 20 世纪初至 1949 年的中古近代汉语词汇研究；现代期是指从 1949 年以后至 2003 年 6 月的海内外中古近代汉语词汇研究，[①]兹分述如下。

第一节　近代期的中古近代汉语研究

我们把 20 世纪初至 40 年代末即从 1901 年至 1949 年的中古、近代汉语研究阶段称之为"近代期"。这一时期，有关的研究论著包括这样两大类：一类是有关理论探讨、提出动议的；另一类则

---

① 中国大陆的现当代中古近代汉语词汇研究，主要见后面第十四、十五两章。

是从事具体的研究,或在考述中有所涉及的。

一、有识之士对中古近代汉语研究的呼吁和理论总结

(一) 梁启超对佛典翻译文献价值、分期问题的认识

梁启超是近代著名学者,著作等身。他对佛教和佛经有深入的研究,在《佛学研究十八篇》中,梁氏把佛典翻译分为三期,即:

第一期:东汉到西晋

第二期:东晋南北朝(其内部又分成前后期:东晋二秦为前期,刘宋元魏迄隋为后期)

第三期:唐宋

从今天的角度看,第一、二期的佛典翻译属于翻译佛经的早期,从生疏到较为成熟,经历了相当长的阶段,保存了较多的口语词、俗语词和原典特点,文白相间,属于杂糅性质的语言。第三期是翻译佛经的晚期,其时译经语言大体定型,自玄奘以后讲求语言典雅规范,词句华丽,从语言学角度来说,研究价值已经大为逊色。

(二) 胡适对白话文学的重要性的论述

胡适是新文化运动的代表人物,在倡导文学革命,提倡研究通俗文学,重视白话俗语等方面发表过不少论述。

胡适指出:"总之,文学革命,至元代而登峰造极。其时,词也,曲也,剧本也,小说也,皆第一流之文学,而皆以俚语为之。其时吾国真可谓有一种'活文学'出世。傥此革命潮流不遭明代八股之劫,不受明初七子诸文人复古之劫,则吾国之文学必已为俚语的文学,而吾国之语言早成为言文一致之语言,可无疑也。"(《吾国历史上的文学革命》,原出《胡适留学日记》三,1916年4月5日;见《胡适说文学变迁》10页,上海古籍出版社,1999)

又云:"今日欲言文学革命,须从八事入手。"其中"四曰,不避

俗字俗语(不嫌以白话作诗词)"。(《寄陈独秀》,见《胡适说文学变迁》14页,上海古籍出版社,1999;收入《胡适文存》卷一)

　　胡氏说:"吾惟以施耐庵、曹雪芹、吴趼人为文学正宗,故有'不避俗字俗语'之论也。盖吾国言文之背驰久矣。自佛书之输入,译者以文言不足以达意,故以浅近之文译之,其体已近白话。其后佛氏讲义语录尤多用白话为之者,是为语录体之原始。及宋人讲学以白话为语录,此体遂成讲学正体(明人因之)。"(《文学改良刍议》,见《胡适说文学变迁》24页,上海古籍出版社,1999;收入《胡适文存》卷一)

　　"我们为什么爱读《木兰辞》和《孔雀东南飞》呢?因为这两首诗是用白话做的。为什么爱读陶渊明的诗和李后主的词呢?因为他们的诗词是用白话做的。……简单说来,自从《三百篇》到于今,中国的文学凡是有一些价值有一些儿生命的,都是白话的,或是近于白话的。"(胡适《建设的文学革命论》,见《胡适文存》卷一;又见《胡适说文学变迁》45页,上海古籍出版社,1999)

　　"我以前曾说过,'白话'有三个意思:一是戏台上说白的'白',就是说得出、听得懂的话;二是清白的'白',就是不加粉饰的话;三是明白的'白',就是明白晓畅的话。依这三个标准,我认定《史记》《汉书》里有许多白话,古乐府歌辞大部分是白话的,佛书译本的文字也是当时的白话或很近于白话,唐人的诗歌——尤其是乐府绝句——也有很多的白话作品。"(胡适《〈白话文学史〉自序》,收入《胡适文存》三集卷八;见《胡适说文学变迁》171—172页,上海古籍出版社,1999)

　　这些论述,认识到通俗白话文学作品的价值,用深入浅出的语言阐述了白话文学的巨大价值,为恢复这部分向来受人忽视的作品的本来面目摇旗呐喊。

（三）黎锦熙的近代汉语研究动议

黎锦熙是著名语言学家，现代语言学研究的开创者之一。早在上个世纪初，他就认识到六朝以来俗文学的研究价值，大力提倡进行研究。在20世纪20年代末，黎氏撰写了两篇倡导进行近代汉语词汇研究的文章，即《中国近代语研究提议》和《中国近代语研究法》，指出近代诗词曲等通俗文学作品向来为学人、辞书所忽视，乏人研究，值得进行系统的发掘整理。①

（四）钱玄同对通俗文学的论述

钱玄同是新文化运动的急先锋和代表人物，在倡导新文化运动，提倡白话文等方面旗帜鲜明，态度积极，在推动新文化运动方面立下了汗马功劳。他对我国白话文学作品的评价也很高，指出："弟尝谓齐、梁以前之文学如《诗经》《楚辞》及汉、魏之歌诗乐府等，从无用典者。短如《公无渡河》，长如《焦仲卿妻》诗，皆纯为白描，不用一典，而作诗者之情感，诗中人之状况，皆如一一活现于纸上。《焦仲卿妻》诗尤与白话之体无殊，至今已越千七百年，读之，犹如作诗之人与我面谈。"（钱玄同《寄陈独秀》，收入《胡适文存》卷一）

二、语言学家的相关研究

早在20世纪二三十年代起，一些语言学家就相关的问题展开了早期研究工作，为后代留下了丰富的遗产和启示。

（一）吕叔湘的中古近代汉语研究

吕叔湘是近代汉语研究的开创者和主将。早在20世纪三四十

---

① 黎锦熙《中国近代语研究提议》，连载于1928年10月的《新晨报副刊》上，又载于1929年出版的《国语旬刊》一卷二期；《中国近代语研究法》，刊于《河北大学周刊》第1期。

年代,就撰写了《〈三国志〉释词》等论文,开了研究中古词汇的风气之先。后来又陆续撰写了《将无同》(1945)、《莫须有》(1945),都是汉语白话词汇研究的奠基之作。

(二)周一良的中古汉语词汇研究

周一良是著名的史学专家,早在20世纪40年代就撰写了《论佛典翻译文学》等重要论文,揭示了佛典研究的重要性。

周一良(1947[1963:317—321])考证了佛典中"仁"(第二人称尊称)、"曼"(趁)、"续"(犹、尚)、"故"(犹、仍)、"缘"(何处)、"唐"(空、徒)、"呜"(吻)、"将无"(莫非)、"落度"(没落潦倒无聊)、"妨妇"(丈夫克死妻子)等词语,开了利用佛典研究中古汉语词汇的先河。

除了实词外,周一良(1947[1963:321—322])还注意到了某些虚词,如"于"的特点,指出:翻译佛经中见于及物动词和宾语之间的"于"的用法是汉语原先没有的,说:"(于)大约最先是在韵文中凑字数,逐渐在散文里也流行起来。"举了"护于法音"、"见于要"(竺法护译《海龙王经》)、"击于大法鼓"(鸠摩罗什译《法华经》)等例,可谓目光如炬。

周一良在40年代撰写的一批史学论文中,也考证了相关的六朝语词,如《南朝境内之各种人及政府对待之政策》一文中的"溪"(傒、奚)(51—55页)、"伧"(65—66页)等称呼不同地区人的词语。(参见周一良1938)

20世纪80年代中期,在其名著《魏晋南北朝史札记》中,周一良考释了一百多个六朝词语,大多发人所未发,在中古史书词汇研究方面导夫先路。

(三)季羡林的佛经语言研究

季羡林是著名的东方语言学家,通晓梵语、吐火罗文等西域语言文字。曾经考证过"佛""浮屠""蔗糖"等词语,结论坚实可信。

(四)胡适的白话语词研究

除了鼓吹白话文、提倡研究通俗文学外,胡适也身体力行地对古白话的语词做了许多实证工作。例如,在《乍可》(载《胡适手稿》第9集,1970年)一文中,作者考证说:

王梵志诗:梵志翻着袜,人皆道是错。乍可刺你眼,不可隐我脚。

"乍可"就是现在说"宁可"。南宗和尚慧洪引此诗,已改作"宁可"。

"乍可"是唐时北方人常说的话。高适(765年死)诗:我本渔樵孟诸野,一生自是悠悠者。乍可狂歌草泽中,宁堪作吏风尘下?这里"乍"字等于今时的"宁"。而下句的"宁"等于今时的"那",或"那么"。

今夜翻《太平广记》百四七"裴有敞"条。夏荣劝裴有敞的夫人要"崇"福以"禳"祸。夫人问:"禳须何物"? 夏荣说:"使君娶二姬以压之,出三年则危过矣。"……夫人怒曰:"乍可死,此事不相当也。"此事出于《朝野佥载》,正是7世纪至8世纪之间的书。(转自项楚、张涌泉1999:343)

就《胡适学术文集·语言文字研究》而论,"刘安世的'巴揽'论""采旅·采稆·采穭""致周法高书两封""东西"诸条,都涉及中古近代语词。作为一个新文化运动的急先锋,胡适在近代口语词研究方面也开了风气之先。

(五)高名凯的中古近代汉语研究

高名凯是普通语言学、现代汉语的名家,但鲜为人知的是,他还是最早从事近代汉语研究的几位学者之一。高氏有关近代汉语

的著述,以《唐代禅家语录所见的语法成分》和《语法杂识》等几篇论文为代表。(参见高名凯1990)

《唐代禅家语录所见的语法成分》介绍了早期的白话文,作者说:"最早的白话文并不是传世的通俗文,而是禅家的语录。我们知道宋儒的思想颇受佛教哲学的影响,其实宋儒的语录也是效法禅家的语录。很早的时候,禅门弟子就养成了记录老师的说法的习惯,这些记录多半是用白话文写成的,也就是大家所称的'语录'。"(《高名凯语言学论文集》134页)"依据我们所知道的,最早的禅家语录就是神会和尚的语录。"(同上)

关于敦煌变文,高名凯说:"斯坦因和伯希和在敦煌所发现的抄本文稿虽然可以给我们一些启示,让我们知道中古时代的白话情形,但是,虽说敦煌的抄本都是在第十世纪以前写成的,它们的确切年代却并不是我们所能完全知道的,尤其是用白话文写成的变文,除非先做下时代的考证,我们很难利用它们来研究最早的白话文。"(同上)按:高氏的话有一定的道理,如果我们不能确定(或者大体确定)语料的年代,则就很难利用它们来研究词汇史。但是,就敦煌变文而言,其写作年代虽多数不可考,但从许多经卷的抄写年代推测,不少变文的写作年代大体上不会晚于某时(如晚唐)。所以,用变文来研究晚唐五代的汉语词汇史,是完全行得通的。

作者在马伯乐5种禅家语录的基础上,再增加4种,依据这9种唐代禅家语录来研究第九世纪的白话所用的语法成分,包括:语尾或后加成分、前加成分、规定词(助词)、受导词(介词)、指示词、系词、人称代名词、辅名词(量词)、动词之态(了、著、得)、动词之体、动词之性、特殊询问词(甚、甚么、什么、争、作么、作么生)、否定词、句终词(语气词)、其他等。尽管作者对所利用的"唐代禅家语录"未作考察和鉴别,受到了太田辰夫等的批评,(参见太田辰夫1957[2003:373])但总体上说,作者的研究下了很大的工夫,是有参考价值的。筚路蓝缕,已为不易。

《语法杂识》主要是研究近代汉语的,但也有研究六朝语词的内容,如:"这证明了就是从语义的观点来说,'什么'也必是'甚物'或'何物'的后身。我疑心《晋书·王衍传》的'何物老妪……'就是'什么老太婆……'的意思。《老学庵笔记》云:今呼贱丈夫曰汉子,盖起于五胡乱华时北齐魏恺自散骑常侍迁州长史,固辞。宣帝大怒曰:'何物汉子,与官不就!''何物汉子'就是'什么汉子'。"(同上,182页)

"宁馨"一条列举宋马永卿《懒真子》、清刘淇《助字辨略》的解释后,不同意他们把"宁馨"当作近指代词,释为"恁""如此";认为从现代方言看,从鼻音"n-"的词语鲜有作近指代词的。一般情形是,从"n-"的指示词都是远指,即"那"字;"馨"就是"样"的标音。"宁馨"就是"那样",不是"恁地";"宁馨儿"就是"那孩子",并不是"如此儿"。(同上,188页)高氏的解释与通常的理解迥别,颇具新意。

此外,高氏还解释了"阿堵"(同上,187页)、"雅"("野",程度副词,同上,212页)、"若为"(同上,213页)等六朝的词语。高氏的特点是善于以语音为线索推考词语来源,分析词语的词性和语法功能,并能结合古书用例和现代方言(包括语法、语音,如福州话),所释大抵可信。

除此之外,还有一些文章发表在各种杂志、报刊上。但总体而言,这方面的研究是很稀少的,凤毛麟角,弥足珍贵。

三、利用出土文献进行的中古近代汉语词汇研究

19世纪末20世纪初以来，我国地下出土文献有几个重大发现，包括河南殷墟甲骨卜辞、甘肃敦煌莫高窟藏经洞的敦煌遗书以及战国、秦汉的简帛文书。和中古近代汉语有关的主要就是敦煌遗书和简帛文书的研究。

对敦煌遗书的词汇训诂学研究，首先也是从文献整理研究开始的。

（一）王国维的敦煌语言文字研究

敦煌遗书发现不久，王国维就注意到其中专收当时口语词汇的《字宝》一书，并写了《唐写本字宝残卷跋》一文（《静安先生遗书》，1919）。1924年，罗福苌辑《沙州文录补》，收录了英藏斯6204号《字宝·序》残卷。1925年，刘复辑《敦煌掇琐》，收录法藏伯2717号《字宝》一卷和分类辑录当时日常用语并加以注释的《俗务要名林》（伯2609号）一种，但录文都有不少错误。此后很长一段时间，这些写本没有再受到关注。一直到向达、王重民等六位学者编集出版《敦煌变文集》，蒋礼鸿推出《敦煌变文字义通释》以后，敦煌语言文字方面的研究才逐渐受到重视。后来，大陆、港台以及日本的学者对敦煌俗字书进行了比较深入的研究。

此外，王国维《书郭注方言后》曾把汉代到晋代方言词汇的演变归纳为四种情况，对此，华学诚《周秦汉晋方言研究史》有所辨正，见其书497—509页。

（二）罗振玉的敦煌语言文字研究

罗振玉很早就注意到了敦煌写卷和许多古写卷，予以刊刻影印，题写序跋。罗氏影印的著名写卷有残写本《世说新书》《龙龛手镜》等。当然，罗氏的研究也不无可商之处，如：

《龙龛手镜·生部》收录"㽈"字,注"音外"。罗振玉《跋〈龙龛手镜〉》中说:"考㽈字从外生,臆断其文,当是甥字别体,此注音外,疑未必然。"潘重规《敦煌变文集新书·引言》云:"他(指罗氏)没有留意《伍子胥变文》,伯二七九四卷:'子胥有两个㚙甥',斯三二八卷作'子胥有两个㽈甥',㽈、㚙都是外的俗写,因与甥连文,偏旁或连类加男作'㚙',或加生作'㽈',《龙龛手鉴》音外是对的,罗氏臆断却错了。"(6页)

上述二说都有可商之处。张涌泉(1995:71—79)说:"考'外甥'古亦作'外生','外'字受'甥'或'生'的影响,即可类化作'㽈'或'㽈';反之,'甥'或'生'受'外'的影响,亦可类化作'㽈'或'㽈'。故'㽈'或'㽈'不妨一身而兼二职:既可为'外'的类化字,亦可作'甥'或'生'的类化字。上揭《伍子胥变文》中的'外㽈'即'外甥','㽈'是'甥'的类化字。《龙龛手镜》所载的'㽈'则是'外'的类化字。罗氏仅据一边臆断,殆非确论。潘重规先生移录上揭写卷'外㽈'作'㽈甥',因据推断'㽈'即'外'之俗写,亦误。"

现今有不少海内外学者都在从事出土文献的词汇、训诂考释研究,详见第十二、十三两章。

四、校注著作中的中古近代汉语词汇研究

这方面的研究属于传统训诂学研究,即对某一部中古或近代时期的作品作校勘、注释,发明词义,纠正失误。

对汉代至隋唐的作品进行笺注,这是自古以来就有的做法。如唐李善、五臣《文选注》、明胡之骥《江文通集汇注》、清倪璠《庾子山集注》、清吴兆宜注、程琰删补《玉台新咏笺注》等。20世纪上半叶,比较多的是对几部名著如《世说新语》《抱朴子》《水经注》《颜氏家训》等的笺注整理。以中古时期的志人小说《世说新语》为例,清末民国初年及近代的学者如王先谦、李慈铭、程炎震、李详、严复、沈剑知、刘盼遂、王利器、余嘉锡、徐震堮等都对其做过专门的研究,有关成果汇集于余嘉锡《世说新语笺疏》、徐震堮《世说新语校笺》二书。以下酌作举述。

(一) 严复的《世说新语》研究

严复是近代著名的翻译家,人们习知他翻译的《天演论》等著作和"信达雅"的翻译理论,对他的文献学研究则知之甚少。据徐震堮《世说新语校笺·前言》云:"严复语取之华东师范大学图书馆所藏盛氏愚斋藏书《世说新语》眉批,全书仅寥寥数条。"(《校笺》前言,8页)例如:

《世说新语·言语》第33则:"顾司空未知名,诣王丞相。丞相小极,对之疲睡。顾思所以叩会之,因谓同坐曰:'昔每闻元公道公协赞中宗,保全江表。体小不安,令人喘息。'丞相因觉,谓顾曰:'此子珪璋特达,机警有锋。'"《校笺》引严复曰:"'谓顾'二字必有误,不宜对本人而云'此子',不然则'谓'字作品目解,非相谓也。"(《校笺》52页)严复看到这里"谓顾"照字面讲说不通,所以有校语。

(二) 程炎震的《世说新语》研究

程炎震,生平履历不详,曾撰《世说新语笺证》,见余嘉锡《世说新语笺疏》所引。余氏《笺疏》经常引用程炎震的校释。程炎震的《笺证》重考证史实,辨正人物,发明典章制度,也有涉及词语解释的。例如:

《世说新语·德行》第21则:"(王)浑卒,所历九郡义故,怀其德惠,相率致赙数百万。"九郡,程炎震云:"《御览》五百五十引作'州郡'是也。"(《笺疏》23页)按:程说是。"州郡",本指州和郡,亦泛指地方。《后汉书·王龚传》:"在位恭慎,自非公事,不通州郡书记。""九郡",唐以前未见用例,元白朴《墙头马上》第三折:"你比无盐败坏风俗,作的个男游九郡,女嫁三夫。""九郡"泛指五湖四海。徐震堮《校笺》引沈剑知《世说新语校笺》曰:"按《晋书·地理志》,凉州统郡八,……此'九'字当作'八'。"(《校笺》13页)不知"九郡"本应作"州郡",按诸地理志,拘执于"九"和"八"孰是孰非,未为明通之论。

《世说新语·言语》第 33 则:"顾司空未知名,诣王丞相。丞相小极,对之疲睡。"《笺疏》引程炎震云:"小极字亦见本书《文学篇》'中朝有怀道之流'条。《汉书·匈奴传》:'匈奴孕重堕殰,罢极,苦之。'师古曰:'极,困也。'《魏志·华佗传》:'人体欲得劳动,但不得当使极耳。'"(《笺疏》95 页)按:"极",疲乏,困倦,"小极"就是稍有疲劳,程氏所注是。

(三) 李详的《世说新语》研究

李详,字审言,撰有《世说新语笺释》(见《李审言文集》,江苏古籍出版社,1989)。内容包括:

1. 校勘

《世说·政事》第 5 则:"阁东有大牛,和峤鞅,裴楷鞦,王济剔𩨂不得休。"李详云:"详案:黄生《义府》引作'踢𩨂'。《方言》:'妯㚣也。'嵇康《绝交书》'𩨂之不置'注:'𩨂,擿娆也。'踢𩨂,即妯㚣。又案:胡氏绍瑛《文选笺证》:《说文》:'娆苛也。'段注谓:'𩨂,乃娆之俗。《众经音义》引《三仓》:𩨂、娆,同乃了切。𩨂、娆一字。'孙氏星衍以为𩨂即嬲字。盖娆为本字,别作嬲,俗书作𩨂,遂误为𩨂。"(186 页)按:"𩨂"和"嬲"均为会意字,义与"娆"同,李氏此条所校未必确。

2. 考释

《世说·文学》第 93 则:"孙兴公道曹辅佐:才如白地明光锦。"

李详云："锦皆有地，即俗所谓底子也。《魏志·倭国传》载魏赐倭，有绛地交龙锦、绀地句文锦。陆翙《邺中记》有黄地博山文锦。《御览》(八百十五)引《异物志》，有丹地锦。与此俱以色名。裴松之《魏志注》谓'地应为绨'，谓'此字不体，非魏朝之失，则传写之误'。此自裴误，非魏失也。"(190页)按：对裴松之校"地"为"绨""传写之误"的说法，清代沈涛《铜熨斗斋随笔》卷五已有驳正(参见余嘉锡《世说新语笺疏》272页)、清人周寿昌《三国志注证遗》亦有说。

（四）刘盼遂的《世说新语》研究

刘盼遂，近代著名学者，有《论衡校释》等著作。曾撰《世说新语校笺》(载《国学论丛》第一卷第四号，65—110页，1926)。例如：《世说新语·言语》第40则："周仆射雍容好仪形，诣王公，初下车，隐数人，王公含笑看之。"刘盼遂云："隐数人，解者多谓隐为荫映，按此说非也。隐即㒰之借字。《说文·受部》：'㒰，所依据也。从爪工，读与隐同。'故㒰亦可用隐为之。《孟子》'隐几而卧'，赵注：'隐，倚也。'本书《贤媛篇》：'韩康伯母隐古几毁坏。'是隐解作依之证。而隐依亦声转也。仆射之隐数人，盖谓凭依数人而行耳。本书《雅量篇》：'子敬神色恬然，徐唤左右，扶凭而出，不异平常。''顾和始为扬州从事'条《注》引《语林》曰：'周侯饮酒已醉，箸白袷，凭两人来诣丞相。'《宋书·五行志一》：'谢灵运每出入，自扶接者常数人。民间谣曰：四人挈衣裙，三人捉就席。'是南朝人士出入扶依人者，自成见惯。仆射之下车隐数人，亦犹是矣。"(67页)

正如周祖谟指出的那样："隐释为依，极是。但不必谓隐为㒰之借字也。"尽管如此，刘氏指出"隐"为依凭义，而不是通常认为的隐藏或荫映义，是十分正确的。"隐"作依凭讲，自先秦就有用例(《孟子》"隐几而卧")，"依凭"是它的一项古义。

(五) 余嘉锡的《世说新语》研究

余氏是著名的文献学家,尤精于版本目录之学、史实及典章制度考证。其所撰《世说新语笺疏》"内容极为广泛,但重点不在训解文字,而主要注重考案史实"(《笺疏·前言》,3 页)。虽然《笺疏》涉及字词训诂的不多,但如有,则大致精当。例如:

《世说新语·言语》第 31 则:"过江诸人,每至美日,辄相邀新亭,藉卉饮宴。周侯中坐而叹曰:'风景不殊,正自有山河之异!'""山河",又有"江河"(《通鉴》)、"江山"(《晋书·王导传》)等异文,解者纷纭。余氏《笺疏》:"敦煌唐写本残类书《客游篇》引《世说》,……'正自有山河之异'句作'举目有江山之异',与《晋书》合,知唐人所见《世说》固作'江'。本篇袁彦伯叹曰:'江山辽落,居然有万里之势。'知'江山'为晋人常语,不必改作'江河'也。"(《笺疏》93—94 页)

五、训诂专书中的中古近代汉语词汇研究

清初刘淇的《助字辨略》,清代翟灏的《通俗编》、钱大昕的《恒言录》、郝懿行的《证俗文》等著作打破了传统训诂学著作必守"九经三传"的做法,把研究视野扩大到唐宋以来作品,较以前的学者前进了一步。

受《通俗编》等著作的影响,民国初年,陆续有几种性质相近的著作出现。例如:

(一) 胡朴安《俗语典》

该书 1922 年由上海广益书局印行(中州古籍出版社 1992 年影印出版)。据胡氏"(自)序"说,他生性喜欢博览群书,"尝见今世俗语出于妇人孺子之口者,往往于古人笔记中得之,因知俗语亦有本原;今人常用之语,其来皆有所自。苟汇而记之,于言语之学大有裨益"。可见此书系汇集历代笔记中有关"俗语"的条目而成。

如人部"作"字下,收集了"作色""作伐""作坊""作活""作保""作家""作梗""作势""作闹""作娇""作辍""作獭""作茧""作孽""作面子""作威福""作么生""作声价""作人脚指""作死马医""作法自毙""作奸犯科""作俑无后""作如此嘴鼻""作相须读书人""作舍道旁三年不成""作善者降百祥作恶者降千灾"等,可见胡氏收集的有词、词组、成语、熟语等,实际上是一部"俗词、俗语"之典。

(二)孙锦标《通俗常言疏证》

清末学者孙锦标著有《通俗常言疏证》,该书1925年由江苏省南通县翰墨林石印问世(中华书局2000年标点出版)。孙氏研究方言有年,曾撰《南通方言疏证》一书。后来"既复充类衍目,自经传至词曲小说,搜摭殆遍,部次竟,名曰《通俗常言疏证》","是编搜辑垂十年,稿经五易,皆手自缮录"。(徐昂《通俗常言疏证·后序》)可见本书凝聚了作者近十年的心血。据作者"例言"所说,本书所谓"常言","为三等社会所常言,故文人学士、农工商贾、妇人女子,多有人人能道之者"。"所引皆古代国语,宋元语最多。"由此可以窥见本书的性质。《疏证》始于"天文",终于"动物",凡四十类,搜罗繁富,例证较丰,基本上来自宋元以来的笔记和作品,包括《通俗编》等,均注明了出处。

(三)李鉴堂《俗语考原》

李鉴堂《俗语考原》,台北文海出版社有限公司,1971;又上海文艺出版社,1985。

书前有湖南溆浦杜元清序,作于民国二十六年四月(1937)。本书按笔画编排,从1画到19画。

一文

谓钱一枚也。(《鹤林玉露》):"士大夫若爱一文,不直一文。"

(1页)

老婆

犹言老妇。(王晋卿诗):"老婆心急频相劝。"谓妇人年老主持家事者。今俗称妻曰老婆。则亦持家之故也。(21页)

骂人

用粗俗的语言侮辱人。《唐书·李百药传》:"刘氏虽复骂人,人终不恨。"(58页)

擪掇

俗谓劝人有所举动曰擪掇。朱子与人书曰:"告老兄且莫相擪掇。"

除了这三部书外,还有罗振玉的《俗说》。这些著作基本上采取述而不作的态度,只列例证出处,不作解释,不加考证,溯源也不理想。因此,充其量它们只是清代《通俗编》《恒言录》之类的新编而已,还不能算是真正语言学意义上的中古近代汉语研究。

六、方志中的中古近代汉语词汇研究

从西汉扬雄撰著《方言》,收集各地方言词语以来,我国历代都有承继《方言》的做法,搜集方言词汇,用通语进行解释的专著。以明清为例,就有《蜀语》(明李实)、《越谚》(清范寅)、《越语肯綮录》(清毛奇龄)、《吴下方言考》(清吴文英)等著作;近代学者中,章太炎撰《新方言》,张慎仪撰《方言别录》《方言校录》等,都是这方面的代表性著作。此外,各地方志中的中古近代汉语词语不少,有的还很有参考价值,值得充分注意和重视。

(一)《天台风土略·方言》

编于1938年的《天台县志稿》二十卷,原卷现藏于天台县档案馆,后附有《天台风土略·方言》。(参见戴昭铭2002)试举数例。

老不中用曰魖尵(俗作灰颓)。(《天台风土略·方言》274页,

下同）

客作曰相帮，亦曰长年。（272页）戴昭铭《校勘记》："'客作'即今所谓'打工'，不论时间长短。而'长年'指整年为一主人打工者，即'长工'，与'客作'不同义。"（277页）

以手击人曰㩇（古获切，又作掴，音同），亦曰朴。（272页）《敦煌变文校注·燕子赋》有"掴"。

以手按物曰捺（奴曷切）。（273页）《中古汉语语词例释》有此条。（参见王云路、方一新1992：284）

喝人曰咄。（273页）

忘而忽忆曰阿耶。（见《景德传灯录》）（273页）

新曰新镞镞。（见《世说新语》）（275页）

（二）《乡谚证古》

近人鄞县陈钧堂撰。此书藏于浙江大学（原杭州大学）中文系资料室，线装一册，破旧蠹损。原不知刊于何时，后读书前"民国三十三年五月小门人张寿镛序"，知大约在1944年左右刊行。①

全书分为四卷，篇目编次一依《尔雅》。现酌举数例于下：

1.《释诂》

饶

《说文》："饶，饱也。"段玉裁曰："饶者，甚饱之词也。引以为凡甚之称。"《汉谣》曰："今年尚可，后年饶。"谓后年更甚也。近人索饶、讨饶之语，皆谓已甚而求已也。（卷一1页）

潽

---

① 此书承友生真大成博士惠告，谨此致谢。

《通雅》:"去渣曰潗。音泌。"(卷一2页)

囥

《集韵》:"囥,藏也。"《敬止录》:"藏物曰囥。"亦作㝩。《蜀语》:"盖曰㝩。"音㵽。(卷一3页)

2.《释言》

奘

《尔雅》:"奘,驵也。"郭注:"今江东呼大为驵,犹麤也。"《方言》:"秦晋之间凡人之大谓之奘。"(卷二1页)

《天台风土略·方言》:"肥大曰胖,亦曰奘。"戴昭铭《校勘记》:"'奘'当为'壮'。天台谓人、畜肥大不说'胖',只说'壮',音 tɕyɔ˥,而'奘'音 tsɔ˦,与口语中表示'胖'义的'壮'音不合,恐非。"(《天台方言初探》附录277页)

按:称物体粗大特别是称人胖为"奘",本诸《方言》,《乡谚证古》亦可为证。此语今天还保留的吴语中。戴说误。

注

《甕牖闲评》:"浙人有注船注轿之说。"案:"俗云'注浪',本此。"(卷二1页)又《释水》"注浪"条同。(卷四3页)

按:"注~"是动词"注"加上名词,表示对某种东西(季节、自然现象或交通工具等)不适应,头晕。"注船"就是晕船,"注轿"就是晕轿,"注浪"和"注船"义同,也是晕船。只是"注船"是着眼于乘坐的交通工具,"注浪"则是着眼于(在船上)眼睛接触到的自然现象。今天吴方言如杭州话还有类似的说法,如"注夏",指一到盛夏酷暑就不能适应(的人);"注"也作"疰",义同。

庹

《字汇补》:"庹,音托。两腕引长曰庹。"《直语补正》:"以手量

物曰庹。"案:"庞元英《文昌杂录》:'鸿胪陈大卿使高丽,以镴碣长绳沈水中为候,深及三十托。'亦作托字。"(卷二3页)

按:此字《袖珍字海》仅收"成人两臂左右平伸后两手之间的长度"一义,不全。吴语中可指用食指和大拇指丈量长度,如《直语补正》所说。

掼

《敬止录》:"掷物于地曰掼。掼,古患切。字书音同患。"引《左氏》"掼渎鬼神"为证,不载掷物之义。不知此邑方音也。(卷二3页)

按:"掼"作扔、掷义用,是近代汉语时期才出现的新词,如《西游记》第31回:"只见行者提着两个孩子,站在那高崖之上,意欲往下掼。"此词现普通话已经不用,但还保留在某些方言中(如吴方言)。如杭州话:把个件物事掼给伊(把这件东西扔给他)。还有掼倒(摔倒)、掼跤儿(摔跤)的说法。

另如双音节词语收"多谢""分外"(卷二5页)、三音节词语收"眼中钉""不敢当"(卷二8页)、四音节及以上词语收"壁角落头"(卷二9页)、"僧来看佛面"(卷二12页)、"宰相肚里好撑船"(卷二13页)等,都是《释言》篇的内容。卷三《释训》有"嚇嚇""冷苏苏""安安稳稳"等叠音词(卷三1—3页)。

七、中古近代汉语词汇研究专著

除了以上四类著作对中古近代汉语词汇有所涉及外,已经出现了专门研究近代汉语词汇的专著,这就是徐嘉瑞的《金元戏曲方言考》。①

---

① 张相《诗词曲语辞汇释》完成于1945年,本应属于这一时期的著作,但该书的出版是1953年,故归入现代期叙述。

这是第一部考释金元戏曲词语的专著,共收词语600条,取材为"金诸宫调、元散曲、杂剧,下及明代南曲、朱有燉杂剧并参以他书","以曲释曲,逐条例证,开董理戏曲方言之先河"。作者的目的是诠释费解之词和表面明白其实费解之词。

全书按笔画排列,从1画至24画,例证、释义均极简单。书前有罗常培序(1944)、赵旭初序和作者自序。1948年由商务印书馆初版。后作者又新增词语155条,1956年由商务印书馆出版了修订本。

除了这些著述外,还有一些零散的著述,如:姚灵犀《瓶外卮言》(天津书局,1940;又日本采华书林,1962),内有《金瓶小札索引》,考证了《金瓶梅》中的部分词语。该书新中国成立后由天津古籍书店重印,1989年出版。

第二节 现代期之一:内地的中古近代汉语研究

本节介绍中国大陆的中古近代汉语词汇研究状况。有些内容将在第十四、第十五章"要籍评述"中涉及,这里从略。

1949年10月,中华人民共和国成立,中国历史掀开了新的一页,学术研究也进入了一个新的曲折的发展阶段。

一、1980年以前的中古近代汉语研究

"文革"以前,国内各高校、中国科学院语言所有关中古近代汉语方面的研究成果不多。比较重要的,有这样几家:

(一)蒋礼鸿《敦煌变文字义通释》

1957年,向达、王重民等六位学者整理出版了《敦煌变文集》,

全书分为上、下两册,由人民文学出版社出版。1959年,杭州大学教师蒋礼鸿出版了《敦煌变文字义通释》,系从语言文字的角度对敦煌变文进行比较系统研究的第一部专著。此书后来不断修订再版,到作者去世的1995年,已经出版了第四次修订本(1988年版);至1997年,出版了增补定本。有关本书的评述详见第十四章第四节。

(二)徐复的中古近代汉语词汇训诂研究

徐复是南京师范大学的教授,在中古近代汉语词汇训诂方面起步甚早,成果颇丰。中古词汇训诂方面,曾对所谓"汉诗"《古诗为焦仲卿妻作》做过专门的考证。近代词汇训诂方面,在20世纪40年代,曾考证过"歹",认为系出自蒙古语。此外,徐先生对敦煌变文、六朝小说、诗文等通俗作品多有精深的研究,撰有大量论文,分别收入《徐复语言文字学论稿》等著作。

(三)钱锺书《管锥编》

十年"文革",举国板荡,民生凋零,钱锺书仍能坚守书斋,超然物外,进行学术研究,这不是一般人所能做到的。《管锥编》凡四册(后又出增补本一册),体大思精,内容丰富。其中,有部分内容涉及中古近代汉语作品,考释了若干词语,兹酌作举述。

1. 中古汉语词汇考释

《管锥编》涉及较多的是中古时期的词汇,作者对《全上古三代秦汉三国六朝文》作了系统的梳理和考证,多有涉及六朝词语的条目。

一类是考释六朝作品中的实词,如:

《列子·说符》有"宋有兰子者,以技干宋元"一句,对其中的"兰子",钱氏引苏时学《爻山笔话》:"今世俗谓无赖子为'烂仔',其

义疑本于此。"谓"窃意苏说近是。'兰子'即后世之'赖子'"。(二册 529 页)

中古习见"登时"一词,有"立即,马上"和"当时"二义。作者辨"登时""具'当时'之用,不止如今人所言'顿时'已也"。多举《太平广记》等例。(二册 651 页)

《全晋文》卷一一一陶潜《桃花源记》:"南阳刘子骥,高尚士也,闻之,欣然亲往,未果,寻病终。"陶澍注《陶靖节集》卷六作"规往",注:"焦本云:一作'亲',非。"钱氏赞同"规"字,说:"'规'字六朝常用,……皆谓意图也。"(四册 1228 页)①

另一类是考释六朝时期的虚词,如:

"阿"作为词头,产生于中古,作者对"阿"作了详细的解释:"古人男女之名皆可系'阿',如……"并多举其例,自《汉书》至朱熹《朱文公集》。(二册 763 页)

中古常见"尔耳",作者释为犹言"如此也""是以如此也""可以如此也",举《世说新语》、《古乐府》、六朝佛经等,纠正了阮元《揅经室外集》的说法。(一册 323 页)

《全晋文》卷二七王献之《帖》:"'兄悫患散',谓因服散而常、或易、或多患热病;今语亦云:'热天小孩儿头上爱生疖子,吃的东西爱坏','爱'即'喜'耳。卷二八王浑《乞遣赵篡疗病表》:'臣有气病,善夜发',即《素问·金匮真言论》'善病风疟'之'善',亦谓常发、易发、多发,与'喜''爱'同义。《荀子·解蔽篇》:'涓蜀梁、其为人也,愚而善畏',杨倞注:'善'犹'喜'也,好有所畏;卷一一一陶潜《答庞参军诗序》:'人事好乖,便当语离','好'又与'喜''爱'同义,

---

① 钱氏所说的"意图",就是打算、计划。

即杨注'好有所畏'之'好'。"(三册 1110 页)钱氏后来又增补论云："古医书中'善''喜'字常施于疾患。如《难经·十六难》：'假令得肝脉，其外证善洁、面青、善怒。……假令得心脉，其外证面赤、口干、喜笑。'……'善''喜'同义；观'喜恐''喜惊'之词，即知'喜笑'之'喜'非谓爱乐矣。《百喻经》卷一《婆罗门杀子喻》：'人命难知，计算喜错'，谓易错、多错或常错也，正是此义。"(四册增订 87 页)

此外，对六朝的习语，钱氏也有所留意，如《管锥编》一〇一《全三国文》卷七五，就对三国、六朝人习说的"枕石漱流"(偶作"漱流枕石")举了很多的用例，征引之广博，令人叹服。

2. 近代汉语词汇考释

相对中古汉语词汇而言，《管锥编》有关近代汉语词汇的内容要少一些，但也有所涉及。例如：

(1) 释口语、常用习见之词

考释了唐宋俗语词"恶发"，先后引宋人笔记的考证，敦煌变文、唐宋诗文的用例，纠正了张相《诗词曲语辞汇释》的误释。(三册 1039 页)但未引蒋礼鸿《敦煌变文字义通释》，不知何故。

《太平广记》卷二三四"御厨"条有"浑羊没忽"一句，钱氏释云："'浑'如'浑家'之'浑'，'浑羊'谓'全羊''整羊'也，'没忽'似为饱满之意，《敦煌掇琐》之三一《五言白话诗》：'……颜色肥没忽'，即今语'肥鼓鼓'耳。"(二册 731 页)

《朱文公集》卷四〇《答刘平甫》之一云："愚意讲学、幹蛊之外，挽弓、鸣琴、抄书、雠校之类，皆且可罢。此等不惟废读书，亦妨幹也。"钱氏释云："'幹蛊'乃办事、了事之意，寻常书札中语也。""唐、宋正史、野记及诗文中用'幹蛊'之古训者，俯拾都是。"(一册 16

页）

释"聻"云："鬼死称'聻',则不晓昉自何时。唐人书门而外,口语用此字,皆作诘问助词,禅人语录中常睹之。如《五灯会元》……"（二册 675 页）

（2）释俗语

如宋人的"分茶"有二义,"一指茗事,如李清照《转调满庭芳》所谓有'活火分茶','分'字平声。一如《梦粱录》此卷（指卷一六——引者）及孟元老《东京梦华录》卷二、卷四各节之'分茶',乃指沽酒市脯,虽著'茶'字,无关品茗……'分'似当读去声。"见（四册增订 105 页）。

（3）释俗字

作者偶有考俗字的内容,如："'辊'即'滚',唐宋人例用此字。"下多举用例。（四册增订 74 页）

此外,如释"安稳""安隐",多举佛典用例。（二册 822 页）释"料理"为"乃相苦毒、相虐侮之义"（二册 766 页）,等等,大都有所发明,有所补正。

3. 研究特点

（1）多注意通俗文学作品

对通俗作品,钱锺书通常给予较多的关注,如《全晋文》中的二王法帖、陆云《与兄平原书》及《全梁文》中的任昉《奏弹刘整》等。

举《管锥编》对《全晋文》卷二二至卷二七王羲之、王献之《杂帖》中"分张""消息"等词语所作的考释。

分张

卷二二王羲之《杂帖》："多分张,念足下悬情武昌。"卷二七王献之《杂帖》："今已尝向发,分张诸怀可言。"钱氏释云："'分张'皆谓分别、分离。""'分张'又谓分散、分涣、与前义尚相通,均指人言。浸假而孳生'分减''分与''分摊'之义,用之物事,唐人习语也。"(三册1109页)

消息

卷二二王羲之《杂帖》:"此书因谢常侍信还,令知问,可令谢长史且消息。"钱氏释云:"按此处'消息',即如同卷:'卿复何似?耿耿!善将息',今语所谓'休养''休息'。"(三册1110页)

《全晋文》卷一〇二陆云《与兄平原书》是西晋陆云给他兄长陆机的信,内多口语词,钱氏指出:"陆云《与兄平原书》。按无意为文,家常白直,费解处不下二王诸《帖》。"(二册1215页)

其中对"多少"和"出"二词的考释,大抵稳妥可信。

多少

《书》三:"兄文章已自行天下,多少无所在。""多少无所在"一句,钱氏以今语"不在乎多少、快慢"或"多少、快慢都一样"作释。其实就是今天常说的"多少无所谓"(多写一些、少写一些无关大局)。《书》三五:"兄文虽复自相为作多少,然无不为高。""'多少'又别作等差、优劣解。谓机诸文相较,虽自分高下,然视他人之作,则莫不高出一头。"

出

《书》四:"然了不见出语,意谓非兄文之休者。"《书》五:"《刘氏颂》极佳,但无出言耳。""按'出'如'出色''出乎其类'之'出','出语''出言'即奇句、警句。"(四册1215—1216页)

又,《全梁文》卷四三任昉《奏弹刘整》,是一篇直录体的诉讼文字,用口语写就。钱氏对本篇文字中的口语词多所解释:"刘妻诉'打',屡云:'举手查臂。'……'查'乃今语之'抓'('朱哇'切)。"

"'以奴教子乞大息寅。'……'乞',如韩愈《嘲少年》:'都将命乞花',五百家注:'乞,与人物也,音气','乞'训'与'正同'丐'亦训'与'。……'大息'犹长子。……'息'字冠人名似用于较通俗之文字。"(四册 1421 页)

(2) 征引广博

钱锺书读书广泛,古今中外兼通,《管锥编》以旁征博引、考释精详著称。如:

汉代至唐宋有"加""加诬""加增""加诸"等词语,表示诬蔑、谤毁等义,作者把它们贯串在一起加以考释,利用了文集、注疏、史书、张鷟《游仙窟》、《敦煌变文集·燕子赋》等材料,可谓旁征博引。(一册 177 页)

(3) 用现代方言加以印证

作者在考释时,除了征引文献书证外,还能利用家乡方言,进行印证。如:

六朝、唐宋以来,"差"有怪异义,钱氏先举《太平广记》"差事""极差"等例,谓:"'差'谓奇、怪也……吾乡口语称可奇、可怪者尚曰'差异',然只以言事。不似六朝及唐之并以'差'言人。"(《管锥编》二册 824 页)后引张观的说法,谓"'差'疑即'诧异'之'诧',音转而借此字"后说,"是也;明叶盛《水东日记》卷八:'诧异''差(去声)异'……等字,非必古有所出,亦迁就彷彿耳"。(四册增订 68 页)

4. 不足之处

毋庸讳言,钱氏《管锥编》也有可商榷之处。如:

语料方面尚不够严谨,把一些有疑问的佛经当作题署年代的语料使用。如:举旧题安世高译《㮈女耆婆经》(一册 344 页),当作东汉语料使用。无论从文献学还是语言学的角度看,这部《㮈女耆婆经》都不是安世高所译。

某些结论尚可商榷,举二例。

在讨论《全晋文》卷一〇二陆云《与兄平原书》时,作者举《书》一七:"吾今多少有所定,及所欲去留粗尔。"又二五:"犹复多少有所定,犹不副意。"解释说:"'多少'则作增删字句解,即'去留'。"(四册1215—1216页)

按:这两例钱氏的理解有误。"定",修改、改动之谓。"多少"即或多或少、多多少少,"多少有所定"意谓"或多或少有一些改动""多多少少作一些修改"。"多少"不应解释为"增删"。

作者举《楚辞·国殇·注》:"言敌家来侵凌我屯阵,践躐我行伍也。"讨论了敌人的古今异称,谓:"按《注》'敌家'乃汉、唐古语,今语则分言为'敌方''冤家'。"举《三国志》敌家、对家、贼家,《五灯会元》"仇家",谓"'仇家'即'怨家'耳"。(《楚辞》洪兴祖补注,《九歌》〔五〕,二册607页)

按:《楚辞注》,东汉王逸撰;而"怨家",始见于《史记》;"冤家"也已见于六朝佛典,则"今语则分言为'敌方''冤家'",误将汉魏六朝古词"冤家"(怨家)定为"今语",所论未确。

(四)其他

除了专著外,还有一批单篇论文,如田树生《谈"何物"》(《中国语文》1958年5月号,71页)、张永言《"几多"是什么时候出现的》(《中国语文》1960年10月号,97页),等等,此从略。

此外,近现代学者还有一些有关中古、近代汉语作品的整理著作,包括点校、注释、翻译等,数量不多,此从略。

二、1980年以后的中古近代汉语研究

自1976年以来,我国内地的学术研究得到了恢复,特别是20

世纪80年代以来,随着经济的不断发展,学术研究也呈现出勃勃的生机。

有一些俗语、俗谚方面的辞书,如:

《中国俗语大辞典》,温端政主编,上海辞书出版社1989年出版。该辞典收集汉语中俗语(包括谚语、歇后语、惯用语)总计15000条左右。

《中国话本小说俗语辞典》,田宗尧编。台北新文丰出版公司,1988年再版。该书用英文编写,分字头、词条、汉语拼音、英文解释。

这一时期大陆学者的主要著述,我们将在第十四、十五章分别评述,这里就不展开了。

第三节 现代期之二:台港的中古近代汉语研究

从本节开始,分三节,依次介绍近半个世纪特别是最近二三十年来台港及海外的中古近代汉语词汇研究状况和相关成果,[①]海外主要包括日韩、欧美等。由于见闻有限,这三节所介绍的部分著述,笔者自己也未曾寓目,之所以列述如次,主要是为了给读者一点线索,为进一步的研究提供参考。搜罗不广,难免有挂一漏万之失,敬请读者惠予赐教,希望今后有机会再弥补。

随着经济的发展,对外交流的扩大,今后大陆读者阅读台港和海外资料的渠道将会进一步拓宽,这是毋庸置疑的。总有一天,阅读台

---

① 主要介绍、评述台港和海外中古近代汉语词汇方面的著述,也会涉及部分语法、语音等方面的著述。

港和海外文献也像翻检国内文献一样便利,期待着这一天早日到来。

一、台湾的中古近代汉语研究

中古近代汉语研究在中国大陆真正兴起是在20世纪80年代以后,近二十多年发展较快,成果较多。比较而言,台湾这方面的研究始终处于一个不温不火、比较稳定的状态,既没有特别快速发展的时期,也没有处于停滞的时期,各个时期都比较均匀。

如果要把台湾的研究状况进行分期,则不妨分为三期:(1)20世纪五六十年代;(2)20世纪七八十年代;(3)20世纪90年代至今。

(一) 20世纪五六十年代

属于早期研究的,大概有许世瑛、曲守约、潘重规等人。

1. 许世瑛的中古词汇研究

许世瑛是台湾著名学者,治学领域宽广。有《许世瑛先生论文集》,凡三册。

这三集中,第一、二集分别属于音韵学和语法学,第三集内容广泛,共有37篇论文,其中如《魏晋人心目中伧字的意义》《晋时下级官吏对上级自称曰"民"》《晋时卑贱者称尊者曰"官"》《释"身"》《释"阿奴"》等篇都考释了魏晋词语,和大陆学者徐震堮《世说新语词语简释》等互有补充,可以比照参见。

2. 曲守约的中古近代汉语词汇研究

曲守约是台湾研究中古近代汉语词汇的名家,成果颇丰。曲氏先后撰写了《中古辞语考释》《中古辞语考释续编》《辞释》《续辞释》四部著作,是台湾学者中考释中古、近代汉语词语最多的学者。可惜由于两岸阻隔,以前了解甚少,以致信息不通,有许多情况系首次知晓,令人遗憾。比较而言,《中古辞语考释》成就最高,而《中古辞语考释续编》《辞释》《续辞释》的价值要有所逊色。

(1)《中古辞语考释》《中古辞语考释续编》

曲守约《中古辞语考释》是作者四种专著中质量最高的一种,具有较高的学术价值。①

本书的贡献之一在于:首次明确为"中古"作了界定。"凡例"说:"本书以中古为称,其时代所括,为自东汉以迄隋末。② 盖斯期间,文人学士,既沿古以摘藻,复出新而著文,故其辞语,特为丰赡弘丽,而堪资后人研赏及采用也。"笔者寡陋,目前所知明确指出"自东汉以迄隋末"为"中古(汉语)"之称的,首推曲守约。作者撰写本书的动机和缘起,除了上条外,还因为这一时期的典籍为注释家所忽视,碰到疑难词句常常查检无门。③

本书按词语笔画排列,凡考释词语1500多条,特点有三:

第一,考释六朝词语早,发明多。

"乞",作者列举多例,如《宋书·孔觊传》:"伏愿天明照其心,请乞改今局,授以闲曹。"《南齐书·王奂传》:"麋中下药,食两口便觉,回乞狱子,食者皆大利。"考证说:"寻绎文意,乞乃赐也。"(15页)

"测",考证云:"核测谓案验,乃六朝法律所用之术语。"("不受立"条,29页)

---

① 曲氏此书笔者搜寻已久,直到2001年暑假,借赴北京开会之机,上国家图书馆台港图书室查阅,方才得以找到复印,十分高兴。

② 值得注意的是,作者所提出的"自东汉以迄隋末"的"中古(汉语)"分期说,与拙著《中古汉语词语例释·前言》十分相似,可惜以前不知,未能在拙著中加以称引。

③ "凡例":"尤有进者,即一期间所著之文章篇籍,注疏家致力者较为寡鲜,故常有值遇艰晦辞句,而无所查检之苦。撰者有鉴及此,故遂择取斯期内著作中之辞语,为考释工作之对象焉。"

有些六朝新词新义,大陆学者也有解释,但从时间上看,曲氏所释在前。例如:

"护前,寻绎文意,护与爱常相连文,前犹上,故护前乃谓爱居人上。而下句不欲人居己上,正相通贯。"(506页)①

"正直"(附在直):"核直通值,正直谓正当值也。又正直与在直颇相类,……在直犹当直也。"(63页)②

又如:本书解释了词义不同的几例"下":

"《宋书·蔡廓传》:'建议以为鞠狱,不宜令子孙下辞。'核下辞犹置辞也。"按:"下辞",周一良《魏晋南北朝史书札记》有释。类似的又如"下意"条(14页)。

"下食,例载《宋书·刘穆之传》:'每至食时,客止十人以还者,帐下依常下食,以此为常。'核下食本谓下厨房制作食品而进之,然此则可简曰备馔。"按:徐震堮《世说新语词语笺释》有"下(食)"条,见《世说新语校笺》后附。

"中表",考证云:"按中表之称,于中古颇为流行,除此条外,又见《梁书·王泰传》……核中乃指妻方之亲戚,而表则系指母氏及姊妹诸方之亲戚。此表字诸载籍亦多书为外字。"并连带解释了"亲表""从中表"。(30页)与《世说新语词语简释》相同,而释义要更为细致明晰。

类似的条目还有分张(35页)、出都(54页)、劣(75页)、安稳(87页)、作适(104页)、事力(129页)、居贫(147页)、送故(254页)、将无同(270页)、情好(277页,释义在江蓝生《魏晋南北朝小

---

① 关于"护前",大陆已有多位学者有过论述,参看第四章第二节。
② "正直"条,吴金华《世说新语考释》38页有释。

说词语汇释》之前)、脱(万一,释义尚可推敲,但在徐震堮前,297页)等。①

第二,探求理据,分析规律。

《考释》的难能之处在于,在部分条目下,作者在释义、举证后,尚能进一步探求理据。如:"拔白"条,谓:"核拔白谓拔白刃也。以刀之锐利者,刃光如霜雪,故以白刃称之。"(155页)

"思寻"条,谓:"按寻本谓寻觅,《南史·齐东昏侯纪》:'帝大怒,拔刀与光尚等寻觅。'是其证。然所谓思,亦实为思虑中之寻觅,故遂与寻连缀而成为思寻。而与思连合后,寻遂亦具思意。又此思寻亦有作思索者,则以寻谓索,故遂作思索云。"(186页)

有的条目还能分析语法规律,如:

"瓜子"条云:"核瓜子亦即瓜也。盖中古有以子字缀于名辞之尾,而合成为名辞者,除此名外,又有刀子之称,例见《南齐书·戴僧静传》……由之,足知名辞尾末缀子,已成一格式矣。而子意为儿,今国语中之称梨为梨儿,杏为杏儿等,实系由子字变化而成。"(66页)

"所可"一条,作者举数例"所""可"异文之例,说:"由之,足知

---

① 这一情况,在曲氏撰著的其他几部著作中也同样存在,以《辞释》为例,曲氏的不少解释早于大陆学者。如:儿,"按儿犹人,此利齿儿,以利齿则善唊物,故亦即唊名人也"。(62页)偷儿,"按偷儿亦即偷人"。(143页)何一男子,"按何一男子,乃谓不知身份或底细如何之一男子也"。(64页)解,"然解亦可释作报,……文中之解及还,即答赛之答,由知解之为报矣"。(197页)也有相反的情况,即《辞释》的解释晚于大陆学者。儿家,"是儿指女言,儿家即女家也"。(78页)按:《敦煌变文字义通释》解释既早且详,曲氏应未见到。《续辞释》也一样,其对"动"(疾病发动)、"起"(病愈)和"不起"(不愈)的解释,分别在郭在贻《训诂丛稿》和拙著《东汉魏晋南北朝史书词语笺释》之前。释"触地"为"犹到处也",也在徐震堮《世说新语简释》、蔡镜浩《魏晋南北朝词语例释》之前。

所可为助辞时之可通用矣。"(152页)

第三,相关的词语,每每能串联贯通,举一反三。

除了单个词语考释外,有一些条目,作者还能融会贯通,串联起一组词义相近、构词相类的词语。

"友爱"条,在考释了"友爱"一词后,进一步指出:"与友爱含意相类之辞,则有友悌,友悌载《南齐书·竟陵王子良传》,……考悌谓事兄长,而事兄长,必以敬爱为本,故知友悌实为友爱之意。又有友睦,友睦则录《南齐书·鱼复侯子响传》。……察睦谓亲睦,而亲亦爱,故三辞之意,实相似也。"(36页)

"同居"条,作者把词义相近、相关的"同财""同爨""同烟""同门"都系联到一起,和"同居"之"同居一处,而不分家"的意思相近。(77页)

"乳媪"条,释为"乳母",并把"乳母""妳母""妳媪""媪妳"等指称乳母的词语都系联在一起,一并举证。(128页)

第四,有些条目上溯远源。

《考释》还做了一些溯源的工作,例如:

"土气",见《后汉书·挹娄传》:"土气极寒,常为穴居。"考证说:"按此辞又见《国语·周语上》:'是日也,瞽师音官以风土。'注:'风土以音律省土风,风气和,则土气养也。'……核土气犹地气也。"(17页)

"出身,……又此辞已早起源于汉代,录载于《汉书·郅都传》:'已背亲而出身,固当奉职,死节官下,终不顾妻子矣。'及《文选·祢衡〈鹦鹉赋〉》:'女辞家而适人,臣出身而事主。'特不过六朝时愈为盛行耳。"

例证方面,除了引证传世文献外,也征引出土典籍、金石碑帖。

如：

"女郎"条，引《南齐书·文学传·贾渊》外，又引《汉魏南北朝墓志集释·魏女尚书冯迎男墓志》。(21 页)

当然，《考释》也有不足之处。概而言之，有这样三点：

一是有些条目尚可再作推展。

己等

《宋书·徐羡之传》："亮答以为己等三人，同受顾命。"曲氏云："按己等犹我等也。"(22 页)

按：曲氏所释不误。不过，正因为"己"有我义，是第一人称代词，所以才可以"己等"指代"我等"。

二是少数释义尚可商榷。

不分

举《南齐书·王僧虔传》："庾征西翼书，少时与右军齐名，右军后进，庾犹不分，在荆州与都下人书云。"说："核不分谓不安于其分，亦即不满、不平之意。"(26 页)

按："不分"的"分"读去声，是平静、安定义，或作"忿""愤"，义同，曲说误。

方幅

"寻其意缊，乃犹规矩也。"(47 页)

按：此释义不够准确。"方幅"犹言公然，公开(做某事)，参徐震堮《世说新语词语笺释》该条。

三是部分条目的溯源尚可提前。

太阳

"《梁书·元帝纪》：'臣闻日月贞明，太阳不可以阙照。'按太阳谓日，殆起于此。"(40 页)按：以"太阳"称日，大陆学者如洪诚、徐复、吴金华等均有考证。除了《世说新语》的例子外，已经上推到汉末三国，曲氏举萧梁用例，偏晚。

作为《中古辞语考释》的姊妹篇，作者后又出版了《中古辞语考释续编》。作者在"弁言"中说："本书所言之中古，乃为自东汉以迄唐初。""本书内容，全系取自大藏经所行用之辞语，而加以汇集、排比、研绎，以求得每辞语之明恰完全解释。"也就是说，本书考释的范围和《考释》一样，就是取材的范围不同，考释的对象不同——本书以考释佛经中的词语为主。

作者抉发了大量的佛经中的词语（包括口语词、俗语词），试举一例：

呜

作者举《阿毗达磨大毗婆沙论》卷八十五"呜而复以唾置口中"、《阿阇昙毗婆沙论》卷四"阿阇世王抱弄呜之"及卷四十五"时太子阿阇世王抱弄呜之"三例，考释说："寻绎文意，呜乃指吻言，即以吻吻之也。"(228页)

其次，作者注意推求词义理据，并与现代词语相联系。例如：

怨对

作者列举《大萨遮尼乾子所说经》《阿毗达磨大毗婆沙论》"怨对"的用例，说："核对指敌对言，故怨对实与怨敌相类。"又说："怨对怨敌，探讨既竟，则近世所言之对头，自有可得而言者，盖此对乃本自怨对，而复用头代人，因遂具有敌人之涵意焉。"(130页)

《续考释》的不足在于：部分条目源头失考，征引中土文献不够，对口语词注意不够等。

(2)《辞释》《续辞释》

《中古辞语考释》《中古辞语考释续编》之后，作者又相继出版了《辞释》和《续辞释》二书。《辞释》共收词 1800 条,《续辞释》收词 4000 余条,均按笔画排列。

《辞释》《续辞释》二书与《考释》《考释续编》的不同点,有以下几方面:

第一,语料范围不同。《考释》多取六朝史书,基本上都是六朝的典籍;《辞释》《续辞释》则上自先秦,下至明清,无所不包。

第二,收词范围不同。按《辞释·凡例》所说:"本书所释之辞,皆为古籍中诠诂错误、解释漏略,或宜具而未备者。"则与《考释》相同。但实际上,《辞释》《续辞释》收词要远广过《考释》。具体收词方面,小到单音词、双音词,大到短语、成语、句子;亦有书名,如《方言》《资暇集》《龙筋凤髓判》等。有些现代的词语,作者也加以考证解释,如"津贴""药水""电影"等,并能指出古今义异。

《辞释》《续辞释》的优点和不足,与《中古辞语考释》《中古辞语考释续编》二书相类,这里就不展开了。

3. 黄丽贞(台湾师范大学国文系教授)《金元北曲语汇之研究》(台湾商务印书馆,1968)

该书共分七章,即:第一章,北曲的方言俗语;第二章,北曲的状物拟声词;第三章,北曲中的外来语;第四章,北曲中的歇后语;第五章,北曲中的语助词和衬字;第六章,北曲的异常意义的语汇;第七章,北曲的引申意义的语汇。本书的特点是结合大量元曲词语实例来论述、举证,所收的词语十分丰富。书后附"金元北曲语汇索引",按笔画排列,凡 17 页,收词 866 条。作者还著有《南戏六十种曲情节俗典谚语方言研究》(台湾商务印书馆,1995)。

(二) 20 世纪七八十年代

属于中期的研究者并不多,语法有詹秀惠,词汇有魏子云等人。

1. 詹秀惠《〈世说新语〉语法探究》①

詹秀惠是许世瑛的学生,在台湾学者中,是较早从事中古汉语领域语法研究的学者,他的硕士学位论文《世说新语语法探究》,首次对《世说新语》的语法作了全面研究,是一部有分量的学术著作。

全书凡三编,每编下分若干章,即:

第一编　称代词,下分六章:第一章,称代词;第二章,指示称代词;第三章,疑问称代词;第四章,其他称代词;第五章,数量词;第六章,结论。

第二编　语气词　关系词　限制词,下分三章:第一章,语气词;第二章,关系词;第三章,否定限制词和疑问限制词。

第三编　构词法和造句法,下分两章:第一章,构词法;第二章,造句法。

詹氏做的是语法研究,但实际上有不少内容和词汇有关,即以第一编"称代词"为例:第一章讨论第一人称代词时,在"礼貌式——谦称"节下,有"民""下官""弟子""贫道"等魏晋以来的谦称词;在"特殊的第一身称代词"一节中,包括"阿""老兄""老子""上人""丈夫"和"新妇"等词。讨论第二人称代词时,介绍"特殊的第二身称代词",有"阿奴""老奴""老贼""小郎""新妇""姥"。讨论第三人称代词时,"通称"有"之""其""彼""伊","礼貌式——尊称"有"公"和"官","特殊的第三身称代词"论及"奴"。第二章讨论远、近指称代词,论述了六朝产生的"阿堵""尔馨""如馨"等新词。第三

---

① 对詹书,严修《二十世纪的古汉语研究》45页有简介,可以参看。

章讨论到"何"时也论及"何当",等等。

毕竟是第一部研究《世说新语》语法的专著,筚路蓝缕,詹氏也有一些失误。如《世说·文学》第26则:"恶卿不欲作,将善云梯仰攻。"作者引述《常用虚字用法浅释》的说法,认为这例"恶""用为独立语气词",并标点为"恶!卿不欲作将,善云梯仰攻"(315页),不当。这里的"恶"仍然是厌恶、憎恶义,动词,不是语气词;"恶卿不欲作"应作一句读,①意思是讨厌你不想振作起来,我将修缮云梯仰攻。

此外,詹秀惠还撰有《南北朝著译书四种语法研究》(台湾大学博士学位论文,1975),惜未能睹见。

2. 潘重规的敦煌语言文字学研究

(1)对敦煌变文的整理和研究

潘重规《敦煌变文集新书》(以下简称《新书》)是继向达、王重民等六位学者之后,对"敦煌变文"的系统整理之作,由于作者具有深厚的敦煌语言文字知识,又认真核对了原卷,故改正了《敦煌变文集》的不少错误,称为后出转精之作,殆不为过。

书前有作者作于1982年的"引言",略谓:1976年秋季,"旅游欧洲,赓续五六个暑假,曾将巴黎伦敦所藏的敦煌变文卷子,一卷一卷的和《敦煌变文集》校对,发现王重民等抄录的错误非常的多。举几桩重大的来说:(一)标题的错误。……(二)章句的错误。……(三)分篇的错误"。"简单的说,是以《敦煌变文集》七十八种变文为底本。《变文集》有错误的,加以订正,有漏脱的,加以补充。"可见本书是作者在认真核对变文原卷的基础上,对《敦煌

---

① 《世说新语辞典》附录《世说》原文本则标点同《探究》,亦误。

变文集》所作的订正和补充。

《新书》的编排与《变文集》颇有不同,《变文集》以讲唱历史故事的变文领前,以讲唱佛经的变文押后。[①]潘氏认为这样就看不出变文发展的先后流变。因此,《新书》是按照变文的发展过程和变文的形式与内容来编排的。早期的变文居前,孳生的变文置后。具体说,《新书》把讲唱佛经的变文放在前面,而押座文又是讲经的先声,所以把押座文放在全书的前面。新增的卷子而外,其余各篇也都按作品的性质内容有所调整。

在篇目上,和《变文集》相比,《新书》新增了列宁格勒藏的一篇押座文和《双恩记》《维摩碎金》《维摩诘经讲经文》《十吉祥讲经文》四篇讲经变文,以及台北图书馆藏的一篇《盂兰盆经讲经文》。此外,又增加了新发现的《秋吟》一本,和日本龙谷大学藏《悉达太子修道因缘》一篇。这样,比起《变文集》的 78 篇,《新书》增加到 86 篇,新增 8 篇。体例上看,《新书》以《变文集》为底本,凡增补者,都加"规案"以示区别。

(2) 对敦煌歌辞的整理和研究

敦煌歌辞的研究起源较早,前辈学者如王重民、任二北、饶宗颐、潘重规等都有研究论著问世,包括:王重民《敦煌曲子词集》、任二北《敦煌曲校录》、饶宗颐《敦煌曲》等。

潘重规撰著《敦煌云谣集新书》,内容包括:①绪言;②云谣集卷子解说;③云谣集校笺;④云谣集杂曲子新书、摹本、照片等。

其他还有潘重规《敦煌坛经新书》等,此不赘述。

3. 魏子云《金瓶梅词话注释》

[①] 《敦煌变文集》的编次,详见本书第五章"近代汉语词汇研究语料"第一节。

台湾还有一批古籍考释专书和古籍整理著作,如台湾学者魏子云撰有《金瓶梅词话注释》。本书分上、下册,按原书章回进行疏证、注释,所释的有词、词组、俗语、俗谚等。中州古籍出版社,1987。

(三) 20 世纪 90 年代至今

近十多年来,活跃在中古近代汉语研究领域的台湾学者有魏培泉、竺家宁、郑阿财、朱凤玉等人。

1. 魏培泉的中古汉语语法研究

魏培泉是近十多年来活跃在台湾语法史学界的中年学者,撰有博士学位论文《汉魏六朝称代词研究》(台湾大学博士学位论文,1990)。该论文作为《语言暨语言学》专刊甲种之六,已由台北中研院语言学研究所于 2004 年出版。

汉魏六朝的称代词,尚未有人做过系统的研究,本文以该选题作为博士学位论文,可谓独辟蹊径。作者取两汉、六朝的文献为主要材料,包括东汉及六朝的经子注解,东汉及六朝的佛经,两汉六朝的史书,以及其他较接近白话的著作,把先秦及隋以后的文献作为辅助材料。论文共分七章,即:导论,人称代词,指示词与情状代词,"自""己""相""见",疑问代词,不定指称与关系代词,结论。在"导论"第二节作者谈到"语料的别择",对史书、注解、佛经、杂类(笔记小说、论文及诗辞歌赋等)的优劣鉴别等作了详尽的介绍和考辨。作者采取共时描写和历时比较相结合的研究方法,对称代词的起源、演变、替换、发展等作了翔实深入的探讨。本文的结论大致是:上古代词体系在汉代以后进行了重新改造的工作。有些代词原有的形态对比已经(或趋于)消失;有些代词进行词汇替换的工作;有的代词取消了,其功能改用别的句法手段来表示。和别的词类相比,代词不仅在较狭义的形态上不再显得独特,在词序上也渐趋一致;这一和别的词类的趋同变化大约始于东汉。

魏培泉还有一些单篇论文,如《东汉魏晋南北朝在语法史上的地位》《论用虚词考订〈焦仲卿妻〉诗写作年代的若干问题》(对梅祖麟《从诗律和语法来看〈焦仲卿妻〉的写作年代》进行了商榷)等,值得注意。

2. 竺家宁的中古佛经词汇研究

竺家宁,原系台湾中正大学教授,现任台湾政治大学教授。多年从事中古汉语词汇研究,著述颇丰。其成果大体包括两个方面:

(1) 词汇学专著

所撰《汉语词汇学》共分七章:

第一章 词汇学的基本概念

第二章 复音节词的结构

第三章 汉语词义学

第四章 词汇的形态音变

第五章 词典学

第六章 成语的结构与意义

第七章 新词的衍生与发展

据作者"自序"所说,本书中的部分内容,系作者已经发表过的论文,如佛经词汇研究方面的成果,也在书中得到了体现。例如:

第二章讨论"复音节词的结构","陆""柒"两节分别讨论了佛经的"前缀"和"后缀"。"前缀"一节中,早期佛经中的前缀"自""所"两个列有专节,其他前缀如"相""第""见"等也一并论及。如关于前缀"自",作者列举了"自非""自然""自大""自在""自守""自丧""自害""自纵""自知""自想""自禁""自可""自言"等复音节形式,指出:"这些'自'字都具有前缀的功能。放在动词的前头,表示此动作返诸其身的意思。有如英文的-self之义。其中有很多用法是现代汉语所没有的。""除了上述这些之外,早期佛经还几乎和所有的动词都有接合的可能,可见它的构词能力十分强大。"下举"自用""自宣""自是""自致""自修""自恣""自疲""自责""自胜""自损""自叹""自察""自说""自烧""自谓""自济""自归"等词为例。

"后缀"一节中,作者讨论了"者""然""等""所"(何所、无所、多所、有所)、"子""来"等词缀。当然,有些是否属于"词缀",还可以作进一步的研究。

(2)汉译佛经词汇研究

竺家宁从1995年起,先后以"早期佛经词汇研究:西晋佛经词汇研究"(1995—1996)、"三国时代佛经词汇研究"(1996—1998)、"东汉佛经词汇研究"(1998—1999)、"慧琳《一切经音义》复合词研究"(2000—2001)、"安世高译经复合词词义研究"(2001—2002)等为项目名称列入台湾"国科会"专题计划。并发表了《早期佛经中的派生词研究》《论佛经语言学的重要性》《西晋佛经并列词之内部次序与声调的关系》等多篇有关佛经词汇方面的论文,在台湾地区的佛经词汇研究方面起步早,成果多,取得了一定的成绩。

3. 郑阿财、朱凤玉伉俪的敦煌语言文字整理研究

郑阿财,台湾南华大学教授;朱凤玉,台湾嘉义大学教授。郑、朱教授伉俪都是台湾敦煌语言文学研究领域的泰斗潘重规的高足,登堂入室,得其真传。

郑阿财、朱凤玉师从潘重规教授多年,从事敦煌语言文学和传统文字训诂音韵学研究,郑阿财先后参与《敦煌俗字谱》《〈龙龛手鉴〉新编》《〈经典释文〉韵编》《〈玉篇〉索引》《英国伦敦藏敦煌汉文写卷提要》的编纂工作,博士学位论文为《敦煌孝道文学研究》,编有《敦煌研究论著目录》。郑阿财的专长在通俗小说、敦煌俗文学、语言文字学方面,著有《敦煌文献与文学》,内收录《孝道文学敦煌写本〈父母恩重赞〉校录》等13篇论文,另附《近十年(1980—1989)台湾地区敦煌学研究概况》一文。

朱凤玉著有《王梵志诗研究》,本书是作者的博士学位论文,在考释王梵志诗的俗字俗语方面下了较大的工夫,取得了不俗的成绩。姑举数例以概一斑。

王梵志诗:"邂逅暂时贫,看吾即貌哨。""貌哨"是唐人口语,但含义及其理据不详。检《碎金》去声:"人魑魑音貌,色貌反。"与"貌哨"音同。虽然没有释义,但和"人"连接成词,当是形容人的体貌,且字从鬼,其有丑怪义可知。①

王梵志诗第212首:"亲家会宾客,在席有尊卑。诸人未下筯,不得在前掎。"敦煌本《碎金》平声:"筯,掎物音饥又剞同上。"作者考证说:"按:箸夹是说以箸夹取东西的动作,'音饥'是为'掎'字注音,又'剞同上'是说'剞'是'掎'假借,音同'饥'。又《俗务要名林》

---

① 项楚(2001:306)指出:"也正因为王梵志诗采用了大量唐代口语词汇,所以我们今天对那些最通俗的俚语,反而很难索解了。例如《吾富有钱时》(002首)云:'邂逅暂时贫,看吾即貌哨。'这个'貌哨'就很费解。敦煌写本中的通俗字书《字宝碎金》里有'人魑魑'的话,原注:'音皃,色皃反。''皃'同'貌','音皃'是对上字的注音,'色皃反'是下字的反切,因此'魑魑'和'貌哨'读音近似,其实就是一个词。这两个字从'鬼'得义,鬼的形象是丑恶的,所以'醜'字也从'鬼'。联系梵志诗意,'貌哨'应该是丑陋的意思。梵志诗是说,一旦人穷了,在别人眼中就变丑了。"

手部有:'𢻳,以箸取物也。'"(敦煌本《碎金》研究,184页)方按:《世说新语·黜免》:"桓公坐有参军椅烝薤,不时解,共食者又不助,而椅终不放。"(462页)《太平御览》卷七六〇引《通俗文》:"以箸取物曰𢻳。音羁。"

敦煌《碎金》入声:"肥頢顝音末曷。"按:"頢顝"亦作"没忽"或"歿忽",形容人体态肥胖。东北地区有靺鞨族,《北齐书·武成帝纪》:"是岁,室韦、库莫奚、靺鞨、契丹并遣使朝贡。"学者有以为靺鞨即女真语"马法"的异书,女真语,"马法"意即体态高大的人。因用以形容人体态高大肥胖,而音译或作"歿忽""没忽"。又形容人体,故字旁从页作頢顝。此既说明唐五代词汇音译词的来源,也说明了语言词汇的发展与民族文化交流的关系。王梵志诗第21首:"生平未必识,独养肥没忽。"又第39首:"儿回见母面,颜色肥没忽。"又第172首:"到大肥没忽,直似饱糠豚。"(朱凤玉《敦煌写本碎金研究》146—147页)

朱凤玉还撰有《敦煌写本碎金研究》。本书是作者研究敦煌写本《碎金》的专著。分"研究篇"(上篇)和"校笺篇"(下篇)。第四章讨论《碎金》的价值,作者首先就论述其在词汇学上的价值。所举例子中,如:《碎金》去声:"人憿暴七造反又懆。"《碎金》意谓"憿暴"又作"懆暴"。《敦煌变文校注·降魔变文》:"又更化出毒龙身,口吐烟云怀操暴。"(566页)"操暴"就是"懆暴"。元杂剧中也写作"燥暴""躁暴""噢噪""操抱"等,并音近而义通。(143页)又上声:"手推擃推耸。"《集韵·腫韵》:"擃、搜,执也,推也。或省。笋勇切。""推擃"是手的动作,故释为"推也"。《醒世恒言·两县令竞义婚孤女》:"贾婆不管三七二十一,和张婆两个你一推,我一擃,擃他出了大门。"现代汉语还说"推擃"。(148页)

此外,作者还讨论了敦煌本《碎金》在音韵学、言文关系和解读文学方面的价值。①

郑阿财、朱凤玉合著《敦煌蒙书研究》。该书和汉语历史词汇研究有关的是第二章《敦煌写本识字类蒙书》。在这一章中,作者专列"杂字类蒙书"和"俗字类蒙书"两节,分别介绍了《俗务要名林》《杂集时用要字》《碎金》等敦煌字书。

4. 其他

洪艺芳《敦煌吐鲁番文书中之量词研究》。作者利用敦煌、吐鲁番出土文书的新材料,采用义素分析和计量统计的新方法,对敦煌吐鲁番文书中的量词作了系统研究,在对中古时期相关语料作共时对比的同时,也从历时的角度探讨了敦煌、吐鲁番文书中量词与中心语的搭配及演化,量词的历史沿革等,利用新材料补正了前贤刘世儒的《魏晋南北朝量词研究》。

刘承慧《汉语动补结构历史发展》。本书分导言、第1章总论、第2章动补复合动词的形成、第3章动补"得"字词组的形成、第4章动补的定义、第5章动补结构形成的阐释、第6章现代动补议题分析,并附语料文献清单。本书目的在探究汉语动补结构的历史发展,属于汉语历史语法学,但时时涉及词汇问题。例如,《世说新语·规箴》第10则"平子饶力争得脱"一句的读法分歧,或读作"平子饶力,争得脱",或读作"平子饶力争,得脱"。处理这种句子特别需要共时的参考。回到南北朝文献,会发现"得V"当时很流行。又"V得V"最早出现在隋朝《佛本行集经》,而直到晚唐五代"V得V"的用例都很有限。相关历史现象同样显

---

① 日本学者砂冈和子撰有《敦煌出土〈字宝碎金〉的语汇和字体》,亦可参看。

示南北朝阶段的读法应是"平子饶力争,得脱"较为合理。(参见刘承慧2002:4)这里,作者通过语法句式的分析,对"平子饶力争得脱"一句的属读作了裁定,比起单纯从词语的角度看,更有说服力。

除此之外,还有康寔镇《〈老乞大〉〈朴通事〉研究——诸书之著成及其书中汉语语音语法之析论》、陈泰夏《〈鸡林类事〉研究》、田宗尧《中国古典小说用语辞典》《中国话本小说俗语辞典》、杨联陞《书评 吉川幸次郎等〈元曲选释〉》、王忠林《元代散曲中的一些方言俗语》、曲颖生《释"莫须有"》、札奇斯钦《元史中几个蒙古语名词的解释(上)》《元史中几个蒙古语名词的解释(下)》(二文考释了《元史》中"也烈赞""纳失失""玉典赤""八儿赤"和"不鲁古赤"等词语)等论著。

(四) 硕士、博士学位论文

台湾的硕士、博士学位论文也有相当的内容涉及中古近代汉语词汇、语法、文字,它们大多出自台湾大学、清华大学(新竹)、台湾师范大学、文化大学、政治大学、成功大学、中正大学、辅仁大学、淡江大学、中山大学等院校。笔者所闻十分有限,仅就目见所及,略陈一二。[①]

1. 硕士学位论文

蔡蓉《唐五代量词研究》,台湾师范大学国文研究所硕士学位论文,1997。

崔圭钵《朱子语类所表现的几个白话语法现象》,台湾大学硕士学位论文,1984。

---

① 此目录蒙同事姚永铭兄惠予补充,谨此致谢。

高皓庭《有关三国之重要俗语探讨》,花莲师范学院民间文学研究所硕士学位论文,2001。

李斐雯《〈景德传灯录〉疑问句研究》,成功大学中国文学研究所硕士学位论文,2000。

李美玲《樊川诗的词汇和语法——从语言风格学探索》,中兴大学中国文学研究所硕士学位论文,2001。

林芳如《〈正字通〉俗字资料及其学理研究》,台北市立教育大学中国语文学系硕士学位论文,2007。

林昭君《东汉佛典之介词研究》,中正大学中国文学研究所硕士学位论文,1998。

凌亦文《〈增订碑别字〉中俗字研究》,辅仁大学中国文学研究所硕士学位论文,1979。

刘芳薇《〈维摩诘所说经〉语言风格研究》,中正大学中国文学研究所硕士学位论文,1995。

欧阳宜璋《〈碧岩集〉的语言风格研究——以构词法为中心》,政治大学中国文学研究所硕士学位论文,1993。

朴淑庆《〈老乞大〉〈朴通事〉词汇演变研究》,台湾政治大学中国文学研究所硕士学位论文,1988。

朴真哲《敦煌变文词汇之同义反义关系研究》,淡江大学中文研究所硕士学位论文,1996。

谭惠文《〈妙法莲华经〉譬喻文学之研究》,中正大学中国文学研究所硕士学位论文,1997。

王锦慧《敦煌变文语法研究》,台湾师范大学国文研究所硕士学位论文,1993。

王妙云《魏晋南北朝墓志俗字研究》,彰化师范大学国文学系硕士学位论文,2003。

王晴慧《六朝汉译佛典偈颂与诗歌之研究》,静宜大学中文系硕士学位论文,1999。

王文杰《〈六祖坛经〉虚词研究》,中正大学中国文学研究所硕士学位论文,2000。

魏伯特《郑玄、赵岐、何休笺注的一些语法特色》,台湾大学硕士学位论文,1990。

谢慧绮《慧琳〈一切经音义〉俗字析论》,淡江大学中国文学学系硕士学位论文,2004。

徐珍珍《〈新集藏经音义随函录〉俗字研究》,逢甲大学中国文学研究所硕士学位论文,1997。

詹秀惠《〈世说新语〉语法探究》,台湾学生书局,1973。

2. 博士学位论文

蔡忠霖《敦煌汉文写卷俗字及现象研究》,中国文化大学中国文学研究所博士学位论文,2001。

吕瑞生《〈字汇〉异体字研究》,中国文化大学中国文学研究所博士学位论文,1999。

王锦慧《敦煌变文与〈祖堂集〉疑问句比较研究》,台湾师范大学国文研究所博士学位论文,1997。

魏培泉《汉魏六朝称代词研究》,台湾大学博士学位论文,1990。

杨如雪《支谦与鸠摩罗什译经疑问句研究》,台湾师范大学国文研究所博士学位论文,1998。

詹秀惠《南北朝著译书四种语法研究》,台湾大学中国文学研究所博士学位论文,1975。

周碧香《〈祖堂集〉句法研究——以六项句式为主》,中正大学中国文学研究所博士学位论文,1999。

二、香港的中古近代汉语研究①

(一)研究专著类

在港岛的学者中,著名的有周法高、饶宗颐等人。他们在中古近代汉语词汇研究方面都有贡献,周氏的贡献更大。下面仅就周法高的语法词汇研究作一介绍。

1.《中国古代语法·称代编》。②

本书写定于1959年,是周法高系列研究古代汉语语法,撰著《中国古代语法》的一部分。《中国古代语法》计划分为四编:一、造句编;二、构词编;三、称代编;四、词类分论。

作者把古代语分为四期,即殷周时期、列国时期(春秋、战国和秦代)、两汉时期、魏晋南北朝时期。称只讨论古代语法(包括上古、中古),③近代汉语语法不在讨论范围之内。但实际上不可避免地有所涉及。例如,关于第三人称代词"他",周氏先后征引杨树达《词诠》、高名凯《汉语语法论》的说法,认为杨氏所引《后汉书·费长房传》"还它马"、高氏所引《百喻经》"代他捉熊"等多例"他"均不是真正的第三人称代词,而是别人之义;又从"后汉安世高"译的《佛说罪业应报教化地狱经》中找到几个"他"作"他人"(别人)解的例子。指出:"'他'字在解作'别的'和用为第三人称代名

---

① 关于澳门的中古近代汉语研究,就笔者所知,研究者不多,成果也不多。闻见有限,只能暂付阙如。

② 关于周书,可以参看严修(2001:43)。

③ 周法高在一次讲话中说:"像我的三本书,叫做《中国古代语法》,就是讲它的变迁,从上古到隋代。"说明了作者研究的范围和旨趣。参看《汉语研究的方向——语法学的发展》(周法高主讲,何大安记录),载《中国语言学论集》354—366页。

词之间,可能经过一个阶段,'他'字可以解作'别人'。"①并认为"他"明确地用作第三身代词的例子,在《晋书》中可以遇到。举《晋书·张天锡传》"他自姓刁,那得韩卢后邪"为证;②另举《乐府诗集》卷四七《圣郎曲》"酒无沙糖味,为他通颜色",认为亦为第三身代词。(周法高1959:113—117)到了唐代,第三人称代词的"他"就相当盛行了。

因为作者把汉魏六朝笼统地归入古代汉语阶段,故书中讨论的中古汉语称代词相当多。如第一人称代词"身""侬""民""下官"等,第二人称代词"公""君""卿""官"等,第三人称代词"伊""渠""他"等,询问代词"何等""何物""何许""何当",等等。

2.《中国古代语法·构词编》

本编第三章"附加语"中,作者探讨了一些中古以来新产生的词头、词尾,列举各家之说,条分缕析,加以归纳。例如:

"阿",古今学者多有论述,周氏先征引宋王楙《野客丛书》、清顾炎武《日知录》、钱大昕《十驾斋养新录》、王力《汉语史稿》等考证,认为"前附语'阿'的用法始见于汉代",并把"阿"的用法归纳为三类,即:①放在姓、名、字、行第前,如"阿戎、阿娇、阿连"等;②放在亲属称谓前,如"阿母、阿公、阿子"等;③放在代词前,如"阿谁、阿侬、阿堵"等。

---

① 按:周氏的推断有道理,"他"由其他引申为第三人称代词,中间应该经过别的→别人阶段,即:其他→别的→别人(他人)→第三人称代词。但作者所举的《佛说罪业应报教化地狱经》无论从文献著录还是从语言的角度看,都不是安世高的译经。

② 太田辰夫(1958[2003:411])批评周氏所引《晋书》此例,认为已见于《太平广记》卷246引《启颜录》,不能代表晋代语言。周法高辩解说:"我只说'可能根据较早的史料',并没有把他当做晋代的语言。"同时考证认为《启颜录》"乃唐代作品,实出《晋书》之后",书中已经有"'他'作第三身之例,太田之说非也"。(《称代编》116页注一)

"老",作者征引宋洪迈《容斋三笔》、清翟灏《通俗编》、清钱大昕《十驾斋养新录》、王力《汉语史稿》的说法,指出,"老鼠"一词由来已久,"老"又可加于人的姓名前,举《北史·石曜传》"此是老石机杼"为例;"老"又可加于称谓前,举《世说新语·忿狷》"汝讵复足与老兄计"为例。周氏显然不同意《汉语史稿》提出的"老兄"的词头"老"起于宋代,"老婆"的词头"老"起于元代,"老师"的词头"老"起于清代,认为王说"似乎都失之太晚"。

3.《中国古代语法·造句编(上)》

周氏研究语法,是较早就利用佛经,并取得成绩的学者。在本编中也不例外,例如,第三章讨论"著",就征引了东汉昙果共康孟详译《中本起经》、吴康僧会译《六度集经》、晋竺法护译《生经》、刘宋求那跋陀罗译《过去现在因果经》等;第四章讨论复句,论及假设连词"设",征引了失译《㮈女祇域因缘经》、后汉支娄迦谶译《遗日摩尼宝经》、姚秦鸠摩罗什译《维摩诘所说经》、西晋竺法护译《清净平等觉经》等,开风气之先。

本编多处讨论或涉及中古、近代汉语虚词,如:

第三章讨论"句之成份"时论及"补语",考察了"杀""死""灭""破"等"好像后代'补语'的成分",即动补结构或动结式;也讨论了助词"著""了""却"和"得"的产生和演变情况。

第四章讨论"复句",在讨论到假设句所用之"若"(倘若、脱若)、"倘"、"假"(假令、假设)、"设"(设令、设使)、"自非"等假设词时,都列举中古诗文、史乘、杂著、佛典等用语为例。

在讨论到"时间句"时,论述了表示时间的"比至"(比到),列举《史记》《三国志》《齐民要术》等文献中的六例(270页);论及"值"(未释义),列举了《世说新语·简傲》中的两例(273页);论及

"曼",引述周一良的考释:"'曼'字有'趁'的意思。"补充说:"案此用法见于佛经。"(273页)凡此都说明,在视野的开阔性、取材的广泛性等方面,周氏此书都超过了《助字辨略》《经传释词》《词诠》等前人的同类研究著作,功不可没。

当然,值得商榷之处也是有的,如探讨完成态助词"了"产生和演变,作者从《齐民要术·杂说》和《颜氏家训·风操》引例。(188页)其实《齐民要术》卷前的《杂说》篇并非贾思勰所著,是后代阑入的。《颜氏家训·风操》:"如为勋贵所逼,隐忍方便,速报取了。"周氏认为"了"也是完成貌中的助词。按:本例"了"仍然有实义,是"完毕"义,不是助词。

另外,周法高还有多种著作(论文集),如《论中国语言学》《中国语文论丛》①《中国语法札记》《中国语言学论文集》。

此外,还有其他一些学者的研究著作,如邹嘉彦有《〈老乞大谚解〉单字索引》("アジア・アフリカ語の計数研究 4"[CAAAL单刊シリーズ1],1976)等,张敏有《汉语动词短语和认知语言学》等。

(二)校释类

在校释方面,有饶宗颐、杨勇等学者。

1. 杨勇的《世说新语》研究

杨勇《世说新语校笺》,这是当代第一部全面整理校释《世说新语》的著作。作者用了8年时间,搜集了240余种有关《世说》的资料,详加校勘、注释,首次把《世说新语》这部中古名著整理、介绍给

---

① 如《几个常用词的来源》一文,对代词"他"和"你"、系词"是"、词尾"子"和"儿"的来源作了考证。《"这"》一篇,系作者对指示代词"这"的来源所作的考证,和高名凯的观点比较接近。

读者,功不可没。书中也存在着一些校释疏失。《世说新语校笺》由香港学生书局1969年初版,至2000年,杨勇又出版了《世说新语校笺》(修订本),精装上下册,台湾正文书局。

　　杨氏所做的工作主要表现在以下几个方面:

　　(1) 揭举正文及刘注体例。在《政事》第1则下,杨氏对刘孝标注中所提到的"已见""别见"例作了介绍。类似的条目还有一些。

　　(2) 校正文字。杨氏《校笺》以日本前田氏藏宋本《世说新语》及唐写本《世说新书》残卷为底本,据以参校的有宋刘应登批《世说》等8种版本(见《凡例》)。凡《世说新语》原文有误者,则根据各个相关的版本,予以校正。《言语》第39则刘注引《高座别传》曰……校笺:"传,宋本作'博',非。今依各本。"(79页)《文学》第57则刘注:"诸本无僧意最后一句,意疑其阙,广校众本皆然;唯一书有之,故取以成其义。"校笺:"广,各本作'庆',非。刘盼遂《校笺》、张舜徽《世说注释例》,以为临川尝自注其书,可谓谬甚。……今宋本作'广',是也。可谓一字定谳,诸家疑滞,皆可因此冰释。"(187页)

　　(3) 征引诸家之说。《世说新语》一书,自南北朝以来,研究者代不乏人,清代、近现代尤其繁盛。在为《世说新语》作校笺时,杨勇时常征引诸家之说,这既可为校勘、笺证列举根据,也为读者进一步研究提供了线索。例如:《言语》第28则:"崔正熊诣都郡,(i)都郡将姓陈,问正熊:'君去崔杼几世?'答曰:'民去崔杼,(ii)如明府之去陈恒。'"校笺:"(i)刘《笺》:'按《搜神记》卷四,记崔皓问雍州秀才陈龙文事,全与此符,殆本一事,而误易其名耳。'""(ii)《日知录》卷二十四对人称臣条:'晋时有自称民者。'许世瑛亦谓晋时下级官吏对上级自称曰民,见《大陆杂志》一卷八期。周法高《语法称代篇》从其说。"(69页)在这两条注解中,征引了刘盼遂、顾炎武、许世瑛、周法高四家的观点。

(4)笺注词义。这是杨氏《校笺》的主要工作。《赏誉》第2则刘注引《李氏家传》曰:"汝南陈仲举,轩轩如千里马。"校笺:"轩轩,谓标致出群拔俗。本书《容止篇》29:'林公道王长史,敛衿作一来,何其轩轩韶举。'又35:'海西时,诸公每朝犹暗,唯会稽王来,轩轩如朝霞举。'"(314页)《赏誉》第146则刘注引《语林》曰:"羊骚因酒醉,抚谢左军谓太傅曰:'此家讵复后镇西?'"校笺:"此家,此人也。有亲敬意。《后书·王常传》:'后帝于大会中,指常谓群臣曰:此家率下江诸将,辅翼汉室,心如金石,真忠臣也。'袁宏《后汉纪》四载'此家'即作'此人'。《通鉴》四《汉纪》三二胡注:'此家,犹言此人也。'"(371页)

2000年出版的《校笺》(修订本)则在原书的基础上,踵事增华,多所补益,改正了部分旧说,增加了新的见解和材料。作者访求《校笺》出版后当世有关《世说新语》新著100余种,又穷8年之力,修订增补。凡修订旧版900余处,新增30000余字;另附录《〈世说新语〉汪藻〈人名谱〉校笺》《〈世说新语校笺〉人名异称表》《〈世说新语校笺〉人名索引》三种编为下册,比原版更加充实。①例如:

《言语》第26则:"陆机诣王武子,武子前置数斛羊酪,指以示陆曰:'卿江东何以敌此?'陆云:'有千里莼羹,末下盐豉耳!'"原本校笺:"《世说》'末下',原当作'末下',即秣陵也。此晋人称都为都

---

① 台湾正文书局黄开礼述修订本云:"凡修订旧作数百余处,新增三万余字,可说是集前贤之大成者。"(见修订本《世说新语校笺》扉页介绍)

下,洛为洛下之证。后人不识末下地名,遂妄为臆改;又以文气不贯,于'末'上增一'但'字,皆非也。"(68页)修订本校笺在此后又增补说:"今按:吾国古籍中凡地名、物名后有'上''下'字者,皆有边侧之义。《史记·孔子世家》:'唯子赣庐于冢上。'司马贞《索隐》:'……盖上者,亦是边侧之义。'《世说·任诞》49'王子猷出都,尚在渚下',《晋书·桓伊传》作'王徽之赴召京师,泊舟青溪边'。是'下'者实有边侧义也。……《世说》中比比皆是……不胜枚举。"共增加了500余字,数量可观。尽管校"未下"为"末下"(地名)古已有之,尚可斟酌,但所举的《史记》《汉书》《世说》等书中"地名+上""地名+下"的用法,确乎常见,有举一反三之效。

《雅量》第9则:"王夷甫问遏:'当时何得颜色不异?'答曰:'直是闇当故耳。'"注:"一作闇故当耳。一作真是鬭将故耳。"原本校笺:"闇故,疑作'鬭变',传写之误也。"并引《文史》第三辑李次笺《读汉书献疑》的考辨为证。(270页)修订本校笺在此后又补引钱锺书《管锥编》五《项羽本纪》条的读书札记,云:"钱锺书《管锥编》则以'闇将'为'鬭将'之误,谓挑身独战也。……"云云,凡200余字。末云:"《方正篇》44有'鬭战'者,殆亦此意。"(320页)

此外,初版时的一些疏失,也得到了更正。

杨勇另撰《〈洛阳伽蓝记〉校笺》《〈陶渊明集〉校笺》等。

2.其他

对汉魏六朝作品,其他一些学者也有研究,如王叔岷《〈世说新语〉补正》《〈颜氏家训〉斠注》、周法高《〈颜氏家训〉汇注》等。总之,它们既是古籍的校释整理专著,同时也是六朝语言词汇的研究著作,具有较高的学术价值。

第四节　现代期之三：日韩的中古近代汉语研究

一、日本的中古近代汉语研究

大约从汉魏以后，中国和日本的交流就逐渐地频繁、兴盛；尤其自"遣隋使""遣唐使"以来，中国的传统文化通过汉籍的传播，大量地流入日本，对日本文化产生了巨大的影响。与此相适应，在日本国内，很早就产生了解释汉籍词语的著作。"在十六、十七世纪，日本出现一批解释汉文词语的著作，如伊藤东涯《秉烛谈》(1729)、无著道忠《葛藤语笺》等，这些都有参考价值。"(参见蒋绍愚 1994：267—270)

从 20 世纪上半叶开始，日本一些著名的汉学家，就把目光集中在中国六朝以来古籍的词语考释上，很早就开始了中古近代汉语词汇研究，如著名的吉川幸次郎、青木正儿等。

到了五六十年代，日本学者的汉语研究方面的主要成果有两个方面，一是概论性的著作或书评；另一个就是为近代汉语作品所作的注释。前者如太田辰夫的《中国语历史文法》《汉语史通考》等，后者如青木正儿、吉川幸次郎、入矢义高、田中谦二等的《元曲选释》、内田道夫的《校注〈刘知远诸宫调〉》以及荻尾长一郎《中国旧白话小说语汇》等。

70 年代以后，日本有关中古、近代汉语作品的成果就更多了。和前代相比，这些成果除了概论性著作、校注性著作外，又增加了书评、索引等类别，显得丰富多彩。以下分年代，对日本学者有关中古、近代汉语词汇研究的成果略作介绍和评述。

（一）研究论著

如上所述，在 20 世纪上半叶的日本，就已经出现了较多的研究中古近代汉语词汇的著作，并且一直长盛不衰。以下分年代进行介绍。

1. 20 世纪 30 至 60 年代

（1）吉川幸次郎

吉川幸次郎是老一辈的日本汉学家，早在 20 世纪三四十年代，就发表了研究中古、近代汉语方面的著作，如：《〈世说新语〉的文章》《元杂剧的用语》《定——六朝助字小记之一》《将无·将不·将非——六朝助字小记之二》《颇——六朝助字小记之三》《何物——六朝助字小记之四》，[①]在研究中古近代汉语词汇方面导夫先路。

（2）太田辰夫

太田辰夫是中国读者十分熟悉的汉语研究学者，在汉语史、现代汉语等研究领域，起步早，成果多，影响大。其代表作为《中国语历史文法》，另有《汉语史通考》等许多著述。

①《中国语历史文法》

本书初版于 1958 年，但正像朱德熙在中译本"序"中指出的那样："此书刊布已三十年，可是到目前为止，还没有哪一部书可以取代它的位置。"本书是现代汉语语法的历史研究，不少内容都与近代汉语有着直接的联系。全书共分两部分，第一部是句法论，作者讨论了文和句、词、词组、词类、接辞、句子的构造、句子的成分、语句的功能等问题。第二部是词法论，讨论了词类的转换和破读、名词、代名词、数词、量词、形容词、动词、介词、副词、连词、助词等十

---

① 为节省篇幅，以下介绍的论文一般都不注明发表信息（刊物、时间、期号等）。

大词类和补语、疑问句等问题。研究既深入又细致，有不少内容涉及近代汉语甚至中古汉语词汇。

本书的"跋"有一个副标题"尽信书则不如无书"，就语料鉴别问题的重要性发表了很好的意见，提出了"同时资料"和"后时资料"的问题，指出："所谓'同时资料'，指的是某种资料的内容和它的外形（即文字）是同一时期产生的。甲骨、金石、木简等，还有作者的手稿是这一类。""所谓'后时资料'，基本上是指资料外形的产生比内容的产生晚的那些东西，即经过转写转刊的资料。……比如唐人集子的宋刊本就是后时资料。"（《中国语历史文法·跋》，380—384页）对汉语史研究具有指导意义。书后所附"引用书目"，是一个很好的研究近代汉语的资料指南和索引，为初学者提供了帮助。

②《汉语史通考》

原名《中国语史通考》，译者改为今名。本书以汉语历史语法为研究对象，收录了太田辰夫从1950年到80年代后期为止有关汉语史，特别是语法史的研究论文。全书分为三部，分别是第一部：上古、中古；第二部：近古（唐宋元明）；第三部：近代（清）。其中，第二、第三两部都和近代汉语有关。太田氏所说的"近古"，就相当于通常的"近代（汉语）"，在这部分里，作者或者探讨断代的语法，如《唐代文法试探》《宋代语法试探》；或者介绍专书及语法，如《〈祖堂集〉语法概说》《〈老乞大〉的语言》；或者是专题研究，如《"甚麼"考》《关于汉儿言语——试论白话发展史》。太田氏所说的"近代"，专指有清一代，和通常的概念有别。在这一部分作者探讨了《红楼梦》《儿女英雄传》等大体上属于近代汉语向现代汉语转变的过渡时期或早期的现代汉语书面文献的语言。

③《中国语文论集》

全书分为两卷,上卷"语言篇·元杂剧篇",下卷"文学篇"。上卷共收录了作者近五十年里发表的 23 篇论文,其中"语言篇"16篇,"元杂剧篇"7 篇。"语言篇"的论文以语法研究为主,涉及近代汉语、现代汉语和语法史,和作者的《中国语历史文法》《汉语史通考》二书不重复。近代汉语的 4 篇论文中,包括《近代白话文学的训诂学研究方法》(以《儿女英雄传》为中心论述了近代白话文学的训诂学研究方法,比较系统地介绍了作者研究近代汉语的方法论)、《关于清代北京话》(据北京话特有词语判定清代北京话的 12 种资料,研究其语音变化)、《清代文学里的满洲话》《〈红楼梦〉的语言》(对《红楼梦》不同版本和前后八十回的语言差异进行缜密的调查比较)等。(参见大河内康宪、方经民 2002)

除了著作以外,太田辰夫还发表了许多近代汉语特别是元明清汉语的研究论文,如《关于〈老乞大〉的语言》《关于汉儿语言》《〈孝经直解〉释词》《中国语研究》《杂剧〈合同文字〉考》《〈老〉〈朴〉清代改订三种的语言》《〈训世评话〉的语言》《元剧〈拜月亭〉考》《〈至正妓人行〉试论》《"底"和"地"》《"甚麽"考》《〈儿女英雄传〉语汇调查》《关于〈红楼梦〉的语言(试稿)》《中古(魏晋南北朝)汉语的特殊疑问形式》[①]等。

此外,太田辰夫还编有《中国历代口语文》《〈祖堂集〉口语语汇索引》等。

(3) 入矢义高

入矢义高是日本的著名学者,在唐宋文学特别是俗文学研究

[①] 此文的中译版发表在《中国语文》1987 年第 6 期上,江蓝生翻译。

领域有着深入的研究,影响很大。

早在20世纪40年代,入矢义高就对近代汉语通俗作品的语言进行了研究,发表了《元曲助字杂考》《关于近代俗语辞典编纂的资料》的论文。后来又发表《中国口语史的构想》提出建立中国(汉语)口语史的想法。① 这个想法和吕叔湘主张的把汉语史分为"文言史"和"白话史"的建议(《近代汉语读本·序》)相似。

入矢义高对禅宗语录颇有研究,近些年来,发表过《禅宗语录的语言与文体》《禅语谈片》等论文,对禅宗语录的语言及文体特点作了深入的分析和揭示。

此外,入矢义高还出版了《〈临济录〉译注》,发表了《变文二则》《陶信男〈朴通事谚解·老乞大谚解语汇索引〉序》《干屎橛》等论文和《读"唐代禅家语录所见的语法成分"》《评张相〈诗词曲语辞汇释〉》《评蒋礼鸿〈敦煌变文字义通释〉》等几篇著名的书评(详后)。②

(4) 波多野太郎

波多野太郎是日本的近代汉语研究专家,著名学者,在横滨市立大学退休后,仍然继续从事近代汉语研究。

波多野太郎曾编有《中国方志所录方言汇编》(全9册),搜罗甚勤。与中国大陆一些研究近代汉语的学者都有交往,曾赞誉蒋礼鸿《敦煌变文字义通释》为研读敦煌变文的"指路明灯"。(参见

---

① 中译本见《汉语史学报》第四辑1—7页,艾廼钧译,徐时仪修改,衣川贤次作注并审正,上海教育出版社,2004。

② 日本中青年学者衣川贤次、兴膳宏、松尾良树、沟口雄三(主持)四位开了一次类似于追思会的座谈会,对入矢义高作了介绍和追思,并发表了《值得追忆的先辈学者——入矢义高先生》,文末附入矢义高的年谱,刊于2001年7月出版的《东方学》第102辑,值得参考。

波多野太郎 1960)

波多野太郎的论文很多,如《再论指示词"这"——陈治文〈近指指示词"这"的来源〉读后》《中国小说戏曲的用语研究笔记——家藏白话研究文献提要 11》《中国小说戏曲的用语研究笔记——家藏白话研究文献提要 15》《元曲疏证》(一)—(八)等。

(5)牛岛德次

牛岛德次有《古代汉语文法论》《汉语文法论》等著作。《古代汉语文法论》系油印本,1965 印行。《汉语文法论》(古代编),所研究的对象以《史记》为主,《汉书》为辅。《汉语文法论》(中古编),主要是魏晋南北朝时期的文献语法。

牛岛德次虽是研究汉语语法的专家,但论著中的部分内容如虚词涉及词汇,也是研究中古、近代汉语学者所应该重视的。可惜的是牛岛德次的著作迄今为止尚未有中译本,中国读者不容易见到。

牛岛德次的单篇论文有:《关于"何以为"的"为"》《中古汉语的人称和称呼》《中古汉语的质疑文》《关于"所"和"所以"》等。

(6)柳田圣山

柳田圣山是日本研究禅宗语录的大家,对禅宗语录有深入的研究,主编过《〈祖堂集〉索引》,撰写了《无著道忠的学术贡献》,对近代日本学者无著道忠在近代汉语俗语研究方面的贡献进行了总结和评述。

此外,柳田圣山还编撰过近代汉语资料汇编类著作和索引,如《祖堂集索引》,撰写了《祖堂集的资料价值(一)》等论文。

(7)水谷真成

水谷真成撰《"颇"字训诂小考》《〈慧琳音义〉杂考》《关于汉译佛典的特殊待遇表现——译经语汇零释之一》等论文。以上三文均见于作者《汉语史研究——中国语学和印度学的接点》一书。

除了上述学者外,早期从事中古、近代汉语词汇语法研究,发表过相关研究论文的还有长田夏树、小川环树、三迫初男、西谷登七郎、樱井朋治等。

2. 20世纪70年代至今

从20世纪70年代以来,日本学者研究中古、近代汉语的成果明显增多,表现在著作和论文比前几十年增加了相当可观的数量。

(1) 志村良治

志村良治的《中国中世语法史研究》为我国读者所熟悉。此书原系日本三冬社出版,后由江蓝生、白维国两位把它译成汉语,1995年在中华书局出版。

这是一部研究汉语历史语法的力作,由两部分组成:第一部分是"中世汉语的语法和词汇——概论",讨论了中世汉语的断代、新的变化、各种句式和词类的发展变化等方方面面的问题;第二部分是"专论",这是本书的精华所在,讨论的有指示代词"这"和"那"、疑问词"底""甚麽"、(参见大河内康宪、方经民2002:8)使成复合动词的形成过程、关于动词"著"、指示副词"恁麽"考、说连词"从渠"、论词缀"生"。作者所说的"中世",在初稿中称为"中古汉语",是指从魏晋南北朝到唐末的历史时期。但讨论的内容则横跨中古、近代汉语。志村氏的研究注重方法论,往往联系音韵学、词汇学来讨论语法(虚词)问题,并不拘泥;在研究具体问题时注意从系统的角度(如书中提到的联想、类推、词汇群、词族)来研究;同时也十分重视语料的抉择和鉴别。虽然有些地方(像概论部分的某些考证)尚且值得商榷,但无论是研究的态度还是研究的方法、结论都会给中国学者以启迪。

和著作相比,志村良治发表论文的年代要早得多,早在60年代就已崭露头角了。他早年发表的单篇论文有:《关于疑问词"底"》《关于"从渠"——唐代时纵予的表现》《"甚麽"的成立——中古汉语里疑问词的谱系》《关于接续词"生"——词汇史研究方法试探》《"与""馈""给"——汉语授受动词和"给"的来源》等。

(2) 香坂顺一

香坂顺一是近代汉语研究的知名学者,曾担任日本大东文化大学的校长,现已退休。他在近代通俗小说方面素有研究,撰有《白话语汇研究》《〈水浒〉语汇研究》《〈水浒〉语汇与现代语》等著作,还有许多单篇论文。其中《白话语汇研究》已有中译本。

《白话语汇研究》(中译本,中华书局,1997)

内容有三:一是中国近世语笔记(共207条);二是旧白话杂记(共18条);三是11篇专题论文。中译本只收了一、二两项内容,约占原书的三分之二。(详见译者"后记")本书的主体部分是207条"中国近世语笔记"。这些条目中,多数是虚词或相关的词语,如"尽行""吾·汝之类""甚的·甚底""教·交·叫""(正)在"(第1至第5条);也有句式、短语或某类语法问题,如"因为……,因此/所以……"(第18条)"'俺''咱''您'的单数复数用法"(第19条)"是也不是(A也不A)"(第29条);少数的是实词、口语词,如"狼犺"(第33条)、"寻找与给"(第155条)等。"旧白话杂记"共19条,讨论了这样一批词语,有实词(如"'走/行''吃/食'")(第1条)、有虚词("噢/吃")(第16条)、有句式(如"～很了""为了 为着")(第4、17条)。香坂顺一善于发现近代汉语和现代汉语的不同之处,常常作比较研究,寻找语法、词汇演变的规律。

除了本书外,香坂顺一还出版了《水浒语汇研究》,这是对《水浒传》中的虚词进行研究的专著。本书参照《水浒传》的相关版本，集中解释了书中的虚词。作者把《水浒传》中的600多个虚词分为代词、副词、介词、连词和助词五大类，进行详细的描写和研究，勾勒、揭示了《水浒传》虚词系统的面貌和特点。

作者又撰《〈水浒〉语汇与现代语》一书，继研究《水浒》的虚词之后，又联系现代汉语对《水浒》的实词进行全面的考察，以揭示从近代汉语到现代汉语实词演变的规律，在词汇史研究方法论上有所突破。例如，书中考证了"托大"一词，略云：①

托大

【现】大模大样，高傲。炫耀身分、地位。摆出尊大的架式——"摆架子""摆身分""傲慢自尊"。

【水】因骄傲自大而疏忽大意。

《水浒》里的用例：

凡事自宜省戒，切不可托大。(4) 一来连日辛苦，二来十分托大，到初更左侧，不觉睡着。(65)

其他资料的用例：

虽然如此，未可托大，可使魏延助之（《三国演义·70》）宁海郡大马头去处，活过了生世，你可小心伏侍，不可托大！（《警世通言·33》）

上举例子中，只要看"小心伏侍不可托大"一例，就会明白它不是"摆架子""摆身分"的意思。

香坂顺一还发表了许多单篇论文，如：《"哩""呢"不分》《"普通话"语汇小史》《明代的吴语——根据〈拍案惊奇〉附注》《〈醒世姻缘传〉的作者和词汇》《旧白话语汇整理上存在的问题》《〈三言〉的语

---

① 参看香坂顺一(1995)。其中"【现】"指现代汉语，"【水】"指《水浒传》。

言 1、2》《〈拍案惊奇〉的语言》《中国近世语里的"没的"》《〈水浒〉里的"相～"》《早期白话的语汇——〈刘知远〉和〈董西厢〉》等。

(3) 森野繁夫

广岛大学教授。从 20 世纪 70 年代起,到 80 年代的 20 年间,发表了一系列以六朝文学词汇语法研究为中心的中古汉语研究成果,例如:《〈世说新语〉及注所见的评语"简"和"率"》《〈世说新语〉的评语——关于"朗"》《简文帝诗所见的"～自"——以"本自"为中心》《六朝译经的语法——伴随着补助动词的复合动词》《六朝汉语的疑问句》《六朝译经的语汇》《六朝汉语研究——关于〈高僧传〉》《六朝汉语研究——陆云〈与平原书〉》《六朝译经的语法和语汇》《六朝语辞杂记(一)》《六朝语辞杂记(二)》等。

此外,森野繁夫还和上村素子合著《六朝评语集(古〈晋书〉)》。

(4) 盐见邦彦

盐见邦彦在研究唐代口语词方面卓有建树,著有《唐诗口语研究》一书。全书共分两大块:Ⅰ.唐诗语词考释,按汉语拼音音序排列,共计考释唐诗语词 311 条;Ⅱ.唐诗语言散策,收入作者有关的单篇论文。此书的前身是作者发表的系列论文《唐诗俗语新解》1—4。[①] 日本学者很早就开始研究唐诗,江户中期以后,丰田让的《唐诗俗语考》(收入《唐诗研究》)是一部集大成的著作。盐见邦彦的著作后出转精,代表了当代日本学者的研究水准。

此外,盐见邦彦还发表了《白居易诗里的俗语表现》《〈临济录〉助字考》《全唐诗"户"考》《唐代的"夜市"》《全唐诗"市"考》等论文,

---

[①] 《唐诗俗语新解》1—4,分别刊于日本《立命馆文学》1981 年 4 至 6 月号和弘前大学教养部《文化纪要》17、18、19 号。

它们均已收入《唐诗口语研究》"II"中。

(5) 佐藤晴彦

神户外国语大学教授,近代汉语研究专家。佐藤晴彦是较早进行近代汉语研究的学者,早在20世纪70年代,就投身进行了汉语通俗作品的语言研究,撰有《〈正音咀华〉的语言——近世白话史的资料之一》《琉球写本官话课本的语言》《琉球官话课本研究序说——写本"人中画"的语言(一)(二)》《近代汉语研究的基本问题——把中国旧小说、戏曲作为资料》等论文。

佐藤晴彦还发表了《所谓"动词词尾"的"将"字——主要以〈元朝秘史〉为例》《"难道"小考》《"难道"小考(二)》《宋元语法史试论——围绕着"～里地""～里路""田地""地面"等词语》《元明语法史试论——围绕着"～里地""～里路""田地""地面"等词语》等论文。

佐藤晴彦关注近代汉语语料的作者和年代问题,曾对《三言》作过考辨,参见第七章。

佐藤晴彦曾撰《旧本〈老乞大〉在汉语史上的价值》一文,指出:1998年初,在韩国庆尚北道的大邱发现了旧本《老乞大》,虽然仅有40页,字数不多,但由于这是比明清时期的诸多《老乞大》版本更早的本子,较少受到后人的改动,保留了《老乞大》的原貌,是研究元代汉语的宝贵资料。把古本《老乞大》和《翻译老乞大》《老乞大谚解》《重刊老乞大》《老乞大新释》等后代版本比照研究,从语法、词汇两方面看,都会是很有意思的课题,值得关注。[①]

[①] 2002年5月,佐藤晴彦教授参加浙江大学汉语史研究中心主办的"姜亮夫、蒋礼鸿、郭在贻先生纪念会暨汉语史、敦煌学国际学术研讨会"(杭州),应邀作了《旧本〈老乞大〉在汉语史上的价值》的报告,以上所述即源自该论文。

佐藤晴彦和玄幸子、金文京两位合作,采用古本《老乞大》版本,出版了日译本《老乞大——朝鲜中世的汉语会话读本》(佐藤晴彦、玄幸子、金文京译注、郑光解说)。①

(6) 松尾良树

奈良女子大学教授,研究汉译佛典、敦煌变文等方面的专家。撰著的论文有:《六朝书简的词汇史研究——口语词汇资料集的出发点》《敦煌变文口语语汇数则》《唐代语汇里的文白异同》《汉代译经和口语——翻译佛经口语史初探》《读训点资料——以佛典的口语表现为中心》《〈干禄字书〉浅说》《在敦煌写本中的别字——以〈韩擒虎话本〉S2144 为中心》《〈万叶集〉词书和唐代口语》《〈日本书纪〉和唐代口语》等。

(7) 衣川贤次

京都花园大学教授,在早期白话小说、禅宗语录等方面有深入的研究。早期白话小说方面,撰有《〈游仙窟〉旧注校读记(上)》《〈游仙窟〉旧注校读记(中)》《〈游仙窟〉旧注校读记(下)》《〈游仙窟〉旧注弁证》等。作者对唐人张鷟小说《游仙窟》、南朝宋傅亮《光世音应验记》(7 条)、张演《续光世音应验记》(10 条)、南朝齐陆杲《系观世音应验记》(69 条)等都凭借抄本等材料,进行了比较详细的翻译和注释,考释了部分六朝、唐代口语词,值得注意。

禅宗语录方面的研究,有《〈临济录〉札记》《禅宗语录导读》《禅宗语录导读(1)》等文。近撰《〈祖堂集〉的校理》,对《祖堂集》的版本源流和两个系统的影印本(①日本禅文化研究所 1994 年影印本;②"影印《高丽大藏经》"补遗版)作了考证和评述;《懒瓒和尚

---

① 该书在 2002 年由日本平凡社出版。

《乐道歌》考——〈祖堂集〉研究会报告之三》,对《祖堂集》卷三"懒和尚瓒章"作了翻译和注解,重点是懒和尚瓒的《乐道歌》。

(8) 辛嶋静志

创价大学教授,佛经文献语言研究专家。辛嶋静志是日本中青年学者中的佼佼者,精通梵文和汉语,从事汉文佛典研究,能通过原典来释读汉文佛典的词汇,代表了佛经研究的一个方向。

著有《〈长阿含经〉原语研究——以音写语分析为中心》。本书是以《长阿含经》为研究对象,对书中的"音写语"进行研究的著作。

先后编纂出版了《〈正法华经〉词典》《〈妙法莲华经〉词典》,这是作者计划编纂的系列佛典语言词典(最终形成《佛典汉语辞典》)中的两部,为中古汉语词汇研究作出了贡献。

此外,作者还撰写、发表了一批单篇论文,如:《汉译佛典的汉语和音写语问题》《〈大阿弥陀经〉译注(一)》《〈大阿弥陀经〉译注(二)》《〈大阿弥陀经〉译注(三)》《汉译佛典的语言研究(附篇:佛典汉语三题)》①《汉译佛典的语言研究(二)》《汉译佛典的研究》《汉译佛典的语言问题》,等等。

辛嶋静志对汉文佛经的异译颇有研究,参看第十五章。

(9) 佐藤进等其他学者

东京二松学舍大学的佐藤进教授,在方言研究、辞书编纂等方面的成果丰硕,出版有《扬雄〈方言〉研究论文集》《宋刊〈方言〉四种影印集成》、佐藤进、平田昌司编集《中国语方言记述研究(主题别)目录稿》等著作和一系列日汉词典,在汉语史研究及中日文化交流方面做出了可喜的成绩。

---

① 辛嶋静志撰、裘云青译。

(二) 部分论文、译注、词语汇释、方言著作

从总量上看,日本学者发表的中古、近代汉语词汇及相关论文数量相当可观,限于所闻及篇幅,不可能一一列举,只就管见所及,作点举例性的介绍。

1. 部分论文及书评

(1) 中古汉语研究

坂井裕子撰有《从"视"到"看"——以〈世说新语〉时代为中心》《中古汉语的是非疑问句》;长尾光之撰有《汉译〈百喻经〉的语言》《汉译〈杂宝藏经〉的语言》《汉译〈生经〉的语言》;林裕子撰有《〈世说新语〉中所见的古今词》,等等。

以林裕子论文为例,作者对《世说新语》中"投/掷""食/啖·吃""寐/眠""持/捉"四组古今同义词进行了分析论述,以此来了解中古汉语古今同义词的使用特色。作者指出:"《世说新语》词汇的重要特色之一,是延自先秦的古词和东汉以后出现的新词交混使用。"本文对四组古词和其相应的新词构成的同义关系进行了考察。按:林裕子所说的"古今同义词",就是张永言、汪维辉所说的"古汉语常用词",即具有历时替换特点的古汉语同义词。可见,即使在东瀛日本,也有学者关注属于基本词汇的古汉语同义词。以上都是中古汉语语言词汇方面的论文。

三保忠夫《居延简牍资料的量词考察》《中国古代墓葬出土简牍资料中的量词考察》《吐鲁番墓葬出土文书的量词考察》等文采用了出土文献来研究汉魏六朝以来量词,在语料方面作了展延。

此外,松江崇《〈六度集经〉〈佛说义足经〉里人称代词的复数形式》、玄幸子《关于〈贤愚经〉里"与"的用法——口语史研究试论》

《〈生经〉语法札记》,①等等,都是研究中古汉语语法的论文。

(2) 近代汉语研究

关于六朝、唐宋文献特别是敦煌文献方面,高田时雄发表了系列论文,如:《关于慧皎〈高僧传〉所见的特殊语法》《根据敦煌资料的汉语史研究——九、十世纪的河西方言》《汉语史研究和敦煌学》《汉语史的资料和方法》。

还有许山秀树《在口语系资料中"V 杀"的各种情况——〈游仙窟〉〈敦煌变文集〉〈祖堂集〉〈朱子语类〉的用例》、玄幸子《关于白居易诗里的"V 取"》、中钵雅量《唐宋口语释义拾遗(1)——以杜诗为中心》、安部逸雄《关于中古汉语——以〈倭名类聚抄〉为中心》等论文。

20 世纪 70 年代以后,山川英彦也发表了一批元代汉语的研究论文,如:《〈元朝秘史总译〉语法札记》《记〈老朴集览〉》《"华夷译语"的总译——作为元明时期白话研究的资料》《〈孝经直解〉语法札记》《关于〈通制条格〉所见的"蒙文直译体"的句尾成分》《对与〈元朝秘史〉的蒙古语动词终止形词尾相对应的汉语翻译的比较研究试探》等。

关于清代的白话小说,宫田一郎有较多的研究,发表了许多论文,如:《〈二十年目睹之怪现状〉语汇调查》《〈儒林外史〉的语言》《〈海上花列传〉的语言》《〈海上花列传〉方言词语汇释》《读〈官场现形记〉》《〈官场现形记〉的语言》《〈九尾龟〉方言词语汇释(1)(2)》《〈岳飞〉方言词语汇释》1—3 等。(参见徐时仪 2000:463)

---

① 据玄幸子《〈生经〉语法札记》文末所言,作者正在编纂《六朝译经集口语语汇索引》,此文是《索引》的中期报告之一。

此外还有大岛吉郎《〈古今小说〉的语汇研究试论》、阎红生《〈儿女英雄传〉里的口语语汇与当代北京口语语汇的比较》等。

（3）书评

在日本的语言学、汉学研究刊物，经常可以见到对汉语史研究著作的评价文章。和国内多数书评以肯定为主不同，日本学者撰写书评，有肯定，但也有批评，有时候还批评得相当严厉。而且撰写书评的也往往是著名学者，太田辰夫、入矢义高、波多野太郎、平山久雄等著名学者都曾经写过书评。

入矢义高《读高名凯的〈唐代禅家语录所见语法成分〉》《评张相〈诗词曲语辞汇释〉》《书评蒋礼鸿〈敦煌变文字义通释〉》的这三篇文章都是批评性的，对高名凯《唐代禅家语录所见语法成分》一文的批评，主要是就文章所用的语料选择问题，指出其使用了后代的语料（太田辰夫也提出了类似的批评）。对张相、蒋礼鸿两位著作的部分条目，入矢义高也提出了商榷。入矢义高还写有《周绍良〈敦煌变文汇录〉》《读蔡美彪编〈元代白话碑集录〉》等。

衣川贤次有评袁宾《禅宗语录词语汇释》的文章，中译本发表在《古籍整理出版情况简报》上。

其他书评还有：坂井健一《刘世儒著〈魏晋南北朝量词研究〉1965》、贾林成《论〈中古虚词语法例释〉》、井上泰山《顾学颉等〈元曲释词〉（一）》、松尾良树《志村良治著〈中国中世语法史研究〉》、太田辰夫《通向中古汉语的道路——江蓝生著〈魏晋南北朝小说词语汇释〉》，等等。

2. 中古、近代作品译注

（1）丘山新、神塚淑子、辛嶋静志、菅野博史、末木文美士、引田弘道、松村巧《現代語訳〈阿含経典〉——长阿含经》第1卷。

本书分"解说""本文"和"注"三部分。"解说"主要是对《长阿含经》及卷一所收《大本经》、卷二至卷四所收《游行经》的解题,"本文"是汉、日对照的《长阿含经序》及《大本经》《游行经》,"注"是《长阿含经序注》及《大本经注》《游行经注》。后面还有《游行经》不同版本对照表等附录。作者在《〈长阿含经〉解说》中指出,汉译佛典使用的语汇,从大的方面划分,有这样几类:一是上古已经使用的词语;二是中古始见的有口语色彩的词语;三是佛典特有词语。并指出,1972年出版的台湾学者曲守约《中古辞语考释续编》,就是因为以《大藏经》作为资料,汇集特殊的语汇而引人注目。(39页)

本书的最主要价值,在于"注"这一部分。如《长阿含经序》:"时集京夏名胜沙门,于第校定。"注:"'京夏'和'京华'相同,首都的意思。用例未见。'名胜'在这里是'名望杰出'的意思。《世说新语·文学》:'宣武集诸名胜讲《易》……'"(383页)《大本经》(一):"如是我闻。"注:"'如是我闻',是 P.evaṃ me sutaṃ, S.evaṃ mayā śrutam 的译文,是佛典卷头的定型句。'如是我闻'的顺序和汉语通常的语序不同(金冈照光《佛教汉文的读法》96—101页),大概是按照 P.evaṃ me sutaṃ(S.evaṃ mayā śrutam)的语序吧。古译绝不会这样翻译。"(385页)又:"母身安稳,无众恼患。"注:"'安稳',从汉代开始使用。在《长阿含经》中,也写作'安隐'。"(401页)《大本经》(三):"缘此苦阴,流转无穷。"注:"'流转',六朝时期一般文献也有使用。例如:《后汉书》六七《张俭传》:'后流传东莱,止李笃家。'当然,表示轮回义的'流转'是佛教特有的。"(425页)《游行经》(三):"尔时世尊知彼女意柔软和悦,荫盖微薄,易可开化。"注:"'易可'义同'易'。"(514页)"'易可'义为容易。"(555页)《游行经》(六):"八万四千马,金银校饰。"注:"'校',三本·碛

砂藏都作'交'。'校饰'是装饰义。《宋书·礼志》：'以金校饰器物。'"(588页)

《游行经》(五)："是时有人来问我师：'向群车过，宁见不耶？'"注："'宁见不耶'，以'宁……不耶'的形式构成的疑问句是口语的表现，……在道教经典《太平经》中也多见。例如：'真人亦宁晓不耶？'(《太平经合校》51页)'子宁深解不耶？'(同上，56页)'宁可谢不乎？'(同上，78页)'委气神人宁入人腹中不邪？'(同上，96页)等。附带说，白法祖译和失译有'宁闻车声不'、法显译有'不审尊向为见之不'、《有部律》有'向见五百乘车于此处过不'。"(552页)

归纳起来，编者的"注"大体包括三方面的内容，即：①校勘。本书《长阿含经》的原文，是以《高丽大藏经》为底本，参校《大正藏》所附的宋元明三本、《碛砂藏》。②举证。列举书证，注明出处，列举类似用法。③比勘。本书所释词语都能与梵文本、巴利文本对照，尤其是佛教的名词术语等，考察中古读音，详举异译。④部分条目下，征引参考文献，为读者研究提供线索。总之，这是一部很有价值的著作。

(2) 榎本文雄、神塚淑子、菅野博史、末木文美士、引田弘道、松村巧《真理の偈と物語——〈法句譬喻経〉現代語訳》(上、下)。

本书所据《法句譬喻经》，以《高丽大藏经》为底本，参考以《高丽藏》为底本的《大正藏》，参校的有《大正藏》所附的宋元明三本、《圣语藏》《碛砂藏》。上册正文前有"凡例"和"解题"，然后是汉文、日文对照的卷一、卷二正文。正文后是"注记""偈文的解释研究"。下册是"凡例"、《法句譬喻经》卷三、卷四，正文后是"注记""偈文的解释研究"和"解说"。

和前一书一样，本书的主要价值也在"注记"。约而言之，有数端焉：

① 能指出汉魏六朝口语用法。如：卷一《无常品》："佛命令坐，而问之曰：'王所从来？衣粗形异，何所施为也？'"注记："王所从来——'所'是南北朝时期口语中习见的疑问代词，相当于'何'。本经用例如《多闻品》：'夫大瞋怒，问：为所在？'又：'其妻问曰：沙门所在？'《太子须大拏经》也有'诸臣即问：所从得此儿'的例子。佛典以外如《搜神记》卷一一：'莫邪子……乃问其母曰：吾父所在？'详见裴学海《古书虚字集释》卷九'所'、江蓝生《魏晋南北朝小说词语例释》'所'等条。"（上册173页）

② 能从构词法的角度，列举中古译经习见的复音词。如：卷一《华香品》："于是世尊，见此诸女，虽为俗斋，其心精进，应可化度。"注记："应可化度——'应可'，是表示应该、可以义的复合虚词。《增壹阿含经·七日品》：'此法应可思惟而不思惟。'还有'当可''宜可''宜当''应当''要当''宜应''当应'等同类复合虚词在汉译佛经中常见。参见森野繁夫《六朝译经的语汇》（《广岛大学文学部纪要》第36卷，227—228页）。"（上册229页）

③ 能考释部分俗别字。如卷一《无常品》："杀之死者过半，而余者不觉，方相觝辇，跳腾鸣喉。"注记："方相觝辇——'辇'，同'触'。慧琳《音义》卷五〇：'辇故：上衝烛反。《广雅》：辇，揆也。……或作此触也。'"（上册177页）

④ 有些佛教术语，能指出其早、晚期译法的不同。卷一《心意品》："但念六欲：目色，耳声，鼻香，口味，身更，心法。"注记："更——Ⓢsparśa古译，后来经常译成'触'。已见于安世高译《人本欲生经》，参见宇井伯寿《译经史研究》64页。此外，在安世高译《阴持入经》里，明确提出所谓'身六更'，即：色所更、声所更、香所

更、味所更、触所更、法所更。"(上册226页)

⑤ 有些词语,能够找出其较早用例,如:卷一《双要品》:"近香则香,系鱼则腥,渐染翫习,各不自觉。"注记:"翫习——也作'玩习',习以为常。《礼记·乐记》:'文侯曰:敢问溺音何从出也?'注:'玩习之久,不知所由出也。'《释文》:'玩,又作翫。'"(上册223页)把"玩(翫)习"的用例上推到东汉郑玄的《礼记注》。

毋庸讳言,书中也有一些疏失,如:卷一《戒慎品》:"晨旦出山,人间乞食。食讫还山,晚暮乃到,往还疲极。"《注记》:"疲极——疲劳达到顶点(疲れがピークに達すること)。可参见《三国志·吴志·陆凯传》:'调赋相仍,日以疲极。'"(上册204页)按:"极"有疲劳义,"疲极"实为同义复词,乃并列结构,就是疲劳、疲倦,注释不确。又如,卷三《地狱品》:"妄证求略,行己不正,怨谮良人,以抂治世。"注记:"'行己'——自身的动作、举止(身の振る舞いの意)。可参看《论语·公冶长》:'子谓子产:有君子之道四焉。其行己也恭,其事上也敬,其养民也惠,其使民也义。'"(下册203页)按:"行己"发端于先秦(《论语》),汉魏六朝以降多所沿用,意思是立身行事、为人处事,注不甚确。

3. 词语汇释

日本(包括旅日)学者还编写了许多近代作品语词汇释一类的著作,如阎崇璩《〈京本通俗小说〉词语汇释》《敦煌变文词语汇释》、荀春生《〈三国演义〉词语汇释》(上、下)等。这批著作收释了相关作品中的部分词语,在当时来说,确有一定意义。

但存在的问题仍复不少,以阎崇璩编著《敦煌变文词语汇释》(大东文化大学中国语大辞典编纂室资料单刊Ⅵ)为例,作者的语言文字素养不高,对近代汉语缺乏研究,书中可商榷的地方很多。以释义或校勘为例,如,释"欲似"为好像,并括注云:"'欲'乃虚字,无义。"实则"欲"和"似"都有好像、如同义,二者同义并列,又可作"似欲"等,"欲"并非无义。"抱膝呼足"下加括注云:"'呼'疑为'吻'之误。"(17页)按:"吻"表亲吻义产生甚晚,此处不应为"吻"之误,疑为"鸣"字之误。释"存身"为"屈身",(66页)不知其实为"蹲身"之省借,"蹲"即"蹲"之俗字。另外,标点校勘也多有可商者。

虽存瑕疵,该书亦有一定的参考价值。据作者"前言"云:本书释义重在简赅,例证力求详明,以例证义。编著体例:以1957年北京人民文学出版社《敦煌变文集》为据,从中选取词条。词条立目,按照原书文字,不避讹误。释义力求简明,不尚考据;例句不厌其详,为求以例证义。

其释"阿郎"为主人,举《变文集》12例;"但(一)"为"第一身自称之前所加的谦词,相当于古文中的'窃'字",举《变文集》16例;"欲拟"为打算,举《变文集》9例,都可看出作者力求"以例证义"的方法。

本书主要考释词义,其释"侧近"为"附近"(43页);"差事"为"怪事",并括注云"'差'是'诧'的同音假借字"(45页);"过"为"送","过以"就是"送与"(126页);"患"为"病"(名词,或动词)(142页);"角束"为"包扎起来"(161页);"欲得"为"想要",等等。有校勘,如"博接"条释为"吞食",编者校云:"'博'应作'搏','接'应作'啖'或'嗫'。'博接'实为'搏啖'之形误。"(31页)均可参考。

4. 方言著作

《中国方志所录方言汇编》,第1—9编,全9册,波多野太郎编。本书把中国历代方志中的方言资料按地区汇集在一起,书前有导言,论述方志中收录方言词汇的研究价值。每编卷末附录该编所收方言词汇的索引,为研究者提供了方便。

这方面的著作还有:岩本真理《吴语词语汇释》、宫田一郎《江南语语汇集解》等。

利用古今方言研究中古近代汉语词汇的成果有:西山猛《广东话的选择疑问和中古汉语的"定"》、香坂顺一《明代的吴语——根据〈拍案惊奇〉附注》、坂井健一《关于〈拍案惊奇〉中所见的吴语》、竹内诚《清代白话小说与方言》、植田均《现代汉语方言中保留的〈醒世姻缘传〉词汇》等。

(三)资料汇编、索引类著作

1. 有关古白话的资料汇编

太田辰夫、波多野太郎等老一辈的学者,佐藤晴彦、古屋昭弘等现代学者都做了大量的资料整理工作。

例如:太田辰夫出版了《中国历代口语文》,江南书院,1957年初版;在此基础上,修订出版了《新订〈中国历代口语文〉》(朋友书店,1998)。本书是作者为学习汉语的人编写的口语教材。作者共选入了《离婚》《红楼梦》《金瓶梅词话》《老乞大》《朱子语类》《祖堂集》《世说新语》等15种口语作品,每种作品前面附有题解,介绍作者及相关背景、版本、内容提要,然后是正文和注释,左边是正文,右边是详细的注释,可以对照起来读,方便读者。

元代白话讲经是研究元代汉语的重要资料,其中最有价值的是贯云石的《孝经直解》,太田辰夫、佐藤晴彦撰《元版孝经直解》,影印日本发现的《元版孝经直解》,并作详细的校订、解说、释词,后附"词语索引",为研究者提供了方便。

长泽规矩也编有《明清俗语辞书集成》,凡3册(日本汲古书院,1974)。编者在"序"中说:"在以后从事戏曲研究中,笔者感到,比起现代汉语的知识来,通晓明清俗语更为必要。"该书共收入记录古代特别是明清两代以及民国时期的俚言俗语、方言民谚、称谓典故、官话军语等内容的著作20种,其中明代著作5种,即《俚言解》《世事通考》《雅俗稽言》《目前集》和《常谈考误》;清代及民国著作15种,即《土风录》《直语补证》《常语搜》《异号类编》《称谓录》《通俗常言疏证》《谈徵》《正音撮要》《里语徵实》《官话汇解便览》《军语》《新名词训纂》《俗语考原》《常语寻源》《证俗文》。① 这其中也包括了部分应为随笔(笔记)而并非辞书的著作。

据作者"序"介绍,这二十种著作而外,还有《问答官话》(清白世芸)、《文学书官话》(美国高第丕、清张儒珍)、《士民通用语录》(美国马医生·金湘儒)、《俗话倾谈》(清邵彬儒)、《(重刊)官话合声字母序例及关系论说》、《语汇用例集》(清末写本)等记载清季北京话的著作,未收入《集成》。

波多野太郎编有《白话虚词研究资料丛刊》,全3册,1980。又编有《中国语学资料丛刊》,全5编。其中,第一编为《白话研究篇》,全4卷,1984;第四编为《尺牍·方言研究篇》,1987。

古屋昭弘从80年代中期以来发表了一系列介绍明代白话语料和方言的论文,如:《说唱词话〈花关索传〉和明代方言》《明刊说唱词话12种的吴语》《明成化本〈刘知远还乡白兔记〉的语言》《宣教师资料所见的明代官话》《明代官话的资料——リッチ·ルッジエーリの"宾主问答私拟"》等,在挖掘、介绍明代方言、白话作品方面做出了不少成绩。

此外还有寺村政男《明代历史资料所见到的近世汉语》。

---

① 作者说明:《通俗编》部头大,流布较广,不在收录之列,见"序"。

2. 索引

日本学者还编有多种索引。这些索引分两种：

(1) 研究著作索引

日本学者从事研究，有一个良好的传统：首先充分调查该领域的所有研究成果，编制目录、索引；也有学者专门从事这些目录和索引的编制工作，为研究提供方便。这些目录、索引出版或印行后，不仅可供编者自己使用，更为广大研究者提供了便利。

例如日本学者所编的中古、近代汉语研究目录有：

佐藤晴彦编《日本发表的近代汉语研究文献编年目录》(初稿)，始于1945年，终于1984年；

中国语学班《日本近十年近代汉语研究论文·著作目录》；

渡边浩司《近代汉语研究目录》；

玄幸子《口语语汇资料7种综合拼音索引》；[①]

佐藤进《近五年来日本的中古汉语研究》。

比较重要的研究著作索引还有：

波多野太郎《中国小说戏曲词汇研究辞典——综合索引篇》，原以论文的形式发表，后汇编成6篇8册，系对在日本德川时代、明治年间到昭和时代编印的有关中国小说戏曲资料语汇的综合索引；入矢义高《〈通俗编〉〈直语补证〉〈恒言录〉〈方言藻〉〈迩言〉综合索引》；岛吉郎编《〈通俗编〉等九种综合索引》，[②]并附"古本小说丛

[①] 分别收录了蔡镜浩《魏晋南北朝词语例释》(1990)、江蓝生《魏晋南北朝小说词语汇释》(1988)、蒋礼鸿《敦煌变文字义通释》(1988第四次增订本)、林昭德《诗词曲语辞杂释》、王锳《诗词曲语辞例释》(1986增订本)、《唐宋笔记语辞汇释》(1990)、张相《诗词曲语辞汇释》(1977第3版)7种著作中的语词，按音序编排。

[②] 这九种书是：翟灏《通俗编》、梁同书《直语补正》、钱大昭《迩言》、平步清《释谚》、胡式钰《语宝》、郑志鸿《常语寻源》、罗振玉《俗说》、钱大昕《恒言录》、陈鳣《恒言广证》。

刊"书名目录；佐藤晴彦编《〈小说词语汇释〉〈戏曲词语汇释〉(陆澹安)发音索引》《〈明清俗语辞书集成〉总索引》等。

（2）语料索引

除了研究著作目录、索引外，日本学者还经常对所拟研究的著作进行详尽的调查和摘录，把其中的语词或单字、复音词等作穷尽性的统计，编印成书，出版了很多资料索引，范围十分广泛，著名的如高桥清的《世说新语索引》，编纂较早，错误较少，在我国语言学界发挥过积极作用，产生了较大的影响。另如入矢义高编《〈敦煌变文集〉口语语汇索引》、太田辰夫编《〈祖堂集〉口语语汇索引》、柳田圣山编《〈祖堂集〉索引》等；《大正新修大藏经索引》，已经出版三十多册。

（四）相关的研究刊物

在日本，有关汉语研究的刊物较多，如《中国语研究》《中国语》《俗语言研究》等，其中经常涉及中古、近代汉语词汇研究。

日本京都市花园大学禅文化研究所成立"禅籍俗语言研究会"，会员多为中国国内的各高校、研究机构的学者。该所创办《俗语言研究》，出版了第1—5期，后两期系和中国国内的高校合办。第4期和杭州大学合办，第5期和四川大学合办。后因经费等原因停刊。

日本有"日本中国语学会"，至2001年，已经召开了51届大会，其会刊是《中国语研究》。创刊于1962年7月，由白帝社出版印行。第1号至第3号，是"清末文学言语研究会会报"；从第4号至第15号，是"明清文学言语研究会会报"，其中多有太田辰夫、香坂顺一、宫田一郎、桥本万太郎、上野惠司、铃木直治等人的论文。从第16号(1977)开始，至第23号(1984)，基本上是每年一期。从

1985年起，改为一年两期，以"春季号"和"秋季号"别之。从1989年起，又恢复为一年一期，沿用至今。

此外，日本有"日本中国学会"，该会出版会刊《日本中国学会报》，至2001年，已经出版了53集。

（五）日本的读书会

日本学者有举办读书会的传统。就是选定一本书，由著名学者主持，定期共同研读，相析疑义。以前，在广岛大学、早稻田大学都读过中古名著《世说新语》。

在京都，入矢义高教授退休后，曾经在入矢先生的家中，举办了二十多年的读书会，先后读过《敦煌变文集》《近代汉语读本》（一部分）、《观世音应验记》，也读过日本所藏中国古籍的抄本。京都花园大学的衣川贤次曾写过《光世音应验记》《续观世音应验记》方面的三篇文章，就是在入矢义高主持的读书会上的成果。

2002年2、3两月，2004年7—9月，笔者在日本静冈县立大学、京都大学访问，了解到当时尚在进行中的几个读书会有：

《正法眼藏》读书会。由著名学者、花园大学的柳田圣山主持，在京都花园大学内进行。《正法眼藏》是宋代一部著名的禅宗语录，共分三卷，当时已经读到中卷。

《祖堂集》读书会。由东京大学东洋文化研究所的中国佛教思想史专家丘山新主持，在东京大学举行。每月一次。

读书会选读的都是名著，读书会结束后，通常可以出版两种著作，一种是选读著作的译注本，一种是选读著作的研究论文集。这个形式对日本学者研究汉语这样的外文著作很有帮助，可以集思广益，共同探讨疑难问题，有助于培养年轻学者，在日本受到欢迎。以前，著名学者太田辰夫等也都主持过这样的读书会。

其他研究会形式的沙龙活动和获得文部省科研费资助的合作研究在日本汉语学界比较活跃，一些学术沙龙还不定期地编印非公开出版刊物，如《日语和汉语的对比研究》（日语和汉语对比研究会）、《俗语言研究》（禅籍俗语言研究会）、《中国俗文学研究》（中国俗文学研究会）等。90年代中期，又有两个新成立的研究会积极开展学术活动，引人注目。一个是由远藤光晓组织的汉语史研究会，1994年以来每个月组织一次学术讨论会，以汉语方言和音韵研究为主。另一个是由史有为、方经民、张黎等人发起的现代中国语研究会，1996年开始两个月组织一次学术讨论会，以现代汉语研究为主。（参见大河内康宪、方经民2002:639—670）

此外，旅居日本的中国学者如史有为（明海大学）、刘勋宁（原筑波大学，现明海大学）、梁晓虹（南山大学）、丁锋（原熊本学园大学，现大东文化大学）等也都发表了许多论文，此不赘述。

二、韩国的中古近代汉语研究

韩国学者比较多地关注在韩国发现或由韩国人编写的汉文典籍、课本等，研究者比较多，成果也较丰硕。如：

（一）《老乞大》《朴通事》研究

对《老乞大》《朴通事》的研究，在韩国开始较早，研究者也较多，康寔镇、郑光、李泰洙、梁伍镇等人都有不少研究论著。

早年有康寔镇《〈老乞大〉〈朴通事〉研究》。1998年，发现了被研究者认定为系元代时期的《古本老乞大》。出版了《元代汉语本〈老乞大〉》，正文前面有梁伍镇《元代汉语〈旧本老乞大〉——新发掘译学书资料〈老乞大〉》、李泰洙《〈老乞大〉四种版本语法专题比较研究》等文章。

李泰洙近年来对《老乞大》作了比较深入的研究，撰写了多篇论文,包括:《〈老乞大〉四种版本从句句尾助词研究》《古本〈老乞大〉的语助词"有"》《古本、谚解本〈老乞大〉里方位词的特殊功能》《〈老乞大〉语序研究》(与江蓝生合作)等;特别是他的博士学位论文——《〈老乞大〉四种版本语言研究》,开了利用多版本研究《老乞大》的先河。

关于《老乞大》,郑光也作了较深入的研究,曾主编《[原刊]〈老乞大〉研究》,并撰《原刊〈老乞大〉解题》《元代汉语的〈旧本老乞大〉》《朝鲜时代的汉语教育与教材——以〈老乞大〉为例》等文。

此外,梁伍镇《论元代汉语〈老乞大〉的语言特点》,对《老乞大》的语言特色作了介绍。

(二)其他研究

关于《训世评话》,姜信沆有系列文章予以探讨,包括:《关于〈训世评话〉》、《关于〈训世评话〉》(资料篇上)、《关于〈训世评话〉》(资料篇下),都是这方面的要著。还有《〈鸡林类事〉"高丽方言"研究》等文,金经一撰《〈龙龛手鉴〉小考》一文。

第五节 现代期之四:欧美的中古近代汉语研究

一、欧洲的中古近代汉语研究

(一)瑞典

代表人物是高本汉,著作有《中国语与中国文》(张世禄译,台北文史哲出版社,1985年12月第2版)。

在本书中,高氏对文言和白话(高氏称之为"俗语")的关系作过论述,他举例说,说话时说到"意"时单用"意"是不适用的,必须把"它"扩大成"意思",以便和同音字相区别;而在文字上单写一个"意"就足以代表"意思"。并指出:"文言上这种保守主义不但不会引起义意的含糊不清,而且可以得着一种简洁分明的文体;所以中国人在书写上不喜欢采用新的通俗语体;——从孔子的经典一直到了汉代兴盛的博雅文学,完全是用古式简练的文体写出来的;凡是这样愈古的文学,在传统上愈要受人的欢迎和崇拜。自然事实是如此,中国人认定这古式整肃的文辞,是古代名人的作品,而且在'书写'上,十分简捷和明了,以为这种文辞正是一种'文雅优美'的语言,和俗语的'鄙陋',不值得书写的,恰好相反。所以中国人无论何时,要用文字发表,总继续不断的应用文言,因此在中国地方,就发生了'文言'和'俗语'的区别。"(第三章,43—44页)[①]"这种文言和俗语的区别,究竟起于什么时代,现在还不能正确的断说。当然这种分歧的趋势是渐渐的,但是在西元后,没有多个世纪,这种趋势已经成立了,这是可无疑的。"(同上,44页)

"文言是千余年来一种人工的制造品,虽然也有文体上种种的差异,可是在本质方面,历代以来总是大致的相同。中国人一经学会了这种文言,那末,所读的诗篇,无论是西元后初年,或是西元后千余年,或是最近所著的,从语言上观点看来,总之对他没有什么区别;无论那个时代的诗篇,他一样的可以理会,也一样的可以观

[①] 意大利著名诗人但丁曾撰《论俗语》,讨论了俗语和文言的关系。他认为俗语具有优越性,并更为高尚。因为"我们所说的俗语,就是从婴儿开始能辨别字音时,从周围的人们所听惯了的语言,说得简单一点,也就是我们丝毫不通过规律,从保姆那儿所摹仿来的语言",因此是自然的语言,而文言却是矫揉造作的语言。(徐志民《欧美语言学简史》30—31页)尽管但丁所说的"俗语"(指意大利语)和"文言"(指古典拉丁语)并非指汉语,但我们把他所称的"俗语"移植来指称汉语的"口语",和汉语的"文言"相对,用来说明口语和文言的某些特点,似乎也有几分相似。

赏。……中国几千年的文学,对于中国人是公开的;而中国人对于本国古代的文化,具有极端的敬爱和认识,大都就是由于中国文言的特异性质所致。"(同上,45页)"中国口语和文言有一种特别的关系,尤其是文言的性质,是一种用眼看得懂,而单用耳听不懂的语言。"(同上,46页)

(二) 荷兰

代表人物是许理和(Erich Zürcher),其代表作有:《最早的佛经译文中的东汉口语成分》(原载《中国语教师会会报》第12卷第3期(1977年5月出版);中译本载于《语言学论丛》第十四辑,蒋绍愚译,商务印书馆,1987)和《关于最早的佛经译文的一些新看法》(*Essays on Buddhism and Chinese Religion in Honour of Prof. Jan Yu—hua*)。

两篇文章堪称姊妹篇,后者是对前者的订正和补充。在《最早的佛经译文中的东汉口语成分》一文中,许理和指出:在《大正一切经》(1924—1929)中,有不下96种"汉代佛经",但这些佛经译文是否真的产生于汉代,还大可怀疑。需要进行认真的选择。本文首先利用这些文献的外部证据(何时确定其作者、题跋、早期的注释等)去掉那些显然不是汉代的译文,然后选定一些真实性无可怀疑的译文作为标本,确定它们的用语、文体特点,并以此为标准,去掉那些不合标准的译文。经过筛选,得到29篇作品,可以有把握地说:它们是东汉时期的佛经译文。东汉佛经译文的语言尽管有某种程度的程式化,还是比较真实地反映当时洛阳地区的口语的。作者本着四点假设进行工作:①最早的佛经译文的语言是一个有系统的整体;②它和标准的文言有一贯的差别;③这些差别主要的是由于口语的影响;④这种影响表现得如此强烈和清楚,所以通过对佛经译文语言的分析，能了解关于公元 2 世纪时洛阳口语的相当可靠的概貌。

作者从六个方面谈了早期佛经译文的语言面貌：

（1）词的构成。①佛经译文产生了大量的复合词，它们大都是两个音节的。29 篇佛经译文有上千个不同的复合词，大约有四分之一是经常出现的，在不同译者的译经中至少出现了五次以上。②有许多双音词是可以颠倒的，绝大多数没有意义上的差别。③单音词和复音词一起被自由地运用。

（2）动词补语及其使用。在佛经译文中可以多次看到一种特殊的动词性结构：一个单音节的动词和另一个动词性成分组合在一起，整个结构用来表示空间关系或事物的运动，但尚未形成现代汉语的复合的趋向补语。

（3）代词系统的变化：指示代词。东汉佛经译文语言中，虚词和代词的形式种类和专用功能都显著减少。标准的文言文中一整套人称代词，到东汉佛经译文中已经减少为第一人称代词"我"、第二人称代词"汝"以及复指的第三人称代词"其"和"之"四个。但却出现了各种人称代词的复数和全称形式，如"我等，我辈，我曹，汝等，汝辈，汝曹，尔曹"等。疑问代词和疑问副词减少得更加厉害，大多数旧的形式（如"胡、奚、焉、孰、曷、盍、恶、恶乎"）等都没有了。其他如"是"开始用作系词，用"也"煞尾的表判断的名词句也明显地减少了。

（4）而、於、者。和标准的文言相比，这 29 篇佛经译文的语言的虚词从数量到功能都大大地减少了。这可以通过"而""於""者"这几个虚词的实例来说明。以"而"为例，在文言中，"而"经常放在主从词组之间，表示动作或情状发生的方式和条件。但在佛经中，这种用法已很少见,倒是出现了另一种奇怪的常见用法:用于否定词、带"於"的副词性词组和主语之后,纯粹是凑足音节,不表实义。如"其音莫不而闻""光而七尺"等。

(5)句尾词"故"及其用法。在标准的文言中,"故"通常总是引出结果句:"(因为)……,故……"。在29篇佛经译文中,这种句型完全被代之以"……故"的句型,"故"成为一个句末的助词。特别常见的是"何以故":"何以故?诸经法一味故。"

(6)"为"和"作"。①在佛经译文中,"为"的用法明显减少,几乎总是用来表示"作为"和"是"的意思,不表示"做"和"从事"这样的动词义。②佛经译文表明,在口语中,"为"大抵已被"作"取代。佛经译文的"作"绝不当文言义"出现""站起来"讲,它最常见的用法有二:a.作及物动词,表示"制作""做";b.作半系词,表示"是""成为"。

许理和的研究很有价值,富有开创意义。他的文章提醒我们,早期的"东汉译经"很多并不可靠,必须经过认真的鉴别后才能使用。当然,许文也存在着一些不足。例如,对东汉佛经的总体面貌,并没有一个完整的论述;所认定的29种"东汉译经",个别的篇目究竟是否东汉所译,仍然有问题;文章中的个别分析有误。如:在论述到"是"作为"半系词"时,"是"前面可加否定词,举了"是水将无是大海""将无是白净王子乎"两例。(211页)其实"将无"是表示揣测的副词,大概、恐怕义,"无"不是否定副词。讨论到"那"可作指示代词,举"诸过去佛悉那中浴"一例,认为"比非宗教文献上关于'那'的记载要早五百年。(215页)其实这一例文字颇可怀疑,仅据此一例,就把指示代词"那"的出现年代上推五百年,根据不足。

许理和新近发表的《关于初期汉译佛经的新思考》一文,对早期汉译佛经作了深入的研究,可以看作是许氏《最早佛经译文中的晚汉口语成分》(蒋绍愚译,《语言学论丛》第十四辑)的续作,所谓"初期汉译佛经"就是指东汉译经。许氏的文章分为"引论""基于佛经原典的习惯表达法""语言特征""术语和风格上的特点""汉译佛经所面对的普通中国民众""信徒和译师""佛教和中国本土传统:来自异域的一种选择"几部分,其主要内容有这样几点:

(1) 首先必须认定哪些是真正的东汉译经。作者提出的标准有五点:①道安的《众经目录》可信,东晋支愍度的目录也可参考。②尽可能找佐证,包括:a.正文的注释;b.序言和版本记录;c.最早的引用或时代较早的重译本所据的底本。③根据以上两条,确认"里程碑式"的译经。如《道行经》,就是支娄迦谶于公元179年所译。④用这些"里程碑式"的译经来进行术语和风格的分析。⑤根据第四点,再考察现存译经中定为汉代译作的真伪。

(2) 早期汉译佛经语言十分独特,在较大程度上反映了当时汉语白话的状况。但也并不能就此认为它们完整而忠实地反映了汉代的口语,因为其中有诸多因素干扰:①译文中受原典的影响,特别是在句法平面上。②由于诗歌化句式的影响而造成的变异形式。公元2、3世纪汉语散文倾向于用四言句,一些佛经也是如此。③记载佛经的语言是经过大规模加工的单音节书面语。早期佛经白话成分较多,但经过译者"单音节化"的加工润色(如以"无"代"没有"、"法"代"法则"等),其惯用表达中的白话成分有所减弱。

(3) 早期汉译佛经的语言特征。本文总结为六点,详上(对许撰《最早的佛经译文中的东汉口语成分》一文的介绍)。

(4) 早期译经的术语和风格。作者把东汉译经分为三个阶段:①安世高的译作"语言古怪、粗俗,有许多土话……其风格明显是'非中国式'的"。②支娄迦谶的译经……语言更加自然,更容易理解，有些段落相当生动流畅，白话成分丰富。安玄、严佛调的《法镜经》专名术语都用意译，也混杂了一些典型的文言成分。③支曜的《成具光明定意经》最明显的是其译文的文学风格，语言更为典雅，大量运用诗歌化的四言句式。康孟详和竺大力、竺昙果翻译的《修行本起经》《中本起经》，受文学语言的影响很深，频频使用文言成分，风格上的润饰，排比句及诗歌形式都符合汉语习惯，外来名称和佛教术语择善而从。

就早期佛经风格而言，在佛教术语方面，晚汉译经者在两个极端之间摇摆：或者是严格遵守原文，最大限度地采用音译法；或者是为了便于理解而全部使用意译法。后来这两个极端都消失了，到3世纪后期，混合而成的译经词汇已经形成，音译和意译在这种统一之中发挥着各自的作用。

印度佛经原典中，散文和诗句（偈，或译颂、绝）交替形式是其有机组成部分，并非中国文学样式。早期的译者如安世高不知如何处理这些偈颂，或译成生硬的散文句式。到支娄迦谶，则试图用汉语的无韵诗形式来翻译偈颂，在把佛经"中国化"方面迈出了第一步。到了公元3世纪初期所译的《修行本起经》《中本起经》中，以四言为中心的"诗歌化的固定格式"译文风格已经成熟。

总之，由早期翻译佛经的"非中国化"到逐步"中国化"（汉化），其间经历了安世高、支娄迦谶和支曜、康孟详、竺大力、竺昙果等人这样三个阶段，到汉末，这个过程就完成了，《修行本起经》《中本起经》已经是十分"成熟"（指汉化）的翻译佛经了。（参见许理和2001:286—312）

许理和的上述观点，尤其是判定东汉译经的几条标准、早期译经的语言特征以及不同阶段翻译术语和风格不同等对我们研究、鉴别东汉佛经都有启发,值得重视。

许氏的话也有值得商榷之处,比如,在文章中几次提到早期佛经语言和早期道经语言的不同:"佛经语言是中外混合的、半白话的,早期道经及其注疏则是单一而规范的文言,两者完全不同。"(304页)"(《太平经》、想尔和河上公为《老子》所作的注解)三部书均使用不加修饰、简朴但又相当规范的文言写成,其中见不到早期佛经语言的特征。"(许著310页注释⑤)认为包括《太平经》在内的早期道经是用"规范文言"写成,值得商榷。《太平经》中有较多的东汉口语成分。

此外,许理和还著有《佛教征服中国》,① 李四龙、裴勇译,江苏人民出版社,1998。

(三) 法国

法国是欧洲汉学的中心,近代以来不乏著名的汉学家。伯希和、马伯乐、戴密微、沙畹、贝罗贝等均为其代表。

马伯乐是法国著名的汉语史学家,他曾对"中古汉语"分期提出过看法(参看第一章)。还写过《论几部用汉语口语写的古代作品》,研究了唐代禅宗语录等白话作品中的语言。马伯乐文章中征引了四部早期的白话著作,按其年代顺序排列,并附有作者和书目。马伯乐发现:最古的用口语写的段落源于9世纪。禅家僧侣录下了他们教派中的著名导师传教时的讲话,其中部分保存下来了。从较晚的这类记录中可以看出,记录时使用的都是口语,只在记录简短的叙事时才用文言。宋、元时期的这种作品也是这样。

---

① 该书题"[荷兰]许里和著"。按:许里和,即许理和。《佛教征服中国》的译者不用在语言学界通行的"理",而写作"里",未详其故。

但是在较早的这类作品中,口语却用得比较少:对话用口语记录,而说教则用文言。他从这四部作品中,获得了关于9世纪上半叶汉语口语的一些情况。(参见佐格拉夫 1979[1980:23])

马伯乐曾撰《中国古代白话文献》,①利用"唐代"的五种禅家著作,对汉语语法作过研究。这五种著作是:《庞居士语录》《筠州黄檗断际禅师传心法要》《黄檗断际禅师苑陵录》《临济录》和《真际大师语录》。后来高名凯在此基础上,又补充《筠州洞山悟本禅师语录》等四种语录,考察了其中的语法特别是虚词的用法。(参见高名凯 1948[1990:136—163])尽管马伯乐、高名凯因为使用了年代可疑的"唐代"禅宗语录而受到太田辰夫等的批评,但他们较早注意了禅宗语录在汉语史上的研究价值,则是应该肯定的。

研究近代汉语词汇的欧洲学者中,法国的戴密微教授研究王梵志诗有一定的成绩。"法国学者戴密微编注、翻译、评论的《王梵志诗集》,是王梵志诗的第一个全辑本,作者去世后于1982年在巴黎出版。"(参见项楚 1991:33)

贝罗贝是汉语语法史的研究名家,撰有《双宾语结构从汉代至唐代的历史发展》(《中国语文》1986 年第 3 期)、《早期"把"字句的几个问题》(《语文研究》1990 年第 3 期)等文。

(四) 德国、意大利

1. 德国

克利斯朵夫·哈布斯麦尔编著《大唐三藏取经诗话的重要语词索引》,列入"奥斯陆汉语重要语词索引丛书"第四卷,1992。

---

① Maspero:Sur quelques textes anciens de chinois parlé,文载 Bulletin del'é cole francaise d'Exiré me-Orient,tome xiv.此据高名凯(1948)。

克利斯朵夫·哈布斯麦尔编著《寒山诗歌的重要语词索引》,列入"奥斯陆汉语重要语词索引丛书"第六卷,1993。(分别引自徐时仪2000:93、79)

2. 意大利

马西尼著《现代汉语词汇的形成——十九世纪汉语外来词研究》(黄河清译,汉语大词典出版社,1997)以19世纪特别是鸦片战争以来的汉语外来词为研究主体,在具体的研究过程中,时常涉及元明清时期的汉语外来词,有一定的参考价值。

(五)苏联

苏联有很多汉语史研究的专家,包括佐格拉夫、雅洪托夫、孟列夫(研究敦煌学)等。

1.《中古汉语的形成和发展》(一译作《中古汉语,其形成和发展趋势》,莫斯科,科学出版社,1979)

本书由苏联科学院东方学研究所编定,全书共336页,"序言"而外,共分十章,即:①代词;②修饰动词的量词;③否定词;④疑问句表达法;⑤介词和连接词;⑥辅助词"把"和"将";⑦表消极意义的动词;⑧使动结构;⑨复杂句;⑩句末情态词。作者依据纯语法的特征,确定宋、元时期为汉语的中古时期。这是狭义的中古汉语。评价说:本书所描写的中古汉语往往也被称作宋、元时期的口语。但是不应从语体上去理解这个说法。这里所说的口语是跟古典书面语(文言)相对而言的,实际指的是书面记录下来的新文学语言(白话)。(参看卫志强1985:31)①

---

① 另见苏联语言学家C.A.斯塔罗斯京(1980)的介绍文章,原载《苏联社会科学文摘(语言学类)》1980年第3期。

佐格拉夫(И.Т.Зограф)《中古汉语研究概况》(王海棻译)系《中古汉语的形成和发展》一书的"序言",作者认为:"宋、元时期为汉语的中古时期。我们的这种分期是依据纯语法的特征。"作者还指出:"(唐代语言)和宋、元时期的语言有重大区别,……没有包括在狭义的中古汉语里。"(参见佐格拉夫1979[1980:18—24])

2.《3—15世纪汉语史文选》

本书由苏联科学院东方学研究所编定,莫斯科,科学出版社,1982年。全书198页,分前言及四章,即:①3—5世纪的汉语;②唐代的汉语;③宋代的汉语;④元代至明代初的汉语。另有词汇总表、略语表及书目等。(参看卫志强1985:32)

3. 雅洪托夫《汉语史论集》(北京大学出版社,1986)

《汉语史论集》,谢·叶·雅洪托夫著,唐作藩、胡双宝编选。本书系编选者选取雅洪托夫汉语史方面的论文14篇,依发表的年代排列的一部论文集。其中,和中古近代汉语词汇研究有关的如《语言年代学和汉藏语系诸语言》《七至十三世纪的汉语书面语和口语》[①]《汉语的几种被动结构》《汉语方言的分类及地理分布》《十一世纪的北京语音》《上古汉语》等。

《七至十三世纪的汉语书面语和口语》论述了唐代汉语和宋代汉语的区别。作者认为:唐宋时期最主要的体裁是散文,即:①古文(哲学散文),传奇(小说),南宋(1127—1279)的话本;②变文——佛教对普通人的说教;③和尚和理学家的语录,看来,的确是他们谈话和口头演讲的记录。作者指出:中国文学的某些古代

[①] 《七至十三世纪的汉语书面语和口语》的中译本刊登于《语文研究》1986年第4期,56—62页。

作品之间的语言区别最明显表现为所谓"虚字",中国语言学家用这个术语表示虚词和虚语素,以及代词和一些副词。汉语虚语素和代词可以分为两部分。一部分是公元前 4 世纪到前 3 世纪或者更早的时期汉语的典型语素,例如"何""者""之",现代汉语口语中已经很少遇到,可称之为上古汉语语素。另一部分语素,至少在先秦遇不到,其中大多数在现代汉语中广泛使用。包括代词"这",定语标志"底",动词词尾"了"。另外还有在一定时期文献中遇到,现在不用的,如介词"共";还包括来自上古汉语实词的词尾"得""子",来自上古汉语指示代词的系词"是"、上古汉语副词的第三人称代词"他"等,这些可以称之为近代汉语语素。值得注意的是,雅洪托夫对唐宋文献作了一个抽样的调查统计。

作者把虚语素分为三组:

A. 其、之(代)、以(介)、于、也、者、所、矣(语)、则

B. 而、之(定)、何、无、此、乃

C. 便、得、个、了、里、这、底、着、只、儿、子

作者调查的文献材料是:

古文——韩愈《原道》、苏轼《赤壁赋》

传奇——白行简《李娃传》、元稹《莺莺传》

变文——《伍子胥变文》《韩擒虎话本》

语录——朱熹《小学》

话本——《宋四公大闹禁魂张》《碾玉观音》

其调查的结果有两个表格:表一是"唐宋文献中虚语素使用次数",表二是"唐宋时代的上古汉语和近代汉语虚语素使用的总次数"。后者详下:

文献分组	原	赤	李	莺	小	伍	韩	宋	碾
A	284	66	300	255	113	76	44	2	3
B	120	82	199	148	87	220	122	6	30
C	—	—	1	1	111	32	127	292	363
总计	404	148	500	404	311	328	293	300	396

显然,随着年代的发展,作品的年代越往后,则上古汉语虚语素(A、B)的使用频率越低,而近代汉语虚语素(C)的使用频率越高,这说明,宋代的口语成分比唐五代要高。①

除了上述几位外,自20世纪50年代至70年代后期,苏联语言学家对近代汉语语言词汇还作过不少有分量的研究,如:G.卡尔格伦的《宋代朱熹全书的口语研究》,M.哈利迪的《〈蒙古秘史〉中汉文总译的语言》,伊林娜·季格兰诺夫娜·佐格拉夫的《中古汉语语法概论》(根据《京本通俗小说》)以及她的《敦煌变文的语言》。(参见佐格拉夫1979[1980:18—24])

二、美洲的中古近代汉语词汇研究

(一)美国

1. 梅祖麟《梅祖麟语言学论文集》(商务印书馆,2000)

梅祖麟的这本论文集收了多篇和近代汉语语法有关的论文,并经常是以"来源"为名,如《现代汉语选择问句法的来源》《现代汉语完成貌句式和词尾的来源》《词尾"底""的"的来源》《汉语方言里

---

① 雅洪托夫所作的上述调查统计,所用的材料绝对字数还不多,这可能会影响到结论的可信度;有些作品的时代(如《宋四公大闹禁魂张》《碾玉观音》)是否可靠,也还可以讨论,但其研究方法值得借鉴。

虚词"著"字三种用法的来源》《唐宋处置式的来源》等。梅氏的研究特点是：采用结构主义的观点，运用比较的方法，善于运用传世文献、出土文献和现代方言三重证据，考察每一语法现象，必定追本溯源，精辟分析，把句法研究和虚词研究结合起来，运用词汇扩散、词汇兴替等理论来解决语法词汇问题，熔语法学、音韵学、方言学、词汇学于一炉，在近代汉语语法学、方言学等研究领域独树一帜。

2. 梅维恒（Victor H. Mair）*Buddhism and the Rise of the Written Vemacular in East Asia：The Making of National Languages*（《佛教与书面白话在东亚的兴起：民族语言的形成》），*The Journal of Asian Studies* 53, no.3 (August)。

此外，梅氏还撰有《〈世说新语辞典〉读后》一文，对张永言主编《世说新语辞典》作了评介。指出："当代中国有许多优秀的中古汉语词语的探索者，但他们中的大多数仍完全以传统的模式进行工作。只有张永言先生，他既能极好地保持和运用传统的训诂学方法，又能在两个重要方面突破其局限性：①他能够追溯外来词的外语源；②他能够充分汲取海内外的有关研究成果，特别是不回避采用以非汉语写作的资料。"（参看梅维恒 1985）

3. 遇笑容《〈儒林外史〉词汇研究》（北京大学出版社，2001）

遇笑容《〈儒林外史〉词汇研究》是对《儒林外史》的词汇作系统研究的第一部专著。作者通过考察整部著作的词汇系统而不是像以往那样从个别的、零散的具有某种方言特色的词语出发来判断作者，论证了《儒林外史》的作者是全椒、南京一带人，并结合其他语言现象，进而判定该书前后两部分应出自不同人之手。本书为在汉语史研究中通过语言考辨判定作者、地域、时代等问题时提供了一种新的思路和做法，令人耳目一新，在方法论上具有启迪价值和指导意义。

遇文列举近年来有关《金瓶梅》《醒世姻缘传》二书作者、所用方言之争的例子，指出：过去经常使用的是"特殊词汇——基础方言——作者"研究模式，但问题往往出在把研究的基础定在"特殊词汇"上，多年来研究的结果显示，一个或几个"特殊词汇"实际上很难把一个方言与其他方言区分开来，"特殊词汇"的寻找和确定，最后常常变成徒劳无功的"特殊"与否的争论。我们把模式换成"词汇系统——基础方言——作者"，模式的基础是系统，而不是某一个或几个词语。由于历史、社会等各种原因，不同的方言在系统内部各个层级上存在着各种各样的差别，这些差别是从整体上观察、总结出的，也是从整体的角度作出的判断，这样结论就会有坚实、广泛的基础，也就会比较科学、可信。（18页）

《儒林外史》带有明显的下江官话色彩，为研究者所公认。根据吴敬梓的身世以及目前对《儒林外史》的研究成果，作者设计了一个词汇系统的调查计划，先是勾词、选词。从《儒林外史》的可靠版本中勾出带有方言色彩的词语。确定版本后，作者从全椒、南京两地各找了两位基本上土生土长的中年大专程度知识分子，请他们在《儒林外史》中勾出在他们的方言中使用的词语，包括重复勾选的，大约有5000个左右。去掉其中明显属于共同语语汇、广泛使用的，最后得到了一个含776个词语的调查表。在此基础上，确定了32位调查合作对象，用这776个词语的调查表对32位调查合作对象作了调查。其结果是，形成了一个金字塔形的词汇系统，塔的顶端是71个在问卷中只有全椒人才勾选的词语，下一层是江淮方言使用的词语，共223个，再下一层是江淮方言和其他方言共同使用的，有474个，最后是全椒方言不用的词语，有8个。与各方言比较，这776个词语中，有767个在全椒方言中使用，使用率是98.97%；有653个在南京方言中使用，使用率是84.13%；有292个在扬州方言中使用，使用率是37.63%；有212个在合肥方言中使用，使用率为27.32%。江淮以外的其他方言点使用率都很低。可见，吴敬梓创作《儒林外史》使用的语言，带有全椒方言的色彩。而以往研究者提出的南京、扬州、合肥等方言的说法，并不正确。

然后，作者还考察了《儒林外史》前32回和后23回在词语使用上的差异。考察的内容包括一般词语和虚词（某些句法格式）两方面，结果发现都存在着较大的差异。作者认为：从对《儒林外史》前32回和后23回词语使用情况的对比研究看，它们应该出自不同的作者之手。（108—109页）

近年来，遇笑容独自或和曹广顺合作，撰写了多篇中古汉译佛经语法的研究论文，对中古译经的虚词、句法、译者等进行了研究。如她撰写的《〈贤愚经〉中的代词"他"》一文，考察了元魏慧觉等译的《贤愚经》以及其他16种东汉至晋代的翻译佛经，对第三人称代词"他"的产生年代进行了探讨。指出，《贤愚经》中，同时出现在一定的先行词之后，符合"定指""回指"要求的"他"，共有10例之多。（参见遇笑容2001：54—57）类似这样的研究为解决悬而未决的问题提供了新的材料，有助于判定第三人称代词"他"的产生年代，值得重视。

（二）加拿大

杜百胜（W.Dobson），分别对先秦和汉代语法作过研究，撰写了《周初语法》（1962）、《晚周语法》（1969）、《东汉语法》（1965），均在加拿大多伦多大学出版社出版。

本章参考文献①

白维国　1989　《近三十年来日本对近代汉语的研究》,《国外语言学》第 3 期。

[日]波多野太郎　1960　《〈敦煌变文字义通释〉读后》,《横滨市立大学论丛》11—20。

陈东辉　2002　《日本的汉籍索引编制概述》,载《古典文献学论考》46—55 页,中国文史出版社。

[日]大河内康宪　方经民　2002　《1994—1997 年日本汉语与教学综述》,《中国语言学年鉴》(1995—1998,上),语文出版社。

戴昭铭　2002　《天台方言初探》附录,中国社会科学出版社。

[瑞典]高本汉　1985　《中国语与中国文》,张世禄译,台北文史哲出版社,1985 年 12 月二版。

高名凯　1948　《唐代禅家语录所见的语法成分》,《燕京学报》第 34 期,收入《高名凯语言学论文集》,商务印书馆,1990。

——　1951　《语法杂识》,《燕京学报》第 40 期,收入《高名凯语言学论文集》,商务印书馆,1990。

郭在贻　1985　《俗语词研究概述》,《语文导报》第 9、10 期。

洪艺芳　2000　《敦煌吐鲁番文书中之量词研究》,台北文津出版社。

胡朴安　1992　《俗语典》,中州古籍出版社。

胡　适　1970　《胡适手稿》第 9 集,台北中研院胡适纪念馆。

——　1999　《胡适说文学变迁》,上海古籍出版社。

黄丽贞　1968　《金元北曲语汇之研究》,台湾商务印书馆。

蒋礼鸿　1997　《敦煌变文字义通释》,上海古籍出版社。

蒋绍愚　1994　《近代汉语研究概况》,北京大学出版社。

黎锦熙　1928　《中国近代语研究提议》,连载于 1928 年 10 月的《新晨报副刊》上,又载于 1929 年出版的《国语旬刊》第一卷二期;《中国近代语研究

---

①　由于篇幅所限,本章日本、韩国等学者的研究论著基本未附出处,故也未列入参考文献,谨此说明。

法》,刊于《河北大学周刊》第一期。

李鉴堂　1985　《俗语考原》,台北文海出版社有限公司,1971;又上海文艺出版社,1985。

李　详　1989　《李审言文集》,江苏古籍出版社。

梁启超　1989　《佛学研究十八篇》,中华书局。

刘承慧　2002　《汉语动补结构历史发展》,台北翰芦图书公司。

刘盼遂　1926　《世说新语校笺》,载《国学论丛》第一卷第四号,65—110页;收入《刘盼遂文集》,北京师范大学出版社2002。

梅维恒　1985　《〈世说新语辞典〉读后》,《学术集林》卷四339—340页,上海远东出版社。

潘重规　1977　《敦煌云谣集新书》,台北石门图书公司。

——　1994　《敦煌变文集新书》,台北文津出版社。

——　1995　《敦煌坛经新书》,台湾佛陀教育基金会。

钱玄同　1930　《寄陈独秀》,收入《胡适文存》卷一,上海亚东图书馆。

钱锺书　1986　《管锥编》,中华书局。

曲守约　1968　《中古辞语考释》,台湾商务印书馆。

——　1972　《中古辞语考释续编》,台北艺文印书馆。

——　1979　《辞释》,台北联经出版事业公司。

——　1982　《续辞释》,台北联经出版事业公司。

饶宗颐　1971　《敦煌曲》(*Airs de Touen-Houang*), with an adapation into French by Prof.Paul Demieville CentreNational de La Recherche Scientifique; Paris,1971。

任二北　1955　《敦煌曲校录》,上海文艺联合出版社。

石　锋　1995　《汉语研究在海外》,北京语言学院出版社。

孙锦标　2000　《通俗常言疏证》,中华书局。

[日]太田辰夫　1958　《中国语历史文法》,蒋绍愚、徐昌华译,北京大学出版社,2003年第2版。

田树生　1958　《谈"何物"》,《中国语文》,1958年5月号。

田宗尧　1988　《中国话本小说俗语辞典》,台北新文丰出版公司。

王重民　1956　《敦煌曲子词集》,商务印书馆。

王云路　方一新　1992　《中古汉语语词例释》,吉林教育出版社。

卫志强　1985　《苏联近年有关汉语研究的论著简介》,《中国语文通讯》第3

期。

魏培泉　1990　《汉魏六朝称代词研究》,台湾大学博士学位论文;台北中研院语言学研究所,2004。

魏子云　1987　《金瓶梅词话注释》,中州古籍出版社。

温端政　1989　《中国俗语大辞典》,上海辞书出版社。

吴金华　1990　《三国志校诂》,江苏古籍出版社。

———　1994　《世说新语考释》,安徽教育出版社。

[日]香坂顺一　1983　《白话语汇研究》,日本光生馆;中译本,江蓝生、白维国译,中华书局,1997。

———　1995　《〈水浒〉语汇与现代语》,日本光生馆。

向　达　王重民　1957　《敦煌变文集》,人民文学出版社。

项　楚　1991　《王梵志诗校注·前言》,上海古籍出版社。

———　2001　《敦煌诗歌导论》,巴蜀书社。

项　楚　张涌泉　1999　《中国敦煌学百年文库·语言文字卷》,甘肃文化出版社。

徐　复　1995　《徐复语言文字学论稿》,江苏教育出版社。

徐嘉瑞　1956　《金元戏曲方言考》,商务印书馆。

徐时仪　2000　《古白话词汇研究论稿》,上海教育出版社。

徐震堮　1984　《世说新语校笺》,中华书局。

许理和　2001　《关于初期汉译佛经的新思考》,顾满林译,载《汉语史研究集刊》第四辑 286—312 页,巴蜀书社。

许世瑛　1974　《许世瑛先生论文集》,台北弘道文化事业公司。

[日]盐见邦彦　1995　《唐诗口语研究》,中国书店。

严　修　2001　《二十世纪的古汉语研究》,书海出版社。

杨　勇　1969　《世说新语校笺》,台北宏业书局;修订版,台北正文书局,2000。

姚灵犀　1989　《瓶外卮言》,天津书局,1940;又日本采华书林,1962 年;天津古籍书店 1989 年重印版。

余嘉锡　1983　《世说新语笺疏》,中华书局。

遇笑容　2001　《〈贤愚经〉中的代词"他"》,中国语学研究《开篇》20 辑,54—57 页,好文出版。

詹秀惠　1973　《〈世说新语〉语法探究》,台湾学生书局。

张永言　1992　《世说新语辞典》,四川人民出版社。
张涌泉　1995　《敦煌文书类化字研究》,《敦煌研究》第 4 期。
郑阿财　1993　《敦煌文献与文学》,台北新文丰出版公司。
郑阿财　朱凤玉　2002　《敦煌蒙书研究》,甘肃教育出版社。
周法高　1959　《中国古代语法·称代编》(1959)、《中国古代语法·造句编》(1961)、《中国古代语法·构词编》(1962),台北中研院历史语言研究所。
周一良　1947　《佛典翻译文学》,《申报·文史副刊》3—5 期,收入《魏晋南北朝史论集》314—322 页,中华书局,1963。
——　1963　《魏晋南北朝史论集》,中华书局。
——　1938　《南朝境内之各种人及政府对待之政策》,《历史语言研究所集刊》第七本第四分;收入《魏晋南北朝史论集续编》33—101 页,北京大学出版社,1997。
朱凤玉　1986　《王梵志诗研究》,台湾学生书局。
——　1997　《敦煌写本碎金研究》,台北文津出版社。
竺家宁　1999　《汉语词汇学》,台北五南图书出版公司。
[苏]佐格拉夫　1979　《中古汉语的形成和发展·序言》,王海棻译(译文名为《中古汉语研究概况》),卫志强校,《国外语言学》1980 年第 6 期,23 页。
[日]佐藤进　2005　《日本学者中古汉语词汇语法研究概况》,载《中古汉语研究(二)》,商务印书馆。
[日]佐藤晴彦　2002　《旧本〈老乞大〉在汉语史上的价值》,2002 年 5 月,浙江大学汉语史研究中心主办"姜亮夫、蒋礼鸿、郭在贻先生纪念会暨汉语史、敦煌学国际学术研讨会"(杭州)时在汉语史研究中心讲演论文。
Maspero　1948　Sur quelques textes anciens de chinois parlé,文载 *Bulletin del'école francaise d'Exiré me-Orient* ,tome xiv.此据高名凯(1948)。

第十四章 中古近代汉语词汇研究简史·现代期(上)·考释类

中古近代汉语词汇研究始于词语考释,这是本领域的学科特点所决定的。在 20 世纪上半叶,涉及这一领域的学者人数有限,当时的主要目的是要考释疑难词语,读懂作品。而要研究中古近代白话作品,如果不懂得它的语言,就无法进行,故张相、徐嘉瑞、蒋礼鸿等人就开始了近代汉语的词语考释工作,而吕叔湘、周一良等人则进而关注六朝词汇,中古汉语词语考释工作就这样开始了。

本章讨论中古、近代汉语词汇研究方面有代表性的考释类及相关著作。拟先分成若干类别进行评述。第三、第四两节介绍中古、近代汉语的考释类著作,分成若干文体和类型,在每一类型下,再按中古、近代汉语的顺序来介绍、评述相关的研究著作。

第一节　早期散见的词语考释

新中国成立以来至20世纪70年代末80年代初,是现代期中古近代汉语词汇考释的萌芽阶段。当时在近代汉语词汇考释研究方面,除了1954年初版的张相《诗词曲语辞汇释》和1959年初版并屡经修订的蒋礼鸿《敦煌变文字义通释》二书不断重印、再版外,单篇的词语考释文章并不多见。中古汉语词语考释尤其薄弱,除了少数单篇论文外,并没有专门的中古汉语词语考释著作问世。

当然,不难发现,张相《汇释》重在解释唐宋以来的诗词曲语词,少数条目也作了一些溯源。蒋礼鸿《通释》虽然是解释敦煌变文词语的,但溯源工作比《汇释》要好得多,许多唐宋俗语词的源头已上溯到汉魏六朝。此外,徐震堮、刘坚、郭在贻等已经注意到六朝小说、佛经等材料的重要性,撰写相关的词语考释文章,在中古汉语词汇考释方面迈出了可贵的步伐。

一、新中国成立至20世纪70年代末的中古汉语词语考释

自1949年以来,至"文革"前,有关中古汉语语词的研究尚未引起人们的重视,仅有为数不多的几篇考释文章,值得提到的学者有：

张永言,四川大学教授。"文革"前,张永言就在《中国语文》上发表了《"几多"是什么时候出现的》(1960年第10期)、《"错"字在唐代以前就有了"错误"义》(1961年第1期)、《"信"的"书信"义不始于唐代》(1962年第4期)、《词义演变二例》(1960年第1期)等文章。作者从词汇史的角度,对一些常用的基本词的来源、词义进行了考辨,是较早就注意到基本词来源、演变的学者之一。

徐震堮，华东师范大学教授。20世纪50年代，就撰有《〈世说新语〉里的晋宋口语释义》(《华东师大学报》1957年第3期)一文，是新中国成立后较早涉及中古汉语专书词汇研究的学者。

周大璞，武汉大学教授。撰有"'阿堵'这个词"(《江汉学报》1962年第2期)、《"伊""底"二词考辨》(《江汉学报》1962年第5期)等考释中古口语词的论文。

此外，徐复撰有《从语言上看〈孔雀东南飞〉的写作年代》、杨伯峻撰有《〈列子〉著述年代考》，分别对《孔雀东南飞》和《列子》的写作年代进行了考辨，已另见。

二、新中国成立至 20 世纪 70 年代末的近代汉语词语考释

20世纪50年代初至70年代末，近代汉语词汇研究可分为三个阶段：

第一阶段是1949年到1965年。主要研究成果有：张相《诗词曲语辞汇释》，该书撰于40年代中期，但正式出版却已经是1953年。此外还有撰写于五六十年代的朱居易《元剧俗语方言例释》、陆澹安《小说词语汇释》和《戏曲词语汇释》等。最值得称道的是初版于1959年的蒋礼鸿的《敦煌变文字义通释》。这是一部划时代的近代汉语词汇研究专著，曾被日本学者波多野太郎誉为"是研究中国通俗小说的指路明灯"。

除了专著外，这一时期也发表了一些单篇论文，如徐震堮《敦煌变文集校记补正》及《再补》(《华东师大学报》1958年第1—2期)、徐复《敦煌变文词语研究》(《中国语文》1961年第8期)、张永绵《关于宋元话本俗语方言的整理》(《中国语文》1957年第12期)、张心逸《谈〈西厢记〉的词语解释》(《中国语文》1959年第4期)、程云青《元曲常见俗语解释》(《语文知识》1957年第10期)等。

张永言曾先后撰写过两篇书评,一篇是《古典诗歌"语辞"研究的一些问题》,另一篇是《读〈敦煌变文字义通释〉偶记》;在肯定成绩的同时,对张相《汇释》和蒋礼鸿《通释》进行了商榷。特别是前者,指出了《汇释》在训释近代口语词时存在的一些明显的疏失,如常见词目失收,不注意义项之间的联系,随文释义等,在学术界产生了较大的影响。

第二阶段是"文革"十年(1966—1976),其时黑白颠倒,学术凋零,没有什么成果可言。

第三阶段是 1976 年 10 月拨乱反正以后,学术研究重新成为学者可以从事的工作,众多学者迸发出了空前的热情,厚积薄发,出现了一批有一定质量的学术论著。详见本章第三、第四节。

第二节 相关的古籍整理著作

新中国成立以来,在部分相关的研究专著中,不乏考释中古、近代汉语语词的内容,它们也都是考释型著作的一种。另外,在古籍整理方面,中古、近代时期的名著多有整理本、校注本等排印本出版,有不少质量较高,也可算作考释型著作中的一类。

一、中古作品的笺注整理

(一) 20 世纪五六十年代中古作品的笺注整理

新中国成立以来,国家在古籍整理方面做了大量工作,推出了一批文学名著。中古作品的校注与整理方面也一样,出版了不少名著。如 1956 年,文学古籍刊行社影印出版宋本《世说新语》,在书末附有王利器《〈世说新语〉校勘记》。王氏《校勘记》依据宋元明等版本，对影宋本及相关版本《世说新语》中的文字讹误进行了校勘和考辨，多所订正，对六朝语词也有不少发明。

此外还有一批文学名著的选注本，如余冠英《乐府诗选》等，在诠释六朝乐府民歌词语方面也取得了一定的成绩，此不一一列举。

港台学者如杨勇、王叔岷等也有一批古籍整理、笺注著作，详见第十三章。

(二) 20 世纪 70 年代后期以来中古作品的笺注整理

1976 年以后，学术研究得到振兴，古籍整理工作也迎来了繁荣的局面。一大批名著经典经过整理面世。比较有影响的有：

余嘉锡《〈世说新语〉笺疏》(中华书局，1983)、徐震堮《〈世说新语〉校笺》(中华书局，1984)、王利器《〈颜氏家训〉集解》(增补本，中华书局，1993)、杨伯峻《〈列子〉集释》(中华书局，1979)、杨明照《〈文心雕龙校注〉拾遗》(上海古籍出版社，1982)、王明《太平经合校》(中华书局，1960)、《抱朴子内篇校释》(增订本)(中华书局，1985 年第 2 版)、范祥雍《洛阳伽蓝记校注》(上海古籍出版社，1958 年初版，1978 年新 1 版)、周祖谟《洛阳伽蓝记校释》(中华书局，1963)、缪启愉《齐民要术校释》(中国农业出版社，1982 初版，1998 新版)等。

余嘉锡《世说新语笺疏》、徐震堮《世说新语校笺》两书是《世说新语》研究的集大成著作，在诠释《世说新语》词语，校正字词讹误方面都取得了很大的成绩，比较而言，余书虽以文献考证、史料订补见长，但其词语考释也很精当；徐著则较重语词的校释特别是口语词的抉发，各有千秋。

王利器《〈颜氏家训〉集解》初版于 20 世纪 80 年代初(上海古籍出版社，1980)，是一部有特色的古籍整理著作。王氏注释六朝典籍，比较重视语词的抉发和解释，在征引前人的解释后，也时常加上自己的意见，并注明语词的出处。如《勉学》："素怯懦者，欲其观古人之达生委命。"王注："委命，犹言委心任命，《文选》班孟坚《答宾戏》：'委命供已，味道之腴。'"《音辞》："一言诡替，以为己罪矣。"王注："诡替，诡误差替。"下引本书《杂艺》、《拾遗记》卷二、颜延之《为齐世子论会稽表》等佐证。

杨伯峻《〈列子〉集释》对《列子》作了注解，书后所附《从汉语史的角度来鉴定中国古籍写作年代的一个实例——〈列子〉著述年代考》，从汉语史的角度对《列子》的写作年代作了鉴定。

王明《太平经合校》《抱朴子内篇校释》（增订本）这两种道教古籍整理著作基本上以校勘为主，作者参考了许多不同版本，详加校勘，同时也对典章制度、人名地名等名物词等作出注释，普通语词注得不多。

杨明照《〈文心雕龙〉校注拾遗补正》从校和注两方面对《文心雕龙》作了考释，在六朝语词方面有所发明。杨明照还撰有《抱朴子外篇校笺》上册（中华书局，1991）、《抱朴子外篇校笺》下册（中华书局，1997）。杨氏有关《抱朴子外篇》的校笺，既有校勘，又有注释，也注重抉发六朝语词。书中的少数校释根据不足，尚可商榷。

范祥雍《洛阳伽蓝记校注》、周祖谟《洛阳伽蓝记校释》是对著名的"北朝三书"之一《洛阳伽蓝记》的校勘注释本，二书或侧重典实，或揭橥语词，各有特色。

缪启愉《齐民要术校释》对北朝著名农书《齐民要术》作了校勘、注释，作者精通农学，旁征博引，发明了一批六朝口语词。

这一时期的古籍整理著作还有许多：

子部有汪绍楹整理、点校本《搜神记》（中华书局，1979）、范宁

《〈博物志〉校证》(中华书局,1980)、北京大学历史系《论衡》注释小组《论衡注释》(四册)(中华书局,1979)、吴树平《风俗通义校释》(天津古籍出版社,1980)、林其锬、陈凤金《刘子集校》(上海古籍出版社,1985)、章巽《法显传校注》(上海古籍出版社,1985)等,都有一定的参考价值。

集部有《阮籍集校注》(陈伯君校注,中华书局,1987)、《陆云集》(黄葵点校,中华书局,1988)、《潘岳集校注》(董志广校注,天津人民出版社,1993)、《陶渊明集》(逯钦立校注,中华书局,1979)、《谢灵运集》(李运富编注,岳麓书社,1999)、《谢灵运集校注》(顾绍柏校注,中州古籍出版社,1987)、《谢宣城集校注》(曹融南校注集说,上海古籍出版社,1991)、《何逊集校注》(李伯齐校注,齐鲁书社,1989)、《刘孝标集校注》(罗国威校注,上海古籍出版社,1988)等,均可参考使用。

(三)近些年来中古作品的笺注整理

近几年来,中古典籍的笺注整理新著不断问世,往往呈后来居上之势。这里介绍其中的两种:

俞理明《〈太平经〉正读》(巴蜀书社,2001)

道教名著《太平经》是研究中古汉语的宝贵材料,但由于讹误较多,语言风格奇特,向称难读。作者为《太平经》做了标点、文字校勘、字词注释等工作,多有创获,是一本融入了作者多年研究心得的学术著作。

赵幼文《〈三国志〉校笺》(巴蜀书社,2001)

赵幼文生前研治《三国志》五十余年,著有《武英殿本三国志刊误》《三国志集解献疑》《三国志裴注疏证》三部遗稿(后者只存部分残稿),由其哲嗣赵振铎、鄢先觉夫妇携儿子、儿媳一家四人整理汇编成《三国志校笺》一种,于前些年出版。《校笺》详引《三国志》各种版本及卢弼《集解》等前人的意见,征引详博,校、注并重,考订矜慎,时有按断,不少地方涉及汉魏以来的中古语词,值得参考。

二、近代作品的笺注整理

除了专门的研究论著外,一些古典文学作品的笺注和整理工作也涉及近代汉语词汇,如:任二北《敦煌曲校录》、邓广铭《稼轩词编年笺注》、王季思《玉轮轩曲论》及《西厢记校注》、钱南扬《汉上宧文存》及《琵琶记校注》《永乐大典戏文三种校注》、徐朔方、杨笑梅《牡丹亭校注》等。

元明以来作品,有朱平楚辑录点校《全诸宫调》(刘知远、西厢记、天宝遗事,甘肃人民出版社,1987)、王季思校注、张人和集评《集评校注西厢记》(上海古籍出版社,1987)、徐沁君《新校元刊杂剧三十种》(中华书局,1980)、钱南扬《元本琵琶记校注》(上海古籍出版社,1980)、王古鲁搜录校注《熊龙峰四种小说》(上海古籍出版社,1987)、李泉、张永鑫校注《水浒全传》(四川文艺出版社,1987)、朱彤、周中明校注,吴小如审订《西游记》(四川文艺出版社,1987),等等。

三、一些学者文集中的考释内容

蒋礼鸿《义府续貂》,郭在贻《训诂丛稿》等著作,都有考释汉魏六朝词语的内容和条目。

近代语词方面,戴望舒著、吴晓铃编《小说戏曲论集》(作家出版社,1958)、孙楷第《沧州集》(中华书局,1965)、王季思《玉轮轩曲论》(中华书局,1980)、钱南扬《汉上宧文存》(上海文艺出版社,1980)、许政扬《许政扬文存》(中华书局,1984)等著作也都有解释宋元明口语词的内容。

第三节 中古近代汉语贯通文体的考释著作

近代汉语词汇研究起步早,成果多;中古汉语词汇研究起步晚于近代汉语词汇研究,比较而言,成果也稍显逊色。本节介绍中古近代汉语时期贯通文体的考释著作,以前者为主。

从1979年到21世纪初叶,这是中古汉语词汇研究渐受重视并走向繁盛的时期。1979年第4期的《中华文史论丛》上,发表了徐震堮《〈世说新语〉词语简释》,对《世说新语》中许多"字面普通而义别"的词语作了解释。这是"文革"后在中古汉语词汇领域发表的一篇有影响的论文。① 20世纪80年代以来的成果可以划为两大块:①80年代初至80年代中期;②80年代后期至今。

进入80年代以来,训诂考释型的成果源源不断。从80年代初至80年代中期,比较重要的学者有周一良、郭在贻、张永言等,他们都是兼跨几个方向的研究大家。

第一,周一良的中古汉语语词考释研究。

周一良《魏晋南北朝史札记》,中华书局,1985;又收入《周一良集》第一卷,辽宁教育出版社,1998。

本书是作者在读了《三国志》《晋书》《宋书》《南齐书》《梁书》《陈书》《魏书》《北齐书》《周书》《隋书》,同时参看了《南史》和《北史》后写就的读书札记(书中即按《三国志》札记、《晋书》札记……

---

① 前面已经提到,早在20世纪50年代,徐氏就已经对《世说新语》中的语词做过考释研究,撰写了《〈世说新语〉里的晋宋口语释义》,本文是《释义》的深化和姊妹篇。

排列),共340余条。作者写作这部札记的目的,"是想就自己的理解所及,对史料作点类似注解的工作,以供认真读这些史书的同志们参考"。("自序")札记涉及魏晋南北朝这十二部史书中的史实、制度、名物、语言,其中语言方面的条目不少,据粗略统计,约有百条是考释六朝词语的;就是考订史实、名物制度的条目时,也时常涉及语词。作者虽是史学研究名家,但对中古语言同样很有研究,故他的考释、举证大都稳妥贴切,令人信服。如释"设主人"为"盖当时习语,犹今言作东道请客也。设字引申有招待饮食之意"(12页)、辨"牙""互"(俗作"乎")之别,校"差牙"为"差互"(41页)、释"清闲"为"闲谈""方便"为"设法,故意"(196—198页)、"周旋""亦可用作名词,指亲密往来之人"(205页)、"拍张当是武人擅长之舞蹈也"(230页)、"出都谓赴京都"(420页)等条均很正确,发明甚多。

也有个别释义可商者,如《〈晋书〉札记》"任子春秋与皮里春秋"条,作者认为"'皮里'实即'活人'之意",并据《梁书·刘孝绰传附子谅传》"少好学,有文才,尤博悉晋代故事,时人号曰皮裹晋书",①……谓"意即'活晋书'。以此例推之,皮里春秋原意亦不外活春秋也。"(99页)其实"皮里"就是肚里、腹中,"皮里春秋"(皮里阳秋)谓褚裒(虽不外露,)内心自有褒贬。无烦曲解。

作者于中古、近代汉语名篇名著亦多有研究,撰有《〈世说新语〉札记》《〈颜氏家训〉札记》《魏晋南北朝词语小记》《马译〈世说新语〉商兑》《马译〈世说新语〉商兑之余》(以上见《周一良集》第一卷

---

① 作者云:"《南史》三九文同,而裹作里。皮裹皮里义可相通,疑仍以作里为是。"按中华书局本《梁书》《南史》均作"皮里晋书",《梁书》亦不作"裹",未详作者所据版本。

《魏晋南北朝史论》》《王梵志诗的几条补注》《说宛》(以上见第三卷《佛教史与敦煌学》)等论著,对六朝、唐代诗文作了解释,于中古语词、俗字等多所发明。

第二,张永言的中古汉语词语考释研究。

在中古、近代汉语词语考释方面,张永言是起步较早,成就较大的学者之一。"文革"前,张先生就已经在《中国语文》等刊物发表了多篇词语札记(详前)。

20世纪70年代末80年代初以来,张永言又相继发表了多篇论文,对中古、近代汉语词语作了考释,包括:《李贺诗词义杂记》《词语琐记》《"为……所见……"和'香''臭'对举出现时代的商榷》《马瑞志〈世说新语〉英译之商榷》《关于一件唐代的"唱衣历"》(均收入作者《语文学论集》增补本)等,或发明六朝、隋唐新词新义,或追溯中古语言现象的起源,或匡正前贤的疏失,均言而有征,多有创获。特别是《两晋南北朝"书""信"用例考辨》一文,对"信"之书信义的产生年代作了梳理和辨正,是当时考证汉语基本词词义演变的一篇力作。

张永言在鉴别作品的年代、利用少数民族语言材料研究汉语历史词汇方面也作出了可贵的成绩,详参相关章节。

第三,郭在贻的中古汉语词语考释研究。

在中古汉语词语考释方面,郭在贻是拨乱反正以来崭露头角、成就突出的中青年学者。这些成就主要体现在他的《训诂丛稿》(上海古籍出版社,1985)、《郭在贻语言文学论稿》(浙江古籍出版社,1992)和《训诂学》(湖南人民出版社,1986)上。《训诂丛稿》中的《〈汉书〉札记》《〈论衡〉札记》《六朝俗语词杂释》《训诂札记·陶集札迻》等篇,《郭在贻语言文学论稿》中的《〈世说新语〉词语考释》

《魏晋南北朝史书语词琐记》《学林杂俎》等篇论文,都考释了汉魏六朝词语。新近出版的《郭在贻文集》(中华书局,2003),分4卷收录了作者《训诂丛稿》《训诂学》等全部学术著作。郭在贻考释中古词语,一如他考释近代汉语词语一样,所释词语难度较大,证据较充分,善于综合运用考求古书文例(连文、对文、异文等)、因声求义等方法。

在郭著《训诂学》一书中,除了作者多举汉魏六朝俗语词的例子外,还专辟"训诂学的新领域——汉魏六朝以来方俗语词的研究"一章,就俗语词研究的意义、历史与现状、材料和方法以及展望等问题作了论述。在把近代汉语研究向中古推进方面做了开创性、示范性的工作,影响了一代学人。①

郭在贻的近代汉语词语考释,主要集中在对敦煌变文、王梵志诗等材料方面,详下。

以下,拟分门别类地对中古、近代汉语时期贯通文体的词语考释著作进行评述。

一、笔记小说

(一)六朝笔记小说

1. 江蓝生《魏晋南北朝小说词语汇释》

江蓝生《魏晋南北朝小说词语汇释》(语文出版社,1989)是中古汉语词汇研究领域的第一部专著。本书的特点有二:一是首次专门以六朝时期比较口语化的作品为研究对象,对六朝的小说词汇进行了较大规模的考释,本书收有词目330多条,加上附论词

---

① 笔者撰写《东汉魏晋南北朝史书词语笺释》,就是在周一良《魏晋南北朝史札记》、郭在贻《魏晋南北朝史书语词琐记》的影响和启发下完成的。

语,总共约有400条,另有待质词语十多条,这样的规模是以往未曾见到的;二是书中的考释大多为前人所未释,也为大型语文辞书所失收。通过作者的认真研究,抉发出小说中的不少新词新义,为汉语词汇史研究提供了新的成果。如辨正"道人"和"道士"之别,指出在六朝小说中"道人亦用以称巫师,道士也可指释氏门徒",(40—41页),"催"可以作副词,有快、速义(32页),"承"有闻、听说义(24页),"叛"有逃跑义(151页),"守请"义为求请,"守"也为请求义(180页),"丧"作名词"尸体"讲(184页),"逍遥"有从容漫步、散步和逗留、驻足义(227页)等,都饶有新意,发人所未发。有一些词语,虽然前人已有研究,但作者的研究更深入,分析更科学、更细致。如名词词头"阿",前贤时修已有不少论述,但作者析为四种情况:①亲属称谓词前冠以"阿";②人姓、名、字前冠以"阿"(具体又分5种情况);③人称代词前冠以"阿"(有"阿侬"等);④指示代词前冠以"阿"(即"阿堵")。条分缕析,脉络一清二楚。总之,作者的研究是开创性的,填补了以往存在的研究空白。不足是,少数词语前人(或"辞书")已释,个别释义值得商榷。

郭在贻撰有《读江蓝生〈魏晋南北朝小说词语汇释〉》书评(《中国语文》1989年第3期),可以参看。

2. 吴金华《世说新语考释》

吴金华《世说新语考释》(安徽教育出版社,1995年修订版)。全书按《世说新语》次第逐条疏证,凡考释《世说新语》词语170条,21万字。在考释新词新义、校正衍脱讹阙、发明名物制度等方面均取得了较高的成就。如新词新义方面,指出"形势"在《世说新语》中除了指地形、局势外,还有助威、助势义,《任诞》34条刘注引《郭子》:"既戏,袁形势呼祖,掷必卢雉,二人齐叫,敌家顷刻失数百万也。"并引《三国志·魏志·曹仁传》"去贼百余步,迫沟,矫等以为仁当住沟上为金形势也,仁径渡沟直前,冲入贼围,金等乃得解"为证。校勘方面,作者作了考异文、纠误校、正讹字等工作,校正了《世说新语》中的讹误。此外,本书在揭明典章制度、习俗称谓等方面也做了一些工作,为读者阅读提供了方便。不足是个别考校和结论尚可再作斟酌。(参见方一新1997b)

3. 方一新《〈世说新语〉语词研究》

是作者的博士学位论文(杭州大学,1989),未刊。论文分上、下编,上编"概论",分5章,讨论了《世说新语》语词研究的简史、研究意义、可资利用的材料,《世说新语》、刘孝标注及其作者;下编"释词",考释《世说新语》及刘注语词99条。这样较大规模地集中研究、考释《世说新语》中的一般语词尚不多见,论文抉发了部分魏晋以来的新词新义,补正了古籍整理和大型语文辞书的疏失。

作者在上编"概论"中建议:把"古代汉语"一分为二,析为"上古汉语"和"中古汉语",前者指的是先秦、秦汉的书面语言及历代模仿它的典范作品的语言;后者指的是自东汉到隋代约五六百年间含有较多口语成分的作品的语言。也就是说,用"上古汉语"来代替原来所说的"古代汉语",用"中古汉语"来代表东汉以来、魏晋南北朝时期富含口语的作品的语言,以示与典范的文言作品相区别。("上编"14页)不足之处是,个别考释、校勘尚可商榷。

(二)近代笔记小说

1. 陆澹安《小说词语汇释》

陆澹安,近代汉语词汇研究的专家,代表作是《小说词语汇释》《戏曲词语汇释》。

《小说词语汇释》,中华书局上海编辑所,1964年第1版;增订本,上海古籍出版社,1979年新1版。

陆氏《汇释》所解释的小说共64种,所释词语凡8000余条。另辑有《小说成语汇纂》,收罗不须解释的成语2000余条。和张相《诗词曲语辞汇释》一样,陆氏此书做的也是开创性的工作,筚路蓝缕,实属不易。但由于作者对近代白话语汇研究不够深入,特别是不懂现代北方方言,不能利用现代方言来和通俗小说相印证,故书中也有一些释义不确的条目。

2. 王锳《唐宋笔记语辞汇释》

《唐宋笔记语辞汇释》(中华书局,1990/2001)选取了唐宋两代笔记百余种作为此段词汇研究的材料。在收录的范围和标准方面,大体上仍和张相《诗词曲语辞汇释》和作者的《诗词曲语辞例释》一样,仍是那些"非先秦两汉雅诂旧义所能赅,又非八家派古文所习见"的语辞,也就是这一时期所孳生的新词新义,包括当时流行的一些熟语。总共所收词语计标目288,附目145,分列337条,按音序排列。("前言")

《汇释》的优点和特色在于:

首先,以唐宋笔记作为研究对象,集中考释其中的方俗语词,这是前人未曾做过的工作,很有意义,拓宽了近代汉语词汇的研究领域。

其次,收释了大量唐宋时期产生的新词和新义。

新词如"出场",犹言"下场""结尾""结果"。《春渚纪闻》卷六:"公顾视久之,令琪磨砚,墨浓,取笔大书云:'东坡七岁黄州住,何事无言及李琪?'即掷笔袖手,与客谈笑。……至将彻具,琪复拜请。坡大笑曰:'几忘出场。'继书云:'恰似西川杜工部,海棠虽好不留诗。'"(18页)"定叠",安宁、安定,形容词。《东轩笔录》卷一:

"抟惊喜大笑,人问其故,又笑曰:'天下这回定叠也!'"(37页)

新义如"辈",唐宋之际还可指单个的人。如:《太平广记》卷二五七《张濬伶人》:"左右伶人皆御前供奉第一部者,恃宠肆狂,无所畏惮。其间一辈曰张隐,忽跃出。""一辈"指张隐一人。(2页)

再次,在许多词条下,作者把词语的出现年代上溯到汉魏六朝,探寻其来源。① 如"从"表"向"义,"沉吟"为"思量、考虑"义,"称首"之"第一"义,"儿"之"人","录"之"收藏""存贮"和"收留"义,"分携"之"分别、分离"义等。

个别词目下,似可进一步探本溯源,如:"唱,义同'呼''喊',非歌咏义,动词。……有时'唱''叫'连用,为同义重言。"举《太平广记》、元曲"唱叫"用例。(14页)按:《汇释》释义是。"唱叫"一词义即呼喊、喊叫,魏晋文献中已见,如《生经》卷二《佛说舅甥经》:"唱叫奔急。"另如"次""度""故""关白""何忽"等词,亦已多见于六朝文献。

少数条目的考释,似可进一步明晰。如"俯近"条云:"俯近,犹言'临近''靠近'。……其中词素'俯'都不表'低俯'义。"举《太平广记》、敦煌变文等五例。(50页)按:"俯近"当读作"附近","俯"盖"附"的借字。"附近"表靠近、贴近讲,为汉魏六朝以来文献习见。(参见王云路、方一新1992)

本书初版于1990年,2001年由中华书局出版了第2版。据作者"重版后记",新版有如下改动:①改正了内容和排印中的错

---

① 个别条目下,作者还把词义产生的源头上溯到先秦,如:"地,指动作行为所凭借的条件,多与动词'为'组成动宾短语'为地''为……地'。"在多举近代汉语用例后指出:"按《韩非子·说难》:'有欲矜以智能,则为之举异事之同类者,多为之地。'与上举用法略同,可见先秦已然。"(36页)

误;②增加了少量条目;③补充了部分例证;④"语辞备考录"略有增补,并新编目录。新版《唐宋笔记语辞汇释》正文标目由原来的280余目增至300目,分条由原来的337条增至350条左右,"语辞备考录"由50余条增至近百条。

3. 李申的《金瓶梅方言俗语汇释》

李申《金瓶梅方言俗语汇释》(北京师范学院出版社,1992),59万字。本书词目、引例均以人民文学出版社1985年出版的词话删节本为据,共收录《金瓶梅词话》中的方言俗语、包括隐僻难解的隐语行话、谚语、歇后语等共计3000余条。

关于本书的特点,王学奇"序"中已经作了介绍,可概括为以下几点:

一是释词较多,搜罗较广。《汇释》近60万字,收词达3000多条。"举凡作品中的方言、俗语、隐语、谚语、市井语、歇后语,等等,兼收并蓄,搜罗极广。"

二是考释比较精当,多有发明。《金瓶梅词话》是我国古代的一大奇书,至今作者是谁仍然是个谜,许多词语仍然未有确解。作者经过多年的努力和不懈的探索,一一破译释出,为研读《金》书作出了贡献。如"巴子肉",作者指出其有两种意义:①在"一碟香喷喷晒干的巴子肉"一句里,"巴子"就是"蚆子",贝类。今徐州话把蚌称作蚆子,海蚌叫海蚆子。蚆子肉就是蚌肉。②在"干巴子肉翻包着菜肉匾食"一例中,"巴子"是女阴的隐语。徐州方言有此用法,系取蚆子肉之象形。(129页)按:以"巴子"称女阴,盖为北方通语,今东北方言亦然,俗骂有"妈个巴子"。类似的又如"粉嘴""零布""寒鸦儿""越发越晒"等,都由作者解开疑团。

在释义的同时,《汇释》对前人的误释有所驳正。如"抹儿"释为本领、本事、才能。徐嘉瑞《金元戏曲方言考》释为"资格",魏子云《金瓶梅词语注释》释为"嘴上抹油儿之意",均误。(363页)

三是多利用现代方言材料。在释义方法上,除了本书例证、他书旁证等传世文献外,《汇释》还广泛运用我国丰富的古今方言材料来加以印证,使结论更为可靠。

自然,本书的某些解释也有可商之处。如释"雌"字,谓《金瓶梅》"雌着和我睡"的"雌"为"觋"的借音字,谓人不顾廉耻地讨求强取。似可商。① 此外,本书未列参考书目和引用书目,所引《金瓶梅词话》也未写出页数,感到缺憾。

4. 张惠英《〈金瓶梅〉俚俗难词解》

张惠英《〈金瓶梅〉俚俗难词解》(社会科学文献出版社,1992)。作者"前言"说:"1982—1983 年,我作为哈佛燕京学社邀请的访问学者,旁听了韩南(Patrick Hanan)先生的《金瓶梅》专题研究课。这是我第一次接触这本书,并从此开始了对这本书的语言研究。1986 年秋,作为鲁斯基金会(Luce Foundation)邀请的学人,在西雅图华盛顿大学和白保罗(Fredrick Brandauer)先生合作开了《金瓶梅》研究课,并开始注释全书,1988 年夏初步完工,回国后又继续修改定稿。所以,《〈金瓶梅〉俚俗难词解》这本小书,既是《金瓶梅》全书注释的筛选,又是我 1983 年以来进行《金瓶梅》语言研究的一个结晶。"

本书以影印明万历本(大安本)及 1985 年人民文学出版社的《金瓶梅词话》(戴鸿森校本)为底本,收录《金瓶梅》中的"俚、俗、难

---

① 江蓝生(2000:302—304)认为:"'雌'与'觋'在语音、语义上都不相吻合,'雌'不是'觋'的假借字。"

的日常用语",前贤如姚灵犀《金瓶小札》(收入《瓶外卮言》,天津书局,1940)、陆澹安《小说词语汇释》(上海古籍出版社,1979)、魏子云《金瓶梅词话注释》(中州古籍出版社,1987)已涉及的,都在注文后附以【姚注】【陆注】【魏注】,以供参考。("体例")词目以回目为序,共计收词语1548条,书末附"拼音索引"。另有《〈金瓶梅〉用的是山东话吗?》《〈金瓶梅〉中杭州一带用语考》《〈金瓶梅〉中值得注意的语言现象》《关于〈金瓶梅〉的语言》《再谈〈金瓶梅〉中的一些语音和语法现象》《〈红楼梦〉和〈金瓶梅〉的语言比较》《〈金瓶梅词话〉的作者蠡测》七篇文章,作为本书的附录。

本书的一个特点是,不少词语,作者都能联系现代方言为证。如"未曾",在《金瓶梅》中有刚刚义,如第14回:"正月初九日,李瓶儿打听是潘金莲生日,未曾过子虚五七,就买礼生轿子,……来与金莲做生日。"第31回:"书童儿晚夕只在床脚踏板书搭着铺睡。未曾西门庆出来,就收拾头脑打扫书房干净。"作者说:"今崇明话中,'未曾'可用作'刚刚'的意思,如'未曾话着,伊就哭㖸'(刚点到,他就哭了)。"(83—84页)

5. 段观宋《文言小说词语通释》

《文言小说词语通释》(广西人民出版社,1994),26.6万字。这是一部跨中古、近代的词语考释著作。作者以历代文言小说,尤其是魏晋至宋元文言小说为基本材料,考释现已不易理解,而诸辞书皆不载的难词。共列词目373条,加上附论词语,共400余条。作者收释词条的标准有两个:一是着重收录诸辞书未收载和各家专著未曾论及的词语;二是诸辞书和各家专著虽载而释义未备、虽论而未达一间的词语,也酌情收录。

书后所附的"引用及参考书目"共列书目218种,本书取材范围之广可见一斑。

此外,还有许多单篇论文。中古有方一新《〈世说新语〉词语札记》(《古汉语研究》1990年第1期)、《〈世说新语〉语词释义》(《语言研究》1990年第2期)、《〈世说新语〉词义散记》(《中国语文》1990年第6期)、《〈世说新语〉斠诂》(《文史》第41辑),郭在贻《〈世说新语〉词语考释》(《字词天地》1984年第4期),江蓝生《魏晋南北朝小说词语札记》(《字词天地》1983年第1期),蒋宗许《〈世说新语校笺〉札记》(《古汉语研究》1992年第2期)、《〈世说新语〉疑难词句杂说》(《古汉语研究》1998年第1期),梁永昌《〈世说新语〉字词杂记》(《华东师范大学学报》1981年第3期),刘坚《〈世说新语〉词语补释》(《语文研究》1985年第3期),刘瑞明《〈世说新语〉中的词尾"自"和"复"》(《中国语文》1989年第3期),刘尚慈《〈世说新语〉释词琐记》(《中国语文》1996年第3期),骆晓平《〈搜神记〉所见六朝新词考论》(《四川大学学报丛刊》1989年第45辑),苏宝荣《〈世说新语〉释词》(《河北师范大学学报》1988年第1期),汪维辉《"作(为)某地"式试解》(《古汉语研究》1989年第4期)、《〈世说新语〉"如馨地"再讨论》(《古汉语研究》1996年第4期)、《〈世说新语〉词语考辨》(《中国语文》2000年第2期),王建设《〈世说新语〉语词小札》(《中国语文》1990年第6期),魏达纯《〈观世音应验记〉词语拾零》(《古汉语研究》1997年第3期),信应举《〈世说新语〉释词》(《郑州大学学报》1989年第4期),殷正林《〈世说新语〉所反映的魏晋时期的新词和新义》(《语言学论丛》第十二辑)等。

近代有董志翘《〈太平广记〉语词拾诂》(《俗语言研究》创刊号,1994)、白维国《〈小说词语汇释〉误释举例》(《中国语文》1981年第6期)、董志翘《明代拟话本小说〈型世言〉语词例释》(《古汉语研究》

1995年第4期)、蒋冀骋《话本小说俗语辞考释》(《古汉语研究》1994年第4期)、弥松颐《〈儿女英雄传〉语汇释》(《中国语文》1981年第5期)、朴泰衡《〈朴通事〉方俗语词浅释》(《延边大学学报》1986年第4期)、隋文昭《〈醒世姻缘传〉词语注释商榷》(《中国语文》1988年第4期)、王东中《明清白话小说词语札记》(《古汉语研究》1994年第1期)、王迈《〈金瓶梅词典〉释义商补》(《中国语文》1991年第3期)、徐之明《明清小说俗语辞杂考》(《古汉语研究》1996年第4期)、张生汉《〈歧路灯〉词语例释》(《古汉语研究》1995年第4期)、周志锋《〈二拍〉语词札记》(《古汉语研究》1993年第2期)等。

二、佛典、道藏

(一) 佛典

1. 李维琦《佛经释词》《佛经续释词》

李维琦《佛经释词》(岳麓书社,1993)是作者在中古佛典词汇研究方面的第一部专著。《释词》的语料取自《大正藏》第3、第4两卷计56部佛经,解释唐以前佛经词语139条,凡21万字。

《佛经续释词》(岳麓书社,1999),顾名思义是《释词》的姊妹篇,是作者继《释词》之后推出的又一佛典词汇研究力作。全书分为9卷,共考释佛经词语222条,20万字。《释词》和《续释词》从第一手材料入手,把相关的佛典语料全部输入电脑,藉以进行穷尽性的定量研究,研究方法科学可取。两书的主要成绩有:①发明新词新义;②纠正前人时贤的阙失;③订正《汉语大词典》等大型语文辞书的阙失;④提出了一些带有理论性的问题。本书的不足是,少数条目前人或辞书已释,作者未加注意。

在上述二书的基础上,作者经过整合修订,出版了《佛经词语汇释》(湖南师范大学出版社,2004)。按照作者"后记"所述,这部

《汇释》删去了《释词》《续释词》中的部分条目（他人已释而自己无新意者），增加了一些新词目；对他人的批评意见，有接受的，也有不接受的，都有交代。

2. 辛嶋静志《〈正法华经〉词典》《〈妙法莲华经〉词典》

日本年轻学者辛嶋静志先后编纂出版了《〈正法华经〉词典》（日本创价大学·国际佛教学高等研究所研究丛书，1998）、《〈妙法莲华经〉词典》（同上，2001），这是作者计划编纂的系列佛典语言词典（最终形成《佛典汉语辞典》）中的两部，为中古汉语词汇研究作出了贡献。

3. 姚永铭《〈慧琳音义〉语言研究》，浙江大学博士学位论文，1999；收入《法藏文库》硕博士学位论文第 65 册，2002。①

《慧琳音义》是佛经音义类的集大成著作，在语言文字尤其是中古、近代汉语语音、语法、词汇等方面具有很高的研究价值。该文从语言研究的角度入手，对《慧琳音义》进行系统考察研究，着力探讨该书在文字（六书、俗字、异体字、汉字史）、音韵（中古音系、《切韵》、古方音、梵汉对音）、训诂（外来词、俗语词、语源学、语词的文化内涵）以及辞书编纂、古籍整理等方面的重要价值和作用。作者的研究翔实而深入，在抉发《慧琳音义》蕴含的价值的同时，订补了许多前人研究和辞书编纂的疏失，有较多的心得和发明。如"铧锹"这种农具，《汉语大词典》举清代洪昇《长生殿》为例，而根据《慧琳音义》提供的线索，"铧锹"一词早在东晋僧伽提婆翻译的《中阿含经》中就已出现，比《汉语大词典》所举的例子早了 1300 多年。诸如此类的考证研究对汉语词汇史以及辞书编纂工作都有较高的参考价值。

---

① 作者据此修订充实，完成《慧琳〈一切经音义〉研究》一书，已于 2003 年由江苏古籍出版社出版。

此外,台湾高雄佛光山文教基金会出版了《法藏文库》,在"中国佛教学术论典·佛学硕士、博士学位论文第七辑"(从第61至70,凡十册)中,收录了朱庆之《佛典与中古汉语词汇研究》等18种大陆有关佛教语言、文学方面的硕士、博士学位论文,于2002年8月出版。

另外,胡竹安、张锡德《〈法显传〉词语札记》(《语文研究》1986年第4期)、张联荣《汉魏六朝佛经释词》(《北京大学学报》1988年第5期)、吴金华《佛经译文中的汉魏六朝语词零拾》(《语言研究集刊》第2辑,江苏教育出版社,1988)、太田辰夫、江蓝生《〈生经·舅甥经〉语词札记》(《语言研究》1989年第1期)、蔡镜浩《魏晋南北朝翻译佛经中的几个俗语词》(《中国语文》(1989年第1期)、方一新《汉魏六朝翻译佛经释词》(《语言研究》1992年第2期)、蒋冀骋(马由)《〈长阿含经〉释词》(《古汉语研究》1992年第4期)、《隋以前汉译佛经虚词笺识》(《古汉语研究》1994年第2期)等,都是较早发表的有关佛经词语的考释文章。尤俊成《试论佛教对汉语词汇的影响》(《内蒙古师范大学学报》1993年第2期),则探讨了佛教对汉语词汇的影响问题。

(二)道藏

道教方面有俞理明《〈太平经〉正读》(巴蜀书社,2001)。

《太平经》是早期道教的重要经典,约成书于东汉,是研究中古汉语的宝贵材料。原书共170卷,今仅存67卷(其中10卷为闾丘方远所录《太平经钞》),弥足珍贵。由于该书在流传过程中讹误较多,加之书中出现的东汉口语词和道教术语,故向称难读。在俞理明之前,先后出版问世了《太平经释读》(南海出版公司,1994)、《太平经注释》(西南师范大学出版社,1996)和《太平经全译》(贵州人民出版社,2000)等整理注译本。

《正读》是对《太平经》一书的最新研究成果。全书以《太平经》本经为研究基础，结合《太平经钞》，并参考《敦煌目录》，对全书的编排重作调整，尽量恢复原貌。作者注重解决《太平经》阅读理解方面存在的语言文字障碍，尤其是其中的文字夺衍讹误，予以校勘订正。句读方面，作者对书中大量疑难词句反复推敲，斟酌定夺，纠正了以往的不少标点错误。体例上采用的是正文大字下用小字夹注夹校的方式，随文标点，校勘，加上注释。

以字词注释为例，本书首先注明通假和异写，同时也注明词义，解释语法，阐释音韵特点，揭橥修辞现象，尤其在阐释东汉口语词、道教词语方面用力很勤，多有创获。如释"积久"为"长期，很长的时期"(64页)、"革谏"为"警戒劝谏。二字同义连文"(93页)、"旦夕宿夜"为"早晚，随时。宿夜，同夙夜，与旦夕同"(159页)、"自然"为"自任，放任"(406)等，均用言简意赅的语言解释了东汉语词，所下的功夫可见一斑。

总之，本书在校正文字、抉发口语词、疏通文句含义三方面都下了较大的工夫，为读者阅读利用《太平经》提供了一个可以信从的版本。

道藏方面的论文有方一新《〈抱朴子内篇校释〉词语札记》(《古典文献与文化论丛》，杭州大学出版社，1999)，连登岗《释〈太平经〉之"贤儒""善儒""乙密"》(《中国语文》1998年第3期)，王云路《〈太平经〉释词》(《古汉语研究》1995年第1期)、《〈太平经〉语词诠释》(《语言研究》1995年第1期)等。

三、史书

(一) 吴金华《三国志校诂》

吴金华《三国志校诂》(江苏古籍出版社，1990)。本书是作者在《〈三国志〉解诂》(《南京师范学院学报》1981年第3期)、《〈三国志〉考释》(《南京师范学院学报》1983年第5期)、《〈三国志〉拾诂》(《南京师范学院学报》1985年第3期)等系列论文的基础上写成的《三国志》语言、文献研究专著。作者按照《三国志》原书的卷次逐卷校诂,侧重于校正文字讹误、考证疑点难点、抉发魏晋口语等,颇多创获。考释如释"状"为原因、缘故(71页)、"宜适"是同义之字并列,适亦宜也,此谓合乎事实之举动。(92页)标点如释"行来"为"犹言出行",纠正了中华书局标点本"不欲,使行来"的误标,谓当作一句读(37页);释"死友"为"可托身后之事"者,纠正了标点本"得死,友在外"的割裂该词的标点法(119页)。校勘如刘咸炘《三国志知意》认为《蜀志·先主传》"先主未出时,献帝舅车骑将军董承辞受帝衣带中密诏,当诛曹公"的"'辞'字当删",《校诂》指出"辞"是告称义,不可删(186页);校正《华佗传》"闻实伤娠"的"闻"为"间"字之误,"间"是先前义(163页)——凡此都言之有据,令人信服。书后有《三国志考释集锦》作为"附编",收录前人研究、整理《三国志》的相关成果。个别词语校释可商也在所难免;又全书没有一个语词索引,查检不便,也是缺憾。

(二)刘百顺《魏晋南北朝史书词语考释》

刘百顺《魏晋南北朝史书词语考释》(陕西师范大学出版社,1993)。本书是研究六朝史书语言的专著。作者对《后汉书》《三国志》《晋书》《宋书》《南齐书》《梁书》《陈书》《北史》八部魏晋南北朝时期的史书作了全面的考察,考释了其中的语词111条,另有校勘断句若干条。篇幅虽不大,但释义细密精当,部分条目还纠正了前人时贤及辞书的误释。如释"搜牢"之"牢"为廪食,不同意"搜牢"即"搜搂",为同义复词的说法(9页);"志"为欲义(39页);"迟"为待,自先秦迄魏晋南北朝皆有用例(48页);"隐起"谓隆起,即凸出之文字或图案(49页);"顿"有驻扎义(80页);"动"特指少数民族骚动、叛乱或侵犯(82页),等等,都很有新义,多可信从。个别词语的考释容有可商之处,有些结论和前贤的意见相重。

(三) 方一新《东汉魏晋南北朝史书词语笺释》

方一新《东汉魏晋南北朝史书词语笺释》(黄山书社,1997)。本书凡考释东汉至唐的史书词语185条,在前人研究的基础上,有所发明。"前言"2万多字,对中古史书的语料价值、史书语料的鉴别、断代、中古史书词汇的继承和发展等问题作了论述。作者把六朝时期的史书语料分为两大类,即原始资料和其他资料。东汉魏晋南北朝史书中的原始资料,是指正文中原文引录的当朝文献和《三国志》《后汉书》两书旧注中征引的汉魏六朝典籍,它们原则上可以认定为当朝文献。原始资料以外的部分属于其他资料,包括记事、记言两大类,它们都应视同为史书作者年代的语料。这样的认识是否合理,当可讨论;考释部分有的条目难度不大。

此外,还有一些单篇的考释文章或著作中涉及的内容。

单篇论文如吴金华关于《三国志》词语考释的系列论文、郭在贻《魏晋南北朝史书语词琐记》(《中国语文》1990年第5期)、《魏晋南北朝史书语词琐记(二)》(《古汉语研究》1990年第3期)等。

相关著作有吴金华《古文献研究丛稿》《古文献整理与古汉语研究》《古文献整理与古汉语研究续集》等论文集,主体内容是依据六朝史书等古文献材料所作的校释和考证,创获很多。又如王启涛《魏晋南北朝语言学史论考》第五章"魏晋南北朝史学与语言学"讨论了"魏晋南北朝史学与方俗语",作者以《南齐书》《魏书》为例,对魏晋南北朝时期的史书记录、保存口语词汇的情况作了考察。

作者认为，"《南齐书》是这一时期史书中保存口语最丰富的文献之一"，在中古汉语词汇史上的语料价值体现在这样几个方面：①《南齐书》出现了大量中古时期的新词新义；②《南齐书》突出地反映了一些常用词在中古时期的变迁交替现象。"在六朝史书中，《魏书》的价值相当高。""魏收本人对方言、口语、俗语不仅不回避，而且喜欢用，这一点对于今天学者们的中古汉语词汇研究恰好是极为宝贵的。"作者以"洁""间""女郎""疾苦""龟""物"六词为例，论述了《魏书》保留当时口语以及在中古汉语词汇研究上的价值。（522—541页）作者通过研究，对《汉语大词典》存在的疏失作了纠正，除了个别条目（如"起理"）尚可商榷外，①基本上可以信从。

四、诗歌戏曲

（一）汉魏六朝诗歌

王云路有博士学位论文《汉魏六朝诗歌语言研究》（杭州大学，1992），论文考释了汉魏六朝诗歌语词数十条，对汉语词汇史、辞书编纂和古籍整理都有一定的参考价值。②

六朝诗歌语词的论文有艾荫范《读汉魏乐府小札》（《辽宁大学学报》1989年第6期），樊维纲《晋南北朝乐府民歌词语释》（《中国语文》1980年第6期）、《晋南北朝乐府民歌词语札释》（《湖南师范学院学报》1982年第1期）、《乐府民歌词语解释》（《杭州师范学院

---

① 王著指出《汉语大词典》有"许多新词漏收"，确实如此。但所举的第一个例子是"起理"，《南齐书·萧景宣传》："军未还，遇疾，遗言曰：'此度疾病，异于前后，自省必无起理。'"解释为"起色、好转、康复"，恐有问题。"无……理"是六朝时期的习惯说法，意为"没有……的可能"，和"有……理"（有……的可能）正好相反。"起"是病愈、康复的意思，"自省必无起理"是说自己思量一定没有康复的可能了。

② 在此基础上，作者先后出版《汉魏六朝诗歌语言论稿》（陕西人民教育出版社，1997）和《六朝诗歌语词研究》（黑龙江教育出版社，1999），详见第十五章。

学报》1988年第5期)、《晋南北朝乐府民歌词语校释》(《杭州师范学院学报》1991年第2期),张联荣《魏晋六朝诗词语释义》(《古汉语研究》1990年第1期)等。

(二) 唐宋以来诗词曲

传统上以"诗词曲"并称,指的是诗歌、词和戏曲。唐诗是古典诗歌的高峰,宋诗也有自己的特色;从唐五代开始,词也成为主要的文学体裁之一,宋词则是这一形式的高峰;元杂剧、元人散曲也取得了很高的成就。"诗词曲语言研究"可用的本子主要有《全唐诗》《全唐诗补编》《全宋诗》《唐五代词》《全宋词》和《全金元词》《元曲选》《元曲选外编》《新校元刊杂剧三十种》《六十种曲》《金元戏曲》等,都是传世文献的重要组成部分。其实,自唐宋以来诞生的近体诗词中的词语,历代诗话、笔记中都有相当的篇幅作过考证,但是真正从语言学的角度去研究的,当首推张相《诗词曲语辞汇释》。①

1. 张相《诗词曲语辞汇释》

张相(1877—1946),原名廷相,字献之,浙江杭州人。张相最负盛名的就是《诗词曲语辞汇释》一书。此书自动手搜集资料到全书完成,历时近20年。② 此后又陆续作增补修改,前后易稿十余

---

① 在《汇释》前后,已经有一批性质相近的研究著作,如徐嘉瑞《金元戏曲方言考》(1948年初版,1956年商务印书馆出版修订本)、朱居易《元剧俗语方言例释》(商务印书馆,1956)、陆澹安《戏曲词语汇释》(上海古籍出版社,1981)等,都对近代汉语词汇研究作出了贡献。但就总体上看,这几部书例证较为单薄,有些考辨不够精当,学术价值较《汇释》为逊色。

② 《诗词曲语辞汇释·叙言》:"不佞壮岁以还,浏览诗词,绎疑滞,心识而已。五十以后,渐事剖录,时则词曲之学鼎盛,新刊日富,随笔件系,积数巨帙。六十以后,专心兹事,且剖录,且整理,阅六年而写成六卷。又阅二年,赓续要删,始写定为今本。"

次。《汇释》是在抗战期间完成的,当时出版业萧条,以作者是中华书局元老故接下书稿,但暂不出版。抗战胜利后,经过朱文叔的校订,《汇释》排版待印。新中国成立后,出版社对此书的销路问题有过争论,有人认为《汇释》太专门,读者面较窄,一度拆版。后来在叶圣陶、金兆梓两人的建议下,才重新排版付印。古人说:"所好生毛羽,所恶成疮痏。"①叶、金两位真是促成《汇释》问世的功臣!结果为印数问题出版社和书店又发生了争议。当时上海新华书店只预订500部,中华书局出版科的同志与之交涉,书店方面说,多了不要,最好不印。无奈,出版社只得勉强开印。孰料《汇释》发行不到半个月即销售一空,这下反过来了,新华书店来要求再印500部。结果第二次印了1000部。以后陆续重印,到现在为止,已经重印了数十次,累计印数已达数百万册。② 这在一部学术著作来说,是十分难得的。这就是好书的魅力。③

《汇释》的优点很多,较而言之,有如下数端。

一是研究领域很有价值,所释语词为传统训诂学家所忽略,填补了以往研究的空白。所谓"诗词曲语辞者,即约当唐宋金元明间,流行于诗词曲之特殊语辞,自单字以至短语,其性质泰半通俗,非雅诂旧义所能赅,亦非八家派古文所习见也。自来解释,未有专书"。("叙言")在张氏之前,如清人刘淇《助字辨略》对唐宋诗词的词语也有所措意,但毕竟数量有限;徐嘉瑞《金元戏曲方言考》、朱居易《元剧俗语方言例释》两书则以金元词语为主,故张相《汇释》

---

① 语出东汉张衡《西京赋》,载《文选》卷二。
② 《诗词曲语辞汇释》从1953年4月中华书局出版第1版,1954年4月第2版,1955年1月第3版,1991年7月北京第17次印刷,印数已达1762500册,颇为可观。
③ 关于张相生平及《诗词曲语辞汇释》的曲折问世经过,请参看吴铁声(1981)。

是一部开创性的研究著作。

二是研究方法较为科学。如前所述,按张氏自己的话来说,《汇释》采用了"体会声韵"等六种释义方法。虽然其中有些方法未必适用于考定词义(如"玩绎章法""揣摩情节"之类),但大体上属于传统训诂学领域行之有效的研究方法。张氏借用之,并采取了比较谨严的态度。故本书的释义基本上做到了"揆之本文而协,验之他卷而通",不唯读诗词,就是阅读唐宋以来的其他文献,也具有重要的参考价值。

三是实事求是,治学态度比较严谨。据张氏"叙言"中说,他从中年起就留意诗词中的疑难之处,五十岁以后,逐渐把心得记录下来,"积数巨帙"。六十岁以后,专心撰述,边记录,边整理,经过六年的努力而形成了初稿。又经过两年的增删修改,才最后写定。对一时解释不了的词语,"自惭读书不多,学力所限,未能臆解者,盖阙如也。"这是十分可取的研究态度。正唯如此,《汇释》取材来自第一手材料,不能解释的地方不强作解人。

四是少数条目能追源溯流,或联系方言。总起来看,《汇释》以唐宋诗词为主要取材对象,但在少数条目下,也能追溯源流,或联系方言,从而把词语考释纳入了现代词汇学研究范畴。

当然,《汇释》也有明显的不足,大体上有两方面:[①]

其一,虽然研究对象是全新的,但释义方法、思路却是旧的、传统训诂学的,因此,有关的词语考释次序失当,往往孤立地就例释义,不知道词汇是一个系统,缺乏对词义作科学的、有条理的归纳

[①] 关于张相《诗词曲语辞汇释》的成就与不足,张永言(1960/1999)一文有详论,可以参看。

和排列。

其二,研究基本上还是平面的,缺乏对词义来龙去脉的系统考察,对得义由来的深入研究,释义之外,未能作进一步的推阐和探讨;换句话说,张氏的研究主要是训诂学的考定,而缺乏词汇学的探讨,这在一定程度上影响了本书所取得的成绩和应有的价值。

不过,要知道《汇释》是一部半个多世纪以前的著作,不可避免地会受到历史的局限,对书中存在的这样那样的阙失也就可以理解了,因为,我们不能超越历史条件去苛求作者。

2. 王锳《诗词曲语辞例释》

王锳,贵州大学中文系教授,《诗词曲语辞例释》是作者的一部力作。正如作者所说,本书"在资料来源、取例汇义以至编排体例方面,大率不出《汇释》序言中所指示的蹊径和范围"("前言"),虽然受《汇释》的影响很大,但在许多方面,又超过了《汇释》。试举述其要点如下:

一是本书所收词语,计标目317,附目246,分为412条。这些都是《汇释》所未涉及的,释词数量之多,仅次于张相,把诗词曲特殊语辞的研究又大大推进了一步。

二是作者具有现代语言学的观点,考释词义,注意词汇的系统性和源流演变,使之更符合汉语史的研究性质;引进了现代语法学的观念,分析词义和用法更加科学。

三是在考释近代汉语词义时,注意联系现代方言,把古今汉语有机地结合起来。如:

麻查,犹云模糊,多指视力而言,形容词。……按"麻查"的这种用法在今四川等地的方言中一直沿袭下来,不过多重叠为"麻麻查查",含义也不仅指视力而有所扩大。("麻查",156页)

四是在释义时，注意词语溯源，征引六朝的用例。如："初[二]""政"两条引《世说新语》(41页、317页)、"偶"条引陶渊明《与子俨等疏》(174页)、"无赖[一]"条引隋炀帝《嘲罗罗》诗(249页)、"信"条引《颜氏家训》(264页)、"言"条引梁简文帝《巫山高》诗等例(269页)。

五是对辞书及各家的解释多所驳正。

作者在"修订后记"中指出："此编对于先哲今贤的成说，每有质疑辨难之处。这里并非敢以一得之见自矜，而是为了共同探讨，以求其是。"《例释》的质疑辨难内容包括：订正辞书的疏失；订正前贤的说法。

《诗词曲语辞例释》初版于1980年，经过修订增补，作者于1986年出版了第二版。修订工作的内容主要有两方面：一是根据年来阅读所得，新增了一批条目；二是改写了原来的一些条目，纠正了某些已经发现的不确之处，或补充了一些较典型的时代较早的例证。此外，还增加了《"撮弄""爨弄"小考》《诗词曲语辞存疑录》两篇附录。

2005年2月，《诗词曲语辞例释》第二次增订本(第3版)由中华书局出版，据书后"第二次增订附言"，这次修订工作的内容是：一是改正了原书中少量的排印和内容舛误；二是抽换和补充了例证；三是补充了一些新条目(经过本次修订，全书共有标目583，附目405，分条583)；四是加强溯源，提前书证；五是"存疑录"有所增删，并附词目。总之，这是最新一版的修订本，内容较上两版更加充实。

3. 王锳、曾明德《诗词曲语辞集释》

《诗词曲语辞集释》(语文出版社，1991)。本书名为"集释"，是"集中诸家解释"之意。编者把新中国成立以来(1949年10月—

1985年12月)各种语文刊物、各大学报、省市级学术刊物上登载的考释诗词曲语辞的单篇论文收集起来,汇编成书,为研究汉语词汇史特别是近代汉语词汇的同行们提供方便,同时也为辞书工作者和从事文史研究特别是古籍整理、作品注释的人及一般读者提供了方便。

全书共收词目557条,附见条目167条。书后附"《诗词曲语辞汇释》等十部著作的索引",收集的十种考释性著作依次是:徐嘉瑞《金元戏曲方言考》、张相《诗词曲语辞汇释》、朱居易《元剧俗语方言例释》、王锳《诗词曲语辞例释》、蒋礼鸿《义府续貂》、陆澹安《戏曲词语汇释》、顾学颉、王学奇《元曲释词》、许政扬《许政扬文存》、郭在贻《训诂丛稿》、林昭德《诗词曲语辞杂释》。编录的这十种著作以解释近代汉语词汇特别是诗词曲语辞为主,同时也收录了《义府续貂》《训诂丛稿》这样兼有传统训诂学和近代汉语词汇研究内容的著作。

4. 魏耕原《全唐诗语词通释》

《全唐诗语词通释》(中国社会科学出版社,2001)是一部对《全唐诗》语词进行考释的专著,特点有三:

(1) 搜罗较全,条目较多。如"自(十二)"条为:"词缀。无义。用在单音节副词、连词、形容词、助动词之后,构成复音副词等。"下举"聊自""会自"等28个"~自"式复音词。(378—381页)[①]

(2) 驳正前贤之说,有自己的见解。如"带"(五)条纠正蒋绍愚之说(61—62页),"莫漫"条纠正郭在贻说(203—204页),"殊

---

① 但书中又有"行自"(犹言立即、马上,293页)、"犹自"(犹言尚且,346页)等条,未能统一。

未"条和王云路商榷（257—258页），"真成（一）"和项楚商榷（355—356页）。

（3）广泛征引唐诗用例，取材较博：①有的条目下有统计数字，如说某词的《全唐诗》中仅一见之类；②部分条目能够溯源。③部分条目下能联系方言材料。

不足之处在于：释义琐细，缺乏内在联系。如"若为"条，共分五条：①犹言那堪、怎堪，怎能忍受、怎能受得住的意思；②犹言怎能、那能、怎么；③副词；犹言怎样、怎样的；④犹言倘若、假若、如果。一般位于句首；⑤犹言怎为、何以为，难为、难以为。一般后面跟有名词，和后面跟有动词作"怎样""怎能"义不同。（242—247页）按：这样的分条方法过于琐细，基本上属于随文释义，缺乏词义的概括性，各条之间也缺乏联系。

少数条目他人已有说，失引。如"忽如"，蒋绍愚、王云路等均有说。"停（四）"（均等，平等），郭在贻《训诂学》已有考证。"一般"之一样、同样义，"疑是"之好像，犹如义（338页），蒋绍愚、王云路已发之。本书均未征引。

例证晚出。如："趁"（一），动词。追逐、追赶的意思。补正《汉语大词典》举中晚唐诗歌的阙失，谓"其义实在盛唐已先见"。（27—28页）按：此义实出于六朝，参拙编《中古汉语语词例释》。次，副词。犹言时、际、间。用在动词或动宾词组之后，相当于"……之时（际、间）""在……之时（际、间）"，表示动作正在进行中。作者说："其义至晚在大历前后就已出现。"按：此义的出现年代甚早，汉代已见用例。类似的晚出条目有"触地""从许""登时""分张（一）""何言""将谓""手自"等。

有关唐诗的研究著作，除了上面提到几种外，还有林昭德《诗词曲语辞杂释》等。郭在贻、蒋绍愚、项楚等学者也有一些研究论文,如蒋绍愚是从研究考释诗词曲语辞开始近代汉语研究的,他于20世纪80年代初先后发表《杜诗词语札记》(《语言学论丛》第六辑,1980)、《唐诗词语札记》(《北京大学学报》1980年第3期)、《唐诗词语札记(二)》(《语言学论丛》第十辑,1983)三篇论文,考释唐诗词语百余条,释义允当,例证翔实。《全唐诗》有很多异文,郭在贻曾写过《唐诗异文释例》(《郭在贻语言文学论稿》,《郭在贻文集》第三卷),分门别类地对异文产生的情况作了归类,对认识这一问题很有好处。

考释诗词曲语辞的单篇论文很多,另如曾仲珊《唐诗词语拾零》(《中国语文》1983年第4期)、马国强《唐诗语词札记》(《中国语文》1989年第1期)等。

(三) 戏曲语言的专门研究

1. 陆澹安《戏曲词语汇释》

《戏曲词语汇释》,上海古籍出版社,1981。本书是陆氏完成《小说词语汇释》后撰写的又一部近代汉语词汇研究著作,完成于60年代中期,正式出版已经是80年代初了。共收释戏曲词语数千条,另有不必解释的成语三四百条,辑成《戏曲成语汇纂》一卷,附于书后。本书成书较早,当时这方面的研究尚不深入,故其存在的问题和《小说词语汇释》相仿,也未能征引现代方言为证。[①]

2. 顾学颉、王学奇《元曲释词》

《元曲释词》,四册,中国社会科学出版社,1983—1990年。

[①] 如:203页"把把"条,释为"屎",举小说及元曲为例。笔者按:陆氏释义是。以"把把"称大便,今北方方言(如华北、东北)仍如此。

戏剧是我国的传统艺术形式，元杂剧是和唐诗、宋词相媲美的古典文学的又一座高峰。从语言上看，元曲语言生动，不避俚俗，具有很高的研究价值。《释词》是这方面的总结之作，达到了较高的水平。

本书的特色有以下几点（参考了"凡例"）：

第一，收词全面，涉及面广。

据作者"凡例"说："本书所收词语，以元代杂剧为主，元散套、小令为辅。而以南戏、诸宫调、明清戏剧、话本、小说作为佐证。旁参经史子集、笔记杂著有关资料。共收词目约 3000 条，连附目共约 5000 余条，包括字、词和短语。"

戏剧是一门综合性的表演艺术，善于反映历史、文化生活的方方面面，语言通俗易懂，内容丰富多彩。就本书所收的词语来看，涉及了历史文化、典章制度、宗教信仰、风俗习惯，十分广泛。单就语言词汇来说，涉及方言土语、虚词语助、形容词及曲调特用语、外来借词以及歇后语、隐语、谚语、市井用语及插科打诨的词语等，丰富多彩。

第二，语言是既继承，又发展的。元曲中的不少词语来源于先秦两汉、六朝、唐宋；并保存在明清作品和现代方言口语中。本书"本着纵横交错、原始要终的精神，希望能在古代文献资料和现代活的语言中，了解其演变过程，从而得出比较确切的解释"。作者把汉语史贯通起来，上溯下联，直到现代方言，作了纵横的系联。例如，"登时"条释为"谓立刻"，溯源时举《后汉书》《管辂别传》《吴录》《抱朴子》《奏弹刘整》《北史》以及敦煌变文、宋人《梅花传》等六朝、唐宋文献，指出："据此，知'登时'一语，源远流长，至今仍习用。"（一·433）

在释义之外，还探讨词义的来由，使考释进入到词汇史研究的范畴。如"和哄"条云："和哄，简作和，意谓哄骗。盖因'和哄'连文，乃哄字长读，遂成和哄。连用既久，和字便也含有哄的意思。"（二·27）

第三，近代汉语的一个显著特点就是同一个词有多种写法，或音转义近，或音近义同，复杂交错，难于掌握。《释词》在这方面也作了很好的整理、归并，予以指出。如"波俏"条（一·143）。又如"鹐"条，《释词》指出其本意是鸟嘴啄物，借喻用尖刻的话讥刺人。或作签、欠、堑、倩、咁、尖、嚐、谙、啮，"音近义并同"。（三·112）

对多义词的解释，能条分缕析，准确细致，纠正以往的误释。如："乖觉"，或作"乖角"，是聪明、伶俐、机警的意思，有时也作乖违、分离讲。明郎瑛《七修类稿》却释为："乖角，不晓事意。"并举韩愈诗"亲朋顿乖角"为证。《释词》认为郎说非是，其致误原因是："不承认该词的多义性；否定该词作为聪慧的解释；对韩诗的误解。"韩愈《食河曲驿》诗："亲戚顿乖角，图史弃纵横。""显然此'乖角'应作'分离'讲。"（一·673）

本书所释也有可商者，如："防送"条释云："防送，就是押送、护送犯人"，举宋元等例，并云："据此知'防送'在宋代是军差称谓，和普通解子稍有别。"（一·559）按："防送"一词已屡见于六朝。如《宋书·刘劼传》："缚劼于马上，防送军门。"《南齐书·荀伯玉传》："又度丝棉与昆仑舶营货，辄使传令防送过南州津。""防送"都是押送、护送之义，未必就是押送或护送犯人，也不始于近代汉语作品。

另外，本书对现代学者的成果很少征引[①]，如"夜来""一川"

[①] 这类征引是有的，如"郎当"条引蒋礼鸿《义府续貂》说，见二·314；"挦"、"谁家"条引张相说，分见三·17、三·392；"毬楼"条引许政扬说，见三·166；"撒敦"条引王季思说，见三·229。

"早是(一)""遮莫",已见于《诗词曲语辞汇释》;"怀欨""四大""闻(一)""一房一卧"(房卧)、"诸馀",已见于《通释》,均未提及。

本书的有些条目下征引了方言的材料,但这方面尚可拓展。如:"混堂"条释为:"混堂,犹今云浴池、澡堂。吴俗称大众共同入浴的浴池曰混堂。"并引明郎瑛《七修类稿》等为证。(二·92)按:《释词》对"混堂"的解释翔实准确。今吴语区的杭州话仍有此一说法,如武林门附近有"混堂新村",当是由此地原是澡堂所在地而得名。

3. 许政扬《许政扬文存》(中华书局,1984)

作者生前在南开大学任教,1966年去世,本书系友人编辑遗作而成。书中主要是诠释宋元小说戏曲的内容,有《宋元小说戏曲语释》(一)(二)(三)三篇,凡诠释词语40条,此外还有《〈水浒传〉简注》(与周汝昌合著)、《元曲语释研究参考书目》《评新出〈水浒〉的注解》等文章,也都和近代汉语词汇研究有关。

单篇论文方面,有许政扬《宋元小说戏曲语释》(《南开大学学报》1979年第1期)、温公翊《元代杂剧语词释义》(《中国语文》1980年第3期)、宋商《元曲词语札记》(《中国语文》1982年第6期)、李申《元曲词语今证》(《中国语文》1983年第5期)、董绍克《元曲词语释义九则商补》(《中国语文》1990年第4期)等。

五、墓志碑帖

罗维明著《中古墓志词语研究》(暨南大学出版社,2003)是作者在博士学位论文《古代墓志、史书词语例释》(杭州大学,1996)的基础上修订增补完成的。作者在"前言"中指出:中古墓志"是一个语言宝库,蕴含着丰富的语言珍宝"。其语言学研究价值体现在:①墓志中有许多特殊的词为辞书所失载,它们对研究汉语词义演变具有一定的作用。以和丧事有关的词为例,墓志中"终堂""摧兰""珠沉""丧美""埋金""瘗质""梦琼""摧梁""梦楹""泣瑰"等都是死的委婉说法,《汉语大词典》均未收。②墓志词语研究可订正辞书释义方面的失误或不够周至的结论。如"醮",本来只指妇女嫁人,《汉语大字典》《汉语大词典》却误释为"再嫁"。"偏露",辞书通常释为指"父死",其实还可以指丧母或父母双亡。③中古墓志词语研究对词源上溯具有重大价值。如"星花"指星星,"秀绝"指特出超绝,"贞琬"指碑石,"幽居"指墓室,都已早见于中古墓志,但《汉语大词典》均仅举今人书证。(《中古墓志词语研究·前言》13—20页)

有鉴于以往的研究较少利用墓志的材料,作者以《唐代墓志汇编》《唐代墓志汇编续集》(周绍良)、《汉魏南北朝墓志汇编》(赵超)、《江西出土墓志选编》(陈柏泉)四部墓志材料汇编著作为基本材料,并用史书、诗词、散文、小说等语料加以印证,共诠释200多条词语,都是《汉语大词典》失载或未溯源的。本书在拓展中古、近代汉语研究范围和语料,利用碑帖、墓志方面作出了贡献。所考证的词语虽然大都具有一定的文言色彩,可归之为"雅言",但无疑也属于中古近代汉语所应该研究的范围,有填补研究空白之功。

这方面的论文有罗维明《唐代墓志语词考释》(《古汉语研究》1995年第4期)等。

六、其他著作

黄征《敦煌语文丛说》(台北新文丰出版公司,1997)是作者的论文集,以敦煌学论文、书评、综述为主,也有几篇和中古汉语词汇、训诂有关的论文。例如:

《魏晋南北朝俗语词考释》《魏晋南北朝俗语词辑释》是两篇考

释六朝俗语词的文章。作者依据六朝以来史书、笔记小说、医书、农书、敦煌文献等，对"咨""祇""智量""智度""俟"等词语作了考释，补正了前贤、辞书的疏失。《释"接"》《〈搜神记〉释词》二文则对六朝时期习见的词语"接""续""生""生鲜"等词语作了考释。而《敦煌陈写本晋竺法护译〈佛说生经〉残卷 P.2965 校释》一文，则利用传世的《大藏经》频伽藏本对敦煌残写本《生经》作了校释，对原卷讹误多所校正，抉发、考释了写卷中的俗字和部分语词。

俞理明撰写了《说"郎"》《汉语称人代词内部系统的历史发展》，这二篇是作者关于"汉语代词研究"系列论文中的两篇。第一篇探讨了"郎"这一称谓词的源流演变，尊卑变迁，指出"郎"最初称宫廷侍卫人员，是一种荣耀的职务，汉魏六朝又作为权贵子弟的美称或谀称；唐代以后词义两分：一方面高贵的意义淡化，可用来称呼某些社会地位不高的行业的男子；另一方面高贵义强化，可转指父亲或尊长男子，现代汉语中"郎"的使用仍趋平民化。考证原原本本，十分翔实。第二篇则把汉语的称人代词分成两个部分即指称第一、第二、第三人称的三身代词，指称话题中心人物、非话题中心人物和遍指的话题人物代词，进行了详尽的分析举证。

其他还有董志翘《试论〈洛阳伽蓝记〉在中古汉语词汇史上的语料价值》，方一新《〈全晋文〉解诂》(《杭州大学学报》1989 年第 2 期)，魏达纯《〈颜氏家训〉中的并列式同义词语研究》(《古汉语研究》1996 年第 3 期)，王小莘《〈颜氏家训〉中反映魏晋南北朝时代特点的语词的研究》(《华南师范大学学报》1993 年第 4 期)、《〈颜氏家训〉实词及时代特色的研究》(《中国语言学报》第七辑，1995)，王云路《〈诸病源候论〉释词》(《杭州大学学报》1994 年第 4 期)等。

第四节 敦煌文献及近代白话作品的考释著作

一、敦煌俗文学作品语言研究

(一)敦煌变文语言研究

1. 蒋礼鸿《敦煌变文字义通释》

王国维曾经说过:"古来新学问起,大都由于新发见。"(参见王国维 1997:207)

蒋礼鸿(1916—1995),杭州大学教授,近代汉语词汇研究的奠基人之一。蒋礼鸿在语言学界的主要贡献就是开辟了近代汉语词汇研究的新领域——敦煌语言文字之学。近代学者张相的《诗词曲语辞汇释》一书,对唐诗宋词元曲中的口语词汇作了开创性的研究,是近代汉语词汇研究的奠基之作。蒋礼鸿的《敦煌变文字义通释》则堪称继张书之后,在近代汉语研究领域竖起的又一座丰碑,影响极其深远。① 自敦煌莫高窟藏经洞发现以来,敦煌遗书的巨大价值逐渐为世人所知。经过近百年来的努力,敦煌文献的研究有了长足的进步,形成了一门显学。《通释》知难而进,穷毕生精力

---

① 《通释》从 1959 年 3 月初版,当时仅 57000 字,印行 1500 册;一年后,即 1960 年 3 月就出了第二版,字数增加到 112000 字,印数也增加到 2900 册;1962 年 6 月第三版,字数增加为 159000 字,印数增加到 5900 册;1981 年 4 月出了第四版(新一版),字数为 315000 字,差不多翻了一番,印数也增加到 11900 册;1988 年 9 月出版了第五版(新二版、第四次增订本),字数扩充到 405000 字,印数增加 14900 册;到 1997 年 10 月出版了第六版(新三版、增补定本)的 436000 字,印数增加到 19900 册。《通释》前后历时近四十年,凡出六版,总印数近 20000 册。此书曾先后荣获第二届吴玉章奖金一等奖、全国高校首届人文社会科学研究优秀成果一等奖。

对敦煌变文字词进行考释研究，开了风气之先。

蒋礼鸿《通释》的主要成绩在于以下几点：

首先，蒋礼鸿从理论上提出重视唐宋以后俗文学作品、文字的主张，主张开辟训诂学研究的新天地，并系统地提出了研究断代汉语史的见解，身体力行，为近代汉语研究开辟了敦煌语言文字之学的广阔天地。

其次，在具体的研究中，作者以其扎实过人的传统语言学功底，对俗文学作品，包括敦煌变文、敦煌曲子词、敦煌文书、王梵志诗、吐鲁番文书等都进行了开拓性的研究，取得了极大的成绩。现以《通释》为例，就不难看出以下几点：

第一，解释了一批《敦煌变文集》中出现的难词，加以疏通考释，为读者扫除了阅读障碍。例如：

歌歌/哥哥

《搜神记》田崑苍条："其田章年始五岁，乃于家啼哭，唤歌歌娘娘。"（884）《通释》说："田章五岁时，父母亲都不在家里，所以要哭唤'歌歌娘娘'，即阿耶阿娘。现在浙江武义还有管父亲叫哥哥的。"（15页）

抬举/台举

《父母恩重经讲经文》："热时太热为恩怜，寒即尽寒为台举。"（672页；《校注》969页）又："台举女男，不辞辛苦。"（681页；《校注》973页）《通释》解释说："这些'抬举'和'台举'，都是照顾、抚养的意思，和后世'提拔'的近义讲不同。"（203页）

类似这些词语有的现代汉语中还用，但含义完全不同，如果没有《通释》的解释，是很难正确理解的。

第二，在解释变文词语的同时，也连带解释或校正了唐宋时期的其他作品,从"横"的方面作了很好的推阐。故本书不仅对阅读敦煌俗文学作品颇有助益,而且对阅读六朝、唐宋以来文学作品也很有参考价值。如《燕子赋》:"燕子被打,可笑尸骸:头不能举,眼不能开。"(249页;《校注》376页)据《通释》的释义,这个"尸骸"是形状、样子的意思。(64页)懂得了变文的意思,再来读唐人皮日休为嘲诮归仁绍而作的《咏龟诗》(见《太平广记》卷257"皮日休"条):"硬骨残形知几秋,尸骸终不是风流。"对"尸骸"一句就不难理解了。

第三,释义之外,《通释》还对所释词语作了历史的考察,穷根探本,考镜源流,真正做到了"纵"的系联。如《董永变文》:"忽然慈母身得患,不经数日早身亡。慈耶得患先身故,后乃便至阿娘亡。"(110页;《校注》174页)"患"是疾病义,名词。变文用例之外,《通释》又举了许多六朝隋唐的例子,①包括《后汉书》、王羲之《初月帖》《二谢帖》《异苑》《宋书》《洛阳伽蓝记》《晋书》《南齐书》《梁书》《北齐书》《魏书》《北史》《法苑珠林》等,称得上是旁征博引了。

在纵向考察的同时,作者具有历史发展的观点,每每从汉语词汇史的角度揭示词义演变的轨迹,使得《通释》的词义考释上升到现代语言学研究的高度,真正做到了词汇史的研究。例如:《庐山远公话》有"交关"一词,《通释》释"交关"为"交易","和买卖是同义词"。在举了《敦煌曲校录》等十余例后,又举汉王褒《僮约》:"不得辰出夜入,交关侪偶。"指出这例"交关""意即结交朋友"。"汉魏之间又有作勾结解的,如《三国志》魏志曹爽传,司马懿奏:'今大将军爽……

---

① 按:明了"患"有疾病义,当读到《世说新语·德行》第14则刘注引《晋阳秋》"母患,方盛寒冰冻,母欲生鱼"一例时,就知道"母患"就是母亲生病的意思,而不至于误解了。沈剑知《世说新语校笺》校云:"按'母患'为句,辞意不足,显有脱文。《晋书》采取孙盛此文,作'朱患之,乃止',则'母患'下当补'之乃止'三字。"实属误校。

又以黄门张当为都监,专共交关,看察至尊,候伺神器。'……到变文和元稹的诗,意义范围已经缩小,变成买卖了。"(249页)

第四,在研究方法上,《通释》能够继承清代学者因声求义的传统,牢牢把握住声音这个钤键,以声音通训诂,而不为字形所束缚。例如:

《敦煌变文集·孟姜女变文》:"姜女自雹哭黄(皇)天。"(32页;《校注》60页)《通释》:"'自雹'就是大目乾连冥间救母变文'遂乃举身自扑'的'自扑'。魟蚵书:'雹釜打铛。'雹釜'就是扑釜。"(127页)

《父母恩重经讲经文》:"不念怀軏煞苦辛,岂知乳哺多疲倦?"(《校注》970页)《变文集》校"軏"作"胎",误。《通释》指出:"'軏'为'軏'的俗别字,字通作担。怀軏,有孕。谓怀孕后如身负重担。"(205页)读"怀軏"为"怀担",正和经文所称的父母"十恩德"之一的"怀担守护恩"相合,怡然理顺了。

第五,在语料的选取上,《通释》取材极为广泛,举凡民谣、诗、词、曲、小说、随笔、语录、诏令等均在作者的取材范围之内。古到甲骨、金文,近到现当代的小说、方言、俗语,全都在作者征引之列。

再次,除了具体的词语考释外,《通释·序目》还发表了作者对汉语史研究的看法:"研究古代语言,我以为应该从纵横两方面做起。所谓横的方面是研究一代的语言。……所谓纵的方面,就是联系起各个时代的语言来看它们的继承、发展和异同。……无论是纵的和横的,都应该有较广泛的综合。"在广泛积累的基础上,纵、横两方面相结合进行研究,这是蒋礼鸿数十年治学生涯的经验总结,更以自己出色的实践,为后学做了很好的示范。

当然,《通释》也有可议之处,酌举如下:

首先是所释词语主要是难词、僻词,而对《变文集》中经常出现的基本词(常用词)则基本未加注意,这和作者的写作指导思想是密切相关的。

其次是具体的考释也有值得探讨之处。一是某些解释尚可商榷。如"更害",《通释》释云:就是"'间介''扞格'的声转,阻塞的样子,变文指气在喉头咽住"。(354页)吕叔湘不同意此说,认为"这是难于令人信服的,'更害'二字在这里就照字面讲也还过得去,何必舍近而求诸远?"①

个别误释是因为原书的误录所致,如《维摩诘经讲经文》(五):"蒙宣法味令斋解,又沐谈扬决乘怀。"(629页)又:"赴乘情成察乘怀。"(630页)这几例"乘"字,研究者有不同意见。徐震堮怀疑"乘"字有误,陈治文、项楚认为"乘"是"我"字之误。《通释》据《变文集》所录把"乘"释为"第一人称代词,和'我'相同"(3页)。《敦煌变文校议》作者经覆按原卷,发现底卷此三字确作"乘",而甲卷则俱作"𢎑",即"我"字草书。底卷作"乘",乃抄手传抄之误。(326页;又《校注》899页)可见,《变文集》三例"乘"为"我"字误植当成定谳。

二是尽管作了很好的溯源工作,但仍有部分条目未找到其源头。如"喻若 预若 喻如 喻"条下,作者追溯了"喻若、喻如"的源头,根据《博物志》一例,谓"据此可知'喻如'一词晋时已有"。(439页)按:《论衡·说日》:"系于天,随天四时转行也。其喻若蚁行于磑上,日月行迟,天行疾,天持日月转。""喻若"一词后汉已有,应无问题。后汉安世高译《五阴譬喻经》:"夫幻喻如识,诸佛说如此。"后汉昙果共康孟详译《中本起经》卷下:"人闻吾法,信受奉行,如意

---

① 参看吕叔湘(1982);黄征、张涌泉(1997:406)。又,江蓝生、曹广顺《唐五代语言词典》"害"条释为"患(病);蒙受(某种痛苦)",举例有《太平广记》卷155引《定命录》:"清公但云:'害风阿师取次语。'"

所得;喻如沃土,所收无数。"是"喻如"一词也已见于东汉译经。这几例都要早于张华的《博物志》。

《通释》自问世以来,有多篇书评,可以参看。①

2. 项楚《敦煌文学丛考》《敦煌变文选注》

项楚,四川大学中文系教授。项楚自 20 世纪 70 年代末以来,潜心于敦煌变文、王梵志诗的校勘、释义,发表了一系列学术论文,结集为《敦煌文学丛考》,列入"中华学术丛书",由上海古籍出版社 1991 年出版。《丛考》共收 24 篇论文,内容可分两大块:一是敦煌俗文学资料及作者考证,如《敦煌文学杂考》《〈维摩碎金〉探索》《敦煌本句道兴〈搜神记〉本事考》《王梵志诗十一首辨伪》等;二是敦煌俗文学作品的文字校勘、俗语词训释,有《敦煌本〈燕子赋〉札记》等 18 篇,这是《丛考》的主要内容。

项楚校释敦煌俗文学作品,以考证精深、征引繁富见长,充分体现了他阅读面广,识高心细的特点。如《敦煌变文集·维摩诘经讲经文》(北京光字 94 号):"不情室中久住,速望回归。"(631 页;《校注》889 页)又:"室中不清更迟疑,上界程遥去是时。"(632 页;《校注》890 页)徐震堮校"不情""不清"均为"请勿"。《丛考》:"按'不清''不情'乃是唐人俗语,'不必'之义,而非'请勿'之误。"又:"莫生忧虑,我清疑积。"(627 页)《丛考》:"'我清'亦应作'不请'。"(《变文字义零拾》,133 页)

---

① 关于《通释》的书评有:徐复《评〈敦煌变文字义通释〉(增订本)》,《中国语文》1961 年第 10、11 期;张永言《读〈敦煌变文字义通释〉偶记》,《中国语文》1964 年第 3 期;吕叔湘《新版〈敦煌变文字义通释〉读后》,《中国语文》1982 年第 3 期;郭在贻《读新版〈敦煌变文字义通释〉》,《天津师大学报》1982 年第 5 期;颜洽茂《读第五版〈敦煌变文字义通释〉——兼论著者的俗语词研究思想》,《杭州大学学报》1989 年第 3 期。

在研究中能够遵循因声求义的原则,而不受文字的局限,如《维摩诘经讲经文》(斯3872):"一切天人皆到会,果然见一病维摩。多将汤药问因依,大照国师寻斩候。"(《校注》833页)《敦煌变文字义通释·待质录》收入"大照"条,云:"'照'字或是'煞'字的错误。"《敦煌变文字义析疑》读"大照"为"待诏",谓"'待诏'是对医人的尊称……国师也是对医人的尊称"。(《丛考》,100页)解决了这个疑难词语的训释问题。

《敦煌变文选注》(巴蜀书社,1990)选了《伍子胥变文》等27篇作品,除了《双恩记》选自于《敦煌变文集补编》外,都出自《敦煌变文集》,共72万字。在"前言"中,作者指出:"今天阅读敦煌变文,存在着三个主要的障碍:一是原卷文字错讹满纸,夹杂着许多俗字别字,有时达到'难以卒读'的地步;二是其中使用了大量唐五代口语词汇,这在当时虽然是一听就懂,今天的读者却感到索解为难;三是其中有许多描写佛教题材和表现佛教思想的作品,由于时代的变迁,今天的读者就十分隔膜了。本书的写作,就是为了帮助变文读者克服上述三个障碍,希望能给研究者提供方便,并有助于更多的一般读者接受这份珍贵的文学遗产。"

在具体的注释校注当中,作者很好地贯彻了写作意图,在校正俗字别体、注明口语词汇和佛教内容三方面都下了很大的功夫,为读者提供了一个简明可靠的变文读本。[1]

3. 郭在贻《训诂丛稿》《郭在贻语言文学论稿》《郭在贻敦煌学论集》

---

[1] 《选注》的少数校注也有可商酌之处。参看吕叔湘、江蓝生(1990)。又增订本2006年由中华书局出版。

郭在贻(1939—1989),杭州大学教授。这三部著作都是郭在贻的论文集,其中主要是近代汉语词汇、训诂论文。

《训诂丛稿》,上海古籍出版社 1985 年出版,31.1 万字。《丛稿》有关近代汉语的研究论文有《杜诗札记》《杜诗异文释例》《唐代俗语词杂释》《〈游仙窟〉释词》《唐诗中的反训词》《读新版〈敦煌变文字义通释〉》《〈太平广记〉词语考释》《〈太平广记选〉(上册)注释商榷》等。

《郭在贻语言文学论稿》,浙江古籍出版社 1992 年出版,35 万字。其中有关近代汉语的论文有《敦煌变文词语校释》《唐代白话诗释词》《唐诗异文释例》《敦煌变文校勘拾遗》《苏联所藏押座文及说唱佛经故事五种校记》《俗字研究与敦煌俗文学作品的校读》《敦煌写本王梵志诗汇校》《俗语词研究概述》《俗字研究与古籍整理》《〈禅宗著作词语汇释〉序》等。

《郭在贻敦煌学论集》收集了作者有关敦煌语言文字校释方面的全部论文。江西人民出版社,1993 年出版,24 万字。①

郭在贻的治学有这样几个特点:

首先是领域较为宽广。郭在贻以传统训诂学起家,早年熟读《说文解字注》和《楚辞》,在蒋礼鸿的影响下,自 20 世纪 70 年代末以来,跨入近代汉语、中古汉语研究领域,相继发表了一批词语考释文章,引人注目。

其次是重发明,讲创见。郭在贻在谈到自己的治学经验时说:"我认为判断一个人学术成就的大小,主要不应看他著作的多寡,而

---

① 2002 年,张涌泉、王云路、方一新编辑了《郭在贻文集》,中华书局出版。全书分为 4 卷,除了《训诂丛稿》收录在第 1 卷中外,其中两种论文集已经和作者的其他论文打散,编为"旻盦文存"上、中、下编。

要看他有多少发明和创造。与其出十本粗制滥造、雷同剿袭的书，不如出一本精雕细刻、有独到之见的书。"(《回顾我的读书生活》)作者本人正是这一理念的实践者。试看王梵志诗："相交莫嫉妒，相劝莫蛆㑞。一日无常去，王前罢手行。"又："寻常憨念善，昼夜受书经。心里无蛆㑞，何愁仏不成。""蛆㑞"一词费解。作者考释："考玄应《一切经音义》卷一：'胆佞：千余反，谓胆妒也。下奴定反，谄媚也。'意思是说：胆有嫉妒义，佞有谄媚义。今谓蛆㑞即是胆佞(蛆是胆的俗字，……㑞、佞双声，且同属梗摄)，其义谓嫉妒和谄媚(作嫉妒解的蛆字，其本字当为怚或娖)。"(《旻盦文存上编·唐代白话诗释词》，见《郭在贻文集》第3卷98页)

善于考释难度较大的词语，对张相所谓"字面生涩而义晦"者尤为留意。如《丛稿·唐代俗语词杂释》一文考释的词语依次是"摘索、訏訽、眰眰、巤岉、蘭弹、喠㖖、不调、寥翘、蛆㑞、校(较)一、校(较)二、却"等，《论稿·唐代白话诗释词》考释的词语是"蛆姞、蛆㑞、浑浑、时对、波吒、解㙔、膊㨏、惭贺、椅㩙、佉"等，大都是难度较大、无人解释过的词语。相对来说，《丛稿》《论稿》不太着意于字面普通词语的考释工作。

4. 郭在贻、张涌泉、黄征《敦煌变文集校议》

《敦煌变文集校议》，岳麓书社1990年出版，40万字。本书以王重民等《敦煌变文集》为校议对象，并征引潘重规《敦煌变文集新书》意见和各家说法，加上作者的意见。由于全书是在全部核对过敦煌卷子的基础上写成的，故较之《敦煌变文集》和各家解释来看，比较接近原卷的面貌，校勘解释较为准确，并且提出了一些系统研究校释敦煌文书的原则，成为阅读利用《敦煌变文集》所必须参考的一部书。

在"前言"中，作者提出整理校勘变文必须注意以下几个问题：①校勘变文必须通晓俗字；②校勘变文必须明了方言俗语以及佛教专门术语；③校勘变文必须谙熟当时的书写特点；④校勘变文必须尊重原文，不可轻加改订——这在敦煌文献的校理方面都具有指导意义。

具体内容包括：①校正原录、原校错误。有时是在众多的校勘中择善而从；②揭示口语词和习语。如《搜神记》："其父母惊怖怪之。推寻此理，女庸（佣）力，太守与之。""推寻此理"甲卷作"推寻逗遛"。《校议》："'逗遛'为因由、原委之义。①《伍子胥变文》：'……望陛下追问逗遛，必是怀冤侠客！'字或作'逗留'，如《大目乾连冥间救母变文》：'长者见目连非时乞食，盘问逗留之处：和尚食时已过，乞饮将用何为？'字又作'豆流'，如《难陀出家缘起》：'难陀闻说此来由，走到佛前说豆流。'"以声音为线索，把"逗遛""逗留"和"豆流"都贯通在一起。又如《孔子项讬相问书》："妇坐使姑，初来花下也。"或以"初来花下"之"花下"为结婚，未当。《校议》："'初来花下'乃佛典，是指妇女做产生小孩。"（162 页）

此外，《校议》还发明了敦煌写卷的一些俗写通例。

本书也有不足：一是上下两部分偶有抵牾之处。如上册校议说："狂""柱"写卷中多不分。（17 页）而下册则说："按：其字原卷实作'柱'，'柱'当作'狂'。'狂颠'切于文义。"（255 页）二是某些解释也有可商之处。

5. 黄征、张涌泉《敦煌变文校注》

---

① 项楚《敦煌变文选注》注《伍子胥变文》"逗遛"为"停留，这里指挽留"（61 页），《校议》未取此说。

《敦煌变文校注》,中华书局1997年5月出版,144.3万字。《校注》编辑、校注体例大体上依照《变文集》,而又有所变更,主要是:所收变文,包括《敦煌变文集》的大部,并增辑俄罗斯、中国台湾、日本等地所藏变文写本,凡86种,较《敦煌变文集》的78种有所增加。《校注》共分7卷(《敦煌变文集》8卷),编次和《敦煌变文集》相同,包括历史故事和佛教故事两大类,各3卷。押座文及其他短文则置于其后,都为1卷。书后附《本书所引变文补校论著目录》和《敦煌变文语词索引》两种。

《校注》特点,姜亮夫《序》中已经有所阐述,"重核之于变文写本原卷(缩微胶卷),匡纠原编之失者……注释部分,重在俗字、俗语词之诠解,以俗治俗,胜义纷纶"。兹以姜氏所说,约举其例如次。

先看校勘。本书的价值首先表现在校勘上。由于"本书录文以《敦煌变文集》及相关辑录本为基础,而核之以敦煌写本原卷(多据缩微胶卷)",即是在充分占有第一手材料的情况下进行校录的,其准确性自然要比以往的研究者为高,纠正了大量的误录误校。纠正《变文集》的误录之例甚夥,自不必举例。即以纠正误校而言,例如:《维摩诘经讲经文》(五):"是时也,波旬设计,多排婇女嫔妃,欲恼圣人,剩烈(列)奢化(华)艳质。"剩烈,《变文集》原校作"盛装"。《校注》:"'剩'为多、盛之义,字不烦改。……'剩列'与上文'多排'俪偶,'剩列'犹'多排'也。"(891页)"剩"字自六朝至唐宋都有多、盛的意思,《校注》纠正误校是也。

遇有众说纷纭之处,《校注》能折中定说,时下己意;在校正的同时,还能附带着把一组相关的字的源流梳理一遍;有时能结合语法来进行校勘——在《校注》中都可见到。

再看注释。在还变文以原貌的基础上,《校注》还对各篇变文详加注释,其中包括采用蒋礼鸿、项楚、郭在贻等诸家的解释,也有作者自己的见解,不少注释精见迭出。例如:

《难陀出家缘起》:"唯愿世尊相指受,与我如今剃却头。""指受"二字,《变文集》原录作"拯受"。《校注》以为,原卷前一字实为"指"字草书之变。"指受"意即教示、命令。《祇园因由记》:"须达言:'我不解仪则,令佛弟子与我指受。'"又作"指授",《魏书·羯胡石勒列传》:"御众严整,莫敢犯者,指授攻讨,所向无前。"(599页)

对前贤的解释,多所补正。《父母恩重经讲经文》(一):"呈线呈针斗意长,对鸦对凤夸心智。"(《校注》975页)"对"原卷作"封",就是"对"的俗字。蒋礼鸿据此例和《秋吟》"到凤凰而惧绣鸳鸯",释"对""到"为刺绣。《校注》则认为:"蒋说以'到'为'刺'字的异体,未见切证,恐失之迂。今谓'对'乃配对的意思。《广韵·队韵》:'对,配也。''对鸦对凤''对凤凰'是指绣成成双配对的凤凰、乌鸦的图案。《秋吟》:'雾縠苗(描)成鹦雀对,红罗更绣凤凰匀。'斯二二〇四《董永变文》:'锦上金仪对对有,两两鸳鸯对凤凰。'唐王勃《秋夜长》诗:'纤罗对凤凰,丹绮双鸳鸯。'"(991页)其说简明可从。

在许多词语的注释中,常能追溯源头。如:《张议潮变文》:"所以各自波逃,信脚而走。"《校注》认为"波逃"之"波"盖即"奔波"之"波",并上溯到汉仲长统《昌言》下:"救患赴急,跋涉奔波者,忧乐之尽也。"(186页)把源头上推到东汉。在全书中,此类例子不胜枚举。

当然,《校注》也有尚可商榷之处,略举如次。

一是某些校注未确。《父母恩重经讲经文》(一):"男既长成,须求婚处。"(《校注》975页)《变文集》以"处"字属下句,《校注》改正是也,但作注云:"婚处,当读作'婚娶'。"(990页)则未是。"婚处"是六朝以来口语词,《世说新语·贤媛》第15则:"王汝南少无婚,自求郝普女。司空以其痴,会无婚处,任其意,便许之。"又《假谲》第9则:"却后少日,公报姑云:'已觅得婚处,门第粗可,婿身名宦尽不减峤。'""婚处"就是配偶、对象。

二是溯源尚可探讨。《难陀出家缘起》:"难陀闻语笑哈哈,如今有幸得相过。"(《校注》592页)《校注》:"'过'即'过访'之'过',为魏晋六朝以来俗语词,义为探望、拜访。"(598页)按:"过"有探望、拜访义,当不始于魏晋。《战国策·齐策》:"于是乘其车,揭其剑,过其友,曰:'孟尝君客我。'"是先秦时期已有用例。类似的如"触处"(到处、处处)条下举白居易诗(27页)、"损"(痊愈)条下举《诸病源候论》,都可以举出更早的用例来。

此外,部分所释词语未举书证。还有一些词语,作者未注,但实际上也是口语词,容易误解,如"证见""保知"(188页)、"平人"(424页)等,也以加注为宜。

6. 蒋冀骋《敦煌文书校读研究》

《敦煌文书校读研究》,台北文津出版社,1993。本书由蒋礼鸿作序,蒋序认为"此书确曾用过一番工夫,对敦煌文书作出了贡献";并概括本书所用的(校释)方法大致有"比勘文例""审辨文字""注意音韵""征引旁证""涉猎佛典""辨别书写记号"等,指出"运用了这些方法,乃能有所发现,为前此的学者所未见"。全书共分十一部分,自第一到第七部分,分别是对《敦煌变文集》《敦煌变文集新书》《敦煌变文集校议》《王梵志诗校辑》《敦煌歌辞总编》五部著作的补正或评述;从第八部分起分别是"论敦煌文书的校理""王梵志诗用韵考""敦煌释词""八十年代以来中国的敦煌语言文字研究述评"四篇文章。

《研究》对《敦煌变文集》等书确实下了较深的工夫,许多校勘释义在理,多有可取。

校勘例如:《王昭君变文》:"管弦马上横弹,即会途间常奏。"(99页)①蒋校:"按,'横弹''常奏'相对,'横',当作'恒',音之误也。恒,常也。"(蒋书13页)按:"横""恒"同音,遂相乱,蒋校可从。

《长兴四年中兴殿应圣节讲经文》:"心台榭,安排起自于天机;御道林峦,行烈全因于宸智。"(422页;《校注》622页)《变文集》原校:"心字当是衍文。"徐震堮校:"心字非衍文,上脱'湖'字或'波'字耳。"蒋校:"按,徐说近是。今谓所脱当是'池'字。下文:'好花万种,布影而锦儭池中;瑞鸟千般,和鸣而乐陈林里。'又:'异木奇花烈几层,一池常见绿澄澄。''池、林'二字与此句相承,则所脱当是'池'字。"(蒋书63页)按:所补有理,可从。

释义例如:《王昭君变文》:"昨咸来表知其向,今叹明妃奄逝殂。"(106页;《校注》159页)蒋释:"按,'咸'与'叹'相对为文,字当作'感'。二字同音符,故可代用。"(蒋书15页)按:六朝、隋唐以来写本中,采用省略声旁的方法来借代的例子很多,如"帛"省作"白"、"便"省作"更"、"期"省作"其"、"何"省作"可"、"似"省作"以"等(蒋书59页),本例以"咸"代"感",也属于此类情况。

他对如《敦煌变文集新书》等著作的补正、评述也都公允平实,多可信从。

此外,"敦煌释词"对《敦煌变文集》中的12条词语作了考释。

---

① 《敦煌变文校注·王昭君变文》作:"管弦马上横弹,节会途间常奏。"(156页)

"八十年代以来中国的敦煌语言文字研究述评"则对十多年来敦煌语言文字方面的研究概况作了评价和总结,涉及敦煌文字、词汇、音韵等各方面,评价比较实事求是。

在"论敦煌文书的校理"一节中,作者根据自己的研究经验,总结出校理敦煌文献的几项原则,即:①必须识俗字、明草书;②必须知俗语,通佛学术语;③必须熟悉音韵学,尤其是唐五代西北方音;④必须明卷子的书写习惯;⑤必须明当时习俗、制度;⑥必须尊重原文,不可妄加校改。这些原则对校理、研究敦煌文献是具有普遍的指导意义的。

7. 黄征《敦煌语文丛说》

《敦煌语文丛说》,台北新文丰出版公司,1997。本书是作者的个人论文集,收录了作者自 20 世纪 80 年代以来的论文,以敦煌学论文、书评、综述为主,大体上可以分为四大块:①敦煌文献及六朝作品语词考释;②王梵志诗、敦煌变文等的校勘商补;③敦煌愿文及《儿郎伟》的整理和辑校;④其他。

例如《"踏破贺兰山缺"——近代汉语中的一种特殊句式 VC_1+N+C_2》一文,作者从岳飞《满江红》词"踏破贺兰山缺"句说起,指出诗句是"一种特殊句式",主要见于口语性较强的作品,其句意分析应为:VC_1(踏破)+N(贺兰山)+C_2(缺)。"踏破"为动补结构,"贺兰山"为名词,"缺"为后缀补语。在这样的句式中,C_1 必须与 C_2 同属形容词,词义必须相同或相近,都可以后补 V。又如《敦煌变文集·汉将王陵变》:"斫破寡人营乱。"前人曾认为这里的"营乱"不好理解,有改字之议。作者认为"斫破寡人营乱"就是"斫破、斫乱寡人营",《满江红》词则是"踏破、踏缺贺兰山","乱""缺"在句中起意义强调的作用。类似的句式如"打伤头破""打破烦恼碎""弹尽相思破""除却从前诏诳心永断"等。文章虽不长,但纠正了对近代汉语习见的一种句式的误解,确有发明。

作者有关《敦煌变文集》的校勘商补的文章可以参看《敦煌变文集校议》《敦煌变文校注》二书的评价,此不赘述。

(二) 敦煌歌辞:王梵志、寒山、拾得诗

1. 张锡厚《王梵志诗校辑》

《王梵志诗校辑》,中华书局,1983。21.8万字。

张锡厚,中国社会科学院文学研究所研究员。本书是国内第一部王梵志诗歌的整理本,为读者提供了阅读、研究初唐诗僧王梵志的原始材料。《校辑》所依据的敦煌写本有28个,其中斯坦因编号12个写本,伯希和编号15个写本,苏联编号1个残本。《校辑》基本上依据敦煌写本王梵志诗原卷编次顺序,进行分首、标题、编号、点校工作,对部分口语俚词、佛教用语、方音叶韵以及难懂词语,作了考证和注释。篇末附有"王梵志诗语辞索引"。

《校辑》的特点在于:

第一,注释疏通了某些唐代口语词和俗语词,为读者阅读扫除了部分障碍。如:"千年调:指长久的贮积、打算。"(12页)"处分:唐代口语,犹谓处置安排。"(28页)"长头:唐代俗语,犹谓常常。头,语助词。"(35页)

第二,释义的同时还佐以一些六朝、唐宋时期的书证,为读者举一反三、确定含义提供了参考。"忙怕,犹谓害怕。"下举《搜神记》卷一四"邻女忙怕"、敦煌写本《韩朋赋》"百官忙怕"两例。(13页)"趁:趋,逐。玄应《一切经音义》卷一:'趁逐,谓相追趁也。关西以逐物为趁也。'敦煌写本《双恩记变文》云:'予我一乐器,将趁群众,乞化为生。'"(21页)

特别是能以敦煌作品、王梵志诗来注释,"以俗证俗","以王注王",有助于读者理解。

"脓血袋:佛家对人体的俗称。王梵志《身如破皮袋》诗云:'身如破皮袋,盛脓兼裹骨。'《前死未长别》诗:'不净脓流袋,四大共为因。''脓血袋''破皮袋''脓流袋',义同。"(30页)

"唱叫:犹谓喊叫。敦煌写本《双恩记变文》:'既唤不应,又更大声唱叫。'《法苑珠林》卷六三:'伟复见鬼压土袋上,极困坐死,唱叫救命。'"(82页)

《校辑》也有严重的不足。一是根据不足,擅改原文。二是对俗字、俗语缺乏研究,误注、误改的情况普遍。如:

"负恩必须酬,施恩慎勿色。索他一石面,还他十斗麦。"(《负恩必须酬》,85页)张注:"色:谓喜形于色。按:"色"当读为"索",就是索求、索取的意义。

"人人总巴活,注著上头天。"(《古来服丹石》,66页)张注:"巴活:原作'邑活',据文义改。巴活:即巴望着活下去。"按:"邑"为"色"的俗写,"色"通索,"色活"就是求活,改为"巴活",误。况"巴"字表示"巴望",也是宋代以后才有的意思。

"冤家乌枯眼,无眠天难晓。"(《知识相伴侣》,182页)张注:"冤家,原作'怨家',据文义改。"按:今语仇人、对头,古称"怨家",早见于汉译佛经;而"冤家"则是较晚使用的,《校辑》所改,正是以今律古所致。

2. 项楚《王梵志诗校注》

项楚《王梵志诗校注》(上海古籍出版社,1991),上、下两册,79.1万字。

王梵志是唐代一个富有传奇色彩的诗僧,他的白话诗很明显地带有唐代口语的特点,是研究近代汉语词汇特别是唐代语汇的极好语料。

1983年,中华书局出版了张锡厚《王梵志诗校辑》,评述已见上。1986年,朱凤玉女士在台湾学生书局出版了《王梵志诗研究》上册,一年后,又出版了下册。朱女士是著名学者潘重规的高足,此书是她的博士学位论文,很见功力。1987年,作为《敦煌吐鲁番文献研究论集》第四辑,项楚《王梵志诗校注》由北京大学出版社出版,可称是后来居上之作,代表了国内学者研究王梵志诗的水平。

《校注》体现了作者一贯的治学特点,严谨扎实,旁征博引。值得称道的有这样几点:

(1) 搜集了到当时为止,国内外已经公布了的王梵志诗的全部写本,堪称是集当今王梵志诗研究的最新成果。

(2) 注释当中,尊重原文,不轻易改动。这是作者研究敦煌文献的一个好的做法。在《校注》中,作者在细细查对原卷的基础上作出校勘或注释,凡改动必有根据或证据,没有根据则不擅改原文,整理的态度比较严谨。

(3) 注释穷本溯源,详尽周全,兼明典制、社会文化背景。注释详尽周全是作者的一贯作风,具体可分为:

疏通口语词汇。王梵志诗作以俚俗白话为主体,诗中唐代口语词比比皆是,《校注》对此着力注释。考释难字难词。毕竟唐代离今天已远,其中有一些口语词今天索解已难。作者通过辗转推求考定词义,这是书中很见功力的地方。如"尊人嗔约束,共语莫江降"。《校注》:"江降:唐人俗语,形容撅嘴之貌,……别本或作'肛降''江绛''玒骅',盖俗语记音之字,本无定形。其倒文则作'脬肛'。"(卷四《尊人嗔约束》,464页)

穷本溯源。本书虽然解释的是唐人语言,但作者在校注时每每能穷本溯源,把词语的源头上溯到汉魏六朝。如"凡俗"(95页)、"来去"(116页)、"横"(169页)、"慇懃"(237页)、"怨家"(247页)、"那汉"(411页)、"荡"(503页)、"真成"(5760页)等,书中此类例子甚多,不胜举。

在释义的同时,作者还附带着考察了当时社会政治、经济、文化及风俗习惯等,为释义的准确性奠定了基础。"露头赤脚走,身上无衣被。"《校注》:"露头:光头不戴巾帽。……按我国古代制度,罪人不得戴巾帽。《风俗通义·愆礼》:'巾所以饰首,衣所以蔽形,此乃士君子所以自别于夷狄者也。唯丧者讼者,露头草舍,曷有餘哉?'……《颜氏家训·风操》:'梁世被系劾者,子孙弟侄皆诣阙三日,露跣陈谢。''露跣'亦即露头赤脚,盖自视为罪人也。"(卷一《双盲不识鬼》,66页)

自然,《校注》并非十全十美,也有尚可商榷者。

语料上,对佛典译者年代偶有疏失之处。如"道人"条下举后汉安世高译《佛说骂意经》(105页)。按:此经当非安氏所译。"生活"条下举后汉支娄迦谶译《杂譬喻经》(349页)。按:此经同样非支谶所译。(参见吕澂1980)

考释也有可议之处。

有溯源尚不够者。卷一《遥看世间人》:"欲似养儿甑,回干且就湿。"《校注》:"回干就湿:义见《父母恩重难报经》:'第五回干就湿恩,颂曰:母愿身投湿,将儿移就干。'"(13页)按:"回干就湿"当是从"推干去湿"演变而来。失译《大方便佛报恩经》卷三《论议品》:"父母者十月怀抱,推干去湿,乳哺长大。"

个别词语有失注的情况。卷三《我有一方便》:"相打常取弱,

至老不入县。"(418页)

按:"相打"谓打、打架,是六朝习语。失译《因缘僧护经》:"见二比丘,以棒相打,头破脑裂。"今吴方言仍说。此失注。

3. 任半塘《敦煌歌辞总编》

任二北,字中敏,号半塘,扬州师范学院(今扬州大学)教授。《敦煌歌辞总编》,上海古籍出版社,1987。

任氏此书特色有三:

一是搜罗宏富,举凡敦煌歌辞网罗殆尽。"凡例"第二条说:"此编是'总集'性质,不带任何'选集'作用。凡属敦煌写本内所见之歌辞均收。大宗宗教歌辞并网罗无遗,以利于完备体裁,亦便于汇总批判。"敦煌曲的范围,向来有两种意见,一种是狭义的定义,即遵循传统词学的路子,把研究的对象大致限定在传统的"词"的范围内,如王重民《敦煌曲子词集》,收词161首。另一种则是广义的定义,大大地拓展了研究的领域,把诸如《十二时》《五更转》《百岁篇》等民间俗曲也包括在内,早期的成果是任二北《敦煌曲校录》,收词540首。(参见项楚1995:序)本书即是任氏在《敦煌曲校录》的基础上,又经过二十多年的辛勤搜求和深入研究后编成的。[①]《敦煌歌辞总编》分上、中、下三册,收辞曲多达1300余首,凡110万字。

二是校、注详细,且独具只眼,每每出新意。对时贤的某些解释,也能发表不同意见。如:卷二《乐世辞》:"失群孤雁独连翩,半夜高飞在月边。"任注:"'连翩'但状双翼飞翔,不分孤飞或群飞。

[①] 作者"序"云:"载敦煌歌辞一千三百余首,是在《敦煌曲校录》五百余首的基础上不断增订,酝酿了二十多年。"

李白诗:'短翮徒联翩。'《伍子胥变文》:'迥野连翩而失伴',与孤独之义均不相抵。"(490页)按:蒋礼鸿《敦煌变文字义通释》"连翩"条释为"犹如'伶俜',孤穷无依的样子"。(366页)任氏对《通释》的解释提出了不同意见。

当然,任书也存在着不少问题。

其一是对唐宋俗语词了解不多,常有误改误注之处;其二是对俗字有不正确的观点,常以嘲讽的口气称之为"讹火",未能从历史的、发展的观点去剖析这一现象。

4. 项楚《〈敦煌歌辞总编〉匡补》

本书系林聪明主编"敦煌丛刊二集"中的一种,台北新文丰出版公司,1995;后又由巴蜀书社重新出版,2000。本书是作者在阅读《敦煌歌辞总编》时有关质疑商榷文字的汇集,依任氏原书次第条举疏列,逐首疏证,纠正了原书的大量疏失。是利用《敦煌歌辞总编》时必须参考的著作。考证精详,多所发明。举一例:

《临江仙》(少年夫婿):"回来直拟苦过磨。思量□得。还是諕哥哥。"(0054)校释:"諕"费解。《维摩诘经讲经文》(集六四四页)有"声闻从后乐唋唋","唋"乃"咳",其意于此不近。《秋吟》(集八〇七页):"金言大启,玉偈宏唋","唋"须平声。惟"唋""諕"形极近,可作校订基础。(351页)

《匡补》:"楚按:《秋吟》的'唋'是'该'字别体,《增订碑别字》上平声十灰,《隋六品御女唐氏墓志》'该'字正作如此写。本首的'諕'则是'谚'字别体,这个'谚'字同'嗐',亦作'嚰',极力劝诤貌。如《焦氏易林》卷三,家人之坤:'嗐嗐谔谔,虎豹相龀。'柳宗元《酬韶州裴曹长使君寄道州吕八大使因以见示二十韵一首》:'秉心方的的,腾口任嚰嚰。'《燕子赋》:'当时骸骸劝谏,拗捺不相用语。'

(《变文集》251页)'骹骹'亦应作'嗺嗺。'本辞后三句描写了一个女子的矛盾心情:本想待夫婿归来,痛加'过磨',追究'何处恋娇娥'去了;可是仔细思量,态度又软化了,还是尽力劝说他改过吧。"(6页)项楚分辨"誺""哦"之异,纠正了《总编》的疏失,其说是。

5. 钱学烈《寒山诗校注》

钱学烈《寒山诗校注》,广东高等教育出版社,1991。

钱学烈,深圳大学教授。本书是在作者硕士学位论文《寒山诗语言研究》(1982,中国人民大学,指导教授:胡明扬)的基础上修订完成的。

作者所做的工作是:撰写了数万字的"前言",考证寒山子是中唐时期(武则天天授年间至德宗贞元年间,约 691—793)人,籍贯长安,出身官宦家庭。

本书的主干部分是对"寒山诗"所作的校注,后附"拾得诗校注"。作者以《四部丛刊》本为底本,收录寒山诗、拾得诗,并以多种版本参校。每首诗下,先"题解",再"注释"。注释的重点是"诗中所用典故、史实、前人诗文、佛家术语及较难懂的词语"。

寒山诗口语化程度高,口语词、俗语词比比皆是。如:

"妇摇机轧轧,儿弄口哾哾。"(《父母》,十五)"轧轧""哾哾"都是拟声词,分别形容织布机声、小孩撮弄嘴巴作声。

"东家一老婆,富来三五年。昔日贫于我,今笑我无钱。渠笑我在后,我笑渠在前。相笑倘不止,东边复西边。"(《东家》,三十六)"老婆",老妇;渠,他,都是比较口语化的语言。

"氐眼邹公妻,邯郸杜生母。二人同老少,一种好面首。昨日会客场,恶衣排在后。只为著破裙,吃他残䭀䭔。"(《氐眼》,四十三)"一种"(一样)、"面首"(容貌)、"䭀䭔"(饼类食品),也是。

本书在揭示典故史实、佛教术语、唐代口语词等方面下了一定的工夫,是国内第一部系统整理的"寒山诗"注本。①

此外,还有一些单篇论文,如王继如《敦煌疑语寻绎》(《俗语言研究》,第三期,1996)、张金泉《敦煌语言文学研究概况》(《语文导报》1986年第2期)、张锡厚《敦煌语言研究述评》(《中国文化》第2辑,1990)、周绍良、张锡厚《解放以来全国敦煌语言文学研究述评》(《敦煌语言文学研究》,北京大学出版社,1988)等。

二、禅宗语录、宋儒语录

国内从事禅宗语录、宋儒语录方面研究的学者有项楚、蒋绍愚、袁宾、蒋冀骋、董志翘、徐时仪等。

袁宾《禅宗著作词语汇释》,江苏古籍出版社,1990。16.7万字。

国内的近代汉语词汇研究始于对诗、词、曲特殊语词的研究,继起则有敦煌变文、笔记小说等,而对数量较大、口语比较集中的禅宗语录,研究者还未给予充分的注意。虽有一些单篇文章,但写成专著的,则以袁宾此书为首。郭在贻在"序"里称之为"填补空白",是符合实际情况的。本书收释唐宋时代禅宗著作里的词语共300余条,以口语词为主,也包括部分常见的带有口语色彩的行业语。据郭在贻"序"统计,"全书凡征引文献143种,内容涉及汉译佛经、禅宗语录、宋儒语录、笔记小说、通俗白话小说、诗词曲、史书、字书、韵书等",较为广泛。也有释义未当、源流失考的情况。

单篇论文有:段观宋《禅籍俗语词零札》(《俗语言研究》1996年第3期)、董志翘《〈五灯会元〉词语考释》(《中国语文》1990年第

---

① 约十年后,项楚《寒山诗注》(中华书局,2000)问世,是寒山诗整理研究方面的最新成果,详见第十五章第三节。

1期)、段观宋《〈五灯会元〉俗语言词选释》(《俗语言研究》创刊号,1994)、蒋冀骋《近代汉语词义杂考》(《古汉语研究》1989年第4期)、蒋绍愚《〈祖堂集〉词语试释》(《中国语文》1985年第2期)、刘凯鸣《〈五灯会元〉词语补释》(《俗语言研究》创刊号,1994)、滕志贤《〈五灯会元〉词语考释》(《古汉语研究》1995年第4期)、徐健《〈五灯会元〉语词释义》(《俗语言研究》第二期,1995)、袁宾《〈五灯会元〉口语词探义》(《天津师大学报》1987年第5期)、张锡德《〈五灯会元〉词语拾零》(《温州师院学报》1987年第4期)等。此外,梁晓虹《佛教典籍与近代汉语口语》(《中国语文》1992年第3期)谈到了佛教词语与近代汉语口语的关系问题。

宋儒语录方面有姚振武《〈朱子语类〉语词札记》(《古汉语研究》1992年第2期)、李敏辞《〈朱子语类〉口语词释义》(《长沙电力学院学报》2004年第2期)、[韩国]姜勇仲《〈朱子语类〉词汇研究》(北京大学博士学位论文,2006)、李敏辞《〈朱子语类〉词语义释》(《衡阳师范学院学报》2007年第4期)、金小栋《〈朱子语类〉词语义释》(《广西民族学院学报》2008年第2期)等。

三、会话书

这里的"会话书"主要指元明时期在朝鲜使用的汉语课本《老乞大》和《朴通事》。

梁伍镇《论元代汉语〈老乞大〉的语言特点》(《民族语文》2000年第6期)对《老乞大》作了比较深入的研究,文章首先考证《老乞大》的编纂年代。作者在郑光(1995)《老乞大》编写于元末说的基础上进一步考证《老乞大》的编纂年代"上限为元至治年间(1321)以后,而下限则应为明代(1368)以前","反映的是朝鲜成宗时期用明代汉语修改之前的《老乞大》汉语","与崔世珍《老朴集览》里所指的'旧本老乞大'是相同的版本"。为《老乞大》成书于元代说提供了新的证据。其次，作者认为"《旧老》(方按：指1998年汉文本《老乞大》)作为当时的实用会话教材，非常完整地反映元代口语的语言特点，这将为研究元代汉语提供珍贵的资料"。他从词汇(包括名词、人称代词、指代词、疑问代词、动词、形容词、副词、介词和助词)、语法(包括后置词、句尾词"有"、词序)两方面把新旧《老乞大》作了比较，举述了二者在词汇、语法上的较大差异，指出，元代汉语是以大都为中心使用的口语体汉语，它是一种掺杂进不少蒙古语直译体的语言成分的"洋泾浜"式汉语。因此，在词汇及语法形式上与以中原为中心的正统汉语有不少差异，《旧老》正好反映了这样的语言特点。

日本、韩国学者对这两部书的研究起步较早，研究也比较深入。(参见志村良治1995：386)例如：

太田辰夫《关于〈老乞大〉的语言》，《中国语学研究会论集》第1号，1953年。《关于〈汉儿言语〉》，《神户外大论丛》，第5卷第2号，昭和27年7月。刘昌惇《〈朴通事〉考究》，《延世大学校文科大学》(人文科学)第5辑，1960年。方钟玄《〈老乞大谚解〉〈老乞大谚解〉的影印本和订正本的比较》，载《一簑国语学语集》，1963年。陶山信男《〈朴通事谚解〉〈老乞大谚解〉语汇索引》，采华书林，1973年4月。庆谷寿信、陶山信男、赞井唯允、日下恒夫、佐藤进《〈朴通事谚解〉索引》，采华书林，1976年12月。

我国学者在这方面也有不少论述。例如：

杨联陞《〈老乞大〉〈朴通事〉里的语法词汇》，《历史语言研究所集刊》第29本上册，《庆祝赵元任先生六十五岁论文集》，1957年。朱德熙《〈老乞大谚解〉〈朴通事谚解〉书后》，《北京大学学报》1958年第2期。胡明扬《〈老乞大谚解〉和〈朴通事谚解〉中所见的汉语朝鲜语对音》,《中国语文》1963年3月号。吕叔湘《〈朴通事〉里的指代词》(《中国语文》1987年第6期)、吴淮南《作为外语的汉语口语教材〈朴通事〉和〈朴通事谚解〉》(《南京大学学报》1995年第4期)《〈老乞大〉复句研究》,《语文研究》1984年第3期。资料方面,有《〈老乞大〉〈朴通事〉索引》(兰州大学中文系语言研究室)。

韩国、中国两国的研究者,除了就某种《老乞大》的版本进行研究外,近年来,也出现了就《老乞大》诸版本(三种或四种)、《老乞大》和《朴通事》的语法、语音和词汇的比较研究,取得了可观的成绩。例如:

康寔镇 1985《〈老乞大〉〈朴通事〉研究——诸书之著成及其中汉语语音、语法研究》,台湾师范大学博士学位论文,台湾学生书局。

朴淑庆 1988《〈老乞大〉〈朴通事〉词汇演变研究》,台湾政治大学硕士学位论文。

梁伍镇 1998《〈老乞大〉〈朴通事〉语言研究》,韩国太学社。

李泰洙 2003《〈老乞大〉四种版本语言研究》,北京语文出版社。

李钟九 1996《〈老乞大、朴通事〉汉语语音研究》,复旦大学博士学位论文。

王霞 2002《〈老乞大〉四种版本词汇研究》,韩国外国语大学校博士学位论文。

刘慧 2002《三种版本〈老乞大〉词汇、语法对比研究》,南京大学硕士学位论文。

夏凤梅 2004《〈老乞大〉四种版本词汇比较研究》,浙江大学博士学位论文。

真正从词汇角度作研究的尚不多,有朴泰衡《〈朴通事〉方俗语词浅释》(《延边大学学报》1986年第4期)等。更多的,则是从具体词(多为虚词)入手,进行研究,有:陈志强《〈老乞大〉"将""的"初探》(《广西师院学报》1988年第1期)、刘公望《〈老乞大〉里的"着"》(《兰州大学学报》1988年第1期)、张文轩《〈老乞大〉〈朴通事〉中的"但""只""就""便"》(《唐都学刊》1989年第1期)、刘公望《〈老乞大〉里的"将"及"将"在中古以后的虚化问题》(《宁夏教育学院学报》1989年第3期)、吴葆棠《〈老乞大〉〈朴通事〉中代动词"在"的用法》(《烟台大学学报》1995年第1期)等。

此外,在朝鲜李朝时期,在当时首领世宗大王的指令和鼓励下,申叔舟、崔世珍、成三问等学者先后编写了有关的汉语、汉字的文献材料,如汉语会话书《翻译老乞大》《翻译朴通事》,汉语辞书《洪武正韵译训》《四声通考》《四声通解》《训蒙字会》,汉语文选《翻译小学》《孝经谚解》《论语谚解》《孟子谚解》《大学谚解》《杜诗谚解》等,后代学者又陆续有所订正和补充,这些资料在近代汉语乃至现代汉语研究方面都具有重要的参考价值。

四、直讲体著作、白话碑等

有蓝立蓂《元代直译公牍文某些用语在关汉卿作品里的反映》(《语文研究》,1986年第4期)等文章。

第五节 中古近代汉语断代词语通释及语言词典

一、断代词语通释

1. 蔡镜浩《魏晋南北朝词语例释》

蔡镜浩《魏晋南北朝词语例释》(江苏古籍出版社,1990)。本书是继江蓝生《魏晋南北朝小说词语汇释》之后,在中古汉语词汇研究领域的又一部著作。作者取材除了史书、诗赋等传统的语料外,还涉及翻译佛经、笔记小说、法帖、医农、科技著作等接近口语的作品。书中考释的词语分为两种类型:一类是常见的社会习语,指在当时的特定社会环境中产生的社会通用词语;二是通行的口头俗词语,这类俗词语占了本书的大部分篇幅。作者通过自己研究,发明了许多新词新义,同时也吸收了学术界在这方面的研究成果。书中还纠正了旧说、辞书或古籍整理中的讹误。作者和吴金华一样,在中古汉语词汇研究领域起步较早,成果较为丰硕。书中凡释六朝俗语词多能列举本证、旁证,有一定的参考价值。据"前言"所说,本书考释词义,主要采取了以下几种方法:一是归纳整理;二是钩沉旧注;三是利用校勘;四是因声求义;五是用互文、对文印证;六是方言佐证。这些方法,对词义考释工作具有指导意义。

2. 王云路、方一新《中古汉语语词例释》

王云路、方一新《中古汉语语词例释》(吉林教育出版社,1992)。本书收录汉魏两晋南北朝隋语词 500 余条,着重解释这一时期产生、流行的新词新义,尤其是口语词和口语词义。也酌收上古罕用而中古流行的义项。部分条目下,需要考究源流、探讨得义由来、补证成说及匡谬正讹时,则加按语。"前言"论述了东汉魏晋南北朝时期词汇特点,提出了汉语史分期的思路,即:先秦、秦汉——上古汉语;西汉——上古汉语向中古汉语演变的过渡阶段;东汉魏晋南北朝——中古汉语;初唐、中唐——中古汉语向近代汉语演变的过渡阶段;晚唐五代以后——近代汉语。并回顾了中古汉语词汇的研究历史。蒋礼鸿在"序"里认为:本书有两个特点:即研究、阐发的方面比较独特；取材的浩博。也有一些可取之处，包括：对某些词条有很好的解释；对前人、时贤的说法多所辨正；有些条目能够上溯它的渊源；有些条目中有很正确的校勘；指出了文籍中的一些僻义，可补一般词典、词书之缺。汪维辉（1994）曾撰书评，在肯定优点的同时，也指出了两点不足：一是部分条目难度、意义不大，宜可割爱；二是个别词语的考释尚待斟酌。

二、专书语言词典

（一）中古专书语言词典

仅《世说新语》方面就有两部词典先后出版。

1. 张永言主编《世说新语辞典》

张永言主编《世说新语辞典》（四川人民出版社，1992）。这是中古名著《世说新语》的第一部专书语言词典，填补了研究空白。全书汇释了《世说新语》原文中所有的字、词等，共计收单字3032个，复音词5257条，正文连同附录，凡100万字。本书在收词立目、标点属读等方面都有特点。例如，原书中的字、词而外，还收释了成语、熟语和凝固结构，为读者查检提供方便。特别是释义，比较注重抉发、考定六朝口语词；对部分疑难词语或考索作释，或择善而从；有些条目下可见考证的文字，说明词义来源、推阐得义由来、介绍研究情况等，并标示义项的使用频率，都有较高的参考价值。例证方面，以《世说新语》为主，同时也兼采同时期的各类典籍为旁证，使立义更加可信。对已有的研究成果，编者也比较充分地予以吸收。他如百科词目征引翔实，解释比较精当；书后附有《世说新语》原文等，都是本书的可取之处。（参见方一新、王云路1993b:393—400）

2. 张万起《世说新语词典》

张万起《世说新语词典》（商务印书馆，1993）。本书是继《世说新语辞典》后又一部《世说新语》的专书语言词典。本词典用正编、副编的形式区分所收《世说新语》正文和刘孝标注中的词语。即正编收词以正文为依据,副编收词以刘注为依据。正编分为语词编和百科编,收录《世说新语》中出现的全部字、词、固定词组6100多条,人名、地名、官名、书名等1900多条。《世说新语》36门题解也收入百科编中。副编收词条约1600多条,选收刘孝标注文中的部分词语,收录的原则是魏晋南北朝时代产生的词语和某些需要解释的词语,源于正文而后代才固定下来的成语、典故词语等也收录在副编中。《词典》的特点至少有以下四条:第一,正编所列词条,都有出现频率统计,为研究者提供了方便;第二,对虚词的解释十分详明,并且都标注词性;第三,正编、副编互证,收录副编是本词典的创举,部分正文中只出现一两次的词语,作者适当徵引刘注中的用例,以为佐证;第四,在部分词条下,列有"附论""备考"两项。"附论"是对《世说新语》中出现的某些语言现象作一些议论或理论说明,"备考"是附列一些佐证和参考资料。凡此都对读者阅读理解提供了帮助。

3. 冯春田《〈文心雕龙〉语词通释》

冯春田《〈文心雕龙〉语词通释》(明天出版社,1990)。本书收释了除人名、地名等一般专有名词以外的其他所有词汇,包括词和词组,并作语义分析。全书总共收入语词约8000条,收词堪称详尽。释义、校勘吸收了现当代学者的研究成果。书证方面,对《文心雕龙》前后时代语词的常见义,书中酌举例证;对反映词汇时代特点的词语,用例则尽举,并引其他所见书证;对用典及引用他书的词语,则考源、引证。

(二) 近代专书语言词典

1. 胡竹安《水浒词典》

《水浒词典》(汉语大词典出版社,1989),凡79万字。

胡竹安,学名胡树藩,原上海教育学院中文系教授。胡氏是较早开始近代汉语研究的学者之一,《水浒词典》是其代表作。该词典是近代汉语研究中最早问世的专书词汇词典,开创了一个新的研究思路——专书词汇研究。据书前"凡例",本书"是一部以古代白话为主的专书言语词典,共收条目4895条,其中一般词语4673条,俗语222条。收的词目限于《水浒传》,所依据的是1954年人民文学出版社出版的郑振铎序本《水浒全传》"。

本书有以下几个特色:

首先,是《水浒传》一书白话词汇的集大成著作。除了姓名、地名、官职名等专有名词和文言词语外,收入了书中所有的词语。许多词语具有宋明以来口语词汇的特点。如:"侥幸",狡诈。即"狡幸"。第85回:"如此奸党弄权,谗佞侥幸,嫉贤妒能,赏罚不明,以致天下大乱。"(221页)"欺",义为胜,超过。如第24回:"开言欺陆贾,出口胜隋何。"第77回:"人人勇欺子路,个个貌若天神。"(334页)

其次,释义除了解释词汇意义或语法意义外,部分词条还交代词性。释义分门别类,多义词分条列出。如"老郎"有"老练""寺庙中粗杂工""老先生,指前辈说书人"三义;"老娘"有"俗称母亲""称朋友的母亲""老妇自称""泼妇自称"四义等,《词典》均分条列出。还值得一提的是,本书把一般词语和俗语分开,为俗语列专节讨论。诸如"不打不相识""福无双至,祸不单行""三十六着,走为上着"等今天犹用的俗语,《水浒传》中已见。

再次，例证丰赡。本书例证分为三种：即①《水浒传》本书例证；②文献佐证；③古今方言印证。特别是古今方言印证，是研究近代汉语词汇的一个好方法，本书多见。《词典》所释词语中，上述三方面证据相结合的例子不少，勾勒出词义演变的轨迹。

又次，在考释词义的方法上，注意因声求义，破除假借。如《水浒传》中"极""及"可互借。第45回："从古极今，先人留下两句言语，单道这和尚家是铁里蛀虫。""极"通"及"。第39回："(萧让)及会使枪弄棒，舞剑轮刀。""及"通"极"。(204页)《水浒传》有"声唤"一词，如第8回："林冲走不到三二里，脚上泡被新草鞋打破了，鲜血淋漓。正走不动，声唤不止。"(129页)作者引唐颜师古《匡谬正俗》卷六："今痛而呻者，江南俗谓'呻唤'。"近代汉语多作"声唤"，又见《敦煌变文校注·解座文汇抄》："转动艰难声唤频，由(犹)不悟[无常抛暗号]。"(1176页)显然，"呻唤"音转而为"声唤"。(383页)

也有可商榷之处。

收词方面如"势要"；《水浒传》第2回："你托谁的势要，推病在家，安闲快乐！"(20页)《词典》收了"托"，释为"倚仗"(430页)，是，但未收"势要"。"势要"犹言权势、势力。可能作者把此词视为文言词语了。

释义方面如"急健"条释云："结实健壮。急，结实的'结'借字。[例]任原看了他这花绣急健身材，心里到有五分怯他。"(204页)按："急""结"虽同为见母字，但"急"隶缉韵，"结"隶屑韵，韵相隔较远，不同摄。可疑。疑"急"与"疾"同，盖"急健"犹"疾健"，敏捷结实的意思。

2. 白维国《金瓶梅词典》

白维国《金瓶梅词典》，中华书局，1991，107.2万字。这本《金瓶梅词典》共收词8129条,收词以口语词汇为主,兼收今不用或不常用的名物词。古代汉语和现代汉语常用词一般不收入。熟语(歇后语、谚语、俗语、留文等)作为附录。所收词语及例句取自文学古籍刊行社1955年影印明刊本《金瓶梅词话》。

本书的特点有三:

一是收词较全。这本《金瓶梅词典》共收词8129条,除了某些古代汉语和现代汉语常用词外,《金瓶梅》书中的词语基本网罗殆尽。

二是释义较确。作者对《金瓶梅》寝馈有年,心得很多,加之善于吸收学术界较新的研究成果,故《词典》的编写克服了许多困难,作者以一人之力完成这样一部巨著,是难能可贵的。《词典》解释了部分难词,如:第21回:"月娘道:'教你上炕就捞定儿吃。今日只容你在我床上就勾了,要思想别的事却不能勾。'"作者解释"捞定儿"说:"'捞豆儿'的粗俗说法,比喻非分的进一步要求。完整一点的说法是'烤了火又待上炕,上了炕又待捞豆儿吃。'捞,顺手拿。北方农户常在火盆里或炕头席下烘一点花生、黄豆之类,故可以'捞'来吃。定,同'腚',臀部。"第69回:"谁人不吃盐米?等三叔来,教他知遇你们。""吃盐米"费解。作者指出,"吃盐米"就是俗语"人吃盐和米,讲的情和理"的缩略。意思是通情达理。第91回:"李衙内和玉楼两个女貌郎才,如鱼似水,正合着油瓶盖上。每日燕尔新婚,在房中厮守。""油瓶盖"何解?《词典》指出:即"俗语'弯刀撞着瓢切菜,夜壶合着油瓶盖'的缩略。比喻正相配。"第28回:"这春梅真个押着他,花园到处并葡萄架根前寻了一遍,那里得来?再有一只也没了。正是:都被六十收拾去,芦花明月竟难寻。"《词典》告诉我们:"六十"是"六十甲子"的缩略语。"甲子"与"假子"谐音,指女婿。这里指陈经济。使读者不至于掉进云山雾海中,不知所云。这些地方,非积年日久,冥思苦想是解释不出来的。

三是实事求是,不强作解人。

在"后记"中,作者就坦率地承认,"有关卜筮、醮仪的若干词语,虽然花了不少力气,仍不得其详,只得抱憾付阙。"一个人的学识、精力毕竟有限,承认有尚待质疑之处,绝不影响本书的学术质量。

如果从更高要求上看,本书也不是没有值得改进之处:

例证最好再多一些。特别是他书的例证,最好能有所补充,提高释义的可信度。如能结合现今方言(如山东、苏北方言、吴方言等)来加以印证、考释,当有助于证明词义,增强说服力。

个别释义尚可斟酌。如:"端严",端正庄严。第 59 回:"令其母千生万死,闷绝叫唤,准前得生下,特地端严,相见具足,"第 74 回:"黄员外所生一女,端严美色,年方七岁。"(139 页)"端严"有"端正庄严"义,也有端正、漂亮义,①后例即是,应区别对待。

3. 周定一主编、钟兆华、白维国参编《红楼梦语言词典》

商务印书馆,1995。本词典的正文分为"正编"(前 80 回的词条)和"副编"(后 40 回的词条)。"正编"收词 2 万余条,"副编"收词 4500 余条,共收词 24500 多条。

此外还有李法白、刘镜芙《水浒语词词典》(上海辞书出版社,1989)、王利器主编《金瓶梅词典》(吉林文史出版社,1988)、周汝昌主编《红楼梦辞典》(广东人民出版社,1987)等。

---

① "端严"指俊美、漂亮,源于中古译经。姚秦鸠摩罗什译《佛说华手经》卷八:"居士有妻,其名妙色,面貌端严,姿容挺特。"(16/187/b)参见王云路、方一新(1992)。

三、断代语言词典

早在 80 年代中期,就有一部断代的语言词典问世,就是龙潜庵编著的。

《宋元语言词典》(上海辞书出版社,1985)是近代汉语领域第一部断代语言词典。收录宋元时代的词语,包括俗语、方言、市语、习语、外来词等,总计 11000 条左右。上起五代、宋初,下迄元末明初。收录范围以戏曲小说为主,旁及诗、词、笔记、语录及杂著。作者在书前的"序言"中回顾了近代汉语词汇的研究概况、宋元语言的特点及编写这部词典的经过和情况说明。因为《词典》编成于 80 年代初,随着研究的深入,也发现存在着收词不全、释义不确等问题。

进入 90 年代后,通代性的词典也陆续出版,其间问世的同名为《近代汉语词典》的就有两部,即:

高文培主编《近代汉语词典》(山东教育出版社,1992)和许少峰编《近代汉语词典》(团结出版社,1997)。前者是一部集体编写的词典,后者则是一人之力编纂而成的。两部词典各有特点,都在一定意义上对近代汉语词汇研究作了总结。但由于前者编纂较早,书成于众手;后者个人见闻有限——也还都存在着一些问题,值得作进一步的商讨和修订。

近年来,由中国社会科学院语言研究所刘坚、江蓝生主编的"近代汉语断代语言词典系列"陆续问世,这是近代汉语研究的最新成果,它们分别是:《唐五代语言词典》《宋语言词典》《元语言词典》。兹介绍如下:

1.《唐五代语言词典》

江蓝生、曹广顺《唐五代语言词典》,上海教育出版社,1997。

通观本书,对唐五代词语的搜罗全面,诠释详尽,很见功力。

《词典》中所收的词语涉及政治制度(如"词头""孔目官")、文化习俗(如"入破""席纠")、少数民族语言及称谓(如"哛嗟""獠")、方言词(如"波""翠")、名物词(如"酒胡"),等等。

对词义的阐释准确简明,辩证周详。如"服子",即"複子",包袱。(128页)"扑杀",释云:"摔死。不同于通常的'打死'义。"从所举的《朝野佥载》"苟牵绳一断,栈梁一绝,则扑杀数十人"、《祖堂集》"如人在高树上,口衔树枝,……下有人问……若道,又被扑杀"两例来看,《词典》的释义精确可信。(289页)又如"薄媚",蒋礼鸿、郭在贻都释为捣蛋、无赖。本书则还列出"淡雅,妩媚"一义来,举陆龟蒙《和行次野梅韵》诗"风怜薄媚留香与,月会深情借艳开"等例,(29页)显然这里的"薄媚"不是贬义的。"断肠",蒋礼鸿《义府续貂》等都解释了其有令人欢快、爱怜义,《词典》则还解释其有"比喻令人愁苦"的用法:白居易《长恨歌》诗:"行宫见月伤心色,夜雨闻铃断肠声。"(103页)这样,对此词的解释就全面了。

注重抉发唐代口语词、方言词。实词如"勾",有罚酒义,当是唐代以来产生的。王梵志诗121首:"你若计算他,他还计算你。勾他一盏酒,他勾十巡至。"赖作者揭明。(141页)虚词如"或"有突然义:《变文集·韩擒虎话本》:"或遇五道大神,但某请假三日,得之已府(否)?"(171页;《校注》304页)"兼"有颇、甚义:刘驾《春夜》诗:"近日欲睡兼难睡,夜夜夜深闻子规。"(181页)都是前人尚未注意的。

按语有这样几种类型,一为校勘,二为辨正(有辨正文字的,有辨正释义的,有辨正音读的),三是溯源,四是察变,五是探讨得义由来;内容十分丰富。从《词典》的按语中可略窥其考释方法。如《变文集·韩擒虎话本》:"贺若弼才请军之次,有一个人不恐。"

(《校注》300页)《词典》指出:恐是"'肯'的音借字,西北方言'恐''肯'音同。"(211页)"险妆"条末尾指出:"例中'俭'为'险'的借字。"(383页)均破除了假借。《太平广记》卷四八三引《杜阳杂编》:"其却火雀,纯黑,大小类燕,其声清亮,不并寻常禽鸟。"作者指出:今本《杜阳杂编》卷中载此条,"不并"作"不类",可证"不并"的意思是不类,不同。(30页)采用了异文求证的方法。"江降"条引书证外,还引"今河南浚县有'讲讲'(读阴平)一词,音义均与此词相近"。(184页)是为方言佐证。

语料上看,主要是唐五代作品,如敦煌方面,除了《敦煌变文集》、敦煌曲子词、王梵志诗外,还旁及其他。如"放妻书"条引敦煌卷子斯65379《放妻书》(119页)、"念见"条引敦煌卷子伯2623号背面书启(263页)。史书方面,除了当代史书外,还包括了《南史》《北史》等唐修六朝史书。

本书的不足包括:①有些词义已经见于六朝,是否需要收释,值得斟酌;②释义、注音偶有可商之处。

2.《宋语言词典》

《宋语言词典》,袁宾、段晓华、徐时仪、曹澂明编著,上海教育出版社,1997。

本书是"近代汉语断代语言词典系列"第二部,是继龙潜庵《宋元语言词典》后的又一部宋代断代语言词典。共收宋代(包括辽金)词语4100余条,41.6万字。收词原则和《唐五代语言词典》相仿。

《宋语言词典》所收的词语以宋代新词新义为主,主要是宋代的口语词、习用语,包括:一般语词("白甚""划地")、佛家、禅宗类("棒喝""山偈")、政治类("遨头""嵩呼")、经济类("翔涌")、习俗类("急脚""搅盆")、伎艺类("合生""商谜")、生活类("炊饼""老娘")等。也有方言俗语、俗谚及成语,如"横床"(浙江俗语称妾)、"涝朝"(湖北房陵方言,谓晨雾良久才散)、"八月韭,佛开口""矮子看戏,随人上下"等,宋代新产生的词网罗殆尽。

《词典》收释了宋代产生或有宋代特点的词语,如"何楼",虚假,作伪。《历代诗话》上《中山诗话》:"世语虚伪为'何楼',盖国初京师有何家楼,其下卖物皆行滥者非估滥称也。""黑甜",睡眠,酣睡。这是宋人习用的词汇。《苏轼诗集》卷三八《发广州》:"三杯软饱后,一枕黑甜余。"原注:"浙人谓饮酒为软饱,俗谓睡为黑甜。"(2067页)

有些词语和现代汉语同形,但意义有别,《词典》有释。如"落窠臼",也作"落窠槽",指读书时切实领会和把握原意。《朱子语类》卷一一六:"读书……且熟读,就他注解为他说一番。说得行时,却又为他精思,久久自落窠臼。"是褒义词。"紧急",中医指人体局部痉挛性的收紧、强直。《太平惠民和剂局方》卷一:"川芎圆,治头痛旋运,心松烦热,颈项紧急,肩背拘倦。""讲师"指讲解佛教经义的僧师,"教授"是中央及地方设置的职官名,掌管知识传授、学校管理等事。

在部分条目下,作者还以"按"的形式对词语来源、演变情况等作了考察。如:"夺席"条下加按语说:"此词出《后汉书》卷七九《戴凭传》……""郎忙"条下加按语说:"'郎忙'多写作'狼忙',唐代已见使用。""能彀"条下加按语说:"'能勾'与'能彀'系同词异写。""能亨"条加按语说:"'能亨'是前代词语'宁馨'的方言音变。""仇香"条指出:"东汉仇香曾任主簿,后世遂成为主簿的别称。"

《词典》中收释的有些词语,在现代方言中还有保存,如:"木大",戏剧中的傻角。按:今杭州话仍称傻子为"木大"。"能亨",如此,这样。按:今苏州方言犹如此说。"嗄饭",菜肴。今台州方言仍有此语。"牙儿",婴儿。今杭州方言仍说。①

不足之处是:第一,收词的界限如何划定?有些词语,前代(六朝、唐五代)已多见,本书也收入,如"按"(依随节拍唱歌)、"差互""振触""初"(置于否定词"无""不"等之前,表示完全地否定)、"干笑""经行""绝倒""可人""吐利""许可""月日";有些词义前代多见,如"敢"的第一义"能,可",等等。

第二,少数释义尚可商榷。如:"烦疼",释为:"疼痛扰人。"举《太平惠民和剂局方》卷一:"筋脉挛急,骨节烦疼。"又:"头目昏眩,肢节烦疼。"按:依此释义,似把"烦"理解为"扰人",未当。"烦"字从六朝起就有疼痛义,常和"疼"连文,组成"烦疼"一词,多见于佛经。失译《兴起和经》卷上:"由是残缘,今虽得作佛,故有骨节烦疼病生。"又有"烦痛",《续高僧传》卷一七《释智顗》:"又患身心烦痛,如被火烧。""烦疼""烦痛"均为同义连文。"快",释为"吉祥,好",所举之例有《董西厢》卷七:"姐姐万一不快,必不赦汝!"按:此例"不快"当是身体不舒服、有病的意思,而非通常的好或吉祥义。②"收掌"条释为:"收存掌管。"按:"掌"也有收藏义,"收掌"当是同义连文,"掌"不是掌管。参郭在贻(1992:32)。

少数词语的来源可以进一步考证,如"无固无必",释为"无一定之规",举禅宗语录两例。按:此语典出《论语》,失考。

3.《元语言词典》

《元语言词典》,李崇兴、黄树先、邵则遂编著,上海教育出版

---

① 不过,杭州话的"牙儿"(伢儿)可泛指小孩子,而不限于婴儿。
② "不快",元陶宗仪《南村辍耕录》有释,可参。

社,1998。53.5万字。

这本词典收词原则、体例都和《唐五代语言词典》《宋语言词典》相同。作者在《例言》中说,"本词典以收口语词为主,也收少量名物词。无论词还是词组,一般都是今时通语不用或用法有所不同。"材料方面,"本词典取材限定在较能反映口语的作品的范围之内,这是由本书以收口语词为主的性质决定的。元代能反映口语的作品,杂剧是大宗"。"本词典使用的杂剧材料主要采自臧懋循编的《元曲编》,隋树森编的《元曲选外编》和徐沁君校点的《新校元刊杂剧三十种》。"

除了杂剧外,本书还征引了《元典章》《元代白话碑》《孝经直解》《五代史平话》《元刊全相平话五种校注》《全金元词》等典籍,但元代的其他著作,包括不少诗、文、小说、笔记等,均不在"引例书目录"内,从材料的广度上看,稍有欠缺。

这本词典的特色是明显的,表现在以下几方面:

收录了大量的口语词、俗语词:如"犇"(强劲;凶猛)、"常川"(常常;长久)、"放"(叫;让。介词)、"腹热肠慌"(形容不知所措、很不自在)、"葫芦提"(糊涂)、"洒家"(关西人用以自称)、"争口"(争吵)[1]、"湿肉伴干柴"(挨棍子)。

收录了元杂剧中大量的拟声、叠音词,二字的有"懞挣",三字的有"颠不剌""惊急列""懒设设""冷丁丁""立钦钦""忙劫劫""歪剌剌""没下梢""煞强如",四字的有"憔憔焦焦""波波碌碌""迷丢没邓"等;元曲中的衬字如"也波""也麽哥"等。在释义举证外,还常列举词语的不同写法,为读者阅读元杂剧提供方便。如"不邓

---

[1] "争口"一词中古已见,如南朝梁任昉《奏弹刘整》。

邓",指出其又作"不登登""不腾腾""勃腾腾""扑登登";"大古(里)",又作"大古来""待古里",等等。

收录了许多生活化的词语,在一定程度上反映了元代社会生活的方方面面。如"爱女"(指嫖妓)、"扒头"(妓女的别称)、"表子"(娼妓;姘头)、"粉头"(以色艺事人的女子)、"门户人"(指妓女)、"猱儿"(妓女)、"小娘"(妓女)、"烟花""烟月"(指妓女)、"皮解库"(妓院)、"苦倈""驼汉"(妓女接客)等,都和色情服务有关。"补代"(上门女婿)、"肯酒"(男家向女家提亲,女家吃男家的酒,表示同意亲事,这酒叫"肯酒")等,则和婚娶礼俗有关。

收录了许多外来词。元代是蒙古族入主中原的时代,随着蒙古族的改朝换代,一批外族词汇也进入了汉语词汇中,对汉语的发展产生了较大的影响。如"阿马",又作"阿妈",女真语。有"称父亲"和"仆从称男主人"两义。更多的是蒙古语,如:"必赤赤"(管文书的官吏)、"忽刺孩"(贼)、"抹邻"(马)、"弩门"(弓)、"撒敦"(亲戚)、"莎塔八"(喝酒喝醉)、"牙不约儿赤"(走)。

对词义的来源、古今异称常能有所考证和论列,如"急脚"条,释为:"急行走递的差役。古称'健步',宋元时称'急脚子'或'快行子'。见《资治通鉴》卷七六胡三省注。""女直"条解释说:"即女真,我国古代少数民族名,因避辽兴宗耶律宗真讳,改名女直。""墙上泥皮",解释说:"糊在墙壁上的泥巴。旧时妇女与男人地位不平等,男人可以再娶,如同墙上泥皮,脱掉之后可以重新糊上。

存在的问题是:有些词语前代已经多见,似可不收,如:"懊恼""博""博换""唱叫""铛""治鱼""度""凡百""甘分""将谓""交床""决定""皮囊""手谈""寿算""天行""投老""推问""晚来""意谓""在意""长者"(称富户当家人)、"知识"(熟识的人,朋友);"不快"

的第一义"指身体患病或感到不适"、"赛"的第一义"祭祀以酬报神恩"、"剩"的第一义"多"、"委"的第一义"知""知悉"。

个别词语的释义似可商榷,如:"摆拨",释为"处置",举《琵琶记》二四出:"万苦千辛难摆拨,力尽心穷两泪空流血。"按:"摆拨"六朝就已使用,义为摆脱、撇开,此例亦然,作者未免随文生训了。

四、专类语言词典

除了专书语言词典外,也有专类语言词典,如:

1.《敦煌文献语言词典》

蒋礼鸿主编,黄征、张涌泉、俞忠鑫、方一新、颜洽茂编撰的《敦煌文献语言词典》,杭州大学出版社,1994。本词典共收条目1526个,凡36.3万字。

除了收入经过压缩改写的《敦煌变文字义通释》的全部条目外,补充了一大批新的考释条目,是迄今为止收词最多的敦煌文献的专门语言词典。其特色有以下几点:从研究范围看:《词典》的范围扩大到所有的敦煌文献,包括文学、史学、宗教、经济、法律等,也兼及吐鲁番出土文书。此外,作为旁证的材料也丰富多彩。从收词释义的情况看:第一,《词典》在《通释》研究的基础上新增了条目;第二,新增了义项。对义项的分合,《词典》也有所改进;第三,在考释词义的同时,也对《变文集》及相关作品作了校勘;第四,释义之外,也注意发明俗字,总结规律。《词典》也有可商之处:如所收录的词条也还有限,无论取材上还是系联上都还大有拓展的余地;个别词语释义不确;部分词语溯源不够;等等。

2.《宋元明清百部小说语词大辞典》

吴士勋、王东明主编《宋元明清百部小说语词大辞典》(陕西人民教育出版社,1992)是陕西省60多位长期从事语言、文学教研工作的学者集体编纂而成。收词的范围包括反映宋元明清时代特色的语词、生僻语词、精粹的熟语典故以及一部分跟现代汉语语序不同、说法不同的语词。编者搜集、解释的作品计120部，总共收词约3万条,170万字。

第六节　结合方言、少数民族语言以及考古发现的中古近代汉语词语考释

利用方言、少数民族语言以及地下出土材料进行汉语史或现代汉语研究,前辈学者早已身体力行,作出了榜样。朱德熙《汉语方言里的两种反复问句》(《中国语文》1985年第1期)、《"V-neg-VO"与"VO-neg-V"两种反复问句在汉语方言里的分布》(《中国语文》1991年第5期)等论文,在调查、利用现代汉语方言研究汉语句式方面作了很好的示范。

一、中古近代汉语词汇与方言

（一）中古汉语词汇与方言

刘坚《"治鱼"补说》(《中国语文》1987年第6期)一文提出了值得重视的问题,即:古代的某地方言和现代的某地方言可能不同,不能机械照搬。"本文引胡文英《吴下方言考》所说'吴中谚称破鱼腹为治鱼',这句话应该是就《华山畿》曲所产生的六朝时期来说的。拿今天的吴语来说,我们还没有发现这个区域里有说'治鱼'的。可见六朝的吴语发展为今天的吴语,'治鱼'这个说法已经完全消亡了。拿今天的吴语跟六朝的吴语相比,尽管目前对后者还所知甚少,但已可看出两者之间变化很大。词汇方面,'治鱼'从有到无,是

一个例子。语法方面,最明显的例子是'侬'字六朝为单数第一人称(见吕叔湘先生《近代汉语指代词》,12—13页),今吴语则为单数第二人称。"(423页)因此,在中古近代汉语词汇研究中应用方言材料,应该有历史发展的观点,不可机械,切忌牵强附会,生硬比附。

王建设曾撰有《〈世说新语〉与泉州方言》(厦门大学硕士学位论文,1988),利用现代福建泉州话为中古名著《世说新语》词语疏通、解释,所释词语达数十个之多。

单篇论文有王建设《〈世说新语〉语词小札》(《中国语文》1990年第6期)等。

(二) 近代汉语词汇与方言

利用古今汉语方言来考释、印证近代汉语语词是这一时期运用较多的研究方法,已经有多种论著问世。

张双庆《〈祖堂集〉所见的泉州方言词汇》一文,就早期禅宗史传之一、有着闽方言背景的二十卷《祖堂集》中发现的泉州方言词汇进行了整理分析,指出这些词语的用法及古今差异,是研究闽方言词汇史不可多得的参考资料。(据詹伯慧《第四届国际闽方言研讨会述评》,见《中国语文》1995年第5期,398—399页)

鲁国尧对元代陶宗仪(浙江黄岩人)的《南村辍耕录》及元代吴方言作过全面深入的研究,先后撰有《〈南村辍耕录〉与元代吴方言》(《中国语言学报》第3期,商务印书馆,1988)、《陶宗仪〈南村辍耕录〉等著作与元代语言》两篇论文,对"温暾""拗花""客作""鏖糟"等80个近代汉语语词作过考释疏证,并且联系现代吴方言加以印证,证据翔实,释义可信。

周志锋《元明清白话著作释词》(《古汉语研究》1999年第3期)利用吴方言考释元明以来小说的词语,有很多发明。周志锋近

年来这方面的文章不少,并撰专著《明清小说俗字俗语研究》,均可参考。(参见周志锋 2006)

近代汉语词汇研究与现代方言、民俗学有联系,试举一例:

宋明以来典籍有"吃茶"一语。见温端政《方言和民俗》(《中国语文》1988 年第 3 期)。温文举《老学庵笔记》《警世通言》等为例。指出:"可见,'吃茶'在古代除了'喝茶'这个意思外,还有'女子受聘'的意思。要了解这一点就得和当时的民俗联系起来。"(202 页)雷昌蛟《建始(官店)方言中所见元明白话词语》(《古汉语研究》2000 年第 3 期)中对"吃茶"也有考证,可以参考。

陈庆延《山西稷山话所见元明白话词汇选释》(《语言学论丛》第七辑 187—194 页,商务印书馆,1981)一文考证了"历头""社火"等 16 条元明白话词语,用山西稷山话印证。例如:

《水浒传》24 回:"王婆笑道:'有个施主官人,与我一套送终衣料,将来借历头,央及娘子与老身拣个好日,去请个裁缝来做。'"《金瓶梅词话》五二回:"你看看历头,几时是壬子日?"作者云:"稷山管历书叫历头 li$^?$・t'ou。至于现代的各种日历则用新词'日历',只有在老年人中间偶尔叫'历头'。"

相关论文还有:安清跃《元曲语词河南方言今证》(《许昌师专学报》1989 年第 4 期)、常虹《〈西厢记〉中的内蒙古河套方言》(《文学遗产》1982 年第 4 期)、陈庆延《山西稷山话所见元明白话词汇选释》(《语文研究》1984 年第 4 期)、李守业《山西文水话所见元曲词语释例》(《语文研究》1983 年第 3 期)、李行健、折敷濑兴《现代汉语方言词语的研究与近代汉语词语的考释》(《中国语文》1987 年第 3 期)、廖大谷《〈西游记〉中苏北方言词语汇释》(《苏州大学学报》1987年第2期)、凌培《〈敦煌变文集〉所见吴方言词语选释》(《湖州师专学报》1988年第4期)、凌培、钱嘉猷《〈二拍〉中湖州方言词语汇释》(《方言》1989年第4期)、卢润祥《古方言俗语词零拾》(《中国语文》1984年第4期)、彭国钧《从几部明清白话小说词语的使用看鹤庆话的历史渊源》(《云南语言研究》,1988)、乔天《元曲用语与旅大方言征实》(《社会科学辑刊》1980年第5期)、王森《〈金瓶梅词话〉中所见兰州方言词语》(《语言研究》1994年第2期)、王希文《元明清白话著作中的枣庄方言词汇》,(《方言》1991年第4期)、颜景常《〈西游记〉中淮海话色彩要要》(《近代汉语研究》,商务印书馆,1992)、袁庆述《〈朱子语类〉方言俗语词考释》(《语文研究》1990年第4期)、张惠英《第二人称"贤、仁、恁、您"语源试探》(《中国语文》1991年第3期)、甄尚灵等《〈蜀语〉词语的记录方式》(《方言》1992年第1期)等。

二、中古近代汉语词汇与少数民族语言、外来语

(一) 中古汉语词汇研究与少数民族语言

中古汉语词汇的来源十分复杂,除了受各地方言影响外,还受少数民族语言及外来语的影响,有识之士已经充分认识到这一点。

张永言《语文学论集》(增补本,语文出版社,1999),其中有《语源札记》《语源探索三例》《"轻吕"和"乌育"》《汉语外来词杂谈》等多篇文章和这一领域有关,作者参引少数民族语言及外语材料来解释汉语语词,解开了单凭汉语自身无法解开的疑团,作了有益的探索。

(二) 近代汉语词汇研究与少数民族语言、汉语外来语

方言而外,宋元以后受少数民族语言、不同语系的影响也不可

忽视。正像蒋绍愚所指出的那样："近代汉语时期，是汉族和契丹、女真、蒙古、满等民族交往十分密切的时期，所以，研究这一时期的汉语词汇，必须考虑到各种民族语言的相互影响。"（参见蒋绍愚2005:265）近代以来的学者中，王国维、顾羡季、任中敏、周炳垣、贺昌群等都曾经探讨过蒙古语的影响。诗人、文学家戴望舒在20世纪50年代也写过《谈元曲的蒙古方言》一文，都是这方面研究的先驱。

近一时期来，利用少数民族语言、汉藏语系语言、阿尔泰语系语言来研究、考释近代汉语语词的论著也陆续问世，方龄贵、江蓝生、徐文堪、黄时鉴等都写过这方面的研究论文，其中成绩最大的要数方龄贵了。

方龄贵《元明戏曲中的蒙古语》（汉语大词典出版社，1991）是一部专释元明戏曲中蒙古语的著作。总共收释蒙古语114条，凡29万字。作者虽然是史学专家，但在语言学方面也有精深的造诣。本书的考证旁征博引，其结论大抵令人信服。

单篇论文有：方龄贵《元明戏曲中的蒙古语（摘要）》（《民族学报》,1981[总第1期]）、方龄贵《元明戏曲中的蒙古语续编（摘要）》（《民族学报》,1982[总第2期]）、韩登庸《元杂剧中的少数民族语词》（《内蒙古师大学报》1983年第1期）、韩登庸《关于元杂剧方言俗语之研究——兼及内蒙古西部区民间方言俗语对元杂剧方俗研究诠释的作用》（《内蒙古师大学报》1988年第4期）、胡双宝《说"哥"》（《语言学论丛》第六辑，1980）、胡增益《满语的 bai 和早期白话作品"白"的词义研究》（《中国语文》1989年第5期）、宋金兰《汉语助词"了""着"与阿尔泰语言的关系》（《民族语文》1991年第6期）、孙玉溱《元杂剧中的蒙古语曲白》（《中国语文》1982年第1

期)、席永杰《简析元杂剧中疑难蒙古语的使用情况》(《内蒙古民族师院学报》1989年第3期)等;余志鸿先后写过《元代汉语中的后置词"行"》(《语文研究》1983年第4期)、《元代汉语"一行"的语法意义》(《语文研究》1987年第2期)、《〈蒙古秘史〉的特殊语法》(《语言研究》1988年第1期)、《元代汉语的后置词系统》(《民族语文》1992年第3期)、江蓝生《后置词"行"考辩》(《语文研究》1998年第1期)等,都利用少数民族语言,对元代汉语语法作了研究。

胡增益《满语的bai和早期白话作品"白"的词义研究》(《中国语文》1989年第5期)研究说:"满语的和汉语的'白'在音义上有联系,在来源上有关系。"(388页)

此外,马西尼著,黄河清译《现代汉语词汇的形成——十九世纪汉语外来词研究》(汉语大词典出版社,1997)也有参考价值。虽然原作者、意大利人马西尼以19世纪特别是鸦片战争以来的汉语外来词为研究主体,但在具体的研究过程中,也不时地涉及元明清时期的近代汉语外来词。

三、考古发现与中古近代汉语词语考释

冯其庸说:"新中国成立以来三十多年,在考古发掘上的辉煌成就,早已震惊了全世界。大量出土文物所显示的艺术魅力和文献的特殊珍贵性,也已使不少有远见的学者,感到不能把自己的研究停留在书本上了。"(廖奔《宋元戏曲文物与民俗·冯序》1页,文化艺术出版社,1989)"可以毫不夸张地说,在今天,研究我国的历史、政治史、经济史、文化史、文学史、美术史、舞蹈史、戏剧史、工艺史、科技史等等,而不去或不懂得去运用地下发掘和地面遗存的资料,那末,他的研究,很可能是片面的和陈旧的。"(同上,4页)

地下出土材料、文献是可贵的"同时资料",具有重要的学术价

值。已有学者尝试运用地下出土材料解决中古、近代汉语词汇问题,试举一例:

《世说新语·德行》:"殷仲堪既为荆州,值水俭,食常五盌盘,外无余肴。""五盌盘"等二句旧属读不一,或以"盘"字属下为句。据骆晓平考证:"五盌盘"连读,指一种成套的食器。盌,后作"碗"。每套由一个圆形托盘和盛放在其中的五只碗组成,为六朝以来南方家庭所流行使用。这种成套的食器,形制一般都比较小,用它来盛菜肴,品种不会超过五种,数量也不会太多,反映了比较节俭的饮食习惯。现今的出土文物中,江西出土的六朝明器"五杯盘"、福建出土的六朝至唐之明器"五盅盘"等实物与之相仿,可以佐证。(参见骆晓平 1991)《宋书·武三王传·江夏文献王义恭》:"高祖为性俭约,诸子食不过五盏盘。"《南齐书·崔祖思传》:"宋武节俭过人,张妃房唯碧绡蚊㡡、三齐麻席、五盏盘。桃花米饭。""五盏盘"亦与"五盌盘"相似,同指节俭而不奢侈的食器。(参见周一良 1985:250)

第七节 近代文字考释研究

这里所说的"近代文字"就是指"俗字",俗字研究本来未必属于词汇史研究的范畴,但近代汉语俗字问题往往和词义训释密切相关,从事词汇史研究的学者理应关注俗字研究的新进展和代表性成果,故暂且把这部分放在这里讨论。

近代汉语文字以六朝隋唐写本、敦煌遗书、宋元以后刻本中的俗字为主要研究对象,这是汉语文字学的新领域。随着生产力的提高,社会文化生活的进步和发展,人们在日常生活和交往中经常要用到文字,对其书写的要求也提高了:速度要快捷、书写要方便。从甲骨文、金文演化为小篆,又演化为隶书,再演化为行草、楷书,都证明了这一点。汉魏以来,隶书取代了小篆,成为公文及日常生活用字,并由此衍变出草书、行书和楷书。这为俗字的诞生奠定了基础。汉代的碑刻中就出现了俗字,北魏的墓志铭中俗字甚密集,《碑别字新编》一书集其要。六朝佛典中,俗字也非常多,可视为近代俗字的滥觞。

近代汉语文献中,俗字更是多到惊人的程度。如敦煌遗书,绝大多数是写本,俗字满纸,不识俗字,根本无法阅读,当然也就谈不上研究了。近代刻本中,也有不少俗字,如《清平山堂话本》等。明清小说中多见俗字,虽然已经有了不少成果,但考虑到俗字研究和近代汉语的密切关系,对写本和刻本俗字的研究还是很不够的。

唐宋以来笔记、字书对汉语俗字都有零星的考证或辑为专书,后者如《干禄字书》《九经字样》《龙龛手镜》等。清人赵之谦撰有《六朝别字记》,近代罗振鋆、罗振玉撰有《增订碑别字》、近代刘复、李家瑞编有《宋元以来俗字谱》,都是这方面的著作。现代台湾学者潘重规撰有《敦煌俗字谱》(台北石门图书公司,1978)、日本学者太田辰夫撰有《唐宋俗字谱》(祖堂集之部)(汲古书院,1982)、秦公编有《碑别字新编》等,都对六朝唐宋俗字作了初步的整理和研究。

在近代汉语俗字研究方面,蒋礼鸿是较早呼吁展开研究的学者。他 60 年代就撰写了《中国俗文字学研究导言》(载《蒋礼鸿语言文字学论丛》),对俗字及其研究的意义、方法等作了深入的论述,可谓独具慧眼。在蒋氏自己的研究中(如《敦煌变文字义通释》),也经常运用俗字研究的成果来训释口语词,纠正误释、误校。但对俗字的系统研究则是近一二十年的事了。

自 20 世纪 90 年代以来,有关近代汉语文字(俗字)的研究已经取得了可观的研究成果,并且发展的势头还相当好。研究大体集中在以下两方面:一是俗字理论、俗字演变规律、历代俗字著作评述等方面的研究,以张涌泉《汉语俗字研究》《敦煌俗字研究》两书为代表。此外还有李荣《文字问题》、陈五云《从新视角看汉字:俗文字学》等。第二是有关具体俗字的考释研究,除了一批单篇论文外,有张涌泉《敦煌俗字丛考》、周志锋《〈汉语大字典〉论稿》等。兹简要介绍如下:

(1) 张涌泉的俗字研究

近年来,在汉语俗字研究方面取得了突出成绩的是张涌泉,他的两部俗字研究专著《汉语俗字研究》《敦煌俗字研究》填补了研究空白,得到了学界的很高评价。

张涌泉《汉语俗字研究》(岳麓书社,1995)是作者在俗字研究方面的第一部概论性专著,列入第一辑《中国传统文化研究丛书》。全书共分 11 章,依次为俗字和俗字研究、古今俗字大观、俗字的类型、俗字的特点、俗字研究与古籍整理、俗字研究与大型字典的编纂、俗字研究与文字学、考辨俗字的方法、研究俗字应当具备的一些基本条件、历代俗字及俗字研究要籍述评、五四以后的俗字研究及今后的展望。其中如总结俗字的类型、特点,考辨俗字的方法,揭櫫俗字研究与古籍整理、大型字典编纂的关系等章节都写得周详全面,发人所未发,给读者不少启示。此外,《字海杂俎》《俗字研究参考文献举要》两个附录也很见功力,后者对初学者有指点门径之功。

张涌泉《敦煌俗字研究》(上海教育出版社,1997)是作者研究俗字的第二部专著,对敦煌俗字作了全面系统的研究。全书分上、下编,上编为《敦煌俗字研究导论》,下编为《敦煌俗字汇考》。上编分10章,全面系统地论述了敦煌俗字研究的诸多问题,如俗字的性质、敦煌俗字的概况、敦煌俗字的类型、敦煌俗字研究的意义以及辨识敦煌俗字的方法等。下编把见于敦煌字书中的俗字和敦煌写本中可以用作偏旁的俗体汇为一编,"每个俗字下酌加考证,其中包括书证、例证、按语等项。按语中既有字形的辨析,又有其它传世古籍的旁证,上串下联,力图勾勒出每个俗字异体的来龙去脉"(下编"序例"),对古籍整理尤其是敦煌文献的整理具有较高的参考价值。

除了俗字理论研究外,张涌泉还进行了俗字的考释工作。其中,以《汉语俗字丛考》最为突出。本书系作者承担的国家社科基金项目研究的最终成果,由中华书局于2000年出版。"前言"从收字、定形、注音、考释、举证等五个方面讨论了《汉语大字典》《中华字海》在俗字条目方面取得的成绩及存在的主要问题。正文以《汉语大字典》《中华字海》为纲,对历代字典辞书中的疑难俗字进行了系统全面的考辨,其中包括字形楷定、注音、考释等方面的问题,补正了上述两部大型字书的缺失。全书共考释三千多个俗字,凡1209页,117.18万字,堪称巨著。

(2)黄征的俗字研究

黄征《敦煌俗字谱》(上海教育出版社,2005)是一部专收敦煌文献俗字的字典,据"凡例"所述,"本字典以收释敦煌莫高窟藏经洞出土写本文献异体俗字为要务,包括英国、法国、俄罗斯、日本等国所藏敦煌文献和中国北京、天津、上海、甘肃、浙江等地所藏敦煌文献",以收单字为主,兼收合文。收字以实际用例为先后,按音序编排。各条字下,一般包括字头、注音、异体俗字扫描真迹、引证、按断考辨。所引书证,都取之于敦煌文献原卷真迹,标明出处(简称、编号)。部分字条下,有作者的考辨和按断。是一部融入研究心得的重要的工具书。

作者的"前言"是一篇"俗字研究概论",共分10节。主要内容是:一、为"俗字"下了定义。作者回顾了以往关于俗字的定义,不完全同意前贤的说法,因此,把"俗字"定义为"俗字就是历代不规范异体字","敦煌俗字就是敦煌出土文献所见历代不规范异体字"。二、探讨了敦煌俗字的起源、发展和特点。三、分析了敦煌俗字的种类,把它们概括为类化俗字、简化俗字、繁化俗字、位移俗字、避讳俗字、录变俗字、楷化俗字、新造六书俗字、混用俗字和准俗字十大类,每类下又细分为若干小类。四、对俗字研究作了展望。都具有较高的参考价值。

(3) 其他学者的俗字研究

周志锋《大字典论稿》(浙江教育出版社,1998)考释了以明清小说为主体的近代汉语作品中的俗字俗语,是第一部以订正《汉语大字典》为目的的著作。迄今为止,《汉语大字典》代表了我国汉语字典编纂的最高水准,作者的硕士论文就是《〈汉语大字典〉商补》,本书是作者在硕士论文的基础上范围更加扩大、研究更加深入后所取得的研究成果。全书由《〈汉语大字典〉商补》《疑难字试释》《论俗字研究与大型字典的编纂》等14篇论文组成,这些论文相互补充,相互印证,构成一个有机的整体。本书的特点有三:一是作者对近代汉语作品尤其是明清小说十分熟悉,对近代汉语词汇研究有素,故能在抉发语词含义、订正旧说讹误方面多所发明。二是作者对《法苑珠林》等佛典用力很深,对近代俗字、僻字研究甚勤,考释了一批近代汉语俗字,创获颇多。三是在研究方法上,作者采用文献印证和方言佐证相结合的考释方法,书证之外,常常征引吴方言(宁波话)为证,既准确解释了词义,同时又为现今仍然活着的方言词语找到了相对较早的文献用例,溯源考流,相得益彰。

周志峰《明清小说俗字俗语研究》(中国社会科学出版社,2006)系作者"把近十几年来有关研究明清白话小说俗字俗语的文章作了大幅度的取舍、整合、充实和订正,又新写了若干篇章"("后记")后而成的一部力作,[①]全书共分五章,即第一章"俗字研究",第二章"俗语词研究",第三章"吴方言研究",第四章"俗字俗语与辞书编纂",第五章"俗字俗语与古籍整理"。作者的学风是严谨,研究也相当深入。本书在数十篇单篇论文的基础上,选取提炼,充实修改,故列入讨论的字词都比较精当,结论也大抵可信。例如,"俗字研究"第一节"俗字百例",作者讨论的 100 个俗字均为《汉语大字典》《中华字海》所不载的疑难冷僻字,一一举证、考释,补正了当今权威字书的阙失。又如,"吴方言研究"一章的"吴方言词语札记"考释了"心焦"等 10 条词语,"吴方言词语考辨"考释了"和 和身 和盘托出"等 6 条词语,均能利用当今吴方言,抉发、考证明清小说作品中的方言词语,补正了以往研究的阙失和字典辞书的疏漏。

蒋冀骋、吴福祥《近代汉语纲要》(湖南教育出版社,1997)的《文字》编分为两章,第一章是"几种重要的俗字字书",评介了《正名要录》等九种文字著作。第二章是"俗字指要",作者分"俗字的定义和范围""俗字与正字的关系""俗字形成的类型""俗字的特点""俗字研究的意义"等几方面对俗字问题进行了讨论。俗字和

---

① 据作者"附录"所附"相关论文目录",这些已发表的文章共有 30 篇。

近代汉语词汇研究的关系十分密切,故本编所论述的内容也应引起词汇史研究者的重视。

陈五云《从新视角看汉字:俗文字学》(河南人民出版社,2000)是一部主要从概论方面来探讨俗文字学的专著,列入许威汉主编的《现代语言学系列》之五。全书共分六章,即:俗文字学的内容、俗文字学的研究方法、俗文字学的材料、俗文字产生的规律、俗文字的历史、俗文字的考释。本书的篇幅不大,总共是11.9万字,但对俗文字学的相关问题都作了简明扼要的论述,是一部有特色的俗文字学入门书。①

第八节　中古近代汉语语料的整理和介绍

一、中古汉语语料的整理和介绍

有关中古汉语资料的整理和介绍以方一新、王云路《中古汉语读本》为代表。

方一新、王云路《中古汉语读本》(吉林教育,1993)是编者仿刘坚《近代汉语读本》之例编著的一本书。收录东汉魏晋南北朝时期比较口语化的作品,分为"佛经""小说""诗歌""杂著"和"其他"五类。各类作品下先是总说、著作及作者简介、题解,原文之后有详细的注释,力求揭示汉魏六朝口语词汇的一些基本特点,展现部分习用语的使用情况。2006年3月,《中古汉语读本》修订本由上海教育出版社出版。修订本对例证作了适当删削,也纠正了个别有误的注释。内容篇目上,补充了一些具有口语特色的篇章,包括《晋

---

① 此外,还有一些年轻学者的俗字考辨著作,见第十五章第三节。

书·愍怀太子传》《宋书·庾炳之传》《魏书·尔朱彦伯传》等史书片断;王褒《僮约》、戴良《失父零丁》等契约文书;《修行本起经》《十诵律》《弥沙塞部和醯五分律》等佛教文献;《孔雀东南飞》《木兰辞》等民间诗歌;《观世音应验记》《异苑》等小说内容,还有道教文献《太平经》的部分篇章。章节安排也由五部分改为六部分,即:(一)佛经;(二)小说;(三)史书;(四)诗歌;(五)杂著;(六)其他。另加附记。

二、近代汉语语料的整理和介绍

有关近代汉语资料的鉴别、整理和介绍,前辈学者已经做了许多工作,吕叔湘《汉语语法论文集》、太田辰夫《中国语历史文法》两书所附的"引用书目"、郭在贻《训诂学》所附"俗语词研究参考文献要目"都对学者起了很好的指导作用。

大凡要从事研究工作,材料总是基础。早在1983年,吕叔湘就指出:"进一步开展近代汉语词汇语法的研究,我以为有几件事要做。第一,做好资料工作。需要编写近代汉语文献的解题目录。……还应该辑印重要的文献资料,包括单独刊行的和汇编性质的。""第二,总结研究成果。""第三,编辑读本。"(《近代汉语读本·序》)有关近代汉语资料的介绍、整理就是在这个背景下开始做的工作。

在近代汉语资料整理和介绍方面,刘坚、蒋绍愚、江蓝生等做了许多工作。

刘坚曾撰《古代白话文献简述》(《语文研究》1982年第1期),对古代白话文献的类型、价值作了评介,为学者提供了参考。刘坚编著的《近代汉语读本》(上海教育出版社,1985)则是第一部专门介绍、选注近代汉语各类作品的著作,为普及、推广近代汉语研究作出了贡献。《读本》主要选注唐五代到明代(唐代以前的选录了三种,即《世说新语》3则、《百喻经》5则和《奏弹刘整》一篇)的接近口语的早期白话作品 40 余种,大体依照时代先后排列。这些篇目涵盖了近代汉语各个时期比较口语化的作品类型。目的在于给学习和研究汉语史的师生、语文工作者提供一份可读的参考资料,在近代汉语研究方面做些普及工作。每篇作品前面有题解性的说明,介绍有关情况、说明版本依据,作品后加上比较详细的注释,以帮助读者阅读。书后还附有"词语索引",方便检索。本书的出版是近代汉语研究日渐兴盛的标志之一,为吸引更多的人投身到近代汉语研究领域做了有益的工作。

在《近代汉语读本》基础上,刘坚又编撰出版《古代白话文献选读》一书(商务印书馆,1999)。本书是中国社会科学院研究生院的教材,和《近代汉语读本》相比,作者在所选的篇目上有所增补,另外在每篇作品后面增加了讨论题和参考书,以适应教学的需要。其他方面和《读本》相仿。

由刘坚、蒋绍愚主编,胡双宝、江蓝生、白维国、宋绍年、曹广顺编校,梅祖麟任顾问的《近代汉语语法资料汇编》(商务印书馆,1990—1995)是在梅祖麟的建议下编纂而成的,书前有梅氏和主编刘坚的两篇"序"及"编校说明"。全套书共分三卷,分别是唐五代卷、宋代卷和元代明代卷。本套书的 69 种入选篇目经过了精心挑选,考虑到了不同体裁、不同性质,是从唐代至明代中叶在不同程度上反映口语的作品的代表。编者对每篇入选的作品都认真选择可靠的版本(在"校记"第一条说明版本依据及所选内容),并作校勘,写出了"校记"。这套资料汇编给从事近代汉语语法、词汇等方面研究的人提供了可靠的语料,属于近代汉语研究方面的基础性工作。名学者做这样的工作,值得提倡。

用论文的形式来介绍白话语料的有:江蓝生《〈皇明诏令〉中的

白话敕令》(《语文研究》1988年第3期)、《〈燕京妇语〉所反映的清末北京话特色》(《语文研究》1994年第4—5期)、刘坚《〈训世评话〉中所见明代前期汉语的一些特点》(《中国语文》1992年第4期)等。

第九节 海外成果的译介、研究生培养及相关会议

一、海外成果的译介

随着学术交流的广泛进行，海外学者的研究成果也逐渐地被介绍、翻译过来，使得国内的学者有机会读到。在介绍海外学者成果方面，中国社会科学院语言研究所及北京大学的几位先生功绩很大，如：蒋绍愚和徐昌华合作，翻译出版了太田辰夫的《中国语历史文法》，这是本书自1958年在日本初版以来首次和我国的读者见面。江蓝生、白维国两位，先后翻译出版了太田辰夫、志村良治和香坂顺一的近代汉语研究著作，为国内学者了解日本方面的研究情况提供了便利。此外，近年来，商务印书馆先后出版了丁邦新、王士元、梅祖麟等人的论文集，也为读者提供了方便。

二、相关方向的研究生培养

20世纪70年代后期，恢复了研究生的招生制度，1978、1979两年各地招收了不少硕士研究生，他们中有不少人选择了中古、近代汉语方面的题目。例如：

《论并列双音词——郑玄注词汇研究》(吴庆峰，山东大学)、《〈三国志〉词语札记》(吴金华，南京师范大学)、《汉魏六朝佛经所见若干新兴语法成分》(董琨，中山大学)、《〈世说新语〉中魏晋及刘宋时期的新词和新义》(殷正林，北京大学)、《〈世说新语〉中的副词

研究》(侯兰生，兰州大学)、《〈世说新语〉中根词联结词缀的合成词》(丁根生，复旦大学)、《魏晋南北朝复音词研究》(郭芹纳，兰州大学)、《〈文心雕龙〉术语通释》(冯春田，山东大学)、《南北朝代词新探》(周光兰，武汉大学)、《敦煌写本〈燕子赋〉二种校注》(江蓝生，中国社会科学院研究生院)、《敦煌变文虚字初探》(俞忠鑫，杭州大学)、《唐人小说中动词"尾化"例释》(吕长仲，山东大学)、《元刊杂剧二种校注》(李崇兴，中国社会科学院研究生院)、《〈金瓶梅词话〉特殊词语汇释》(白维国，中国社会科学院研究生院)、《近代汉语俗语词研究方法刍议——读〈诗词曲语辞汇释〉〈敦煌变文字义通释〉》(袁泽仁，杭州大学)，等等。(参见江苏古籍1985)

三、近代汉语、中古汉语的学术研究

(一) 近代汉语研究的发展

进入20世纪80年代以来，近代汉语研究得到了空前的重视，日益繁荣，出现了许多标志性的成果和事件，包括：

1. 有自己的学术会议

在中国社会科学院语言研究所的直接领导下，1984年，在武汉华中工学院(后改名华中理工大学，现合并为华中科技大学)召开了首届近代汉语研讨会，此后每隔一年召开一次。第二届在上海(1986，上海教育学院)，第三届在深圳(1988，深圳大学)，第四届在西安(1990，陕西师范大学)，第五届在河南信阳(1992，信阳师范学院)，第六届在武汉(1994，湖北大学)，第七届在长沙(1996，湖南师范大学)，第八届在开封(1998，河南大学)，第九届在温州(2000，温州师范学院)，第十届在宁波(2002，宁波大学)，第十一届在徐州(2004，徐州师范大学)，第十二届在贵阳(2006，贵州大学)，第十三届在杭州(2008，浙江财经学院)。为国内外从事近代汉语研究的专家学者提供了相互交流、探讨的场合,在近代汉语研究方面起到了很好的宣传、推动作用。总起来看,划分近代汉语研究阶段已经成为语言学界的共识,并形成了一支较为稳定的研究队伍,成果也不断推出,许多研究成果填补了学术空白,取得了可喜的进展。

2. 有专门的研究单位和比较固定的研究队伍

中国社会科学院语言研究所设立了近代汉语室(2000年后,改名为历史语言学研究二室),先后有吕叔湘、刘坚、江蓝生、张惠英、钟兆华、白维国、曹广顺、吴福祥等人在此室任职。除了中国社会科学院语言研究所的专业研究队伍外,许多高校也有从事近代汉语研究的人员。特别是近些年来一批中青年学者开始崭露头角,取得了为学界所瞩目的研究成果,为本学科的发展作出了贡献。

3. 有专门的教材,招收这方面的学生

1985年,刘坚出版了《近代汉语读本》,此书从大量的近代汉语作品中选取了40篇作品,加上题解,并附上详细的注释,为普及近代汉语作了很好的尝试。中国社会科学院语言研究所及部分高校都招收近代汉语研究方向的硕士、博士研究生,为本学科培养了许多人才。

4. 有比较固定的论文发表园地

20世纪70年代末80年代初以来,随着近代汉语研究的深入展开,国内许多刊物定期或不定期地刊登近代汉语的研究论文,如《中国语文》《语言研究》《语文研究》《古汉语研究》《语言科学》《汉语学报》等刊物基本上每期都会刊发若干篇近代汉语研究或与之有关的研究论文。一些大学的学报也专辟近代汉语栏目,如《徐州师范大学学报》(哲学社会科学版)有一个"近代汉语研究"栏目,经常刊发相关论文。商务印书馆先后出版了《近代汉语研究》(1992)、《近代汉语研究(二)》(1999),选收了提交给历次近代汉语讨论会或在学术刊物上公开发表的部分论文。此外,浙江大学汉语史研究中心成立后,采用以书代刊的形式出版了自己的刊物,取名为《中古近代汉语研究》,2000年已经出版了第一辑。2001年起改名为《汉语史学报》,出版了第二辑;至2009年,已经出版了八辑,第九辑正在排校中。同人刊物如《语言学论丛》《汉语史研究集刊》《历史语言学研究》等也经常刊登这方面的论文。

5. 有较以前多得多的论著

20世纪70年代末80年代初以来,国内外出版的近代汉语方面的专著、发表的论文汗牛充栋,车载斗量。据不完全统计,80年代发表的近代汉语论文在千篇以上,90年代发表的近代汉语论文多达1200篇,出版的专著达百本之多,形势十分喜人。

6. 在成果不断推出的同时,研究方法也成为学者关注的问题

近年来,海外的丁邦新、梅祖麟、王士元,国内的蒋绍愚、江蓝生、鲁国尧、李如龙等先生注重研究方法的创新,强调研究的科学性,提倡综合研究、交叉研究,把近代汉语研究和中古汉语、现代汉语以及现代方言联系起来。

总之,80年代以来的近20年间,是近代汉语兴起并得到快速发展的阶段,当前这个领域的研究势头很好,研究队伍在扩大,研究也朝着纵深的方向发展,这是令人欣喜的。

(二)中古汉语研究的发展

从20世纪70年代后期以来,随着学术研究的复兴,中古汉语研究全面崛起,其中的词汇研究取得了较快的发展,成果迭出,研究队伍和领域也在扩大,呈现出前所未有的兴盛局面。表现在以

下几个方面：

有自己的学术会议。2000年10月,在北京,由北京大学汉语语言学研究中心举办了首届中古汉语学术研讨会,结束了中古汉语研究领域没有自己的学术会议的历史。2001年9月,在杭州,由浙江大学汉语史研究中心举办了第二届中古汉语学术研讨会。2002年10月,在苏州,由复旦大学、苏州大学共同举办了第三届中古汉语学术研讨会。2004年10月,在南京,由南京大学、南京师范大学共同举办了第四届中古汉语学术研讨会。2006年,在芜湖,由安徽师范大学举办了第五届中古汉语学术研讨会。2008年,在成都,由四川大学文新学院汉语史研究所举办了第六届中古汉语学术研讨会。

有相关的研究单位和固定的研究人员。在全国部分高校中,出现了相应的研究机构,如浙江大学汉语史研究中心就有"中古汉语研究所",北京大学汉语语言学研究中心、复旦大学古籍所、四川大学文新学院汉语史研究所、湖南师范大学文学院、南京大学文学院、南京师范大学文学院等院校均有一批从事中古汉语研究的专家学者。此外,中国社会科学院语言研究所历史语言研究二室以近代汉语研究为其特色,但也有先生如曹广顺等已经把研究的领域扩展到中古汉语时期。

有专门的教材和参考书。早在20世纪90年代初,方一新、王云路就编撰出版了《中古汉语读本》;在此基础上,2006年,编者又出版了《中古汉语读本》的修订本,为高校或相关读者阅读、了解中古汉语作品提供了参考。

有比较固定的论文发表园地。除了《中国语文》《语言研究》《古汉语研究》《语文研究》等专业刊物继续刊发中古汉语研究论文外,诸如新办刊物《语言科学》《汉语学报》,以书代刊的北京大学汉语语言学研究中心主办的《语言学论丛》、四川大学汉语史研究所主办的《汉语史研究集刊》、浙江大学汉语史研究中心主办的《汉语史学报》、中国社会科学院语言研究所主办的《历史语言学研究》等相关刊物都会刊登一些中古汉语方面的研究论文,为学者提供了较多的发表园地。

本章参考文献

白维国　1991　《金瓶梅词典》,中华书局。
蔡镜浩　1990　《魏晋南北朝词语例释》,江苏古籍出版社。
陈五云　2000　《从新视角看汉字:俗文字学》,河南人民出版社。
方一新　1989　《〈世说新语〉语词研究》,杭州大学博士学位论文。
——　1997a　《东汉魏晋南北朝史书词语笺释·前言》,黄山书社。
——　1997b　《读〈世说新语考释〉》,《古籍整理研究学刊》第2期。
方一新　王云路　1993a　《中古汉语读本》,吉林教育出版社;修订本,上海教育出版社,2006。
——　1993b　《〈世说新语辞典〉(张永言等)读后》,《中国语文》第5期。
冯春田　1990　《〈文心雕龙〉语词通释》,明天出版社。
符淮青　1996　《汉语词汇学史》,安徽教育出版社。
顾学颉　王学奇　1983—1990　《元曲释词》,中国社会科学出版社。
郭在贻　1985　《训诂丛稿》,上海古籍出版社。
——　1986　《训诂学》第九章及附录二"俗语词研究参考文献要目",湖南人民出版社;新版《训诂学》,中华书局,2005。
——　1992　《郭在贻语言文学论稿》,浙江古籍出版社。
——　1993　《郭在贻敦煌学论集》,江西人民出版社。
郭在贻　张涌泉　黄征　1990　《敦煌变文集校议》,岳麓书社。
胡竹安　1989　《水浒词典》,汉语大词典出版社。
黄　征　1997　《敦煌语文丛说》,台北新文丰出版公司。
——　2005　《敦煌俗字谱》,上海教育出版社。

黄　征　张涌泉　1997　《敦煌变文校注》,中华书局。
江蓝生　1989　《魏晋南北朝小说词语汇释》,语文出版社。
——　2000　《演绎法与近代汉语词语考释》,载《近代汉语探源》302—304页,商务印书馆。
江蓝生　曹广顺　1997　《唐五代语言词典》,上海教育出版社。
江蓝生　曹广顺　吴福祥　1996　《近代汉语研究的回顾与前瞻》,《中国语言学的现状与展望》,外语教学与研究出版社。
江苏古籍出版社　1985　《研究生论文选集·语言文字分册(一)》后附78、79级语言文字专业研究生毕业论文部分目录(274—275页),江苏古籍出版社。
蒋冀骋　1993　《敦煌文书校读研究》,台北文津出版社。
——　1998　《新中国成立以来的近代汉语研究》,《二十世纪的中国语言学》,北京大学出版社。
蒋礼鸿　1997　《敦煌变文字义通释》增补定本,上海古籍出版社。
——　1994　《敦煌文献语言词典》,蒋礼鸿主编,黄征、张涌泉、俞忠鑫、方一新、颜洽茂编撰,杭州大学出版社。
蒋绍愚　1998　《近十年间近代汉语研究的回顾与前瞻》,《古汉语研究》第4期。
——　2005　《古汉语词汇纲要》,商务印书馆。
李崇兴　黄树先　邵则遂　1998　《元语言词典》,上海教育出版社。
李　申　1992　《金瓶梅方言俗语汇释》,北京师范学院出版社。
梁伍镇　2000　《论元代汉语〈老乞大〉的语言特点》,《民族语文》第6期。
廖　奔　1989　《宋元戏曲文物与民俗·冯序》,文化艺术出版社。
刘　坚　1985　《近代汉语读本》,上海教育出版社。
——　1987　《"治鱼"补说》,《中国语文》第6期。
刘　坚　蒋绍愚　1990—1995　《近代汉语语法资料汇编》,商务印书馆。
罗维明　2003　《中古墓志词语研究》,暨南大学出版社。
骆晓平　1991　《"碗盘"乎?"五碗盘"乎?》,《文史知识》第5期。
吕　澂　1980　《新编汉文大藏经目录》,齐鲁书社。
吕叔湘　1982　《新版〈敦煌变文字义通释〉读后》,《中国语文》第3期。
吕叔湘　江蓝生　1990　《评项楚〈敦煌变文选注〉》,《中国语文》第4

期。
钱学烈　1991　《寒山诗校注》,广东高等教育出版社。
任半塘　1987　《敦煌歌辞总编》,上海古籍出版社。
汪维辉　1994　《〈中古汉语语词例释〉读后》,《语言研究》第2期。
王国维　1925　《最近二三十年中中国新发见之学问》,《学衡》2卷45期；收入《王国维论学集》207页,中国社会科学出版社。
王启涛　2001　《魏晋南北朝语言学史论考》,巴蜀书社。
王　锳　1990　《唐宋笔记语辞汇释》,中华书局；修订本,2001。
———　2005　《诗词曲语辞例释》第二次增订本(第3版),中华书局。
王　锳　曾明德　1991　《诗词曲语辞集释》,语文出版社。
王云路　方一新　1992　《中古汉语语词例释》,吉林教育出版社。
魏耕原　2001　《全唐诗语词通释》,中国社会科学出版社。
吴金华　1995　《世说新语考释》,安徽教育出版社。
———　1995　《古文献研究丛稿》,江苏教育出版社。
———　2001　《古文献整理与古汉语研究》,江苏古籍出版社。
———　2007　《古文献整理与古汉语研究续集》,凤凰出版社。
吴士勋　王东明　1992　《宋元明清百部小说语词大辞典》,陕西人民教育出版社。
吴铁声　1981　《我所知道的中华人》,载《学林漫录》第四集24—38页,中华书局。
项　楚　1990　《敦煌变文选注》,巴蜀书社；修订本,中华书局,2006。
———　1991a　《敦煌文学丛考》,上海古籍出版社。
———　1991b　《王梵志诗校注》,上海古籍出版社。
———　1995　《〈敦煌歌辞总编〉匡补》,台北新文丰出版公司。
———　2000　《寒山诗注》,中华书局。
杨伯峻　1979　《从汉语史的角度来鉴定中国古籍写作年代的一个实例——〈列子〉著述年代考》,《新建设》1956年7月号；收入《列子集释》"附录",中华书局。
姚永铭　2003　《慧琳〈一切经音义〉研究》,江苏古籍出版社。
袁　宾　段晓华　徐时仪　曹澂明　1997　《宋语言词典》,上海教育出版社。
詹伯慧　1995　《第四届国际闽方言研讨会述评》,见《中国语文》第5期,

398—399页。
张万起　1993　《世说新语词典》,商务印书馆。
张锡厚　1983　《王梵志诗校辑》,中华书局。
张　相　1955　《诗词曲语辞汇释·叙言》,中华书局。
张永言　1960　《古典诗歌"语辞"研究的一些问题》,《中国语文》第4期,收入作者《语文学论集》(增补本),语文出版社,1999。
——　1964　《读〈敦煌变文字义通释〉偶记》,《中国语文》第3期,收入作者《语文学论集》(增补本),语文出版社,1999。
——　1985　《两晋南北朝"书""信"用例考辨》,《语文研究》第2期,收入《语文学论集》(增补本)第247—255页,语文出版社,1999。
——　1992　《世说新语辞典》,四川人民出版社。
张涌泉　1995　《汉语俗字研究》,岳麓书社。
——　1996　《敦煌俗字研究》,上海教育出版社。
[日]志村良治　1995　《中国中世语法史研究》,江蓝生、白维国译,中华书局。
周一良　1985　《魏晋南北朝史札记》,中华书局;又收入《周一良集》第一卷,辽宁教育出版社,1998。
周志锋　1998　《大字典论稿》,浙江教育出版社。
——　2006　《明清小说俗字俗语研究》,中国社会科学出版社。

第十五章 中古近代汉语词汇研究简史·现代期(下)·概论类

上一章,我们对 20 世纪以来的中古近代汉语词汇研究考释类著作作了评述。本章讨论的内容有三:一是概论类的近代汉语、中古汉语词汇研究著作;二是词汇演变及词义理论探讨;三是近五年来研究的新动向和新进展。

第一节 中古近代汉语概论类著述

一、通史性著作

20 世纪 50 年代至 80 年代,一直没有专门研究中古近代汉语词汇的著作出版,只有几部通史性、专史性的著作如王力《汉语词汇史》、潘允中《汉语词汇史概要》、史存直《汉语词汇史纲要》、向熹《简明汉语史》等有所涉及,兹评述、介绍如下。

在汉语史的几个部门中,研究词汇史的难度最大。因为和语音、语法相比,词汇如同一盘散沙,难于提纲挈领,抓住系统。陆宗达说:"在汉语史中,词汇史又是最难写的。因为词汇比之语音、语法更具体,尤其是它的意义,简直可以说一个词竟有一个特点,不容易总结出规律来,连分类都难得穷尽。所以很多写词汇方面书籍的人就专在构词法上作文章,不然就用逻辑的研究来替代语义的研究,词义成了只能单个儿讲没法谈规律的东西。"(《汉语词汇史概要·序》)潘允中也说:"我觉得研究词汇史是很吃力的。"(《汉语词汇史概要·后记》)的确是经验之谈。尽管难,还是有学者知难而进,开辟疆土,王力和他的《汉语史稿》就是这一领域的开山之作。

(一)王力的汉语词汇史研究

1.《汉语史稿》

追本溯源,我们不能不提到王力《汉语史稿》(科学出版社,1957)。这是汉语史领域的第一部通史性专著,是汉语史学科建设的一个里程碑。"文革"后王力对此书进行了修订增补,改成《汉语语音史》《汉语语法史》和《汉语词汇史》三卷分别出版。书中对汉语语音、语法和词汇的描写、分析经常涉及近代汉语研究,在这一研究领域做了垦荒性的工作。

已故北京大学教授王力,是现代语言学界的巨擘,在语言学的许多领域都进行了开创性的研究,取得了卓越的成绩。在汉语史研究领域也是如此。以 1980 年中华书局新 1 版的《汉语史稿》为例,全书共三册,凡 613 页,总字数为 51.7 万。其中上册绪论、语音部分共 212 页,17.8 万字;中册语法部分共 281 页,23.7 万字;下册词汇、结论部分共 120 页,10.2 万字。显然,词汇的分量最轻。但筚路蓝缕,这样已属不易。《史稿》下册共有两章,其中第四章是"词汇的发展",共分八节:汉语基本词汇的形成及其发展、鸦片战争以前汉语的借词和译词、鸦片战争以后的新词、同类词和同源词、古今词义的异同、词是怎样变了意义的、概念是怎样变了名称的、成语和典故。

据我们的粗略统计,在第四章中,作者总共举了766个例子,其中先秦534个,占69.7%;六朝65个,占8.5%;唐宋167个,占21.8%,元明清时期例证阙如。这里,详于上古而疏于中古和近代是十分明显的。

《史稿》的特点之一是,比较重视基本词汇的研究,例如:在"汉语基本词汇的形成及其发展"一节中,作者分别讨论了"自然现象""肢体""方位和时令""亲属""生产""物质文化"六个方面的词汇,所举的都是基本词,例如:

上古没有"脸"字,作者对它的来源作了考察。"'脸'字出现较晚。《说文》没有'脸'字。到第六世纪以后,'脸'字才出现。不过,当时'脸'只有'颊'的意义,而不是'面'的同义词。'脸'字的这种意义,一直沿用到唐宋时代。杜牧诗:'头圆筋骨紧,两脸明且光',温庭筠诗:'芙蓉调嫩脸,杨柳堕新眉'。'脸'字在口语中代替了'面'字是很后的事。"(498页)

古时以"兄""姊"称哥哥、姐姐,后代则易称为"哥""姐",这种变化是什么时候产生的? 换句话说,"哥""姐"是怎么来的? "《说文》:'哥,声也。从二可,古文以为歌字。'这和'哥哥'的'哥'没有关系。从唐代起,'哥'字开始在口语里代替了'兄'字。例如:岐王等奏之云:'邠哥有术。'……这'哥'字可能是外来语。""《说文》:'蜀谓母曰姐',《广雅》:'姐,母也',《广韵》:'姐,羌人呼母',《集韵》:'肥,母也,或作姐。'我们认为现代汉语的'姐'是'姊'字古音

的残留；'蜀谓母曰姐'的'姐'字也是'姊'字的转音。"（506页）

《史稿》的另一特点是始终贯穿历史发展的观点，对词义的变迁作历时的考察。例如：

仅

"仅"字在唐代是"差不多达到"的意思。它是甚言其多，不像近代的"仅"字甚言其少。（561页）例如：

江国逾千里，山城仅百层。（杜甫诗）

士卒仅万人。（韩愈《张中丞传后叙》）

此类例子还有不少，如：

消息

"消"是"灭"，"息"是"生"（《文选·七发》李善注），"消息"本是等立仂语，等于说"消长"。……到了第五、六世纪以后，"消息"才有"音信"的意义。（562页）

处分

唐代以前所谓"处分"，是"委任"或"安置""处置"的意思。……现代所谓"处分"，是对犯了罪或犯了错误的人的处理。（562页）

这才是语言学家对汉语史的研究，是既具有现代语言学观点、同时又掌握了一定的中古、近代汉语语料而探讨词义演变的例子。尽管其中的一些结论今天看来值得商榷，但从历史的角度看，王力是汉语词汇史研究的开创者，功莫大焉。

除了具体的词汇研究外，作者还进一步提出了词汇史研究的理论问题：

摆在我们面前的迫切任务是编纂一部历史性的《汉语大词典》，这部词典的主要工作是放在词义的历史研究上。在词典中，词义的历史发展应该是分别研究的，又应该是互相联系

的。("古今词义的异同"546页)

编纂《汉语大词典》的工作,后来在周恩来、邓小平同志的直接关心和领导下,从1975年开始着手编写。1986年,《汉语大词典》第一卷出版,1993年,第十二卷出版,从确定编写、收集材料、正式编写到全部出齐,历时近二十年。《汉语大词典》的编纂方针是"古今兼收,源流并重","着重从语词的历时演变过程加以全面阐述"。("前言""后记")但比较早就提出了《汉语大词典》编纂设想及原则的当是王力的《汉语史稿》。

> 如果为了编写一部《汉语大词典》,古人的研究成果还是不够用的,因为:(一)他们只注意上古,不大注意中古以后的发展;(二)他们只注意单音词,不大注意复音词。所以这一方面的工作是还需要投入巨大的人力,才能有所成就的。("古今词义的异同"563页)

"只注意上古,不大注意中古以后的发展","只注意单音词,不大注意复音词",这是十分中肯的批评,真是一针见血!实际上,这也正是传统训诂学有关词义研究的主要缺陷,近代汉语、中古汉语词汇研究的兴起,正是适应了这一需求,填补了以往的空白。

2.《汉语词汇史》

20世纪80年代初,王力对《汉语史稿》进行了全面修订,在《汉语史稿》上、中、下三册的基础上,修订出版了《汉语语音史》《汉语语法史》《汉语词汇史》。其中,1983年9月至1984年4月,王先生修订《汉语史稿》下册("词汇的发展"一章),在原书的基础上,做了这样几项工作:首先增写了两章,即第二章同源字和第三章滋生词;其次是将原来"汉语悠久光荣的历史"这一内容扩张成了"汉语对日语的影响""汉语对朝鲜语的影响""汉语对越南语的影响"

三章；其他各章的内容也有不少充实和修改。[①] 以第一章为例，原书六小节，新书改为七小节，各节名目也有很大的不同：

《汉语史稿》	《汉语词汇史》
（一） 自然现象的名称	（一） 原始社会的词汇
（二） 肢体的名称	（二） 渔猎时代的词汇
（三） 方位和时令的名称	（三） 农牧时代的词汇
（四） 亲属的名称	（四） 奴隶时代的词汇
（五） 关于生产的词汇	（五） 封建社会的词汇
（六） 关于物质文化的词汇	（六） 上古社会的衣食住行
	（七） 历代词汇的发展

不光是名目上的差别，在实际举证上也有很大的差异。《汉语词汇史》第一章第七节"历代词汇的发展"指出："上古社会里，汉语词汇已经相当完备了。但是随着社会的发展，新事物不断产生，也就不断产生新词。"举"纸、砚、碗、案、碓、硙、帆、艇、寺、庵、塔、观"十二字为例。这十二字都是《汉语史稿》未曾讨论过的。例如，谈到"砚"，考证汉代才有砚台，《释名》："砚，研也，研墨使和濡也。"字也作"研"。举《后汉书·班超传》《晋书·陆机传》为证。"碗"，《说文解字》《方言》有释，举《抱朴子外篇·广譬》《晋书·周访传》为证。"碓"，举桓谭《新论》《邺中记》为例。"帆"，字亦作"颿"，上古行舟，有楫而无帆，帆始于汉代。《释名》："随风张幔曰帆。"东汉以来始用"帆"字。"寺"，汉初是官署的意思，佛教传入中国后，用来指称佛寺。"庵"，字也作"菴"，原是小草舍的意思。《释名》："草圆屋曰蒲。……又谓之庵。"尼姑所居曰庵，则又是近代的事了。"观"，道

---

① 参看《王力文集》第十一卷《汉语词汇史》卷前的"编印说明"。

教的庙宇叫"观"(guàn),大约起于南北朝。"塔"字最初见于晋葛洪《字苑》,大约产生于魏晋时代,举《魏书·西域传》《洛阳伽蓝记》为证。总之,这十二字基本上都是汉代以来产生的新词,作者举的例证绝大多数也是中古时段的,可以说在中古汉语常用词研究方面作了很好的示范。①

第四章"古今词义的异同",在列举了 32 个例子(都是常用词),逐一说明其产生、演变年代后指出:"词义是发展的,而且变化的情况要比一般人所料想的复杂得多。过去我们的文字学家在这一方面做了许多研究工作,取得了很大的成绩。但是,他们只注意上古,不大注意中古以后的发展;他们只注意单音词,不大注意复音词。所以这一方面的研究工作,还要投入巨大的人力,才能取得令人满意的成绩。"(615 页)精辟而中肯。

新增的"同源字"一章,列举了大量用例后作者说:"由上面大量的例子看来,汉语的词汇是聚族而居的。从前我们以为汉语词汇是一盘散沙,那是错误的。它是一群一群的同源字共同构成的。"可见增写这一章,是为了探讨词汇系统,这种探索是否很成功姑且不论,但无疑会给后人以启发。

第六章"概念是怎样变了名称的",讨论了多个常用词的词义演变,如说"'走'当行路讲,大约起源于明代""('错')由交错的意义引申为错误的意义,大约起源于唐代(或较早)""《论衡》和《搜神记》都有害怕的'怕',但是不常见。直到唐代以后,'怕'字才大量出现了""到了汉代以后,'偷'字才有了窃的意义""'输'字用作输

---

① 从举证来看,有些词的使用年代还可提前,但作者意在说明其是新词,并不刻意追求最早用例。

赢的'输',大约是在六朝以后""'赢'字用作输赢的'赢',大约是在隋唐以后""'硬'字大约产生在隋唐以后""一直到魏晋南北朝时代,还是用'食'字表示吃"等等,都对新词、新义的产生年代作了考察,虽然有些结论尚可讨论,但作者无疑在中古常用词研究方面导夫先路。

王力《汉语史稿》《汉语词汇史》)问世后,一直没有同类著作出版,这个局面到20世纪80年代后期才得到改变。先后问世的有潘允中、史存直两位的概论型著作。

(二)潘允中、史存直的汉语词汇史研究

1. 潘允中《汉语词汇史概要》

上海古籍出版社,1989。写于20世纪80年代中期,共分八章,其中如第一章"汉语词汇史概说"第三节"近代词汇发展的特点"、第二章"汉语构词法的发展"第三节"近代至现代构词法的发展"、第六章"汉语古今借词和译词的来源(上)"、第七章"汉语古今借词和译词的来源(下)"等章节中,都对包括中古、近代汉语词汇在内的许多词汇问题做了比较深入的研究。

如第四章"同义词的发展变化"讨论到"具有修辞色彩同义词的发展"(第四节),举到描写美貌的同义词有8个,即好、佳、美(一般的美)、丽(光彩夺目的美)、艳(容貌丰满的美)、妩媚(姿态可爱的美)、窈窕(姿态幽闲的美)、妖冶(艳丽而不正派的美)。每个词又分别演化出相应的表示美貌的词。关于"笑"的同义词,作者指出从上古到近代陆续产生了大概20个以上,如笑(一般的笑)、哂(表讥讽感情的微笑)、莞尔(微笑)、粲然(盛笑)、逌(攸)尔(讥笑)、辴然(喜笑,带有自得之意)、哄堂(满屋子同时发笑)、绝倒(笑得很厉害,前仰后合,几乎要倒了)、捧腹(捧着肚子大笑)、喷饭(也是极言笑得凶的描写语)、齿冷(指笑得嘴巴合不拢,使牙齿也冷了,这里面含有鄙夷的感情色彩)、轩渠(举手而笑)、解颐(指欢笑,原是个词组)、解颜(和"解颐"义同)、胡卢(指喉间的笑声)、哑哑(笑声)、哑然(形容笑声)、嫣然一笑(形容笑得美)。(104—106页)作者一口气举了近二十个,时间上横跨了上古、中古和近代,所谈的是很有意思的现象。

2. 史存直《汉语词汇史纲要》

华东师范大学出版社,1989。全书共分五章,其中第二章"社会发展和词汇的新陈代谢",概说之后,分别讨论了甲骨文、周秦时代、汉魏六朝时代、隋唐宋时代及元明清时代的词汇特点;第四章"构词法的发展"、第五章"汉语中的借词和译词"等章节都讨论了中古、近代汉语词汇的问题。

如第一章"基本词汇的形成和发展",在谈到"关于自然现象、自然物的名称"由单音词发展为双音词时举"日"和"太阳"一例说:"从词义学的观点来说,'阳'有'高明'之义,而'阴'有'幽暗'之义,所以古人很早就用'阳'字来表示'日'了。……到了汉代,阴阳五行之说盛行,阴阳家们索性就称'日'为'太阳',称'月'为'太阴'。后来,'太阳'这个名称进入到一般词汇里,而'太阴'这个名称却始终只在阴阳五行范围内使用。这就是'太阳'代替了'日'字的过程。"并举《汉和帝永元二年诏》《吴越春秋》、曹植《洛神赋》《世说新语·宠礼》和杜甫诗五例,认为前两例还带有阴阳家的气味,后三例已用为一般词语,可见至迟在魏晋南北朝时代"太阳"已进入一般词汇了。作者又指出须注意两点:第一,虽然"太阳"在魏晋南北朝就已经进入一般词汇,但当时"日"是否已完全为"太阳"所代替,却还难说。因为现代方言里还有不用"太阳"而用"日头"的。第二,现代普通话"太阳"已经代替了"日"或"日头",但这也只是就"太阳"本身来说的,"日"字还保留在很多复合词中,作为词根,其造词能力仍是很强的。(7—8页)① 这样的研究才称得上是"词汇史"的研究。

(三) 向熹的汉语词汇史研究

向熹《简明汉语史》,高等教育出版社,1993年,两册。

进入20世纪90年代后,又出版了一部堪称后出转精的汉语史研究论著,这就是向熹的《简明汉语史》。

这是继王力《汉语史稿》之后第二部研究汉语史的力作。全书由"绪论"和上、中、下三编、"结论"组成,"三编"是主体内容,分别论述了汉语语音史、词汇史和语法史。其中对中古汉语、近代汉语发展史的论述翔实系统,颇见功力。这里重点分析《简明汉语史》的"绪论"和中编"汉语词汇史"部分。

"绪论"共分五节,其中如第一节"研究汉语史的目的意义和观点方法"主要阐释了两个问题:一是研究汉语史应注意的几个问题,即:①注意语言的时代特点;②区分通例和特例;③注意语音、词汇、语法各方面的联系。二是研究汉语史的方法,即:①归纳;②比较;③统计;④实证;⑤探源;⑥转换;⑦推演。第五节"汉语发展史的分期"一节参照王力、吕叔湘的观点,把汉语史分为四个时期:上古期(公元前18世纪到公元3世纪,即商、周、秦、汉时期)、中古期(公元4世纪到公元12世纪左右,即六朝、唐、宋时期)、近代期(公元13世纪到公元20世纪初,即元、明、清时期)、现代期

---

① 关于"日""日头"和"太阳",王力(1957:495—496)、潘允中(1989:44—46)、洪诚(2000:109)都有过讨论,请参看。

（五四运动到现在）。

"绪论"第二节"研究汉语史的依据"指出："魏晋以后，书面语和口语的距离日益加大。六朝骈文讲究骈偶、对仗、辞藻和用典，远离了口语实际。……六朝开始出现一种比较接近口语的书面语——古白话。南北朝《世说新语》、《齐民要术》、佛经翻译、唐代变文、宋人语录、宋元话本、元代杂剧，以及明清小说……都用白话写成，它们是研究中古和近代汉语的主要依据。六朝乐府、民歌，唐诗，宋词，许多也很通俗，应用了大量口语，无疑也是研究中古和近代汉语的重要依据。我们原则上不是根据骈文和古文来研究中古语言，但古文中也可能吸收当时若干口语成分。"（11页）对研究中古汉语语料问题作了很好的论述，具有指导意义。此外，作者关于汉代、魏晋南北朝语言特点的论述（26—29页）、关于汉语史分期的意见和中古汉语的特征的几点概括等研究也很重要，值得认真参考。

中编"汉语词汇史"分三章分别讨论了上古汉语、中古汉语、近代汉语词汇的发展。

第二章"中古汉语词汇的发展"，分别论述了中古汉语单音词、复音词和词义的发展、外族文化对中古汉语词汇发展的影响、同义词的发展、成语的发展等六方面的问题。有点有面，有概述，有实例。如其中论及同义词的发展，讨论的情形包括：①单音词和单音词同义。表现为两方面：一是词义变化形成同义关系，如灰—尘、帽—冠、穿—著、疾—患、挑—担。二是新词和旧词形成同义关系，如楫、棹—桨、惧—恐—怕、满—盈、拍、运—般（搬）。②单音词和复音词同义。有两种情况：一是复音词的一个词素和单音词相同。如波—波浪、堤—堤塘、堆—堆积、懒—惰—惰—懒惰—惰惰—惰懒。二是复音词的两个词素都和单音词不同。如虎—大虫、写—抄录。③复音词和复音词同义。有三种情况：一是同义词中既有相同词素，又有不同词素。如兜子—兜笼、关心—关怀（均为前一词素相同）、鼓动—煽动、手力—脚力（均为后一词素相同）、疲极—极苦、求守—守请（均为甲词后一词素和乙词前一词素相同）。二是同义词中两个词素相同，词素顺序相反。如比邻—邻比、问讯—讯问（其中一词产生于上古）；笆篱—篱笆、峻急—急峻（两个词都产生于六朝）。三是两个同义词的词素完全不同。如标格—风范、茄子—落苏、收拾—并当、抬举—提拔。④多个复音词构成同义关系。(560—576页)研究是十分深入而细致的。

第三章"近代汉语词汇的发展"，其论述大体可以分为两个方面：一方面探讨了近代汉语词汇自身的发展，即词汇在内因作用下的发展演变，有第一节"近代新词的产生和蒙语、满语对汉语词汇的渗透"的前两小节、第二节"近代汉语复音词的发展"、第三节"近代汉语词义的发展"、第五节"近代汉语同义词的发展"、第六节"近代汉语成语和谚语的发展"等。另一方面也注意到外部环境对近代汉语词汇的影响，即词汇在外因作用下的发展演变，有第一节"近代新词的产生和蒙语、满语对汉语词汇的渗透"的第三小节、第四节"近代西方文化对汉语词汇发展的影响"两节。

文学作品中充斥着大量的方言口语成分，是近代汉语词汇的一大特点。作者在第一节第二小节专门讨论近代汉语词汇的口语方言词，把它们归纳为三类情况：第一类是生命力比较短暂的词，这类词数量不少，有的一度应用相当广泛，但在现代普通话和方言中都不存在了。如"粑子"，也作"巴子"，粑粑，饼类食品。"盖老"，市井隐语，称丈夫为盖老，妻子为底老。"胡柴"，胡说，乱说。"脚叉",蹊跷,奇怪可疑。第二类是保存在现代方言里的词。这类词在现代普通话里已经不复存在,但方言里仍然保留着。如"望头",希望。在吴方言、湘方言里仍用,普通话只说"盼头"。"爬拉",用筷子把食物连续往嘴里拨。现在北方方言仍然保存着。"糜糟",也作"糜槽""熬糟",肮脏。今云南蒙自等方言仍然保存此词。①"快性",爽快,畅快。今湘方言仍如此说。第三类是形式上保存而意义发生变化的词。具体又有两种:一是近代复音词有两个或几个意义,现代保存了部分意义。如"巴结",近代汉语中有两义:①奋斗,努力争取;②奉承,讨好。现代汉语中只有后一义而无前一义。"出色",近代汉语中有两义:①超出一般,有特色;②出力,卖力。现代汉语中"出色"没有"出力、卖力"义。二是近代汉语复音词原有的意义已完全消失,现在用的是别的意义。如"开除",近代有两义:①解脱,免除;②除掉,杀死。现代此词是指将成员除名,是对犯了严重错误的人的一种处罚,含有贬义,和两个近代义不同。"洒脱",近代是摆脱的意思,动词。现代汉语"洒脱"指言谈举止自然而不拘束,形容词。(607—617页)

第四节专论"近代西方文化对汉语词汇发展的影响",资料丰富,例证翔实,写得扎实。作者指出:"明代由于西洋文化传入而产生的借词和新词大都限于科学技术方面,而鸦片战争以后,尤其是戊戌变法前后产生的借词和新词,不仅包括近代科学技术各个领域,而且包括人民生活的各个方面。"并指出这些词语主要有三个方面的来源:一是借用日译词或日语借词。关于(日本人用汉字构造新词进行意译的)日译词,书中举了"地质学"等162个;来自古

---

① 今浙江台州方言仍有"糜糟"一词,义为糟糕、狼狈或尴尬,和古义不同。

代汉语的日译词,举了"博物"等38个;日语借词,举了"财阀"等56个。二是印欧语借词。借用的方式有完全音译的,举了"阿德门"(灵魂)等26个;有音兼义译的,举了"百倍虫"等9个;有半音半义译的,举了"爱克斯射线"等20个例子。三是自创新词或旧词新用。关于自创新词,书中举了"报纸"等45个;旧词新用,举了"大使"等12个例子。此外,作者还对同一事物或概念而有不同的译名及发展趋势作了论述,要之都能结合实际用例,条分缕析,举一反三,给读者以不少启发。

此外,关于中古、近代汉语词汇研究,还有一些单篇的论文也有涉及。在20世纪80年代以来,随着个别词语考释工作的蓬勃兴起,一些从较宏观的角度探讨中古、近代汉语词汇研究意义、材料及方法、研究现状的文章也续有问世。① 这里酌举数篇以见之。

王锳曾撰《试论古代白话词汇研究的意义与作用》一文,指出文章讨论的"古白话词汇",就是张相《诗词曲语辞汇释·序言》所说的"流行于诗词曲之特殊语辞"的"语辞",但有两点"须加说明":"第一,张书由于体例关系,研究的对象仅限于诗词曲三种韵文;而我们则认为应扩大到包括散文在内的一切半文半白和纯属白话的文献。第二,唐宋金元明固然是古代白话成熟的时期,但其萌芽,则不妨上溯魏晋。"这里所说的两点都很正确,第二点尤具卓识,说明作者已经认识到中古汉语词汇与近代汉语词汇之间的渊源关系,把二者的研究贯通起来。王锳的文章列举实例,说明加强古代白话词汇研究的作用是:①有助于消除汉语史研究中的薄弱环节,

---

① 这与老一辈学者的重视、倡导有关,如王锳在《近代汉语词汇语法散论》的《后记》里说:"在20世纪80年代,吕叔湘先生曾赐函笔者,要求笔者'除了词语考释以外,是否也写一点通论性的文章'。"

有助于对现代汉语词汇的形成作出科学、全面的说明;②有助于提高大型词书的编纂质量,增强其科学性、实用性;③有助于提高古籍整理工作的质量。

20世纪80年代以来,郭在贻曾撰写了一系列文章,论述了训诂学、俗语词研究的意义与现状,如《训诂知识与语文教学》《训诂学与古籍整理》《训诂学与辞书编纂》等,就汉魏六朝以来的俗语词研究在语文教学、古籍整理和辞书编纂工作中的作用进行了论述,对当时的近代汉语词汇研究现状作了总结。郭在贻的《训诂学》专辟第九章对俗语词研究的意义、历史与现状、材料和方法以及展望等问题作了论述。就俗语词的研究方法而言,该书概括为"审辨字形""比类综合""据对文以求同义词或反义词""据异文以求同义词或近义词""即音求义""探求语源""方言佐证"七种,对初学者具有指导意义。

蒋绍愚也先后撰著了《近十年间近代汉语研究的回顾与前瞻》《关于汉语史研究的几个问题》等文章,他的《20世纪的古汉语词汇研究》是对20世纪整个古汉语词汇研究的回顾与总结,也有相当的篇幅论述了中古、近代汉语词汇研究,继《古汉语词汇纲要》后,又一次提出了"汉语历史词汇学的建立"的问题。

徐时仪《古白话词汇研究论稿》(上海教育出版社,2000)。文言和古白话是贯穿数千年汉语发展史的两条主线,在吕叔湘等设想的影响下,本书首次对"古白话词汇"作了系统研究,打通中古、近代汉语,是一种饶有新意的尝试。写作主旨"主要是介绍古白话文献,论述古白话词的研究概况"(见《后记》)。全书共分十二章,着重论述了古白话词汇的定义分期、研究意义、重要语料、来源特点、研究概况、研究方法等,论述全面,资料详实,在评述、介绍的同时,也不乏作者自己的研究心得。(参看方一新、姜兴鲁 2004)

管锡华《古汉语词汇研究导论》(台湾学生书局,2006)。本书是作者"古汉语词汇学"课程的讲义,内容包括:(1)研究现状;(2)研究语料;(3)研究选题;(4)研究方法。作者所称的"古代汉语词汇"指五四以前的汉语词汇,故讨论对象包括了中古近代汉语词汇。据作者《后记》,课程定位于"如何引导学生做古汉语词汇研究论文特别是学位论文之上",因此,新增了"研究选题"一节,并结合具体论著分析"研究方法",这对研究生选题和查找材料等都具有指点门径的作用,有较高的实用价值。

二、专史性著作

通史性之外,有关近代汉语概论性的著作也陆续问世。

(一)蒋绍愚的近代汉语研究

蒋绍愚在近代汉语语法、词汇研究领域都有精深的造诣,在近代汉语研究通论、概述方面也有不少成果。

1.《古汉语词汇纲要》(北京大学出版社,1989)

该书系统研究了古汉语特别是上古汉语词汇及相关问题,涉及中古和近代汉语词汇。作者用一章(第九章)的篇幅,论述了"关于近代汉语词汇的研究"。本章分为两节,第一节是"近代汉语词汇研究的概况",第二节是"近代汉语词汇研究的方法"。在第二节中,作者着重介绍了词语考释的方法,概括为六种,即:认字辨音、参照旧注、排比归纳、因声求义、参证方言、追溯语源。每种下面都辅以实例,具有指导意义。

2.《近代汉语研究概况》(北京大学出版社,1994)

是已经出版的近代汉语概论性著作中介绍最为全面、学术水平最高的一部,堪称是一部全面研究近代汉语的力作。本书对近代汉语研究的诸多问题作了系统的阐述和评介,内容包括近代汉语绪论,近代汉语研究资料;半个世纪以来国内外在近代汉语语音、语法、词汇以及作品的断代和方言成分的考察等方面的研究成果。

本书的特点有四:一是研究全面,深入浅出。书中对近代汉语研究的相关问题都作了翔实深入的研究,专业工作者可以从中了解近代汉语相关学科的最新研究动态,掌握不少信息,初学者则可以了解有关近代汉语的概貌和研究方法。二是资料丰富,作者是近代汉语研究的专家,对本领域的研究状况了如指掌,书中征引的国内外近代汉语研究的专著和论文达二百多种。特别是书中用不少篇幅介绍了国外学者的研究成果,信息量大。三是对有争议的问题,作者采取比较客观的态度,尽量如实地介绍,间或也发表作者自己的看法,既可供读者抉择和参考,也有助于了解当前的研究现状和发展趋势。四是在介绍近代汉语研究成果的同时,还注意结合具体问题,介绍近代汉语的研究方法,帮助初学者入门和掌握。

本书有很多精彩的地方,如在第一章"绪论"中,作者在王力、吕叔湘等研究的基础上,谈了他对汉语史分期问题的意见:主张"三分法",即古代汉语、近代汉语、现代汉语。并进而认为近代汉语的上限可以提前到唐代初年,其下限可以定在18世纪中期(清初)。作者给近代汉语下的定义是:"近代汉语是从唐初到清初人们在口语和反映口语的书面语中使用的汉语。"(7页)"近代汉语是这样一个历史时期:那些使得现代汉语区别于古代汉语的语法、语音、词汇诸要素,绝大多数在这个时期中先后出现,并且在这个时期中发展、定型;等到现代汉语的语法、语音、词汇系统形成,这个时期就告终结。"(4页)关于近代汉语研究的资料,作者将它分为语法词汇和语音两大类。语法词汇的研究资料,主要就是在近代汉语时期中反映口语的文字。主要见于三类作品:一是用白话写的文学作品,包括敦煌曲子词、敦煌变文、宋元话本、金元时的诸宫调、元杂剧、白话小说等;二是为特定目的而作的口语的实录,包括禅宗语录、理学家语录、外交谈判记录、司法文书、直讲体、会话书等;三是散见于文言作品中的白话资料,如诗、词、曲中反映口语的语句或词语,笔记、史传中反映口语的片断或词语等。并分唐五代、宋代(附金代)、元代、明代几个时期分门别类地介绍了语言资料。此外,作者特别重视语料的鉴别,列专节予以阐发,把这个问题提到了重要的地位,这是很有道理的:语料是研究的前提和基础,语料出了偏差,研究就失去了前提。第五章是"近代汉语词汇研究",在本章中,作者分"近代汉语词汇研究的概况""近代汉语词汇研究的方法"两节对近代汉语词汇作了论述。

作者对近代汉语研究资料的介绍十分详尽,并强调语料鉴别的重要性;学术视野开阔,对海内外尤其是海外学者的研究动态了然于胸,娓娓道来;对近代汉语研究方法的介绍和举例也很全面妥帖,便利初学;还在词汇研究方法中特别提到要重视"常用词演变的研究""各阶段词汇系统的研究""近代汉语词汇发展史的研究"等,是很有远见卓识的。本书是作者十多年前写的,为了反映(1992年以来)的研究状况,前些年,作者对原书作了认真、深入的修改、充实,出了修订本。①

(二) 其他学者的近代汉语研究

1. 蒋冀骋、吴福祥《近代汉语纲要》(湖南教育出版社,1997)

本书对近代汉语各个方面作了系统全面的研究,是一部厚实而有分量的近代汉语研究专著,凡50万字。书名《纲要》,是想和湖南语言学前辈周秉钧的《古汉语纲要》相配套。蒋冀骋此前已经出版了《近代汉语词汇研究》和《近代汉语音韵研究》,吴福祥也有《敦煌变文语法研究》问世,因此,两位联袂撰写本书可谓驾轻就熟。

全书分五个部分:①绪论,论述了近代汉语研究的意义和上下限;②文字,介绍有关字书,论述俗字的形成和特点;③音韵,论述自晚唐至明清时期语音的特点、演变情况;④词汇,论述近代汉语词汇的特点、词义系统、演变规律、词义考释方法等;②⑤语法,论述晚唐五代以来旧语法形式的消亡、新语法形式的产生和发展。所论涉及近代汉语研究的方方面面,是研究近代汉语的人不可不读的一部书。

2. 张永绵《近代汉语概要》(沈阳出版社,1989)

本书是第一部近代汉语领域概论性的著作,是填补空白之作,具有开拓性。作者从语音、词汇、语法等方面对近代汉语研究作了介绍和论述。受当时研究水平的限制,《概要》的内容比较单薄,有关论述也不够深入。

---

① 此书的修订本《近代汉语研究概要》已于2005年由商务印书馆出版,作者在原有基础上,作了较大规模的修改、增补。
② "词汇"编共有七章,分别讨论了"近代汉语词汇的特点""近代汉语的构词法""近代汉语的词义""近代汉语词汇与语言诸要素的关系""近代汉语词义与社会文化生活""近代汉语的语源""近代汉语词义考释方法"等问题。参看后评述蒋冀骋《近代汉语词汇研究》部分。

3. 袁宾《近代汉语概论》(上海教育出版社,1992)

这是一部近代汉语研究的概论性著作,20.6万字。[1] 作者是20世纪80年代来近代汉语研究领域起步较早的几位学者之一,在近代历史词汇、语法方面成果较丰硕。

全书有六章,前三章是"绪论""文献""研究方法",介绍了近代汉语概况、研究语料和方法;后三章是"语音""词汇"和"语法",对近代汉语的这三方面的研究作了介绍和评述。受作者研究专长的限制,后三章的论述中,语法、词汇较详而语音较略。[2] 本书的特点是:重视近代汉语的研究方法,除辟有专章讨论外,在《语法》一章的开头就首先探讨"语法研究的若干视角","词汇"一章也列有"词语训释法"一节,并能结合作者自己的研究心得和体会来谈;如考证"好不"(36—37页)、考察"被字句"(41—42页、237—244页)等。

在第五章"词汇"中,作者从"近代汉语词语新貌""词的结构""词的意义""同步引申""词语的历史演变和地域差异""模式词语""倒序词语""倒反词语""偏义词语""词语训释法"十个方面探讨了词汇问题,都列举了很多例子。

4. 杨建国《近代汉语引论》(黄山书社,1993)

本书也分为六章,依次是"绪论""近代汉语的语料文献""近代汉语的参证文献""近代汉语文献整理说略""词义考索与词语研究""语法散论"。其中第三、四两章是本书的独创,其余各章也时有作者自己的见解和妥恰的例子。书中没有谈到近代汉语语音研究的情况,有关词汇和语法等章节也显得单薄,不够深入和系统。

---

[1] 据作者的序中自述,本书原是为本科生和研究生讲课的教材,定稿于1989年。
[2] "语音"(49—75页)、"词汇"(76—136页)、"语法"(137—268页)三章,分量呈逐步递增之势。盖作者擅长语法研究,所以"写来较为从容,所占篇幅也较大"。("序")

三、断代历史词汇的概论型要籍

在近代汉语研究的历程中,早年以词语考释型著作为主,进入到20世纪80年代末、90年代,则词汇方面概论型著作也逐渐问世。具体可分为通代研究、断代研究、专书研究、专类研究等几类。

（一）通代研究

"通代研究"著作,主要是近代汉语阶段的,这方面的著作有多部。有的著作似乎是研究历史语法的,但实际上涉及的有代词和其他虚词,都与近代汉语词汇研究有关,现择要介绍如下。

1. 蒋冀骋《近代汉语词汇研究》（湖南教育出版社,1991）

全书"绪论"而外,共分十章,分别为:近代汉语词汇的来源,近代汉语构词法研究,近代汉语词义研究,近代汉语词汇与语言诸要素的关系,近代汉语词义与社会文化、生活,近代汉语语源研究,近代汉语虚词研究,近代汉语词义考释方法,俗字研究和敦煌文书校理方法研究。另有《论近代汉语的上限》一文作为附录收于书末。

本书是作者在博士学位论文基础上形成的国内第一部近代汉语词汇研究专著,因而许多方面的研究都具有开创性,填补了空白。例如,在"绪论"中,作者探讨了"近代汉语词汇研究的意义""近代汉语词汇研究的历史和现状""近代汉语的上下限"问题。关于近代汉语的上限,国内学者尚有不同意见,作者通过对音韵、词汇、语法三方面的考察,赞同吕叔湘的晚唐五代说。第三章分"近代汉语语词意义系统研究""近代汉语词汇间意义关系研究""近代汉语词义的运动和发展"三节讨论了近代汉语语词、词汇意义间的关系和词义的运动发展,从共时和历时的不同层面对近代汉语词义问题作了研究。第五章则从城乡差别、礼仪、医学、天文历法、音乐杂艺、典章制度、哲学思想七个方面讨论了社会文化、生活对词义的影响。蒋礼鸿指出,本书有两个优点:一是"一般研究语言的,大抵是就语言谈语言,不越语言雷池一步。而作者则注意到社会生活、文化对近代汉语词义的影响,立专章加以阐发。这样,使近代汉语词义的一部分重要的根源得以上溯明白,比之静态地就语言谈语言开阔多了"。二是"书中能吸收并时学者研究的成果而加以推衍"。("弁言")

2. 吕叔湘著、江蓝生补《近代汉语指代词》(学林出版社,1985)

现代语言学意义上的近代汉语语法研究始于吕叔湘,他撰于20世纪40年代(1985年正式出版)的《近代汉语指代词》,是第一部系统研究六朝、唐宋代词系列的专著。《近代汉语指代词》对三身(人称)代词、指示代词和疑问代词作了深入的研究,并对一些代词的来源谈了自己的看法,如"你""他"的来源、"什么"的前身、复数"们"的早期形式等。虽然有些问题还有待于作进一步的研究,但《指代词》的草创之功,殊不可没。

3. 刘坚、江蓝生、白维国、曹广顺《近代汉语虚词研究》(语文出版社,1992)

本书的四位作者都是研究近代汉语的专家。全书分为三大块:第一块为"绪论",分别介绍了关于划分近代汉语历史年代的几种有代表性的意见,近代汉语的主要文献资料,新中国成立以来近代汉语研究的概况和研究方法。第二块为"虚词专论",这是本书的主体部分,重点讨论了29个虚词,连同附带涉及的7个,共有36个。讨论的词类包括助词、介词、连词、副词、词缀,其中尤以动态助词和疑问副词方面着力较多。虚词研究是汉语语法研究的重要内容,书中讨论的虚词都是作者的研究心得,语料比较可靠,立论常有新意,结论比较可信。第三块为"近代汉语论著索引",这个索引所收集的时间跨度为1978—1989年间国内外的有关论著。专著在前,论文在后,论文以通论、语法、词汇、语音、校勘等为序,并把论题相同或相关的排列在一起,为读者提供了便利。

4. 曹广顺《近代汉语助词研究》(语文出版社,1995)

本书是作者近十年来研究近代汉语助词的一个小结。全书分为五章,即绪论、动态助词、事态助词、结构助词、语气助词。对近代汉语助词作了比较系统深入的研究。作者研究的特色有三:[①]一是具有很强的全局意识,把助词放在整个近代汉语语法体系中进行研究,不是单单地就助词而论助词。"绪论"一章从宏观的角度,讨论了"近代汉语助词系统"和"影响近代汉语助词产生及发展的几个因素"。二是具体的研究深入而细致。作者往往把助词放到语法格式中去研究,如在讨论动态助词"着"时,指出"着"本是动词,有附着、置放义,汉代以后,"着"开始虚化。首先是跟在动词之后,表示附着性结果;其次是跟在一般动词之后表示动作结果;再次是表示动作状态的持续和进行这样三个阶段。经过三个阶段的抽象和虚化,"着"的动词义逐渐虚化,最终成为一个助词。三是学风严谨,征引广博。从书后所附"主要引用文献目录"来看,本书征引的典籍包括《全唐诗》《全唐文》《朱子语类》《太平广记》等卷帙较多的文献资料,凡112种,足见作者所下的功夫。

5. 马贝加《近代汉语介词》(中华书局,2002)

近代汉语的介词、连词主要有"和""共""连"等。这几个词原本都是动词,六朝以后逐渐产生了介词、连词的用法,刘坚、马贝加

---

① 参看书前刘坚的"序"。

等人有专文讨论。此外,马贝加的"近代汉语介词研究"是国家社科基金资助的研究课题,其最终成果《近代汉语介词》已由中华书局出版。

《近代汉语介词》分"引言""表示处所的介词""表示时间的介词""表示对象的介词""表示方式和原因的介词""表示范围的介词"六章组成。由于近代汉语介词主要是由上古、中古汉语发展而来,有许多一直沿用到现代汉语,"所以,这本书的书名是《近代汉语介词》,但实际上几乎是从古到今的整个汉语介词的研究。全书收介词100多个,每一个介词都分义项考察其历史发展"。[①]作者的目的是"理清东汉至明清时期汉语介词发展过程的线索,探究近代汉语介词范畴形成的原因"(第一章"引言",2页)本书是迄今为止最为详尽、系统的近代汉语介词研究专著,作者经过多年的积累,下了很大的功夫。但正因为时间跨度大,涉及的介词多,故有些介词的描写和考察尚待深入,若干结论亦可再作斟酌。

6. 孙锡信《近代汉语语气词》(语文出版社,1999)

全书分为四章,即"引论""唐五代语气词的更迭""宋元时期语气词的发展""明清时期语气词的沿革",对近代汉语时期的语气词作了较为系统的研究。"引论"论述了汉语表达语气的手段和语气词的界定,其"汉语语气词发展历史鸟瞰"一节,对汉语语气词从上古到中古、近代的历史和发展作了概要的回顾和评述。

7. 杨荣祥《近代汉语副词研究》(商务印书馆,2005)

1998年,北京大学中文系杨荣祥博士以"近代汉语副词研究"为题撰写博士学位论文并通过论文答辩,该博士学位论文入选商

---

① 见蒋绍愚《近代汉语介词·序》。

务印书馆中国语言学文库第3辑,已于2005年由商务印书馆出版。

全书分"引言"和"近代汉语副词概貌""近代汉语副词的分类""近代汉语副词的结构形式""近代汉语副词的来源""近代汉语副词的组合功能""近代汉语副词的发展"六章,对近代汉语副词作了全面、翔实的研究,书后附《敦煌变文集》《朱子语类》《新编五代史平话》和《金瓶梅词话》四种文献副词表。

本书的主要内容是:①对副词重新定义,确定了在文献中判定副词的标准;②选择《敦煌变文集》等四种近代汉语时期有代表性的语料,确定了其中的641个副词,并按其语义特征和功能特征,将它们分为11个副词次类;③在穷尽描写的基础上,讨论了近代汉语副词的结构形式、来源发展,考察了副词形成的条件和演变发展的规律。作者的主要贡献是:明确了近代汉语副词的确定标准和类别,提出了意义和功能相结合划分副词次类的原则;考察了641个近代汉语副词,并溯源探流,勾勒了汉语副词的历史演变轨迹;概括了副词演变的规律,指出副词的形成有直接虚化和间接虚化两个途径,副词的形成主要取决于语义基础、句法位置、语用因素三项条件,论述了因线性排列而形成的"重新分析复合式合成词"。不足是近代汉语时期横跨近千年,本书主要依据《敦煌变文集》《朱子语类》《新编五代史平话》和《金瓶梅词话》四种文献进行研究,在语料选择方面显得过窄。[1]

(二)断代研究

1. 李文泽《宋代语言研究》(北京线装书局,2001)

---

[1] 参见《近代汉语副词研究》后附曹广顺、吴福祥的"专家评审意见"。

宋代属于近代汉语早中期,本书是对宋代语言的断代研究。全书分《导言》《语音编》《词汇编》和《语法编》四部分。其中《词汇编》又分为"宋代语言词汇的特点""新词的构成""宋代语言词汇的意义体系""词语的词源结构"四节,作者参与编纂《全宋文》工作达十年之久,接触到大量宋代文献,积累了丰富的感性认识,为本书的撰写打下了基础。本书的研究比较平实,论述也比较全面周详,如《词汇编》第一节讨论"宋代语言词汇的特点",作者总结为:①俗语词大量增加;②方言词与共同语并重;③隐语行话盛行;④外来语的影响;⑤社会文化习俗与宋代语言词汇。不足是宋代语料介绍得还不够,某些章节论述还有待于进一步深入。

2. 顾之川《明代汉语词汇研究》(河南大学出版社,2000)

"由于传统国学对历史口语的漠视,以及明代汉语资料浩繁,难于把握,明代汉语研究一直是汉语史研究的薄弱环节。"[1]由此,本书对难度很大的明代词汇作了全面研究,填补了研究空白。全书共分"绪论""明代白话文献""明代汉语词汇的构成(上)(中)(下)""明代汉语的新词新义""明代汉语词义的类聚关系""明代汉语构词法"八章,涉及明代词汇的方方面面。作者在借鉴前人成果的基础上,用汉语描写词汇学理论作指导,比较全面地描写近代汉语词汇的组成部分——明代汉语词汇,从不同角度、不同侧面揭示了明代汉语词汇的特点和演变规律,为近代汉语词汇史研究作出了贡献。此外,书后的"本书主要引用、参考文献""词语索引"两个附录为读者进一步研究和检索提供了方便。当然,明代词汇史跨度大,资料多,以往的研究比较薄弱,本书的论述线条较粗,部分章

---

[1] 见白维国为该书所作的"序"。

节还有待于作进一步的订补充实。

顾之川另有《明代汉语词汇与辞书编纂》(《古汉语研究》1996年第1期)等单篇论文发表。

(三) 专书研究

1. 卢烈红《〈古尊宿语要〉代词助词研究》(武汉大学出版社,1998)

全书共分六章:第一章绪论,介绍了《古尊宿语要》的概况、撰写宗旨等情况。[①] 第二、三、四章是代词研究,分别讨论了人称代词、指示代词、疑问代词;第五、六章是助词研究,分别讨论了动态助词、事态助词、结构助词和语气助词。本书利用新的禅宗语料,系统地描写了《古尊宿语要》的代词系统和助词系统,讨论了这两个词类旧体系的衰亡和新体系的兴起,充实、丰富了近代汉语的词类研究,是近年来这一研究领域的一部力作。

2. 董志翘《〈入唐求法巡礼行记〉词汇研究》(中国社会科学出版社,2000)

董志翘《〈入唐求法巡礼行记〉词汇研究》是国内外首次从语言学的角度对圆仁《入唐求法巡礼行记》一书作全面研究的专著。全书共分六章,分别研究、揭示了《行记》词汇的性质、研究价值、新词新义及口语词等,还对数十条疑难词语作了考释。作者的研究建立在充分掌握文献材料、作穷尽性研究的基础上,因而是很深入的,像对原书性质、研究价值及唐代口语词汇特点的揭示、对疑难词语的考释等都很翔实深入,多有创获。

[①] 《古尊宿语要》,成书于南宋绍兴初年,是后来《古尊宿语录》的母本。此书在中土失传已久,但在日本保存完整,是研究唐宋时期禅宗语录词汇的宝贵资料。

作者告诉我们,《行记》中不仅有唐代口语词汇,同时也有受日语影响的日语词,在利用时必须注意鉴别。《入唐求法巡礼行记》是一部唐代日本僧人的汉语作品,书中出现的新词新义是否都是唐代口语的表现,如何看待书中出现的语言现象,是值得我们思考的,作者以翔实的研究为我们提供了有益的启示。

3. 谭耀炬《三言二拍语言研究》(巴蜀书社,2004)

明代冯梦龙的《喻世明言》《警世通言》《醒世恒言》和凌濛初的《拍案惊奇》《二刻拍案惊奇》是我国古代最重要的话本、拟话本总集。本书以"三言二拍"语言为研究对象,全书共分七章,依次为:"绪论""'三言二拍'语言研究""语言研究的方法""'三言二拍'的俗字和俗语词""'三言''二拍'的语法特征""'三言二拍'的时代语言特征""'三言'中作品的断代蠡测"。与词汇史关系较为密切的,有第四、六等章,如第六章第三节"'三言二拍'俗语词例释",作者选择90个左右俗语词,多以吴语为证,进行考释;并对该词语在"三言"和"二拍"中出现的次数进行了统计,分别用"A""B"标出。

本书的不少条目是作者的创见,可以补正以往研究或辞书之阙失。如:热落,吴语指"热闹"或"热情热意"。"看官听说,大凡人情,专有一件古怪:心里热落时节,便有些缺失之处,只管看出好来。"(《二刻拍案惊奇》卷一八)"且说高愚溪初时在女婿家里过日,甚是热落,家家如此。"(同上,卷二六)(331页)检《汉语大词典》有"热落",释为"犹亲热",举《二刻拍案惊奇》《负曝闲谈》等例。"热落"有"亲热"(即谭书"热情热意")义,也有"热闹"义,《汉语大词典》不够全面。

象意,称心如意。"唐孺人听见丈夫说子母都发开,十分象意了。"(《喻世明言》卷二二)"妙通道:'一时也难得象意的。'"(《二刻拍案惊奇》卷三)也作"像意"。"他见那孩子取名善述,与己排行,先自不像意了。"(《喻世明言》卷一〇)(318页)《汉语大词典》只收"像意",未收"象意"。

本书的一些词条,如"生活""面汤""奢遮""生受""菜蔬"等条,《汉语大词典》均已收释,首例均引宋代用例,较本书所引的"三言二拍"为早。少数条目立条释义尚可商榷。

4.《〈后汉书〉语言研究》(巴蜀书社,2004)

杨小平《〈后汉书〉语言研究》,本书由三部分组成:①绪论,对《后汉书》、范晔和《后汉书》研究作了概述;②第一编,是《后汉书》词汇研究,研究了《后汉书》中的新词新义和古词熟语;③第二编,是《后汉书》语法研究,分15章,研究了《后汉书》中的实词、虚词和句式。其词汇部分的研究比较一般,缺乏深度;一些条目下指言"《辞源》未收",而未以《汉语大词典》为标的。

5. 殷正林《〈世说新语〉中所反映的魏晋时期的新词新义》(《语言学论丛》第12辑,商务印书馆,1984)

原文系完成于20世纪80年代初的汉语史硕士学位论文。文章对中古笔记小说名著《世说新语》的新词新义作了系统研究。作者从《世说新语》中选出的3000多个词,把它们和《诗经》《论语》《孟子》《春秋三传》《荀子》《墨子》等先秦要籍和《汉书》《论衡》、汉乐府诗等几部东汉著作相对照,发现其中有365个新词和118项引申义未见于这些著作,定为汉以后新生的词和义,并据此以探索魏晋时期新词和新引申义的特点。作者是较早利用专书作词汇史研究的学者,有关的研究方法和结论对后世产生了影响。

6. 张振德、宋子然主编《〈世说新语〉语言研究》(巴蜀书社,1995)

本书从词汇、语法两方面对《世说新语》作了比较全面的研究。共有二十章,词汇方面从第一章到第六章,分别是《世说新语》词汇概说、新生词、古语词、熟语、新生义、联绵词。虽不无发明,但所考释的部分词条前人时贤已有解释,作者大多没有提及。

7. 周日健、王小莘主编《〈颜氏家训〉词汇语法研究》(广东人民出版社,1998)

是《颜氏家训》语言方面较新、较全面的研究专著。词汇部分有《颜氏家训》词汇概貌、新词新义、古词古义、同义词、反义词、复音词的构成方式等,其中"从《颜氏家训》看魏晋南北朝汉语词汇的几个特点"一节概括了中古词汇的几大特点和词义发展的几种途径,较见功力。部分论述尚可深入,有些条目前人已有研究,似应参考。

8. 化振红《〈洛阳伽蓝记〉词汇研究》(中国文史出版社,2002)

本书是作者的博士学位论文(四川大学,2001)。共分七章,从文言词语、佛教词语、口语词、新词新义、复音词及独特的词汇现象等角度对《洛阳伽蓝记》词汇作了比较全面的研究。

(四) 专类研究

1. 佛典

这方面目前的著作尚不多见,佛经方面有朱庆之、俞理明、梁晓虹、颜洽茂等的著作。

(1) 朱庆之《佛典与中古汉语词汇研究》(台北文津出版社,1992)

该书是作者的博士学位论文,分为"汉文佛典的语言特点""佛典与中古汉语词汇的共时研究——微观篇""佛典与中古汉语词汇的共时研究——宏观篇""佛典与中古汉语词汇的历时研究"四章,首次以汉文佛典为基本语料,对中古佛典词汇作了比较系统的研究。本书的研究有点有面,点是东汉昙果和康孟详合译的《中本起经》,作者对其作了穷尽性的解剖和研究;面是整个东汉魏晋南北朝佛经。本书是在对整个中古佛经作系统研究的基础上写成的,其中诸如揭示汉文佛典语言特点及在中古汉语词汇史上的研究价值、考释中古佛典中的新词新义、探讨佛典语汇对汉语词汇双音化的影响、佛典语料与敦煌俗文学词语溯源等都很翔实深入。作者的立足点高,视野开阔,在理论方面也有建树:比较深入地探讨了词义演变方式,提出了"词义沾染"的主张,(李维琦 1992)对人们认识汉语词义演变现象具有启发意义。本书是中古汉语佛典词汇研究方面的第一部通论性的重要著作。稍感不足的是:强调佛典的研究价值方面有点过头。理想的词汇史研究应该把佛典与中土典籍结合起来,缺一不可。

此外,朱庆之还撰写了《佛经翻译与中古汉语词汇二题》(《中国语文》1990 年第 2 期)、《试论佛典翻译对中古汉语词汇发展的若干影响》(《中国语文》1992 年第 4 期)、《汉译佛典语文中的原典影响初探》(《中国语文》1993 年第 5 期)等文章,列举实例,对佛典语言对中古汉语词汇的影响等问题进行了讨论。

(2) 俞理明《佛经文献语言》(巴蜀书社,1993)

本书的篇幅不大,只有 10 万字,但内容还是比较丰富的,研究也相当深入。全书分为两大部分,前一部分为"佛教文献和佛经文学语言",是对佛典及其语言的概述和评介;后一部分为"从佛经用语研究中古代词",从佛典语料出发,比较系统地研究了中古时期的代词,是全书的主干部分。作者在《中国语文》等刊物也发表了数篇讨论中古汉语代词的论文。

(3)梁晓虹《佛教词语的构造与汉语词汇的发展》(北京语言学院,1994)

本书是作者在博士学位论文的基础上修改而成的。分成上、下两编：上编是"佛教词语的构造"，分别讨论了音译词、合璧词、意译词、佛化汉语、佛教成语和俗谚。下编是"佛教词语的创造带来汉语词汇发展的历史性转折"，详细论述了树立了吸收外来词的样板、扩充了汉语词汇的宝库、丰富了汉语词汇的构造方式、加速了汉语词汇双音化的进程、促进了汉语口语化的发展五个方面，力图从词汇史的角度，探讨佛教对汉语尤其是词汇所产生的重大影响。

此外，梁晓虹还著有《小慧丛稿》（香港亚太教育书局，1992），收有作者发表的有关佛教语言词汇与文化等方面的研究论文29篇。作者以研究佛教音译词、意译词、合璧词以及构词方式等见长，对普通语词特别是口语词涉及不多。

（4）颜洽茂《佛教语言阐释——中古佛教词汇研究》（杭州大学出版社，1997）

本书是作者在博士学位论文的基础上修改而成的。全书共分八部分，对魏晋南北朝佛教概况、佛典资料与版本、魏晋南北朝译经事业、译经文体、译经词汇构成、译经复音词结构模式及语义构成、译经词汇现象、译经词汇在汉语史上的地位及其功用等问题作了比较系统的研究，对正确认识译经词汇在汉语词汇史上的地位，揭示它在汉语史研究以及汉语语文辞书编纂中的功用等方面都具有一定的参考价值。书中的有些词语前人时贤已经有考释或论述，如能参考征引则更好。

2. 诗歌

（1）汉魏六朝诗歌上承《诗经》《楚辞》，下启唐诗宋词，在诗歌发展史上占有重要的地位。但以往对其语言词汇研究得很不够。进入80年代以来，开始有一批单篇论文发表，但多数属于考释类

文章。王云路则由撰写博士学位论文入手,对汉魏六朝诗歌词汇作了系统的研究,共有两部专著出版:

王云路《汉魏六朝诗歌语言论稿》(陕西人民教育出版社,1997)

本书是汉魏六朝时期诗歌语言研究的第一本专著,填补了研究空白。全书共分十章,对这一时期诗歌语汇的基本特点、源流演变、研究现状、研究意义等作了较为系统全面的考察,大致呈现出汉魏六朝诗歌语言的概貌。其中如《历代汉魏六朝诗歌语言研究的简略回顾》《汉魏六朝诗歌新词的构成类型》《汉魏六朝诗歌语词新义的产生方式》《汉魏六朝诗歌语汇的研究方法》等章都较有新意,具见功力。

王云路《六朝诗歌语词研究》(黑龙江教育出版社,1999)

这是作者在中古诗歌语言研究方面的又一部力作。全书分成上、下两编。上编为概说篇,论述六朝诗歌的构词方式、语汇特色、研究价值及研究方法等;下编为释词篇,这是本书的重点内容,集中考释了三百三十余条六朝诗歌语词,涉及新词、新义以及习语、俗语等,不少条目补正了《汉语大词典》的不足。诗歌语言是中古文献中比较特殊的一块,因为受韵律或字数的影响,遣词造句与散文自有不同。所以在利用诗歌语言研究相关的词汇问题(如构词法)时,应该充分考虑这一点。

(2) 蒋绍愚《唐诗语言研究》(中州古籍出版社,1990)

唐诗是唐代最有影响的文学体裁,不少名篇佳作脍炙人口。本书是系统研究唐诗语言的第一部专著。共分四章,比较系统地论述了唐诗的格律、词汇、句法和修辞。尤其是第二、三两章,讨论唐诗的词汇和句法,如第二章论述唐诗词汇的构成、研究唐诗口语词汇的意义、唐诗口语词汇研究的概况和方法;第三章探讨唐诗的句式、唐诗的省略、唐诗的错位、唐诗中几种特殊的句式等,都揭示了唐诗的词汇语法特点,是作者多年研究心得的总结,很见功力。书后有附录《唐诗词语小札》,收录了作者研究唐诗词语的三篇论文,即《杜诗词语札记》《唐诗词语札记》(一、二),凡考释唐诗词语99条,释义准确而简明,对研究唐代口语词有着很高的参考价值。总之,作者从宏观和微观两方面,对唐诗口语词汇、唐诗语言风格、特点等作了深入翔实的研究。

(3) 项楚《敦煌诗歌导论》(台北新文丰出版公司,1993)

本书对敦煌写卷中的诗歌特别是王梵志诗的语言特点等进行了论述。作者指出:"王梵志诗以'通俗'著称。……王梵志诗在语言上的突出特点是采用当时的口语写作,诚如三卷本王梵志诗集原序所云:'不守经典,皆陈俗语。'这和初唐文人诗坛继承六朝文风的浮华风格大异其趣,是吹进诗坛的一股强烈的清新空气。"(326—327页)"王梵志诗的直接影响,便是开创了唐代白话诗派,寒山、拾得直接继承了王梵志白话诗的传统,顾况、白居易直到杜荀鹤、罗隐等爱以俗语入诗的诗人,也多少受了王梵志诗的某种影响。"(332页)

又说:"在唐代民间,用白话写诗的风气已很盛行,所以在敦煌遗书之中,时时可以看到抄写卷子的人即兴创作的白话诗,如北京图书馆藏宿字99号卷子题诗:'写书今日了,因何不送钱?谁家无赖汉,迴面不相看。'就是抄手发泄对雇主不满的诗篇。"(330—331页)

凡此,都对读者了解敦煌白话诗的特点有帮助。

3. 敦煌词汇研究

(1) 陈秀兰《敦煌俗文学语汇溯源》(岳麓书社,2001)

本书是作者在硕士学位论文《敦煌俗文学语汇溯源——兼论佛典翻译对敦煌俗文学语汇形成的作用》(四川大学,1997)的基础上修订完成的。本书利用先唐汉译佛经,对敦煌变文等俗文学作品词汇进行溯源研究。共分三章,一、三两章,分别讨论了敦煌俗文学语汇溯源的意义、佛典翻译对敦煌俗文学语汇形成的作用;第二章敦煌俗文学语汇溯源是全书的主体部分,作者依据先唐译经,对敦煌俗文学作品(如《敦煌变文集》)中的"阿孃""爱念"等词语作了举证,提前了《汉语大词典》以及相关研究论著的例证。部分词语前贤已有考释,例证年代也比本书早。

(2) 陈秀兰《敦煌变文词汇研究》(四川民族出版社,2002)

本书系作者1997—2000年在四川大学所作的博士学位论文,作者在"前言"中提到,以往的敦煌词语研究论著"大都局限于个别词语的考释,尚未揭示变文词汇系统的特点。基于此,我们拟探讨变文词汇系统的特点,对变文中某些词汇现象作历史的追溯","把变文放在汉语词汇发展史上作动态的研究,看看汉语词汇发展到晚唐五代时期的变化"。作者的主要工作是:对敦煌变文词汇作了比较详尽的调查和研究,如第二章统计敦煌变文有新词1128个,其中,《汉语大词典》失收的有660个,例晚的有276个,引例与变文时代相同的有192个。(17—18页)在多举实例的同时,也尝试归纳词义演变的规律,如总结敦煌变文新词的产生方式为同义连文、词语重叠、词化、缩略等,有一定的参考价值。①

(3) 张小艳《敦煌书仪语言研究》(商务印书馆,2007)

---

① 具体的分类当可再作斟酌,如作者把"词化"界定为"是指一个类似于词的形式由于经常连用而凝固成词",以之指"同义连文"似亦无不可。

本书是作者在博士学位论文（浙江大学，2004）基础上修改完成的力作。全书围绕敦煌书仪这一原材料，分别探讨了其语言研究价值、文本特征、内容特色、新词新义、同义词、语汇的形成与流变等。作者对敦煌书仪文本的校理、俗字的考辨具见功力，对书仪词语的训释多有发明，纠正了以往的不少疏失；对敦煌书仪语汇特点、新词新义产生规律的揭示以及对研究方法的总结等都具有理论深度和实践意义，具有较高的参考价值。[①]

4. 史书

以往的研究往往把史书归入正统文言里，不大重视史书语料的价值。其实史书也有其特殊的一面：反映社会生活广泛，语料的整体数量大，并且保存了不少口语材料。应该给予应有的重视。

张能甫《〈旧唐书〉词汇研究》（巴蜀书社，2002）对《旧唐书》词汇作了较为系统翔实的研究，填补了近代汉语时期史书词汇研究的空缺；李丽《〈魏书〉词汇研究》（人民日报出版社，2006）较系统地研究了《魏书》词汇，并将其与《宋书》《北史》作了"异域同时"和"同域异时"的比较；高明《中古史书词汇论稿》（天津古籍出版社，2008）对中古史书的词汇作了较为全面的研究，并探讨了其在词典编纂和史籍点校方面的作用。此外，还有一批相关的硕博士学位论文。

王魁伟近年来发表了几篇有关汉语语料方面的论文，如《读太田辰夫〈中国语历史文法・跋〉》（《中国语文》1995 年第 2 期）《伪

[①] 参看书末所附项楚、吴福祥两位的"专家评审意见"。

书文献语料价值述略》(《汉语史学报》第三辑,上海教育出版社,2003)等,主张对汉语语料应该加以甄别,合理利用,研究和思考比较深入,值得重视。

5. 注疏

(1) 张能甫《郑玄注释语言词汇研究》(巴蜀书社,2000)

本书是作者的博士学位论文。作者以现存的郑玄的《毛诗笺》《三礼注》等著作为主要材料,对其中的词汇作了详尽的研究,填补了这方面的研究空白。作者提出要重视对注释语言的研究,这无疑是正确的;本书就是这一主张的具体体现。此外,作者还撰写了《东汉语料及同素异序的时代问题——对〈东汉语料与词汇史研究刍议〉的补说》(《古汉语研究》2000年第3期)、《郑玄注释语料在〈汉语大词典〉修订中的价值》(《西南民族学院学报》2001年第6期)等论文。

(2) 徐望驾《皇侃〈论语集解义疏〉语言研究》(浙江大学博士学位论文,2002)

六朝注释语言是研究中古汉语的重要组成部分,南朝梁皇侃《论语集解义疏》是六朝义疏体著作中唯一保存至今的一部,尚未有人从语言的角度对其作过系统研究。论文分"概说""皇疏研究的意义""皇疏词汇研究""皇疏语法的发展""结语"五章,从词汇、语法两方面入手,对皇疏语言进行了研究。着重分析书中反映的中古后期的语言现象,揭示了皇疏在汉语史上的地位和价值。

(3) 胡晓华《郭璞注释语言研究》(浙江大学博士学位论文,2005)

本文共分五章,依次为"绪论""郭璞注词语的特点与研究价值""郭璞注双音词构形研究(上)(下)""郭璞注中的口语词"。论文除了回顾、总结注释语言特别是郭璞注研究的历史外,对郭璞注词语的特点、研究价值作了揭示。如作者确认《尔雅·释诂》郭注的双音词共176个,其中,已见于先秦、西汉文献的词语93个,中古时期产生的词语83个,分别占52.84%和47.16%。又,郭注中未见于《汉语大词典》的词语有300个左右,其中有不少是中古时期习用的词语。三、四两章讨论了郭注双音词的类型,其中如关于词尾"子"的讨论等有不少独到的见解。作者讨论郭璞注中的口语词,首先为"口语词"作了定义,所释的口语词多为前人时贤未释、《汉语大词典》等辞书未收者,较有价值。

6. 常用词

常用词演变研究是近几年开始逐渐受到重视的研究领域,取得了引人瞩目的成绩。从近、现代看,涉及常用词研究的学者不少,如20世纪二三十年代的黎锦熙、何容、刘复等,五六十年代的王力,近十多年的王凤阳、蒋绍愚、张双棣、魏德胜、李宗江等。(参见汪维辉2000:5—6)

90年代中期,张永言与汪维辉合写的《关于汉语词汇史研究的一点思考》一文提出了加强汉语词汇史研究特别是常用词研究的主张,指出:"不对常用词作史的研究,就无从窥见一个时期的词汇的面貌,也无从阐明不同时期之间词汇的发展变化,无从为词汇史分期提供科学的依据。"(见张永言、汪维辉1995)振聋发聩,令人耳目一新。

(1)李宗江《汉语常用词演变研究》

本书是在汉语常用词研究方面的第一部专著,共分"专题讨论"和"个案研究"两大块。"专题讨论"收了八篇论文,对汉语常用词研究的有关理论问题作了比较深入的探讨。"个案研究"收了十篇论文,主要对一些虚词的历时替换问题作了专门的深入研究,如《"即、便、就"的历时关系》《"进"对"入"的历时替换》等。作者由现代汉语领域转而研究汉语常用词的历时变化,对汉语史研究者不无启发和促进。

(2) 汪维辉《东汉—隋常用词演变研究》

本书是作者在其博士学位论文基础上完成的一部重要著作,首次对中古(东汉魏晋南北朝隋)时期的常用词作了集中研究。本书讨论了先秦两汉魏晋南北朝时期产生又流传至今的部分常用词的更替演变,既提供了进行这一难度很大的研究工作的成功范例,又清晰地呈现出东汉至隋这一阶段常用词演变的基本面貌,为"中古汉语"这一汉语史分期主张提供了新的科学依据,是汉语常用词研究所取得的最新成果。作者态度谨严,征引详博,结论大抵可信。当然,个别词条的分析或结论也还可以商榷。

7. 复音词

在中古汉语词汇方面,有关复音词的研究起步较早,成果也较多,研究者有程湘清、张万起、韩惠言等。程湘清是较早进行复音词研究的学者,发表了《〈论衡〉复音词研究》《〈世说新语〉复音词研究》等论文。在中古作品的复音词研究方面有开创之功,影响较大。但程氏对复音词的划分范围较宽泛,一些词组和固定成分也划入其中。

张万起《〈世说新语〉复音词问题》(见《中古汉语研究》,商务印书馆,2000)指出,可以根据结合的紧密程度和是否有新的整体意义两方面情况来判定复音词;在判定古今一致的语言形式是词或非词时,要有历史观点,并注意语言的社会性;处理复音词和词组要慎重,不要随意扩大复音词的范围。文章不长,但所谈的问题比较深入,富有启发意义。

此外,还有如周俊勋《魏晋南北朝志怪小说词汇研究》(四川大学博士论文,2003/巴蜀书社,2006)、张凡《魏晋南北朝志怪小说同义词研究》(浙江大学博士论文,2006)等,不能尽举。

(五)个人论文集

近年来出版的个人论文集中,也有一些是和中古、近代汉语词汇研究相关的,择要介绍四种。

1. 梅祖麟《梅祖麟语言学论文集》(商务印书馆,2000)

梅祖麟的这本论文集收了多篇和近代汉语语法有关的论文,① 并经常是以"来源"为名,如《现代汉语选择问句法的来源》《现代汉语完成貌句式和词尾的来源》《词尾"底""的"的来源》《汉语方言里虚词"著"字三种用法的来源》《唐宋处置式的来源》等。梅氏的研究特点是:采用结构主义的观点,运用比较的方法,善于运用传世文献、出土文献和现代方言三重证据,考察每一语法现象,必定追本溯源,精辟分析,把句法研究和虚词研究结合起来,运用词汇扩散、词汇兴替等理论来解决语法词汇问题,熔语法学、音韵学、方言学、词汇学于一炉,在近代汉语语法学、汉语方言学等研究领域独树一帜。

2. 蒋绍愚《汉语词汇语法史论文集》(商务印书馆,2000)

论文集收入作者在汉语词汇史、汉语语法史、古典诗词语言研究等方面的论文 22 篇。其中与近代汉语词汇有关的有考释类文章《杜诗词语札记》《〈祖堂集〉词语试释》等四篇,理论探讨类文

---

① 也有发表在国内刊物上而未收入集中的,如梅祖麟《从语言史看几本元杂剧宾白的写作时期》(《语言学论丛》第十三辑,1984)一文。

章有《论词的"相因生义"》《关于汉语词汇系统及其发展变化的几点想法》《两次分类——再谈词汇系统及其变化》《内部构拟法在近代汉语语法研究中的运用》《"抽象原则"和"临摹原则"在汉语语法史中的体现》等,尤其是《近十年间近代汉语研究的回顾与前瞻》一文,对1985年至1998年间的近代汉语研究情况作了回顾,肯定取得的成绩,指出存在的问题,都很允当中肯。其中第五部分就近代汉语研究作了四点展望,对今后的研究工作具有指导意义。

3. 江蓝生《近代汉语探源》(商务印书馆,2000)

本书是作者已经发表的论文的选集,内容分语法、词汇和专语言三部分,全书共27篇论文,其中语法论文14篇,占了一半以上的篇幅,词汇论文7篇。语法论文中,多数文章是探讨虚词来源的,如《概数词"来"的历史考察》等;也有探讨语法化问题的,如《语法化程度的语音表现》。《从语言渗透看汉语比拟式的发展》等文章则和语言接触问题有关。词汇论文有两种类型,《"影响"释义》《"举似"补说》等5篇属于个别词语的考释、探源,《演绎法与近代汉语词语考释》《相关语词的类同引申》2篇属于方法、理论的探讨和总结。作者对词汇的研究具有历史观点,从历时的角度认真考察其来龙去脉,在研究角度和方法上也有创新,如对语法化问题的研究,对考释方法的探讨等,反映了作者的理论思考。

4. 王锳《近代汉语词汇语法散论》(商务印书馆,2004)

本书收集了作者有关近代汉语词汇、语法研究的单篇论文,一卷在手,阅读便利。

此外,几位中年学者的论文集如董志翘《中古文献语言论集》(巴蜀书社,2000)、《中古近代汉语探微》(中华书局,2007)、汪维辉

《汉语词汇史新探》(上海人民出版社,2007)、王云路《词汇训诂论稿》(北京语言文化大学出版社,2002)等也多有与中古近代汉语词汇相关的内容,都可参考。

(六) 相关的论文集

1. 程湘清等人的断代专题研究

20世纪80年代至90年代,山东社会科学院程湘清主编了一套"汉语史断代、专题、专书研究系列论集",十分引人注目。其中《隋唐五代汉语研究》《宋元明汉语研究》(山东教育出版社,1992)是这套五集系列论文集中有关近代汉语研究的两集(另外三集分别是《先秦汉语研究》《两汉汉语研究》和《魏晋南北朝汉语研究》)。《隋唐五代汉语研究》中有关近代汉语语法、词汇的文章有程湘清《变文复音词研究》、何乐士《敦煌变文与〈世说新语〉若干语法特点的比较》、冯春田《唐五代某些语法现象浅析》等。《宋元明汉语研究》中有何乐士《元杂剧语法特点研究》、冯春田《〈朱子语类〉"得""了""着"的主要用法分析》、程娟《〈金瓶梅〉动词研究》等。和前几集一样,上述各篇继续运用静态描写、历史比较、定量分析等方法,对自隋唐至明代的近代汉语语法、词汇进行了比较深入的研究。最后一集里,程湘清《汉语史断代专书研究方法论(代序)》一文结合实例,对几位作者的研究方法作了总结,提出了从事断代专书研究应该注意的几个问题,具有指导意义。

程湘清《汉语史专书复音词研究》(商务印书馆,2003)收入作者《汉语史专书研究方法论》《先秦双音词研究》《〈诗经〉中的复音"过渡词"》《〈论衡〉复音词研究》《〈世说新语〉复音词研究》《变文复音词研究》6篇长文,除了2、3两篇外,都和中古、近代汉语词汇有关,是一部不同时期专书复音词研究的论文集。

2. 近代汉语研究

《近代汉语研究》《近代汉语研究(二)》收入多篇近代汉语研究论文,包括部分词汇方面的论文,值得重视。

(1)《近代汉语研究》(胡竹安、杨耐思、蒋绍愚编,商务印书馆,1992)

收有《近代汉语的上下限和分期问题》《从"顷"字的模糊义说到"反训"说不能成立》《俗字研究与俗文学作品的校读》等通论性文章以及词汇训诂、音韵、语法方面的论文 26 篇,论文收到 1985 年为止。书后附有杨耐思编的《近九年来近代汉语语音论著简目》,收有 1978—1986 年间,近代汉语语音方面的论著 126 种。

(2)《近代汉语研究(二)》(蒋绍愚、江蓝生编,商务印书馆,1999)

本书选收 1986—1995 年间国内发表的近代汉语语法、词汇等方面的论文 25 篇,国内学者中,收入了吕叔湘、刘坚、项楚、郭在贻、王锳、蒋绍愚、江蓝生、张惠英、孙锡信、袁宾等人的论文,国外学者有日本学者桥本万太郎、折敷濑兴(和李行健合作)、法国学者贝罗贝、美国学者梅祖麟的文章,作者都是近代汉语语法、词汇研究方面的名家。书后附有张赪编的《近代汉语研究论著目录(1985—1995)》,系这十年间近代汉语语法、词汇研究方面的论文目录。

3. 中古汉语研究

(1)《中古汉语研究》(方一新、王云路编,商务印书馆,2000)

本论文集主要选录 20 世纪 70 年代末以来二十年间有关中古汉语研究领域的有代表性的论文,以展示这一领域的研究概貌。共选收论文 24 篇,大体按作品断代、词汇、训诂、语音、语法等类别排列,书后附"近二十年来有关中古汉语研究论文目录"。

(2)《中古汉语研究(二)》(朱庆之编,商务印书馆,2005)

体例与《中古汉语研究》相仿,主要收录以往发表过的优秀论文,也选录少量会议论文。本论文集的正文共收入文章19篇,包括"一、回顾总结""二、专题研究""三、学术评论"三大块。另有附录2篇,收入"中国内地中古汉语研究论文目录"和"日本近二十五年来中古汉语研究文献目录"两个目录。

第二节 理论阐发:词汇演变及词义理论探讨

近一二十年的汉语历史词汇研究,除了词语考释、专书、专题研究之外,在理论方面也取得了一定的突破和进展,学者们借鉴现代语言学理论,尝试揭示词汇结构、词义演变的规律,在解释方面迈出了可喜的步伐。

就国内语言学研究的现状而言,现代汉语学界的理论空气比较浓厚,对国外新的语言学理论比较重视,在引进、借鉴国内外语言学理论方面走在前面。相比较说,汉语史学界的理论空气显得薄弱,对新理论注意得不够,结合当今语言学理论来研究汉语历史语言就更少了。即便如此,还是有一些学者尝试新的研究视角和研究方法,这些探索值得注意。

一、从方法论方面提出指导性的意见

(一) 分清共时研究和历时研究

瑞士著名学者索绪尔提出了区分共时研究与历时研究的观点,指出:"语言是一个系统,它的任何部分都可以而且应该从它们共时的连带关系方面去加以考虑。"(索绪尔《普通语言学教程》,127页)

索绪尔提出"共时"和"历时"的观点,是为了强调"共时"研究的重要性,在历史比较语言学占主导地位的20世纪初叶,这是有针对性的观点,是完全有必要的。但在今天,我们认为:共时研究和历时研究具有同等重要的地位。从次序来看,共时研究是语言研究的基础和开端,而历时研究则是其拓展和深化。二者相辅相成,不可或缺。

以汉语词汇史研究为例,从事中古时期的汉语研究,应该以分阶段的共时研究为基础,比如东汉的词汇研究、魏晋的词汇研究、南北朝的词汇研究等,在此基础上,再进行整个中古汉语阶段的历史词汇研究。这里,每一阶段的研究可以称之为共时研究,打通起来的研究就是历时研究。而且我们认为,所谓"共时"和"历时"的观点也是相对的,相对于整个中古汉语阶段而言,魏晋、南北朝的研究属于共时研究;而具体而言,三国和西晋、东晋的研究,宋齐梁陈的每一朝代研究都属于共时研究,研究魏晋(自三国至东晋)、南北朝则又属于历时研究了。

我国学者也有类似的意见。蒋礼鸿《敦煌变文字义通释·序目》说:"研究古代语言,我以为应该从纵横两方面做起。所谓横的方面是研究一代的语言,如元代。其中可以包括一种文学作品方面的,如元剧;也可以综合这一时代的各种材料,如元剧之外,可以加上那时的小说、笔记、诏令等。当然后者的做法更能看出一个时代语言的全貌。所谓纵的方面,就是联系起各个时代的语言来看它们的继承、发展和异同。……无论是纵的和横的,都应该有较广泛的综合。"蒋先生所说的"横"和"纵",分别相当于索绪尔的"共时"和"历时"。要研究近代汉语词汇史,就应该先一个时代一个时代地把唐五代、宋元、明清各个时期的汉语历史词汇先摸清楚,进行共时研究，在此基础上，进一步作历时的综合研究（也即"纵"的研究）。

（二）主张点面结合

郭在贻师在和笔者的闲聊中，曾提出"读书要博，研究要精"的观点，强调研究时要抓住一个点（一部代表作）作精读，深入下去，然后"以点带面"。例如，治训诂之学，可以精读清人段玉裁《说文解字注》，郭师自己就"从头到尾读过三四遍"。"在研读《说文段注》的同时，我也读了不少清人的文集笔记，诸如《日知录》《潜邱札记》《十驾斋养新录》《癸巳类稿》《癸巳存稿》《陔馀丛稿》《札朴》《越缦堂读书记》《东塾读书记》等等。"（参见郭在贻1988）这里，《说文解字注》就是"点"，而围绕着段注的清人的有关笔记、清人其他的说文学著作就是"面"。这是治学的经验之谈，很有道理。

王锳《唐宋笔记语辞汇释》（中华书局，1990；修订本2001）对如何进行汉语词汇史研究也提出了值得重视的意见。在此书的"前言"中，提到古代语言研究时，作者引述了蒋礼鸿纵横两方面相结合的主张，并补充说："在横的也即共时研究的具体做法上，似乎还应该强调点和面的结合。这里所谓'点'，指的是专书词汇研究。如能选择若干部时代确切而有代表性的作品，对其中的词汇现象进行全面的穷尽式的分析排比，整理归纳，这无疑会给词汇史的研究与大型辞书的编纂打下坚实的基础。所谓'面'，则是从一代或一个历史阶段的某一类或几类体裁的作品中去博观约取，作为专书研究的一种补充，以利于克服专人专著在词汇面上存在的局限。"

（三）做好专书词汇研究

以做专书词汇研究见长的程湘清也就汉语史研究方法进行过总结。程湘清《写在前面——汉语史专书研究方法论》一文结合实例,对几位作者的研究方法作了总结,提出了从事断代专书研究应注意的四个方面,即:①选好专书,作穷尽式解剖;②分门别类,进行系统的静态描写;③探源溯流,作纵向历史比较;④采用数学方法,把定性分析同定量分析结合起来。[①] 作者曾对先秦双音词《诗经》《论衡》《世说新语》复音词作过系统研究,主编了《先秦汉语研究》等五本断代语言研究论文集,有丰富的实践经验和研究心得,故上述几个方面的意见对做好专书语言的研究工作具有指导意义。

二、阐释词义演变机制和规律

一直以来,汉语史的研究客观描写多,深入分析少;语言事实揭示多,语言规律讨论少。这无疑会影响汉语史研究向纵深发展,成为新时期汉语史研究进一步拓展、深入的瓶颈。

以汉语词义演变而言,以往的研究多是在本义、引申义,扩大、缩小、转移等上面打圈子,鲜见令人耳目一新的有深度的探讨。

从20世纪80年代开始,随着研究的深入,尝试在掌握大量词义演变事实的基础上进一步探讨词义演变规律、解释词义为什么演变和如何演变的文章多起来,令人振奋。

科学的词汇史研究,在词语考释、溯源探流的基础上,还应该加强"解释"的工作,探讨词义演变的原因,方式和规律,为认识同类现象,深化词汇学理论作出努力。

我们看到,近一二十年来,在历史词汇学研究领域,已经有许多学者探讨词义演变的方式和规律,提出了一些具有启迪作用的意见。

---

① 该文原系作者主编《宋元明汉语研究》的"序",收入程湘清(2003)。

(一) 相因生义

20世纪80年代初,蒋绍愚论述了词的"相因生义",列举了几组用例。例如:

"旧"有"曾"的"曾经"义(曾$_1$),后来相因产生了"曾"的"语气词"义(曾$_2$),前者系词义引申而来,后者则由"相因生义"而来。"报效神如在,馨香旧不违。"(杜甫《社日》)"旧不"就是"曾不",也就是"绝不""毫不"之义。

"呼"在六朝时有以为、认为义,"文适多体,便欲不清,不审兄呼尔不?"(陆云《与兄平原书》)这个义位的产生当和"谓"有关。"谓"是一个多义词,有"①对……说;②称为;③认为"等义位。"呼"原来已经具有和"谓"前二义相当的义位,受此影响和类推,就相因产生了第三个义位"认为"。并且当时已经有"谓呼"和"呼谓"连用的例子,表示认为、以为义。(参见蒋绍愚 1989:82—84)

针对同义词的"相因生义",作者概括说:"A 词原来只和 B 词的一个义位 B$_1$ 相通。由于类推作用,A 词又取得了 B 词的另一个义位 B$_2$,甚至取得了 B 这个字的假借意义 B$_2'$。这就叫词的'相因生义'。"

反义词也有"相因生义"的情况,如"熟"和"生"。"熟"的本义是把食物煮熟,可称之为"熟$_1$",反义词是"生$_1$",它们在先秦就已存在。由"熟$_1$"引申为"熟$_2$"(植物的果实成熟)和"熟$_3$"(熟练,纯熟),也已见于先秦。与此相应,"生"也产生了两个新义:"生$_2$"(未成熟)和"生$_3$"(不熟练)。这两个义位产生年代较晚,大约在唐宋时期。作者认为,"生$_2$"和"生$_3$"虽然也可设想是由"生$_1$"引申而来,但由于它们产生的时代离"生$_1$"如此之远,而且经常和"熟$_2$""熟$_3$"对举出现,推想这两个义位的产生过程是通过类推作用,作为"熟₂""熟₃"的反义词而产生的。

列举了反义词的例子后,作者补充说:"A 词原来具有和 B 词的一个义位 B₁ 相反的意义,由于类推作用,A 词又产生了和 B 词的另一个义位 B₂ 相反的意义。这也叫词的'相因生义'。"①

(二) 词义渗透

80 年代中期,孙雍长论述了词义渗透现象,这就是《古汉语的词义渗透》(《中国语文》1985 年第 3 期,207—213 页)。

孙雍长说:"与'引申'不同,'渗透'则是在两个(甚至两个以上)语词之间所发生的意义的流转变化,它并不与词的本义直接发生事理联系。"例如,"字"有"饰"义,和它的本义"生育"没有什么联系,很难用引申来解释。原来,"字"和"文"同义,都有文字的意思。"文"既有"字"义,又有"饰"义;由于同义性质的联系,在语言的发展过程中,"文"的"饰"义便向"字"的涵义范围内发生转化,使"字"这个词产生新的意义,所以,"字"也就有了"饰"义。这是因义同或义近关系而发生词义渗透。

也有因义相关或相反关系而发生词义渗透。杜牧《山行》诗:"停车坐爱枫林晚,霜叶红于二月花。"坐,因为。《文选·芜城赋》:"孤蓬自振,惊沙坐飞。"李善注:"无故而飞曰'坐'。"张相《诗词曲语辞汇释》卷四释"坐"为"自"。坐立的"坐"何以有因由的"因"、自然的"自"呢?"因"的本义是茵席,与"坐"相关。"因"引申虚用作介词,其义渗透于"坐",所以"坐"也有了因由之"因"义。介词"因"与介词"自"同义,"自"又用作情态副词,所以"坐"因渗透而又有自

---

① 参看蒋绍愚《论词的"相因生义"》,该文写于 1980 年,正式发表于 1989 年。原载《语言文字学学术论文集——庆祝王力先生学术活动五十周年》。

然之"自"义。

除了这两种词义渗透外,作者还论述了"因通假或声转关系而发生词义渗透"和"因语法结合关系而发生词义渗透"两种情况。

孙雍长在引述了蒋绍愚《关于古汉语词义的一些问题》谈到的"义位之间的相互影响"(笔者按:实即"相因生义")的实例后说:"蒋先生的见解和我们的看法是完全一致的。"可见"词义渗透"和"相因生义"所表述的词义演变性质相类,都描述了词受其组合关系的影响而产生新义位的情况,是对词义引申理论的发展。

(三)同步引申

许嘉璐曾论及"同步引申"(见《中国语文》1987年第1期,56—57页),"一个词意义延伸的过程常常'带动'与之相关的词产生类似的变化,作者称之为'同步引申'"。许嘉璐指出:"语言是社会的,也是个人的。唯其是社会现象,为全民所创造、所承认、所使用,所以我们所说的词义乃是词的社会意义。凡语言使用者的个体在语言活动中的地位和作用也不容忽视或抹杀。每个社会成员在使用语言时并不是消极被动地遵循社会共有的规律,否则语言就不会变化和发展。每一个正常的语言使用者几乎都有自己的语言特色,在使用过程中有'创造'。众多的'创造'经社会的筛选和考验,有的被核准,就进入了全民语言,成为'成功者';有些则作为个人现象转瞬即逝,成为'失败者'。同步引申就是在这种外部语言的内部化,继而变个性化的使用为社会化的过程中出现的语言类推作用的产物。语言使用者以原有的语义及其演变的知识为前提,把某一词语的引申用法推广到与之相关的词语身上,于是后者引申的方向与阶段性就被前者'同化'了。因此同步引申的一个词群中总有一个是'先驱''带路人'，其余的都是被动者。"

"关于语言的类推作用，过去人们只注意了语音和语法方面，而对词汇，尤其是对词义发展的类推情况却关心和研究得很不够。……实际上语言的类推作用在词汇—语义领域里的影响并不亚于语音、语法领域，这可以从语言的习得过程中得到有力的证明。同步引申说的进一步研究或许可以反过来丰富人们对语言及其规律的系统性的认识。"

许嘉璐还论述了"同步引申"产生的心理方面的基础，提到亚里士多德已经把联想分为"类似联想""对比联想"和"接近联想"，指出："我们所说的'类推'，实际就是联想的结果。"

(四) 类同引申

许嘉璐之后，江蓝生提出了"类同引申"的观点，指出："词义的演变不是单个地、孤立地进行的，往往要受到多种因素的影响和作用。本文所要讨论的是在聚合关系中，某些词发生的类同方向的引申。我国语言学界有人称之为同步引申，具体说，它指的是：两个或两个以上的同义（包括近义）词或反义（包括意义相对）词互相影响，在各自原有意义的基础上进行类同方向的引申，产生出相同或相反的引申义。我们称之为类同引申而不采用'同步引申'的说法，'同步'容易理解为同时，这跟词义类同引申有先有后的情况不完全符合。"

江文论述了同义词、近义词、反义词以及义类相关的形容词的类同引申，列举了相关的例子。如同义词、近义词，举"喜—爱"一例。"喜"有欢悦义，又有喜爱义。魏晋南北朝时，"喜"又表示某种行为动作或现象经常发生，容易发生。有人问谢安石、王坦之优劣于桓公。桓公停欲言，中悔，曰："卿喜传人语，不能复语卿。"（《世说新语·品藻》)"喜"为经常义。火盛喜破,微则难热,务令调适乃佳。(《齐民要术·涂瓮》)"喜"为容易义。从唐代开始,"爱"也引申出"经常"义和"容易"义,如:时时爱被翁婆怪,往往频遭伯叔嗔。(《父母恩重经讲经文》)在现代汉语里,"爱"此引申义仍然使用,而"喜"由于只是构词语素已不能单独表示上述意义了。

江文指出,研究语词的类同引申,不仅可以加深我们对词义演变特点的认识,在考释词义方面也有具体的指导作用。当我们不了解某词的意思时,可以从与之词义相同、相反或相关的其他词的意义演变中推寻线索。唐五代文献中有一种用法的"知"不能用"知道""通晓"来解释,蒋礼鸿《敦煌变文字义通释》认为是语助词,没有意义。这类"知"的用法有:

a. 医药所不能至,必死矣,无知奈何|与君咫尺不相见,空知日夕泪沾巾。

b. 王今伐吴,定知自损|秤锤落东海,到底始知休|朕兵已到江南,宋之君臣必知恐畏。

c. 吾当不用弟语,远来就父同诛,奈何!奈何!更知何道|大事去矣,知复何言|得既在我,失亦在予,不及子孙,知复何恨!

江文说:"我们认为上面三组例子里的'知'都并非没有意义的语助词。'知'义为通晓,了解,跟前文谈过的'解''会'是同义词。如上所述,'解'和'会'都引申出①有能力,②有可能二义,根据类同引申规律,'知'也可能引申出上面两个意义。事实正是如此,a组例句里的'知'可释为'能','无知奈何'即不能怎么样,也即'无可奈何'之义。'空知'义为只能。b组例句里的'知'都表示将然,相当于'会'(会$_2$)或'将'。'定知自损'即定会自损。……c组例句里的'知'也表示将然,相当于'还''还能'。'更知何道'与'知复何言'即还能说些什么! '知复何恨'即还有什么遗憾的! 根据上面的论述,我们认为以上例句中的'知'都不应释作语助词。由此可以看出,认识和运用类同引申规律在词汇研究中的重要作用。"(参见江蓝生 2000:309—319)

此外,朱庆之《佛典与中古汉语词汇研究》论述了"词义沾染",颜洽茂《佛教语言阐释——中古佛经词汇研究》论及"灌注得义",(分见朱庆之1992、颜洽茂1997)都尝试用新的观念解释佛经词汇的词义演变问题,可一并参考。

三、引进、借鉴现代语义学的理论

语义学是20世纪六七十年代以来在西方语言学界兴起的研究领域,代表人物有莱西希、莱昂斯、利奇等。国内比较早进行语义学介绍的是从80年代以后,北京大学贾彦德著《汉语语义学》,张志毅、张庆云伉俪著《词汇语义学》,都结合汉语(主要是现代汉语)实际,对语义学作了深入浅出的阐释。

在古汉语学界,较早引进、利用现代语义学理论来进行汉语历史词汇研究的,是北京大学的蒋绍愚教授。他的《古汉语词汇纲要》借鉴了语义学的理论,①结合古汉语的实际,作了相当深入、很有分量的研究,值得参考。

(一) 引进义位概念

蒋绍愚是较早引进义位概念研究历史词汇的学者。他在《古汉语词汇纲要》一书中指出:"在讨论词义的发展变化和同义词、反

---

① 从《古汉语词汇纲要》的章节安排,如第一章"训诂学、语义学、词汇学";第二章"词和词义"下分别设词、词义、义位、义素四节;第十章"汉语的词汇系统及其发展变化"下设义位的结合关系、词在语义场中的关系、词的亲属关系三节,都可以看出作者致力于把训诂学、词汇学和语义学相结合的努力。

义词等问题时,都不能笼统地以词为单位,而要以义位为单位。""这样的区分,有助于消除传统训诂学中的一些模糊、不精确之处。"(参见蒋绍愚 1989:38)

蒋绍愚举例说,在讲古今词义的变化时,常举"池"为例。"池"古代指护城河,现代指池塘,所以它的词义古今不同。但这样的说法并不很严密。"池"在先秦就既有"护城河"的意义,但同时也有"池塘"的意义,所以,说"池"的古今意义不同,只说对了一半。也就是说,"池"这个词在古代有"护城河"和"池塘"两个义位,发展到后来,"护城河"这个义位消失了(只保留在成语里),"池塘"这个义位还保留着。这样的表述才是准确而清楚的。(参见蒋绍愚 1989:60)使用"义位"来谈词义发展、演变,而不是过去笼统就整个词而言,是一个进步。

(二)义素分析法

蒋绍愚《古汉语词汇学纲要》把引申义的语言内部因素归结为"义素的增减"。认为引申是由义位的变化决定的,而义位的变化又是由义素的增减造成的。所谓义位,是指词的各种意义,一个词含有几个意义,就有几个义位。所谓义素,是指义位所包含的若干成分。例如"向"的"朝北的窗户"是一个义位,它包含"朝向""北""方向""窗户"几个义素,"向"的本义"朝北的窗户"由于义素的减少,引申为朝向的"向",而"朝向"这个意义就成了"向"的另一个义位。(赵克勤《古代汉语词汇学》84 页)

戚雨村《语义学说略》认为:"简言之,义素分析指的是词的意义或义项分解成若干个意义元素。它的做法是通过词义对比,提取对立的语义成分,用一组语义成分来描写某个词或义项的意义。"

"进行义素分析要注意以下各点：①要与同一类别的词进行比较；②要找出词义的本质特征；③要找出共同义素和区分义素。"(《现代语言学的特点和发展趋势》130—131页)

和义位一样，义素也是现代语义学的术语，义素是由处于同一语义场中相邻或相关的词相比较而得出的。一个词的若干个义素，就成为这个词有别于其他词的区别性特征。(《古汉语词汇纲要》22—23页)

以往谈词义演变时，通常会说"扩大""缩小"和"转移"。蒋绍愚使用义素分析法给予了全新的解释，他在《古汉语词汇纲要》一书中是这样分析词义的"扩大""缩小"和"转移"的：

一个义位在历史发展过程中减少了限定性义素，这个义位由下位义变成上位义，这就是扩大。例如："唱"，古代指领唱，现代指一切唱歌，它的义素变化是：

唱(古)：[带头]+[唱]→唱(今)：[唱]

"唱"这个词所代表的概念，古代是领唱，现代则泛指唱，"带头"这一限定性义素已经消失，由种概念变成了属概念，词义扩大了。

与此相反，原来的义位增加了限定性义素，从语义场的上下位关系看，是由上位义变成了下位义，就是词义缩小。例如"谷"(穀)，古代指百谷，是粮食作物的总称，现代指粟，义素发生了变化：

谷(古)：粮食作物。→谷(今)：一种子粒圆形的粮食作物。

也就是说，"谷"本来泛指粮食作物，但后来只指粮食作物里一种子粒圆形的作物，由属概念变成了种概念，词义缩小了。

一个义位的某一限定性义素保留，其他义素特别是中心义素发生变化而引起的词义变化，使得这个义位由一个语义场转入另一个语义场，这就是转移。

兵(古):[作战用的]+[器械](兵器)。→兵(今):[持兵器的]+[人](战士)。

古代的"兵"的中心义素是"器械",和"甲""革""乘"等处于同一语义场。现代的"兵"指士兵,中心义素是"(拿武器的)人",和"工""农""商""学"等处于同一语义场。也就是说,古今的"兵"的中心义素和语义场都发生了变化,所以是词义转移。

此外,蒋绍愚还指出词义演变的"易位"现象。他说:"'易位'指的是一个义位中心义素不变,但限定义素发生了变化,因此这个义位的变化没有改变语义场,而只是在同位义之间的变易。"以"涕"为例,古代是"目液"(眼泪),现代是"鼻液"(鼻涕),其义素的变化为:

涕(古):[从目中分泌的]+[津液]→涕(今):[从鼻中分泌的]+[津液]

上述几种义位演变的情况,可用图表表示如下:

名称	例词	古代义位	现代义位
扩大	唱	带头+唱	唱
缩小	谷	粮食作物	一种子粒圆形的粮食作物
转移	兵	作战用的+器械	持兵器的+人
易位	涕	从目中分泌的+津液	从鼻中分泌的+津液

《古汉语词汇纲要》的分析给我们很多启迪,现在,试着学习这一分析方法,对"不听"的词义演变加以举例分析。

古代"不听"一词有数个义位:①不聆听;②不听从;③不允许。《汉语大词典》"不听"的"不允许"义的最早书证为《北史》。笔者在《东汉语料与词汇史研究刍议》一文中举《论衡》、桓谭《桓子新论》二例,认为"至晚已见于东汉典籍"。此后,有数位先生撰文补正拙说。①

拙文《"不听"之"不允许"义的产生年代及成因》(《中国语文》2003年第6期)从语法、语义和语用三个方面讨论了"不听"一词表示"不允许"义的年代与成因,以为回应。这里仅取语义(义素分析)论证部分。

义素分析法可以细致地分析词在具体语句中的所指,现以"不听"为例分析如下:

义素 义位	下对上	上对下 /对等	凭借权 势、力量	对他人的请 求或意愿	对他人 的行为	拒绝	禁止
不听从	＋	＋	－	＋	－	＋	－
不允许	－	＋	＋	－	＋	－	＋

根据表中的义素分析观察下面两组例子:

A组:

(1)若夫关龙逢、王子比干、随季梁、陈泄冶、楚申胥、吴子胥、此六人者,皆疾争强谏以胜其君。言听事行,则如师徒之势;一言而<u>不听</u>,一事而不行,则陵其主以语。(《韩非子·说疑》,918)

(2)上不禁塞,又从而尊之,是教下<u>不听</u>上、不从法也。(《韩非子·诡使》,946)

(3)帝曰:"涛以病自闻,但<u>不听</u>之耳。"(《晋书·山涛传》,1225)

(4)相已将兵,因城守,<u>不听</u>王而为汉。(《汉书·淮南厉王长传》,2144)

---

① 有叶爱国《〈史记〉已有"不听"》(《中国语文》1997年第2期)、谢质彬《"不听"作"不允许"解的始见年代及书证》(《中国语文》2000年第1期)、萧红《"不听"作"不允许"解的始见年代及书证》(《中国语文》2001年第3期)等文。

B组：

(5)教阿阇世王立非法制,击鼓唱令,<u>不听</u>民众赍持供养,诣瞿昙所。(《撰集百缘经》卷二,4/210/a)

(6)聚集百千诸婆罗门,共立峻制:<u>不听</u>往至诣瞿昙所,谘禀所受。(《撰集百缘经》卷二,4/210/c)

(7)遥见彼树,希望求水,驰奔趣向。去树不远,有火炎起,遮<u>不听</u>近。(《撰集百缘经》卷三,4/214/c)

(8)时王太子阿阇世共提婆达多共为阴谋,杀害父王,自立为主。寻敕宫内:<u>不听</u>礼拜,供养彼塔。(《撰集百缘经》卷六,4/230/a)

(9)已入正真,无怀恨者,<u>不听</u>十恶,奉行众善。(《普曜经》卷一,3/488/c)

(10)尔时象师即烧铁丸,以著其前,尔时彼人语象吞丸,时王<u>不听</u>,语彼人言:"汝说调顺,云何狂逸?"(《大庄严论经》卷九,4/307/a)"王不听"是说国王不允许(大象吞服烙红的铁丸)。

(11)父母复以五事敬亲其子。云何为五?一者制子,<u>不听</u>为恶。(《长阿含经》卷一一,1/71/c)

(12)我於是高飞来至阿耨池边,尔时池边有天龙鬼神,遮护池水。<u>不听</u>我近。(《须摩提女经》,2/836/b)

(13)臣白王言:"国有制令,<u>不听</u>养老。臣有老父,不忍遣弃……"(王)即便宣令,普告天下:<u>不听</u>弃老,仰令孝养。(《杂宝藏经》卷一,4/450/a)

(14)欲生之时,大夫人以物瞒眼,<u>不听</u>自看。(《杂宝藏经》卷一,4/452/c)

(15)时先入者谓其是鬼,即复推门,遮<u>不听</u>前。(《百喻经》卷三,4/552/c)

A组中,例(1)"一言而不听",指其君主听信六君子之言。(3)为皇帝诏令之语,"不听之"的主语是皇帝。而(2)明言"下不听上",可见"不听"之"不听从"义既适用于上不听下,也适用于下不听上。B组中,从例(5)(6)(8)到(14)都是上(君主、大臣、佛、父母)对下。(7)指火焰之于人,(15)指人之于鬼,可以看作是对等的事物对象之间发生的事情,但没有下对上的。

A组的例(1—4)虽然多用于上对下,但没有凭借权势或力量"不听"的意思,例(3)皇帝自言"不听"山涛之语,自然不能理解为以皇势压人。B组例(5—15)则表明凭借权势或力量力禁的强硬态度,如(5)通过"教阿阇世王立非法制,击鼓唱令"来禁止,(6)通过"聚集百千诸婆罗门,共立峻制"来禁止;而(7)则是强大的"有火炎起,遮"不让接近,(15)是人"推门,遮"不让进门。

A组例(1—4)是对他人的请求、意愿所作的否定性的回应(即拒绝),如(1)"不听"六君子的谏言,(2)"不听"主上法令,(3)"不听"山涛的请求;而B组例(5—15)则是对他人行为的禁止,如(5)禁止"民众赍持供养"、(8)禁止"礼拜"等。

根据义素分析法判定词在语句中的所指,还有另外一方面,那就是看义素在线性组合中的体现。比如"吃"含有"食物"义素,所以跟"吃"组合的词语也都含有"食物"义素,如"饭""馒头""水果"等;"喝"含有"液体"义素,所以跟"喝"组合的词语也都含有"液体"义素,如"水""酒""饮料"等。根据这个规律,可以通过跟"不听"组合的词语来考察"不听"的所指。

据上所述,"不听"的"不听从"含有"对他人的意愿或请求"义素,那么如果在语句中跟"不听"发生关系的词含有这个义素,就可以判定是指"不听从"或其义位变体。例如:

(16) 仲遗腹女始一岁,平抱仲女而弃其子。母欲还取之,平<u>不听</u>,曰:"力不能两活,仲不可以绝类。"(《后汉书·刘平传》,1296)

(17) 其夕,母及家人又梦之。即欲开棺,而父<u>不听</u>。(《搜神记》卷一五,185)

(18) 将乐县李诞家,有六女,无男,其小女名寄,应募欲行,父母<u>不听</u>。(《搜神记》卷一九,231)

这三例中,都有能愿副词"欲",表示了某种意愿或请求,宜解释为"不同意"、"不答应",是"不听从"的义位变体。"不同意""不答应"和"不听从"相似,都是他人有意见或意愿,施事者不予首肯,处于从"不听从"演变为"不允许"的中间过渡阶段。

因为"不听"的"不允许"义含有"对他人的行为"义素,如果语句中跟"不听"发生关系的词含有"行为"义素,则可以判定"不听"指"不允许"。上文例(14)"不听自看",(15)"遮不听前","看"和"前"都是一种行为动作。因此,可以判定这两例"不听"指"不允许"。

限定性解释语和义素分析。

谢质彬(《"不听"作"不允许"解的始见年代及书证》一文认为区分识别"不听"是"不听从"还是"不允许",就看所在的句子是否兼语句,"'不听'作'不听从'解,指不听从和采纳别人的意见或要求,是对别人意见或要求所做出的一种否定的回应","'不听'作'不允许'解,不是对别人所提意见或要求的回应,而是指不允许别人做什么事,因此后面必须带兼语(可省),也就是说,'不听'所在的句子必定是兼语句。"据此,谢文认为《大词典》所举《北史》、《聊斋志异》的书证是正确的,而拙文和叶文所举例证则仍是"不听从"义,而非"不允许"义。关于"不听"作"不允许"义的始见年代,谢文提供了《三国志·吴书·孙权传》"何苦而不听其交易"一例。

谢文从"不听"之"不允许"和"不听从"两个义项的具体含义上辨别二者，这是可取的；但谢文自己并没有贯彻这一标准。该文所举《三国志》一例，"魏使以马求易珠玑、翡翠、玳瑁，权曰：'此皆孤所不用，而可得马，何苦而不听其交易？'"说："'不听其交易'是兼语句，'不听'应作'不允许'解。"按：曹魏使者要求用北方盛产的马来交换南方出产的珠玑等物，"不听"正是对这个要求的"回应"。按照谢文"不允许"义"必定是兼语句"来衡量，则此例应为"不允许"；按照"不听从……是对别人意见或要求所做出的一种否定的回应"的解释来看，则又应为"不听从"，未免自相矛盾。问题还是出在"必定是兼语句"这一前提上。其实，本例"不听"是对上文"求"的回应，而"求"含有"（对他人的）请求或意愿"义素，故还不是典型的"不允许"用例。

正如上文所分析的那样，"不听"之作"不听从"，涉及的对象是意见或要求，表示"对他人的请求或意愿"的否定；而作"不允许"，涉及的对象是某种行为动作，表示"对他人的行为"的禁止。事实上，"不允许别人做什么事"也是一种"否定的回应"。也就是说，"不听"的"不允许"和"不听从"都是对他人的否定回应，所不同的是，"不允许"是对他人行为的禁止，而"不听从"则是对他人意见或要求的不予采纳。根据所涉及的对象不同这一特点，上文例(5)至(15)是"不允许"，而(16)至(18)则是"不同意"、"不答应"，属于"不听从"的义位变体，较然可别。

（三）义域

张志毅、张庆云解释了"义域"："义域，相当于外延，但是比外延广；义域既可以指意义范围，也可以指使用范围。"（《词汇语义学》155页）"穿和戴的义域互补表现为下列互补组合。……在这个语义

场,英语的义位及组合分布没有汉语这么整齐。"(又,225页)

在谈同义词、反义词时,就要涉及"义域"这一概念。比如,在《抱朴子》中,作为同义词,舟和船,目和眼等,既有词义历时替换的情况,也有使用义域宽窄的问题。

蒋绍愚(1989:283—284)在考察未成年人语义场时,曾举《韩非子》和《史记》中"婴儿"为例,指出:秦汉时的"婴儿"既可指刚出生的小孩,也可指三四岁甚至十几岁的孩子。"婴儿"和"童子"的义域是交叉的,当时的"婴儿"与现今的用法(指一岁以下的幼儿)不同。到了唐宋时期,"婴儿"大约指三岁以下,"童子"约指三岁到十岁,这时,"婴儿"和"童子"的义域发生了变化,不再交叉了。

(四)语义场

谈到义位和义素,就离不开语义场,它们是相辅相成的关系。蒋绍愚《古汉语词汇纲要》分别介绍了德国学者特里尔着眼于词的聚合关系而提出的语义场和另一德国学者波尔齐格基于词的组合关系而提出的语义场,指出:"这一理论对于研究古汉语词汇是极有用处的。"(19—21页)

以下,对欧洲学者的相关理论作些介绍:

"语义场是'归属于一个总称之下意义密切相关连的一组词'。"(戚雨村《语义学说略》,载《现代语言学的特点和发展趋势》132—133页)

"按照特里尔的观点,各个语义场不是孤立的,它们互相联系,依次构成较高的语义场,最后包括语言的整个词汇。"(同上,133页)

"语义场是有层次的。一个母场可分出各个子场,子场又可分出分子场,如动物场可分出兽类场、禽类场、鱼类场、虫类场,禽类场又可分出家禽场、野禽场等等。"(同上,133页)

"对语义场的研究,主要是从聚合的角度进行的。德国语言学家波尔齐希曾提出要从组合的角度来研究语义场,考虑到由动词或形容词所表示的动作或性状的典型特征与具有这些特征的名词之间的关系。以汉语为例加以说明。动词'吠'必须与名词'犬'同现,形容词'俊俏'必须与表示女性的名词(如'姑娘')同现,'英俊'必须与表示男性的名词(如'小伙子')同现;后者如与表示共性的名词共现时,会使名词具有男性的特征,如'英俊少年'指'男孩'。不过这方面的研究还有待深入。"(同上,134页)

现代语义学的第一个流派是结构语义学。"其活动期主要在20世纪30年代至70年代中期。它产生的标志是20年代初,德国语言学家伊普生1924年提出语义场(Bedeutugs-field),特里尔在1934年进一步确立发展了语义场(semantic field)理论模式。"(张志毅、张庆云《词汇语义学》3页)

特里尔学派在语义场方面的贡献最大,成绩最突出。他们的主要贡献是:① 认为同时存在着词汇场(Wortfield,以一个词为中心)和概念场(Sinnfeld,以一个概念为中心),几个词汇场能覆盖一个概念场。它们都是联想场的一种;② 他们分析了颜色、军阶、快乐、服饰等许多语义场,揭示了一些语言的特点;③ 词与词之间互相联系,词汇形成系统,其间关系不断变化;④ 在联系、系统中研究语义变化;⑤ 词只有作为"整体中的一部分",作为语义场的成员,才能确定意义。把索绪尔的价值概念引入语义场。(参见张志毅、张庆云2001:76)

在国内学者中,蒋绍愚是较早利用这一理论来研究汉语历史词汇的学者。他曾论述"观看"语义场,涉及的古代常用词语有睇、望、目、窥等26个,现代常用的有看、瞧、瞅、瞜等14个。作者指出:由此可以看出古今汉语词汇的不同。有些词在古汉语中使用,现代汉语已经消失(如"睎""覤"),或者在现代汉语中转入了别的语义场(如"省""盼")。有些则是现代汉语中新产生的(如"瞧""瞅")。再深入分析,还可看到:①这些古今不同的词,存在着复杂的关系。如"眙"和"瞪",实为同一个词的音变。有的词,意义相似而又不尽相同,如古代的"窥"和现代的"张"。有的古代词在现代汉语中要用词组来表达,如"矍",要说"吃惊地看","眄",要说"斜眼看"。也有一些现代汉语的单音词,其意义相当于古代汉语中词组所表达的意义,如"睽一眼"的"睽",相当于古汉语中的"浏览"。②有些词虽然古今汉语中都有,但情况也不很一样,如"看",已见于《韩非子》,但早期主要用于"探望"义。现代汉语的"看"成了"观看"语义场中使用频率最高、构词能力很强的词。"视"是古汉语"观看"语义场中使用频率最高,构词能力最强的词,而在现代汉语中这一地位已经让给了"看",很少单独使用了。蒋绍愚指出:这样的分析还嫌粗略。"因为所谓'古汉语',实际上并不是同一历史平面。细致的比较应该是取几个不同的历史平面(如春秋战国、东汉、魏晋、晚唐五代、南宋、明代等等),对各个平面上表示'观看'的语义场中有哪些词作一个比较全面的统计,然后再把各个历史平面加以比较,从而观察分析表'观看'的语义场在汉语历史演变中的变化。如果能把数十个或数百个重要的语义场作这样的历史比较,我们对汉语词汇系统的历史演变就会有比较清楚的了解。但是这项工作还有待于进行。"(参见蒋绍愚 1989:280—281)

蒋绍愚所设想的"细致的比较"在北京大学等高校的硕士生博士生中正在陆续地实现。杜翔博士《支谦译经动作语义场及其演变研究》(北京大学博士学位论文,2002)就是其中的代表。

支谦是三国时期最重要的佛经翻译家,其译经比较多地保留了当时口语的面貌,具有很高的研究价值。杜翔的这篇博士学位论文以支谦译经材料为坐标,以语义场为研究单元,与前代文献(主要是《史记》)、同时代文献(三国中土文献和康僧会译经)和后代文献(到现代汉语)作纵、横两方面的比较,从语义场的较新角度对支谦译经作了研究。全文共分六章,头尾二章是绪论和结语;中间四章分别考察了与口、目、手、足有关的4个通过联想关系组成的动作语义场,各章又包含若干以同义聚合关系组成的子语义场,共计15个。作者的研究从共时、历时两个层面展开:从共时层面考察它们内部各义位的义值、义域和义位内各义素的组成,从历时层面分析义位的组合、演变乃至语义场演变的情况。该文的贡献在于,在汉语历史词汇学领域引进了语义场和义值、义域、义丛等语义学的概念,借鉴了其研究方法,把零散的词义及演变研究纳入了系统化的轨道。

此外,近十年来,以语义场为题目的研究生学位论文还有:吕东兰《汉语"观看"语义场的历史演变》,北京大学,1995;崔宰荣《汉语"吃喝"语义场的历史演变》,北京大学,1998;宋新华《汉语"穿戴"语义场的历史演变》,北京大学,2003;王枫《"言说"类动词语义场的历史演变》,北京大学,2004;闫春慧《汉语"洗涤"类动词语义场的历史演变》,内蒙古大学,2006;吕文平《汉语"买卖"类动词语义场的历史演变研究》,内蒙古大学,2007;张荆萍《试论古汉语"出售"语义场的历史演变》,浙江大学,2008,等等。

四、有关词义演变的理论分析,注重词汇系统

近年来的一些研究,或结合汉语实例,从词义演变理论方面进行分析,或注重从词汇系统的角度研究历史词汇,改变了个别词语

训释的单一模式。

(一) 张联荣的词汇系统、词义演变理论

张联荣对词义的相关问题作了比较深入的研究,例如,提出了区分词义和所指的问题。指出:"所指并不就是意义,尽管二者有联系,但在研究词义时必须把它们区别开来。"作者从两个方面作了阐述:

一是就词来讲是一个,但在不同的上下文中,所指的具体对象可以不同。例如,"击"这个词,在不同的上下文中所指动作的形态也不一样:《诗·小雅·甫田》:"琴瑟击鼓。"表示敲打。《庄子·逍遥游》:"(鹏)水击三千里。"表示拍击。《仪礼·少牢馈食礼》:"司士击豕。"表示挥动打击。《汉书·司马相如传》:"学击剑。"表示舞动,挥动。

二是所指对象是一个,但词义并不相同。启明星、长庚星(黄昏星)指的同是金星,但它们的含义不同。《诗·小雅·大东》:"东有启明,西有长庚。"宋朱熹《诗集传》:"以其先日而出,故谓之启明;以其后日而入,故谓之长庚。"金星也称"太白"。《尔雅·释天》:"明星,谓之启明。"晋郭璞注:"太白星也。晨见东方为启明,昏见西方为太白。"

作者进一步指出:"阐明词义不同于所指,对于研究古汉语词义来讲,首先在于分清词义的变化和所指的变化,二者不能等同为一。"如"坐",从古到今,其坐姿发生了不小的变化,原先指双膝着地(席),表尊敬或吃惊时挺直上身,则为"跽"。唐宋以后才有现代汉语臀部着凳椅的含义。坐姿是词义的所指,考察"坐"的词义有无变化,不能单看坐姿,而应着眼于"坐"在词汇系统中的地位。"坐"所处的词汇系统是"立、坐、跪、卧",这是一个表示人体静止姿势的小系统,这几个词的关系从古到今没有变化,"坐"的词义从古到今也没有什么变化。(参见张联荣 2000:9—14)

(二)杨荣祥、张谊三等的组合和聚合研究

1. 词语搭配——组合关系

组合关系指语言单位在线性原则上形成的关系。线性原则是在言语中体现出来的,在语言系统中它表现为词的搭配(组合)能力。(《现代语言学的特点和发展趋势》134—137页)

"词语搭配"在很大程度上就是词语的组合,故讨论词语搭配,就是讨论词的组合关系,所谓"统言不别"是也。

词语的搭配、组合也是近年来学者们关注的问题。张志毅、张庆云说:"具有文言性的语素较宜相互组合,具有口语性的语素较宜相互组合,而不宜或较少交叉组合。这里包括新旧质的分别配列问题:新质与新质,旧质与旧质较宜共现。这一规则,在'冠/帽''履/鞋''足/脚''观/看'与同语体语素组合群中显得较清楚。如能说'免冠'和'脱帽',而不宜交叉;能说'革履'和'皮鞋',而不宜交叉。能说'盲目'和'瞎眼'而不宜交叉。"(《词汇语义学》227页)"义位的组合意义,指两种现象:一指义位内部的语素组合意义,二指义位之间的组合意义,后一种也叫义位搭配义,其表层现象就是词语搭配义。可见这里讨论的'义位的组合意义',大于利奇的搭配意义。语义学不仅仅讨论词义,还探讨一些词如何互相组合,并以此来给出一个语句的完整的意义解释。"利奇曾讨论过"同义词不同搭配",两位张先生举古汉语的"洗+足、浴+身、澡+手、沐+发、沫+面、溉+物、涤+器"等例。(《词汇语义学》242页)

张谊三撰有博士学位论文《隋以前若干动词与名词的搭配变化研究——兼论词语搭配的历时变化研究的性质和意义》,对词语搭配现象作了历时的探讨。

词语搭配的历时变化现象是汉语词汇发展中的客观事实,反映

了词语组合关系的变化,并与词的意义和语法功能的变化密切相关。该文运用描写和比较的方法,通过考察"烹、煮"等饮食类动词、"驾、御"等行走交通类动词和"宰、穿、鼓"等动词和名词的搭配情况,考察它们自先秦、秦汉到魏晋南北朝时期的历时变化,论述了这些动词及其搭配对象的共时特征和历时变迁,揭示了词语搭配的历时变化研究在汉语史研究中的价值。"意义取决于搭配"(弗斯语),作者通过考察词语搭配的历时变化,对相关词语的意义的历时变化进行了考察,在汉语历史词汇的系统研究方面进行了尝试。(参见张诒三 2002/2005)

2. 聚合关系

聚合关系指语言系统中各个单位在对立原则基础上建立的关系。语义的聚合关系有上下义关系、同义关系、反义关系等。

杨荣祥的两篇《世说新语》词汇方面的研究文章,较有新意。

一篇是《从〈世说新语〉看汉语同义词聚合的历史演变》(北京大学国学研究院中国传统文化研究中心《国学研究》第 9 卷)。该文先对《世说新语》中的同义词聚合进行平面描写,再对这些同义词聚合进行历史比较,通过大量的语言事实说明同义词聚合在汉语发展史中沿用、增减、调整的情况,在此基础上,分析说明同义词聚合发展演变的原因,考察了聚合的调整与意义表达的关系,提出了同义词聚合发展演变中几种值得注意的现象。

作者认为:"词汇也和语音、语法一样,是一个系统。同一语言在不同的历史时期,有不同的语音系统,不同的语法系统,也有不同的词汇系统。这种系统性,具体表现为各个组成成员相互之间的关系;这种关系,由各个成员在系统中所占据的位置决定。所谓系统的历史变化,包括系统中成员的增减,成员所占据的位置发生了变化,成员与成员之间的关系发生了变化。……同义关系是聚合关系中很重要的一种,对这种聚合关系的历史演变进行研究,无疑对汉语词汇史的研究具有重要意义。"(154页)"研究汉语词汇史,只对单个词(或义位)作孤立研究是不够的,还必须从系统出发,从词和词、义位和义位的关系出发来进行研究。""在汉语语音、语法、语义(词汇)的研究中(包括共时的研究和历时的研究),语音、语法研究在接受现代语言学理论特别是结构主义语言学理论方面取得的成就是有目共睹的,相对来说,语义(词汇)研究对现代语言学理论特别是结构主义语言学理论的吸收和运用较为落后,应该说,这是影响语义(词汇)研究不断深入的重要原因之一。"(181页)

作者对《世说新语》中的单音节同义词聚合进行了专门的研究,全文共分四部分:①同义词聚合;②同义词聚合的历史比较;③同义词聚合调整变化的分析;④余论。角度新,方法新,值得关注。其中第二部分"同义词聚合的历史比较"是文章的重点,作者考察了"同义词聚合"的沿用、消减、增生和调整。"消减"的例子如:墙—壁—墉—垣→墙—壁这一组。作者说:"墙—壁—垣"在《诗经》中即为同义词聚合,大约战国时期新产生"壁"(《韩非子》),这一聚合《世说》沿用,但《世说》中"墉""垣"都仅一见,可知此二词已处于消亡过程中。《世说》以后,"墉""垣"在口语中逐渐消失。"增生"的例子如:在寻找意义上,"求""寻""觅"三词在《世说》中为同义词聚合。而先秦只用"求",不用"寻""觅",其意义的适用范围很广,其对象可以是人,也可以是物;"求"的目的可以是由没有得到而希望得到,也可以是由没有见到而希望见到。中古产生的"寻"和"觅"则只适用于由于没有见到而争取见到的情况,"寻"多用于找东西,"觅"多用于找人。中古以后,"求"渐渐不再表寻找

义,而又产生了"找"。(165—166页)

在第三部分作者探讨了词汇系统中聚合关系的调整,表现为三类现象,即:

(1)"排挤"。具体又分两种情况:①新成员把旧成员排挤出聚合;②组合能力最强的成员把别的成员排挤出聚合。第一种情况如:先秦"诛—责—让"为同义词聚合,中古产生了"怪",而"诛"被排挤出该同义词聚合。"怪"作为一个新词,在其所处的同义词聚合中很快取得优势地位,《世说》以后,"怪"逐渐又将"让"排挤出聚合。(2)推移。这是一种几个词连锁式排挤或相互作用的现象。在先秦,"泗—洟"是同义词聚合;战国以后,出现了"泪","泪"与"涕"构成同义词聚合。"泪"产生以后,"涕"虽然在词汇系统中与"泪"并存,但已受到"泪"的排挤。大约从汉代开始,"涕"产生了鼻液义。于是"涕"一面与"泪"构成同义词聚合,一面又与"泗"构成同义词聚合,即既表目液义,又表鼻液义。"涕"表鼻液义后,使"泗"受到排挤,在《祖堂集》中,已不见用"泗",鼻涕义由"涕"表示,目液义由"泪"表示。至此,目液、鼻液各自都只由一个词表示,历史上曾经出现的"泗—洟""涕—泪""涕—泗"三个同义词聚合都解体消失。其过程就是:"泪"排挤"涕",使"涕"由表目液义转移到表鼻涕义;"涕"又排挤了"泗",使"泗"消亡。(3)积淀。这是与排挤现象相反的一种现象。在同义词聚合的发展演变中,聚合中产生了新的成员,而旧成员依然存在;或者新产生的词或义位与原有词构成新的同义词聚合,这就是积淀现象。在聚合的进一步的历史发展中,积淀又可能转化为排挤。如表战争或竞争不胜,中古产生了"输",而上古就有的"败""负"仍被保留,形成积淀;中古以后,"负"在口语中基本上被排挤掉了。

尽管上述研究还显得线条较粗，某些语言事实还有待于作进一步的考察。但类似这样通过词与词（词义与词义）之间的关系来观察分析汉语词汇（词义）发展演变的某些事实和现象，改单个、分散的研究为整体化的研究，在对汉语词汇史作系统研究方面，进行了有益的尝试，值得关注和肯定。

另一篇是《〈世说新语〉中的反义词聚合及其历史演变》，该文以《世说新语》及刘注作为中古汉语词汇系统的代表，将它与上古、近代汉语加以比较，从比较中分析反义词聚合的发展演变。（参见杨荣祥2001:191—226）作者选取《世说新语》中由常用词构成的反义词聚合进行论述，重点是对反义词聚合进行历史比较。

文章共分三部分，第一部分是"反义词聚合"，论述了词义的反义关系和反义词聚合、确认反义词聚合的方法、反义词聚合的类别。作者把反义词聚合分为对立反义词（如"男"和"女"）、极性反义词（如"长"和"短"）、关系反义词（如"买"和"卖"）、方向反义词（如"往"和"还"）。

第二部分是"反义词聚合的历史比较"。作者把《世说新语》中的反义词聚合分为"沿用""消减""增生"和"调整"，列举实例，进行讨论。

第三部分是"反义词聚合调整变化的分析"。作者论述了调整变化的原因、表现方式，谈了几点认识。例如，关于调整变化的原因，作者指出有"新词的产生，旧词的消亡""词义的演变""义位有无的变化""汉语词汇的双音节化"和"语法的变化"五点。关于表现形式，作者概括为"竞争替换"，指构成聚合的词发生了新旧兴替；"平行变化"，包括平行增减义位、平行双音节化；"动中有静"，"动"指发展演变，"静"指稳定不变。反义词聚合的发展演变主要表现为聚合成员的新旧兴替及增减,稳定主要表现在词义系统中的反义关系古今变化不大,增生和消减的聚合很少。和同义词相比,反义词聚合的调整变化要小得多,这是因为,新词新义往往与原有的词或词义构成新的同义关系,并且同义关系一旦形成,同义词之间又有趋同和扩大差异两种相反的发展方向,都会造成同义关系的解体。而反义词之间既没有趋同的问题,因为相互间存在着矛盾对立的语义特征;也不存在扩大差异的问题,因为相互间矛盾对立的语义特征足以使各自保住存在价值。

在文章的末尾,作者指出:"同一种语言,不同历史时期,反义词聚合也不是一一对应的,包括聚合的有无不同;也有聚合虽然存在,但构成聚合的词却不一样,或者最佳配对词发生了变化。这既是词义发展演变和词汇消长兴替的反映,也是词汇系统中词与词之间关系改变和词汇系统发生了变化的反映。"

第三节　近年来研究的新进展

近代汉语、中古汉语词汇研究,自20世纪80年代起步以来,得到了长足的发展,成绩非常可喜。近些年来,在已有成绩的基础上,中古近代汉语词汇研究有了新的发展,在材料、方法、研究领域、理论创新等方面都有一些突破,出现了可喜的新动向,值得注意。具体研究的新进展与突破体现在以下五个方面:

一、研究材料的拓宽

语言学研究是要靠证据说话的,材料是语言学研究的第一要素。从事汉语词汇史研究,尤其如此。关于材料和研究领域问题,近些年也有了明显的改进。表现在以下两点：

（一）传世的研究语料有了进一步的拓展，研究领域有所开拓

相对于上古汉语研究而言，从事中古汉语、近代汉语研究，这本身就是材料和领域的新拓展。中古、近代汉语词汇研究到今天，在原有研究的基础上，从材料、研究领域入手进行拓展，既是研究走向深入的标志，也是新时期研究的必然趋势。

早期的中古汉语词汇研究，基本上是从小说、史书入手的。余嘉锡、徐震堮积数十年之功，分别撰著的《世说新语笺疏》和《世说新语校笺》，20世纪80年代（83、84年）先后在中华书局出版。徐震堮还在《中华文史论丛》上发表了《世说新语词语简释》（《世说新语校笺》后附），掀起了《世说新语》研究的一轮高潮。从事这一领域研究的，有江蓝生《魏晋南北朝小说词语汇释》（语文出版社，1988）、方一新《世说新语语词研究》（杭州大学博士学位论文，1989）、骆晓平《搜神记词汇研究》（四川大学硕士学位论文，1991）等。

史书方面，当时有周一良《魏晋南北朝史札记》，考释了一批六朝史书中的口语词、俗语词，功绩甚巨。周氏还在《文史》等刊物上发表了《三国志札记》《晋书札记》等文章。吴金华比较早展开了对《三国志》的研究，从语言、文献等角度，抉发《三国志》中的方俗语词、新词新义。

实际上，在利用小说等传统语料从事中古汉语词汇研究的同时，也有学者另辟蹊径，开拓新的研究领域，作出了成绩。例如：

1. 汉译佛经

大约从20世纪40年代起，有识之士（如吕叔湘、周一良等）已经注意到汉译佛经在汉语史方面的研究价值，撰著专文，或阐发其价值，或直接利用。从70年代中后期起，汉译佛经的价值越来

越引起人们的重视,征引、利用者渐多。① 从80年代末、90年代初,开始出现了以佛经语言词汇为主要材料的研究论著。朱庆之《佛典与中古汉语词汇研究》(四川大学博士学位论文,1989)是第一部以汉译佛经为研究对象的博士学位论文,此后,俞理明撰著《佛经文献语言》,梁晓虹、颜洽茂也分别撰写了《佛教词语的构造与汉语词汇的发展》《佛教语言阐释——中古佛经词汇研究》两篇博士学位论文,对佛经词汇的研究有所推进。李维琦《佛经释词》《佛经续释词》则考证了《大正藏》第三、四两卷的数百个语词。近几年来,选择以汉译佛经为题,进行汉语词汇史、语法史研究的,不乏其人。

以中古佛典为例,除了对东汉魏晋南北朝佛经进行研究外,近年来,初唐译经亦有人关注;慧琳、玄应的两种《一切经音义》更有数种专著问世。

台湾出版了《法藏文库》,收录了大陆的硕士、博士学位论文,在"中国佛教学术论典·佛学硕、博士论文第七辑"(从第61至70,凡10册)中,收录了18种硕、博士学位论文,分8册,由高雄佛光山文教基金会于2002年8月出版。

前两册为文学类的,后面都是语言学的,如:②

63册:朱庆之《佛典与中古汉语词汇研究》(四川大学博士学位论文,1989),萧红《〈洛阳伽蓝记〉句法研究》(南京大学博士学位论文,1999)。

---

① 刘坚在《语词杂说》"治"一条中,已经征引三国吴康僧会译(旧题——引者)《旧杂譬喻经》的用例"时当得鱼,遣人于市买鱼归治",是较早利用佛经材料的学者。

② 第64册尚有方广锠《〈那先比丘经〉试探》(中国社会科学院研究生院硕士学位论文,1981)一文,属于佛教学及文献学方面的考证。

64册:颜洽茂《魏晋南北朝佛经词汇研究》(杭州大学博士学位论文,1992),董琨《汉魏六朝佛经所见若干新兴语法成分》(中山大学硕士学位论文,1981),黄先义《中古佛经词语选释》(杭州大学硕士学位论文,1997)。

65册:姚永铭《〈慧琳音义〉语言研究》(浙江大学博士学位论文,1999),颜洽茂《南北朝佛经复音词研究——〈贤愚经〉〈杂宝藏经〉〈百喻经〉复音词初探》(辽宁师范大学硕士学位论文,1984)。

66册:梁晓虹《佛教词语的构造与汉语词汇的发展》(杭州大学博士学位论文,1991),徐时仪《慧琳和他的一切经音义》(上海师范大学硕士学位论文,1988)。

67册:卢烈红《〈古尊宿语要〉代词助词研究》(武汉大学博士学位论文,1998),梁晓虹《汉魏六朝佛经意译词研究》(南京师范大学硕士学位论文,1985),王兵《魏晋南北朝佛经词语辑释》(南京师范大学硕士学位论文,1996)。

68册:董志翘《〈入唐求法巡礼行记〉词汇研究》(四川大学博士学位论文,1997)。

69册:胡敕瑞《〈论衡〉与东汉佛典词语比较研究》(北京大学博士学位论文,1999),俞理明《汉魏六朝佛经代词探新》(四川大学硕士学位论文,1986)。

70册:陈文杰《早期汉译佛典语言研究》(四川大学博士学位论文,2000),张全真《〈法显传〉与〈入唐求法巡礼行记〉语法比较研究》(南京大学博士学位论文,2000)。

以下择其与中古近代汉语词汇研究较密切者略作评介。

黄先义《中古佛经词语选释》

本文主要以《撰集百缘经》《生经》《出曜经》《贤愚经》《经律异

相》等中古佛典为语料,考释了二十来个佛经词语,多数为《汉语大词典》未收的新词新义,也有辞书释义不确或失考源头的例子。

徐时仪《慧琳和他的一切经音义》

本文是对《慧琳音义》的全面研究,其中第八章"《慧琳音义》在学术上的价值·语言研究",分音韵、文字、佛教词语、近代汉语词汇等几个部分介绍了慧琳《一切经音义》的研究价值。

王兵《魏晋南北朝佛经词语辑释》

作者取唐以前的60部佛典作为语料,共考证了35条词语,这些词语包括六个方面:①迄今不见辞书载录的词语;②辞书未收的新义;③前人和辞书误释的词语;④有时代特色的词素和成语;⑤佛典与汉文不同的异形词;⑥佛典中的虚词。(参见"前言")

胡敕瑞《〈论衡〉与东汉佛典词语比较研究》

这是一部着眼于比较的博士学位论文。作者选取东汉王充《论衡》(21万多字)与东汉时期可靠的安世高译经16种(13万字)、支娄迦谶译经8种(17万多字)、其他人译经5种(6万多字)进行比较研究,其意义在于:①揭示两种材料词汇上存在的新旧差异,认清其不同的价值和影响;②剥离其共同反映东汉词汇发展的成分,从中了解东汉词汇发展变化的一些特点;③收集辞书晚收或失收的新词新义,为辞书编纂作匡补或参考;④辨明各种差异的不同性质,并加以甄别,有助于判断材料的性质和作品的真伪。全文共分五章:一、《论衡》与佛典的单音词及复音词;二、《论衡》与佛典的新旧词;三、《论衡》与佛典的词义;四、《论衡》与佛典的同义词和反义词;五、《论衡》与佛典词语的结构与词语的搭配。另有附录一种:《论衡》与佛典新兴单、复音词词表。

俞理明《汉魏六朝佛经代词探新》

本文是一篇硕士学位论文,但写得扎实深入。代词是介于实词和虚词之间的词,到了中古尤其在佛经中有了许多新的变化,值得作深入的研究,本文就是这样一篇有深度的研究论文。论文分几个部分:一、汉语第三人称代词的萌芽;二、人己代词;三、佛经中常用的三身称谓词;四、"尔"和"然"的发展与比较;五、旁指代词;六、括指代词"一切";七、问人代词"谁";八、"何"系双音疑问代词的发展和变化;九、问数代词"多少"的产生;十、佛经中的"你""这""那"字。

在硕士学位论文的基础上,作者出版了《佛经文献语言》(巴蜀书社,1993)。全书分成两大部分,即:《佛教文献和佛经文学语言》《从佛经用语研究中古代词》。

在第一部分里,作者从文献、语言特点等方面对汉译佛经作了研究。作者指出:东汉时期,汉语文言逐渐形成,与当时口语发生了分歧。而作为外来新文化的佛教与传统汉文化毫无关系。由于佛教在当时的社会地位、佛教的主要宣传对象、译经者本身的文化素养、佛经的内容和传统汉文化有巨大差异等因素,都使译经者放弃文言,采用通俗口语来译写佛经,形成最早的白话文——佛经文学语言。佛经文学用语是以当时雅言为基础的,其语言风格也屡为变迁。康僧会以后,译经者不再在译经用语方面作大的尝试,从竺法护以后,译经用语进入稳定状态,鸠摩罗什以后,译经用语更进入规范时期。到后来,佛经文学用语实际上成为一种专供佛教使用的、既不同于口语又区别于传统文言的新型书面语。(《佛教文献和佛经文学语言·四、佛经用语是最早的白话文》,22—24页)作者还通过举例,说明佛经文学用语在汉语语法、词汇、音韵、文字等汉语史各方面的研究价值,值得作深入的研究。本部分附录的《早期(汉魏西晋)汉译佛经存经目录》,系作者参考《新编汉文大藏经目录》《中国佛教史》等对《大正藏》所作的整理,其中如考定安世高译经为二十部、支娄迦谶译经为九部等,都较可信从。

第二部分和作者的硕士学位论文相比,基本没有大的变化,只是在部分地方作了修改和增补。

陈文杰《早期汉译佛典语言研究》

作者的工作主要体现在这几个方面:一、进一步探讨了佛典文体风格形成的原因,认为在一定程度上受到汉魏道家及术数类作品的影响。二、从四个方面探讨了佛典词汇的特点:①通过对《太子瑞应本起经》新词新义的分析,揭示佛典词汇在汉语词汇史研究上的价值和地位;②选择13组佛典同义词进行详细的描写,探讨佛典同义词的特点及来源;③选择佛典中较早出现的23个词语与同期中土文献材料相互印证,以提高对这些词语性质的认识;④集中讨论了表示方所的指示代词和时间副词的复音化问题,对一些词语的产生机制作了初步的探讨。三、探讨早期汉译佛典和中土文献之间某些词语语义表达的异同以及佛典给汉语所带来的影响。四、解释了一些词语,为汉语词汇史的研究做了一些基础工作。

此外,对佛经音义与汉语历史词汇研究,也有一些有分量的论著。徐时仪《玄应〈众经音义〉研究》(中华书局,2005)第四章《词汇研究》,考释了《玄应音义》收释的复音词、新词新义、方俗口语词等,有四百多页,约占全书篇幅的一半。梁晓虹、徐时仪、陈五云三位合著《佛经音义与汉语词汇研究》,广泛地探讨了佛经音义和汉语词汇的诸多问题,由商务印书馆2005年出版。

近些年,有关佛经词语考释、词汇研究论文有:汪维辉《先唐佛经札记六则》(《中国语文》1997年第2期)、何亚南《汉译佛经与后汉词语例释》(《古汉语研究》1998年第1期)、《汉译佛经与传统文献词语通释二则》(《古汉语研究》2000年第4期)、董志翘《〈高僧传〉词语通释——兼谈汉译佛典口语词向中土文献的扩散》(《汉语史研究集刊》第二辑,巴蜀书社,2000)。其中,何亚南的论文,把汉译佛经和中土文献两方面的材料结合起来,在考释的同时,系联打通相关的词语,并阐述其得义由来,在解释方面也下了功夫。

史光辉《论东汉汉译佛经与汉语成语溯源》(《雪泥鸿爪——浙江大学古籍研究所建所二十周年纪念文集》,中华书局,2003)一文,对源自东汉、魏晋译经的"不可思议""大慈大悲""大千世界""功德无量""借花献佛""皆大欢喜""金刚不坏""惊喜交集""普度众生""如幻如梦""十八地狱""生老病死""唯我独尊""五体投地""现身说法""心猿意马""自欺欺人"和"自作自受"18个成语进行了溯源考证,指出了它们的较早来源和出处,补正了成说。

2. 道教典籍

从语言的角度对道教典籍进行研究,以往并不多见。近些年来,浙江大学在道藏语言研究方面有一定的成绩。如方一新申请到了国家社科基金项目"《抱朴子》词汇研究",和董玉芝合作完成《〈抱朴子〉词汇研究》书稿。叶贵良先后完成硕士学位论文《敦煌道经词汇研究》(浙江大学,2001)和博士学位论文《敦煌道经词汇研究》(浙江大学,2004)。冯利华完成博士学位论文《中古道书语言研究》(浙江大学,2004)。

3. 注释语言

张能甫《郑玄注释语言词汇研究》,首次对东汉郑玄所注的语言词汇进行了梳理和系统研究,发掘其在汉语词汇史研究上的价值。

徐望驾《皇侃〈论语义疏〉研究》对南北朝时期的注疏名著皇侃的《论语义疏》的语言词汇进行描写研究,期望对断代汉语史研究有所助益。

4. 医学典籍

近些年来,我国古代医学典籍等文献也得到了学者的重视。

张显成先后出版了《简帛药名研究》(西南师范大学出版社,1997)、《先秦两汉医学用语研究》(巴蜀书社,2000)、《先秦两汉医学用语汇释》(巴蜀书社,2002),发表数十篇相关论文。

陈增岳撰写了《古医籍校注商兑》(杭州大学博士学位论文,1996)。20世纪80年代以来,古籍整理工作有了长足的进步,古代医籍的整理出版也不例外,发展十分迅速。在看到成绩的同时,也不能不看到存在的诸多问题。该文选择一些有代表性的校注本进行探讨,把校注出版的古医籍中出现的问题归结为十二类,即:不明药物知识而误注、不审病症病名而误注、昧于道教、中医术语而误释、不察文史礼俗制度而误注、不明文史品类名物而误注、不明情貌状物词而误释、不明事为状动词而误释、不明语法逻辑而误解、不明通假而致误、非通假者乱作通假而致误、不明词义而误改、原文有讹而失校,每类下面都列举若干实例,做了澄清疑惑、匡正谬失的工作。此后,陈增岳一直在从事古医籍的订讹补阙工作,写了许多商补型论文。近年来又发表《隋唐医用古籍若干新词新义考析》(《肇庆学院学报》2004年第6期)、《敦煌古医籍校读札记》(《敦煌研究》2004年第2期)等文章。

王云路撰有《汉魏六朝语言研究与古代医术》(《杭州大学学

报》1992年第3期)、《〈诸病源候论〉释词》(《杭州大学学报》1994年第4期)、《读〈诸病源候论校注〉札记》(《古籍整理研究学刊》1995年第1、2期合刊)等文,对晋葛洪《肘后备急方》、隋巢元方《诸病源候论》中的词语作了考释。①

郭颖《〈诸病源候论〉词语研究》(浙江大学博士学位论文,2005)以中古医学名著——隋代巢元方《诸病源候论》为研究对象,主要论述了《诸病源候论》的语料价值、同义词、词形、病愈类词语。在前人时贤研究的基础上,首次对《诸病源候论》词语作了比较系统的研究,在利用古代中医典籍研究汉语史方面做了有益的尝试。

5. 农书

汪维辉《〈齐民要术〉词汇语法研究》首次从汉语史角度对《要术》作了详实研究,分上下编。上编为"概论":(1)对《要术》及作者贾思勰作了考证;(2)揭示了《要术》的语言特点和语料价值;(3)对缪启愉《〈齐民要术〉校释》作了商补。下编是"《要术》新词新义词典"。其中上编对《要术》常用词、疑难词语及词汇的南北差异的考论,下编对《要术》诸多新词新义的考释均出色当行,颇见功力,是专书语言研究的成功之作。

(二)出土文献受到重视,成果迭出

裘锡圭曾撰写《考古发现的秦汉文字资料对于校读古籍的重要性》等多篇文章,就地下出土文献对汉语史研究的重要参考价值作了举例阐发,值得重视。

近些年来,竹简帛书等出土文献也受到学者们的重视,出版

---

① 《读〈诸病源候论校注〉札记》《〈诸病源候论〉释词》二文作者均已收入王云路(2002),分见该书201—207、332—336页。

（发表）了一批力作。

张显成利用先秦、秦汉简帛文献研究医药用语，完成多部著作。《简帛药名研究》（西南师范大学出版社，1996）以马王堆医书、武威医简、阜阳汉简、居延汉简和敦煌汉简等10种出土中医药典籍为材料，时间跨度为春秋战国之际至东汉中后期。本书对这些出土简帛医药文献中的中药名称作了穷尽性的研究，共得药名717个，凡1236见，表示420味中药，其中见于传世典籍的药名324个，不见的有393个，解决了不少简帛药名释读的疑难问题。

《先秦两汉医学用语研究》（巴蜀书社，2000）是张显成的博士学位论文的一部分，是对先秦两汉医学用语的理论研究。作者以传世的《素问》《灵枢》《神农本草经》《难经》《伤寒论》《金匮要略》和出土的江陵望山疾病简、马王堆医书、武威医简、江陵张家山医简、阜阳本草简、居延汉简和敦煌汉简等22种先秦两汉中医药典籍为材料，它们的时间跨度为春秋战国之际至东汉中后期。全书"引言"之外，共分七章，论述了先秦两汉医学用语的概貌、先秦两汉医学用语在历史词汇学上的价值，考释了简帛医籍中的部分疑难词语。

《先秦两汉医学用语汇释》（巴蜀书社，2002）是作者博士学位论文的另一部分，是对先秦医学用语的微观研究。全书共分"前言·先秦两汉医学用语论""第一编·先秦两汉医籍疾病名、症候名汇释""第二编·先秦两汉医籍药物名汇释""第三编·先秦两汉医籍人体部位名汇释""第四编·先秦两汉医籍一般医学用语汇释"和"第五编·《尔雅》《方言》《说文》《释名》《广雅》及群经疾病名、症候名汇释"六部分，对散见于先秦两汉医籍及其他文献中的医学用语作了搜集整理，进行了诠释。本书是作者《先秦两汉医学用语研究》的姊妹篇，二书的取材范围完全一样，读者可比照互参。但《汇释》第一章至第四章都是索引式的内容,即按笔画列出语词,并出释语、出处,并无原文例证,读者如需利用,还需检核原书。

魏德胜撰著《睡虎地秦墓竹简词汇研究》一书,并撰有《〈睡虎地秦墓竹简〉复音词简论》(《语言研究》1999年第2期,169—178页)等论文。

台湾学者洪艺芳的博士学位论文《敦煌吐鲁番出土文书中之量词研究》(台湾中正大学,1999),依据敦煌、吐鲁番出土文书,对其中的量词进行了比较细致的研究。文章利用新材料补正了前贤刘世儒《魏晋南北朝量词研究》,就相关条目提出了自己的见解。

二、研究领域的拓展

近年来,汉语基本词(常用词)研究越来越受到学者的重视,取得了令人瞩目的成绩。可参看王云路(2000)的介绍。

关于常用词研究,蒋绍愚较早就提出来了,他在《古汉语词汇纲要》第九章第二节介绍近代汉语词汇研究的方法时,曾经指出,进一步开展近代汉语词汇研究,"具体地说,有以下几方面的工作要做:①词语的考释;②常用词演变的研究……"(参见蒋绍愚1989:255)

1995年,张永言、汪维辉在《中国语文》上发表《关于汉语词汇史研究的一点思考》重要论文,对汉语词汇史研究的现状与不足作了批评,呼吁重视常用词研究,振聋发聩,新人耳目。

张、汪二位学者的呼吁,得到了学界积极的响应。不少学者纷纷表示赞同。李如龙(2001:17—18)说:"以往汉语词汇史的研究多着重于疑难词语的考释,而忽略常用语的研究。事实上,汉语词汇史的最主要事实便是基本词汇的变动。弄清楚不同时期的基本词汇及其与各方言的基本词、特征词的关系,汉语词汇史的基本面貌也就清楚地显现出来了。"

近年来,接连出版了李宗江《汉语常用词演变研究》、汪维辉《东汉—隋常用词演变研究》两部常用词方面的研究专著,汪维辉还完成了《唐—明清常用词演变研究》博士后出站报告,开辟了汉语词汇史研究的新领域——常用词演变研究,并作了很好的示范。在他们的影响下,一批硕博士研究生(如丁喜霞《中古常用并列双音词的成词和演变研究》,浙江大学博士学位论文,2005/语文出版社,2006)也以常用词为题进行研究,撰写学位论文。

三、研究手段及研究方法的更新

郭在贻(1986:165)曾经说过:"作研究工作,有两点最要注意:一是材料,二是方法。俗语词研究也不例外。"

以往的中古近代汉语词汇研究,主要集中在疑难词语的考释、专书语言的研究上取得了很大的成绩。时至今日,除了研究领域的拓展,研究手段、方法的创新和发展,已成为学者们的共识。笔者以为,新世纪的汉语词汇史研究,应该考虑从以下几个方面进行尝试。

(一)利用汉藏语系的亲属语言关系,借鉴比较语言学的研究方法

李方桂曾说过:"将来大部分汉语史问题,还得靠跟别的语言像西藏话、缅甸话及其他少数民族语言像彝话来比较,希望将来各种比较的研究跟中国本身语言的研究,能够凑合到一块去,可以把各方面的问题美满解释。"(见马学良《开拓汉语史研究的新途径》一文引,《中国语文》1989年第6期)马文又指出:"我们坚信今后

汉语与同系属民族语言的比较研究必将为汉语史的研究揭开新的一页。"(471页)

张永言撰有《语源札记》《语源探索三例》《"轻吕"和"乌育"》《汉语外来词杂谈》等文章(参见张永言1999),黄树先撰有《汉缅语比较研究》等论著。从利用汉藏语系亲属语言材料入手,解决汉语文献中疑难词语的释读问题,往往给人豁然开朗之感。例如:

《世说新语·排调》第35则:"郝隆为桓公南蛮参军,三月三日会,作诗,不能者,罚酒三升。隆初以不能受罚,既饮,揽笔便作一句云:'娵隅跃清池。'桓问:'娵隅是何物?'答曰:'蛮名鱼为娵隅。'桓公曰:'作诗何以作蛮语?'隆曰:'千里投公,始得蛮府参军,那得不作蛮语也!'"对"娵隅"一词,黄树先曾对此作过考证,认为:依据史书记载,晋时荆州一带居住着为数不少的少数民族,依东夷南蛮西戎北狄之例,当时概称之为"蛮"。《后汉书·南蛮传》诸书对这一带的民族情况有详尽的记载。当时荆州一带,少数民族名目颇多,除部分融入汉民族外,大部分为今操苗瑶语和侗台语的先祖。对照文献记载,可以判断"娵隅"为东晋时蛮人所操的蛮语,是"鱼"的译音。"娵隅"这一语音形式在现代苗瑶语中仍保存着。"娵隅"* tsjew ngjew就是当时"鱼"的记音。和苗瑶语有亲属关系的贵琼话(藏缅语)"鱼"tʃə^{55}ni^{55},这和"娵隅"语音面貌相同。(参见黄树先2001)

《华阳国志》卷四《南中志》:"今夷言无雍梁林。梁,夷言马也。"闻宥据《太平御览》考证,原本应作"无梁",即古缅语的 mra "马"。传抄同文堂写本《缅甸馆杂字》的对音为"麦浪"(东洋文库本同),和"无梁"十分相似。黄树先(2003:13)认为,闻宥的考证很有说服力。"这证明当时的氐语确实是现在彝缅语的祖语。文献的'无梁'二字上古音为mǎrǎ，前一个音节当为西南民族语中常见的次要音节，读得短而弱，'无梁'大体上和缅文的mra最相近。"

（二）充分重视现代方言的材料，把传世文献、出土文献和现代方言结合起来

近代汉语词汇的来源十分复杂，除了汉语外，还受各地方言、少数民族语言及外来语的影响，有识之士已经充分认识到这一点。

近年来，汉语史学界十分注重对现代方言材料的利用，倡导把近代汉语语法、词汇研究和现代汉语方言语法、词汇研究结合起来，朱德熙、梅祖麟、鲁国尧、李如龙、蒋绍愚等都在这方面作了很好的探索。

李行健、［日］折敷濑兴（1987）曾合作一文，利用现代汉语方言材料，纠正了诸家对近代汉语词语的误释，指出："对近代汉语词语的考释历来习惯于用排比例句、分析归纳词义的方法对疑难词语作出解释。其间，往往忽略了用今语（现代汉语方言词语）以证古语，以致对宋元以来的白话著作，特别是金、元戏曲词语的注释出现某些失误。该文利用活的方言词语对旧注提出质疑，并提出近代汉语词语的研究从方法上应有所改进，应充分重视现代汉语方言资料的运用。"

鲁国尧（2000）说："1998年、1999年我和汪维辉同志论学的时候，我们有一共识：似乎应该及早开辟'第二战场'，就是说，将汉语词汇史的研究和现代汉语方言词汇的调查、研究结合起来。"鲁先生举中古词语"叛"有逃避义为例，指出此词蔡镜浩、吴金华都已论及，可为定谳。"叛"字此义在清代、民国的苏南地方志以及现当代方言如上海、崇明、苏州、常州、无锡、宜兴、昆山、吴江、青浦、嘉定、

宝山、川沙、南汇、湖州、桐乡、海盐、余姚、嵊州等地都有这个词,可见江浙方言保存了这一古义,可与文献交相发明。"如果词汇史专家尤其是研究近代、中古词汇史的学人在古籍中搜集词语例证的时候,同时把视线也倾注于现代方言的调查、研究,使两个分支学科交融,合则双美。"

李如龙(2001:17)指出:"从汉语史的角度说,把各个时期的常用基本词和各方言的基本词进行综合比较,便可以了解古今汉语的基本词汇的演变过程及其规律。"

蒋绍愚(2005:256)指出:"有些词语,仅凭书面资料不容易弄清楚,如果以方言印证,就会清楚得多。"

前辈学者不仅大声疾呼,而且在利用方言材料作具体研究方面也身体力行,给我们作出了很好的示范。例如:

朱德熙《汉语方言里的两种反复问句》(《中国语文》,1985年第1期)、《"V-neg-VO"与"VO-neg-V"两种反复问句在汉语方言里的分布》(《中国语文》,1991年第5期),利用方言的材料,对两种反复问句作了考察和研究,在方法论上富有启发意义。鲁国尧、梅祖麟也将方言材料与近代汉语词汇、语法研究结合起来,取得了很好的成效。具体论述见本书第十四章第六节和本章第一节。其他如:

顾学颉、王学奇《元曲释词》(中国社会科学出版社,1983—1990)一书,是研究元曲词汇的一部力作。每一词目下,征引书证而外,还常常列举前代用例或现代方言例证,溯源探流。

胡竹安编著《水浒词典》(汉语大词典出版社,1989),有的条目下还用古今方言印证。

李申《金瓶梅方言俗语汇释》(北京师范学院出版社,1992)是研究《金瓶梅》语词的力作。《金瓶梅》是明代著名的小说,使用了大量的方言俗语,其中虽亦"时涉吴语",但基本上是鲁西南、苏北等北方方言的集中反映。《汇释》作者是徐州人,长期从事徐州及周边方言的调查研究(撰有《徐州方言考》等书),掌握了丰富的方言材料;加之熟谙唐宋以来的近代汉语材料,故其考证释义每每以书面文献和现代方言双重为证,纠正了以往研究的许多失误,补正了辞书的不少阙漏。《近代汉语释词丛稿》(江苏教育出版社,1995)是李申的论文集。书中的19篇文章考释了许多近代汉语语词,除了文献证据外,注重用现代方言口语材料加以印证,是这些文章的共同特点。

利用古今汉语方言来考释、印证近代汉语语词是这一时期运用较多的研究方法,已经有多种论著问世。张鸿魁《〈金瓶梅〉"扛"字音义及字形讹变——近代汉语词语训释方法探讨》一文认为:必须充分考虑近代汉语资料多俗字和讹错字的事实,并探讨了训释近代词语中"循声求义"和"印证方言"方法的应用问题。其余单篇论文参见第十四章。

由于对方言材料注意不够,也产生了一些偏差和失误。如陆澹安《小说词语汇释》所解释的小说共六十四种,所释词语凡八千余条。和张相《诗词曲语辞汇释》一样,陆氏此书做的也是开创性的工作,筚路蓝缕,实属不易。但由于作者对近代白话语汇研究不够深入,特别是不懂现代北方方言,不能利用现代方言来和通俗小说相印证,故书中也有一些释义不确的条目。

(三)利用汉译佛经同经异译,进行词汇研究

近些年来,已经有一些学者利用汉译佛经同经异译,进行词汇研究。

如日本的辛嶋静志,曾撰《汉译佛典的语言研究——〈道行般若经〉和异译以及梵本的比较研究(1)》《汉译佛典的语言研究——〈道行般若经〉和异译以及梵本的比较研究(2)》二文,对《道行般若经》系统的译经进行了比较研究,在方法上值得借鉴和参考。例如,前一篇,对《道行般若经》及其六种异译比较,这六种同经异译的佛经是:

后汉·支娄迦谶译《道行般若经》,179年译出;

三国吴·支谦译《大明度经》,222—257年译出;

前秦·昙摩蜱·竺佛念译《摩诃般若钞经》,3世纪后半译出;

后秦·鸠摩罗什译《小品般若波罗蜜经》,408年译出;

唐·玄奘译《大般若波罗蜜经·第四会》,660—663年译出;

唐·玄奘译《大般若波罗蜜经·第五会》,660—663年译出;

北宋·施护译《佛母出生三法藏般若波罗蜜多经》,982年以降译出。

辛嶋静志认为,如果对根据同一梵本异译的这些佛经作比较研究,就可以鸟瞰从东汉到宋代的汉译佛经的语言上的变迁。指出:支谦、昙摩蜱和竺佛念、鸠摩罗什三部佛经,很清楚是参照了支娄迦谶译经的,只是根据原典,在部分地方有所改正;同时,也修改了《道行般若经》中费解的词语和古老的表达方式。并列举"从'视'到'观'""从'谓'到'语'""从'都卢'到'都''皆''悉'"和"'作是念''作是说'等"四个实例,对从东汉支娄迦谶到北宋施护《佛母出生三法藏般若波罗蜜多经》的词汇变化作了论述,说明了译经语言从中古向近代的演化。

后一篇,则对《道行般若经》及其异译的几部经和梵文原典进行了比较研究,考释了《道行般若经》中的几个难词,揭示"赐"有全部、尽义,"谦苦""慊苦""勤苦"有艰难、辛苦义,"正"有界限及非常、很是义,"底"有边际、极点义,等等,有不少发明。

国内学者中,董琨、胡敕瑞等也都在这方面作过较为深入的研究。

(四)运用数理统计的方法,采用定量研究,进行穷尽性的研究

在面对同样材料的场合,采用何种方法、手段进行研究,是汉语史学者面临的一大难题。综览近几年的研究论著,不难看到,在新的研究思路的指导下,一些学者在尝试进行某些新的研究方法和手段,遇笑容、陈秀兰、陈明娥、方一新等都有一些尝试。

遇笑容的近作《〈儒林外史〉词汇研究》,对《儒林外史》的作者问题进行了深入的研究。虽然此前已有不少学者从语言的角度考察、研究了《金瓶梅》《醒世姻缘传》《水浒传》《儒林外史》《红楼梦》等明清小说,但本书作者采用了比较新的考证方法,即:书面材料统计和方言调查统计结合进行,颇具新意。作者通过考察整部《儒林外史》的词汇系统来判断其作者,调查了江淮方言特别是全椒方言,掌握了大量的统计数字,进行了细致的分析,论证《儒林外史》的作者是安徽全椒、江苏南京一带人,该书的前后两部分应出自不同人之手,翔实的方言材料和统计数字无疑增强了结论的说服力。(参见遇笑容 2001)本书在从语言角度入手研究通俗小说的作者方面摸索出了一条新路,值得借鉴。

陈秀兰《魏晋南北朝文与汉文佛典语言比较研究》一书在总括副词一章,根据数理统计原理,运用统计学方法,考察了两种文献在总括副词方面的使用情况,描画其变化的趋势图。

陈明娥《敦煌变文词汇计量研究》(百花洲文艺出版社,2006)使用了定量定性分析法,通过信息处理手段对敦煌变文词汇作了穷尽性的分类统计和数据分析。

方一新在做早期佛经辨伪工作时,常常结合定量统计、分析的方

法,通过对可信佛经与可疑佛经的语法、词汇两方面的专题进行比较研究后,找出可疑佛经后代语言成分的蛛丝马迹,考订其翻译年代。

(五)利用电子语料库和计算机软件技术,进行检索、统计、分析,使词汇研究从个案到普遍,从举例研究到穷尽性研究,从随意性研究到可验证性研究,进一步提高研究的科学性、严密性。

四、研究类型和研究模式

这表现在,专书研究、专题研究并重,具体词汇训释的个案研究更加深入。

(一)专书研究

专书研究是汉语史乃至语言文字学研究的基础,因此,当年程湘清主编汉语史系列研究丛书,在每部断代汉语史研究论文集中,都是以专书或专题研究作为主攻方向的。

专书词汇研究,有董志翘《〈入唐求法巡礼行记〉词汇研究》,结合前后时代的相关材料,对《入唐求法巡礼行记》中的词汇作了深入的研究,注意到异域人士用汉文写作时可能会收到其母语的影响问题,揭示了书中受日语影响的一些词汇语法现象。

胡敕瑞《〈论衡〉和东汉佛经词汇研究》对东汉时期的中土文献代表作品《论衡》和东汉译经词汇进行了对比研究,注意揭示中土作品和翻译佛经的词汇异同。史光辉《东汉佛经词汇研究》则以东汉佛经词汇为平面描写对象,作了专门的研究。

王绍峰《初唐佛典词汇研究》,对唐初以义净译经为中心的佛经词汇进行了研究,唐代的翻译佛经在汉语史上的研究价值不容忽视。

也有几位年轻学者在俗字方面的专书研究:

郑贤章《〈龙龛手镜〉研究》(湖南师大出版社,2004),是作者的博士学位论文(湖南师大,2004),分上下两编。上编是对《龙龛手镜》的全面研究,涉及《龙龛手镜》的阙失、术语、研究价值及与《一切经音义》、汉文佛经、字典编纂的关系等问题。下编是《龙龛手镜》的俗字汇考。

郑贤章又著有《〈新集藏经音义随函录〉研究》(湖南师大出版社,2007),是作者在博士后出站报告《可洪〈随函录〉俗字汇释与研究》(复旦大学,2007)基础上完成的。分上中下三篇,上篇是对可洪《随函录》的系统研究;中篇是《随函录》俗字汇释;下篇是《随函录》俗别字谱。郑贤章语言文字学功底深厚,两部著作的共同特点是识高心细,创获颇丰。

韩小荆《〈可洪音义〉研究——以文字为中心》(浙江大学博士学位论文,2007),分上中下三编。上编是《通论篇》,对可洪《新集藏经音义随函录》(简称《可洪音义》)作了较为全面的研究;中编《考释篇》,分别考释了疑难字、同形字和生僻字;下编是《可洪音义》异体字表。作者对唐五代俗字有深入的研究,其考释细致详实,多所发明。

(二)专类及专题研究

专类研究,这里仅以诗歌语言为例,略作评介。

汉魏晋南北朝诗歌方面,有王云路。

王云路对中古诗歌进行了比较系统的研究,先后出版《汉魏六朝诗歌语言论稿》和《六朝诗歌语词研究》两部专著(详见本章第一节)。

唐代诗歌方面,有项楚、钱学烈、魏耕原等。

关于唐代诗僧的诗,有项楚《王梵志诗校注》《寒山诗注》,钱学烈《寒山诗校注》等著作。

项楚《王梵志诗校注》(上海古籍出版社,1991)。本书体现了作者一贯的治学特点,严谨扎实,旁征博引。特点有:①搜集了到当时为止，国内外已经公布了的王梵志诗的全部写本；②尊重原文，不轻易改动，整理的态度比较严谨；③注释穷本溯源，详尽周全，兼明典制、社会文化背景，对诗中的佛教词语和唐代口语词多所揭橥。

项楚《寒山诗注》（中华书局，2000）。在"前言"里，作者对寒山和他的诗歌作了研究和考订，涉及寒山的生平事迹、诗歌特点、艺术特色、语言风格、版本流传等，读后对寒山及其诗歌有了一个大致的了解。"凡例"说明本书依据的底本、参校本以及拟题、辑佚的情况。全书共收寒山诗313首，佚诗12首，共计325首。每首诗歌标题、原诗之后，列有"校勘"和"注释"二门。尤其是"注释"，十分详细，着重注释唐代口语词、佛教禅宗名相术语、典实出处等，详引唐代及其前后时代的作品为证，①体现了项楚著述的一贯特点。

钱学烈《寒山诗校注》（广东高等教育出版社，1991）的主干部分是对寒山诗所做的校注，作者以"四部丛刊"本为底本，收录寒山诗、拾得诗，并以多种版本参校。每首诗下，先"题解"，再"注释"。注释的重点是"诗中所用典故、史实、前人诗文、佛家术语及较难懂的词语"。王云路评价钱书"简洁而准确"，"就当时情况而言，钱学烈《寒山诗校注》已是难得的整理本了，给读者带来许多方便"。（参见王云路2001b）

唐代诗歌方面，有魏耕原《全唐诗语词通释》（中国社会科学出版社，2001）一书。

专题研究，举汉语语义场的相关研究及进展为例。近些年来，

---

① 据王云路统计，《寒山诗注》"书后所列引用书目（包括论文）约有375种之多，无论高文典册如经书与正史，还是佛经、笔记、方志、杂著等，凡涉及寒山诗的只言片语、零篇散札都悉数搜罗，可谓寒山诗研究的集大成之作"。见王云路(2001b)。

北京大学中文系有几位硕士、博士研究生进行了汉语语义场的研究，成果值得关注。

吕东兰《从〈史记〉〈金瓶梅〉等看汉语"观看"语义场的历史演变》一文，选取《史记》《世说新语》、杜甫诗集、《祖堂集》《儿女英雄传》(前10回)和《金瓶梅词话》六部著作，对其中表"观看"的词语及频率作了穷尽性的和统计，通过分析这些不同时期的历史材料中表示"观看"动作的词语的使用情况，并参照它们在先秦汉语和现代汉语普通话中的情况，观察这一语义场的演变，探讨汉语词汇发展的特点。作者指出，从历时的聚合角度看，汉语词汇发展的继承性很强，汉语词汇系统也发生了很大变化，这种变化是渐变的，与时间的推延成正比。从共时的聚合角度看，汉语词汇系统会吸收方言词、新词及新的表达方式，使义位与语言成分的联系多样化。(参见吕东兰1998)

崔宰荣《汉语"吃喝"语义场的历史演变》一文，选择《史记》《世说新语》、白居易诗集、《祖堂集》《朱子语类》《新校元刊杂剧三十种》《金瓶梅》《红楼梦》和《儿女英雄传》等汉语史上不同时期的9种语料，从语义场的角度，对汉语表示"吃喝"动作的词语进行研究。作者所采用的方法有：①对《史记》等9种作品中表示"吃喝"的单音词及使用频率进行穷尽性的调查和统计；②分析表示"吃喝"动作的词语的使用情况，参照其在现代汉语普通话的用法，观察各词在语义场中的演变；③从聚合、组合的角度，探讨"吃喝"语义场历时演变的特点。(参见崔宰荣2001)

(三) 比较研究

1. 中古时期中土典籍与佛典的比较研究

东汉魏晋南北朝中土典籍和同时期的汉文佛典是两种性质不

同的文献,在词汇、语法等方面存在着较大的差异,但其载体大致上属于同一时期的语言,具有可比性。以往研究六朝语言词汇的学者或者专取中土文献,或者单凭汉译佛典,很少有把两者结合起来作系统研究,进而探究东汉六朝典籍和佛典的语言差异的。把二者结合起来进行比较研究,考察异同,揭示各自的特点,是一个全新的研究领域,对于全面研究这一时期的汉语发展史是不可缺少的一环,很值得做。

我们欣喜地注意到,就中古汉语词汇而言,从单用中土文献、佛典来进行研究,出现了把两种材料结合起来,进行比较研究的论著。

胡敕瑞《〈论衡〉和东汉佛经词汇研究》对东汉时期的中土文献代表作品《论衡》和东汉译经词汇进行了对比研究,注意揭示中土作品和翻译佛经的词汇异同,其结论值得注意。

胡敕瑞《从〈论衡〉与东汉佛典三音词语的比较看东汉词汇的发展》一文,通过对东汉王充《论衡》和东汉佛典三音词语的考察,揭示了《论衡》和东汉佛典三音词语普遍存在这一东汉词汇的一大特点,纠正了以往有学者认为三音节复合词是宋代以后才出现的观点。胡文通过比较研究,揭示了《论衡》与佛典在三音词语上的同和异,认为佛典的三音词语更能反映东汉的发展:①从三音词语的概念类别看,《论衡》与佛典表示一般人物、事物名的三音词语较上古有明显增多;佛典中没有中土人物专名、官爵、著作名,但有大量的翻译佛教名义的三音译词。②从三音词语的构成成分来看,"二加一式"的"一",《论衡》和佛典都有上古已见的"家""者",但佛典还出现了"师""王""人"等上古罕见的构词成分,体现了东汉词汇的发展。③上古由重言构成的"一加二式"(如"芳菲菲")和"二加一式"("滔滔然")三音词语,在《论衡》和佛典中几乎不见,显示了东汉时期从语音构词向语法构词转化的趋势。作者进一步指出：《论衡》和佛典中最有特色的三音词语是"二加一式""一加二式"中的表示一般人物名、一般事物名和建筑、处所名等表名物的词语。其产生机制在于：东汉以降，汉语词汇的复音化趋势（包括双音化和三音化倾向）；大量三音节的外来译词对汉语三音词语的发展起了推波助澜的作用。

陈秀兰《魏晋南北朝文与汉文佛典语言比较研究》从总括副词、常用词和新词新义三方面将魏晋南北朝文与汉文佛典作了比较研究，揭示它们在两种文献中的差异。这类研究尚处于尝试摸索阶段，值得鼓励。

俞理明《东汉佛道词汇新质研究》，是作者承担的四川省社会科学规划项目的最终成果。该书稿共分五章，即绪论、东汉佛道文献中新出的名物词语、东汉佛道文献中新出的行为词语、东汉佛道文献中新出的性态词语和东汉佛道文献词汇新质分析。该书的特点有：第一，以东汉佛经、道经文献词汇为研究对象，对其新词、词汇新质进行系统的研究，选题颇具新意，填补了国内外这一领域的研究空白。第二，认真甄别语料。作者对语料的选取十分严格，该书涉及近30万字的东汉佛经、道经文献，作者逐一甄别，严格把关。第三，研究系统深入。例如，关于东汉佛经的音译词，作者统计，共有709条，并详细分析了这些音译词的特点和类型。在全面描写、深入分析的基础上，作者对东汉词汇新质进行了揭示，论述了东汉佛教文献词汇中的外来因素和新异感、佛道文献词汇新质的表义功能、词汇新质中的音译词和意译词等。凡此都说明作者注重解释工作，不仅阐明语言事实，更注意揭示词汇发展的规律和动因。还有，作者从意义出发，把东汉佛、道文献的词汇分成名物、行为、性状三大类,各类下再分出小类,列出具体的词语和用例。这样的分类法比较科学,便于操作和描写。不足在于,作者对各类词的梳理尚欠精细,有些词目选收的价值不大,宜可割爱。像目前这样广征博收的话,未免有筛汰不严的感觉。

2. 近代汉语时期汉文课本《老乞大》不同版本之间的比较研究

就近代汉语而言,出现了利用不同版本《老乞大》进行词汇、语法研究的论著。

江蓝生说:"在汉语史研究中,元代语法研究是一个薄弱环节。北方汉语长期与阿尔泰语诸语言相接触,辽、金、元各代又相继建立了契丹、女真、蒙古族政权,当时的社会语言状况是什么样的?元代汉语通语是否存在南北有异的两大格局?这些都是十分重要的研究课题。从理论上讲,要弄清楚现代汉语的来龙去脉,除了要明了汉语方言史外,也必须对历史上汉语与非汉语的接触和融合的状况有深入的了解。"

"研究元代的语言,首先要从反映元代语言面貌的白话文献资料入手。元代白话文献大体可以分成两大类:一类是纯汉语的资料,如元杂剧、散曲、南戏和讲史平话等。其中元人杂剧和散曲中可以看到一些受蒙古语词汇和语法影响的痕迹,而平话类作品中则有相当的文言成分。另一类是直讲、直译体白话。其中有典章吏牍体白话如《元典章》《通制条格》和蒙语直译体白话碑文等,还有白话讲章,如许衡《大学要略》《大学直解》,贯云石《孝经直解》,吴澄《经筵讲义》(大臣用当时的口语给皇帝讲解汉文典籍)等。会话课本《老乞大》《朴通事》的语言跟直讲体十分接近,比直讲体还要口语化,更能反映当时北方汉语口语的真实面貌。"(江蓝生《〈老乞大〉四种版本语言研究·序》,1页,语文出版社,2003)

李泰洙《〈老乞大〉四种版本语言研究》(语文出版社,2003)

本书是作者在博士学位论文的基础上修改出版的。作者对《老乞大》语言作了比较系统的比较研究,具体做法是:以新发现的古文《老乞大》为主,结合另外三种版本,通过比较研究,考察它们的语言变化特别是语法变化。这四种版本为:A.古本《老乞大》;B.《老乞大谚解》;C.《老乞大新释》;D.《重刊老乞大》。

全书共分五章:第一章 绪论,第二章 古本《老乞大》,第三章《老乞大》四种语言比较研究(上),第四章《老乞大》四种语言比较研究(下),第五章 从《老乞大》四本看14世纪中叶～18世纪中叶北方汉语的发展变化。其中和词汇有关的,主要有两处:一是第二章第二节,"与时代有关的名物词考察",作者考察了"大都—北京""顺承门—顺城门""丙戌年"和"中统钞"等有时代特征的名物词,借以证明古本《老乞大》确实成书于元代。二是第五章第一节"词汇的兴替变化",作者认为:①有些词汇的兴替变化直接跟社会历史的变化有关,尤其是一些地名、制度等。例如,"汉儿言语"只见于A、B本,C、D本改为"官话";"高丽"见于A、B本,C、D本改为"朝鲜"。②词汇的兴替绝大多数反映的是同义词兴替的变化。例如,A、B、C、D四本都用"伴当",但B、C、D三本更多地使用"火伴","伴当"濒临消亡;A、B本用"利家",C、D本用"外行"。③有些词汇的兴替变化反映了方言俗语与通用标准语的差别。例如,A本中第一、二人称代词用"俺、恁"和"我、你",而另三本只用"我、你"。④有些词汇的变化实际上是用字的差别。例如,程度副词A本用"哏"字,C、D本用"狠"字。为了便于比较,作者选择了一些比较重要的词语,按其词性列表于下,作为本节的附录。这些词语分为名词、指示代词、疑问代词、动词、助动词、形容词、量词、副词、

助词、连词等,凡86组(个)。(94—98页)

夏凤梅《〈老乞大〉四种版本词汇比较研究》(浙江大学博士学位论文,2005)

《老乞大》是元代以来朝鲜人学习汉语的教材,目前已经发现的最早版本是元代刊刻的《原本老乞大》。《老乞大》流传以来,有汉语本、翻译本、谚解本三个不同系列。汉语本与谚解本之间的差异,就在于谚解本有韩语注音,而二者的汉文部分是完全一样的,《翻译老乞大》与《老乞大谚解》的语言几乎全同,只有少数几处文字上有点出入。作者以《原本老乞大》《老乞大谚解》《老乞大新释》和《重刊老乞大》四种版本的词汇为比较对象,着重比较四种版本的词汇在不同时代所反映出来的差异,试图勾勒元明清三代北方汉语词汇的历时演变,揭示其发展演变的规律。全文共分六章,首章为"绪论",介绍了《老乞大》的版本及研究状况等,第二章讨论了《老乞大》词汇的性质,第三、四两章分别论述了《老乞大》名词和动词、形容词的更替,第五章是从《老乞大》看近代汉语词汇的发展。附录为"《老乞大》《朴通事》俗语研究"。

以名词为例,如"日头",表示天数,[①]《原本老乞大》《老乞大谚解》各有3例,而到《老乞大新释》和《重刊老乞大》则换成了"日"和"日子"。《原本老乞大》:"一个日头比及到晚出来呵,至少使五六定钞。"(中华书局汪维辉校本44页)《老乞大谚解》也作"日头"。《老乞大新释》:"一个日子到晚出来,狠小也要使去三四两银子。"(中华书局汪维辉校本147页)《重刊老乞大》也作"日子"。可见表

[①] "日头"是个多义词,在《老乞大》里,还有"指太阳""表示'日期'"二义,参见夏凤梅(2005:33)。

示天数,元明以来,先作"日头"(前面有数词+个),后作"日子"(前接数词+个),二词形成了历时替换。但这一用法并未沿用下来,今天则只说"日"或"天"。作者把《老乞大》所见的近代汉语词汇发展的原因概括为三点:社会因素、心理认知因素(求新心理、求雅与求俗心理、谦虚心理)和语言因素(词汇内部的自我调节、表义的明确、语言规范)。

汪维辉《〈老乞大〉诸版本所反映的基本词历时更替》(《中国语文》2005年第6期,545—556页)

作者以《原本老乞大》《老乞大谚解》《老乞大新释》《重刊老乞大》四种版本为比较对象,以"言语—话""道—说""面—脸""将—拿""饥—饿""(天)明—(天)亮""便—就"7组基本词为例,探讨其在四种版本中的历时更替过程及其与现代方言共时分布的关系。文章利用《老乞大》不同版本语料来考察从14世纪中叶至18世纪末期这四百多年间汉语的一批基本词的演变及现代汉语若干基本词的形成过程,并征引现代方言的材料,用作比较。在文末作者总结说:"从基本词汇看,总体而言,《原本》和《谚解》的语言相近,《新释》和《重刊》的语言相近,而两组之间差异较大。"作者指出,把100—200个基本词的历时演变过程描写清楚,是汉语词汇史学科在现阶段的一项基本任务。而该文则是这项工作的一个成功的范例。

五、新理论的运用

(一)语法化、词汇化

1. 语法化

近些年来,国内语法化研究方兴未艾,越来越受到人们的重视。什么是"语法化"? 所谓"语法化","通常指语言中意义实在的词转化为意义虚灵、表示语法功能的成分这样一种过程或现象。中国传统语言学称之为'实词虚化'。"(参见沈家煊《语法化学说·导读》)张志毅、张庆云说:"两种意义(语法意义和词汇意义)在语用基础上可以转化。一方面,语法意义促使语义意义产生,如使动用法常常促使形容词产生动词义位,促使不及物动词产生及物义位。这个过程和结果就是语法形式的词汇化(lexicalization)。另一方面,语义意义促使语法意义产生,如大量的转类造词都是语义意义促使产生语法意义并进而固定在一个词的新的词性上。……总之,词汇单位(主要是实词)演变成语法成分(主要是虚词)或演变出突出的语法特征,这个过程和结果就是词汇单位的语法化(grammaticalization)。(梅耶,1912)"(张志毅、张庆云《词汇语义学》130页)

在汉语词汇的发展中,词组词化是新词产生的重要途径,实词虚化、较虚的词更加虚化,也是词汇发展的必然趋势。实词虚化是产生虚词的必经之路。语法化的机制和动因是学者们探讨的焦点。

洪波说:"……汉语实词虚化的机制有两种:一是认知因素,一是句法语义因素。在这两种机制中,句法语义因素是主要机制,汉语大多数的实词虚化都是受句法结构和句法语义的影响而发生的。"(《坚果集》140页)

"由句法语义机制引起的实词虚化有两种情况,一种是单纯地由句法机制引起虚化,另一种是以句法结构为条件以句法意义为机制而引起虚化。"(140页)

"弄清汉语实词虚化的机制对于研究汉语的实词虚化有两方面的意义:其一,在分析实词虚化的过程或某些虚词的来源时可以避免主观臆测和牵强附会。……其二,能够正确地认识平行虚化现象的根源。汉语里有很多平行虚化的现象,如动词'使'虚化为假设连词,与它同义的'令'也虚化为假设连词;动词'见'在表示'遭受'意义上虚化为表示被动的助动词,动词'被'在表示'遭受'意义上也有相同的虚化。……通过研究我们不难发现,这是由于它们受到了相同的句法语义因素的影响,也就是说,是相同的虚化机制造成了平行虚化。"(《坚果集》142 页)

刘坚、曹广顺、吴福祥《论诱发汉语词汇语法化的若干因素》(《中国语文》1995 年第 3 期)则对词汇语法化(某个实词……最终失去原来的词汇意义,在语句中只具有某种语法意义,变成了虚词)现象进行了深入的探讨,认为导致语法化的因素主要有"句法位置的改变""词义变化"和"语境影响""重新分析"等,在方法上给人以启示。更多的学者则结合汉语史事实来探讨汉语中的语法化问题。

黄珊《古汉语副词的来源》(《中国语文》1996 年第 3 期,220—228 页)通过古汉语的具体实例考察古汉语单音副词由实词虚化的过程及复合副词的构成。

李讷、石毓智《论汉语体标记诞生的机制》(《中国语文》1997 年第 2 期,82—96 页)该文试图诠释"了、着、过"会在宋元时期演变为体标记的原因,也可以说明唐宋之际产生类似的"却、得、去"等的演化过程。作者认为:从形式上看,体标记必须能够出现在"动+X+宾"格式中的 X 的位置。这就解释了为何秦汉至隋唐时期未能产生体标记的问题,较有说服力。

江蓝生《说"麼"与"们"同源》(《中国语文》1995 年第 3 期)也讨论了实词"物"的语法化问题,值得参考。(188 页)江蓝生还指出:近代汉语的研究中,历史文献与现代汉语的比较互证,对汉语虚词语法化历程的研究具有重要意义。(见方梅撰《中国语言学会在江西南昌召开第九届学术年会》,《中国语文》1997年第6期,474页)其《处所词的领格用法与结构助词"底"的由来》(《中国语文》1999年第2期)提出方位词"底"在"名+底+名"结构中重新分析为结构助词,颇具启发意义。

蒋绍愚在研究了"给"字句、"教"字句表示被动的来源后指出:"'把''被'的语法化和'教''给'的语法化属于两种类型。"

"'把''被':词语的虚化和语言结构的重新分析几乎是同时发生的,表层结构没有改变,作为动词的'把''被'和作为语法标记的'把''被'在语义上有一定的联系,所以它们的语法化过程很容易被人们认识,这就是人们熟知的'实词虚化'。"

"'给''教':①不是由于'教''给'的词义的变化带动句式的演变,而是由于句式的演变造成'给'的词义和功能的变化;从语义上看,很难找到动词'给''教'和语法标志'给''教'之间的联系,所以也难以用'实词虚化'来解释。②这种句式的演变比较复杂,每一步的演变,其表层结构都出现了较大的变化。重新分析总是在表层结构相同的前提下进行的,而'给予——使役''使役——被动'的转化,都首先要经过比较复杂的句式演变,才出现'给予'和'使役'之间以及'使役'和'被动'之间的共同的表层结构。正因为这两点原因,它们的语法化过程不容易被人们认识。"(《'给'字句、'教'字句表被动的来源——兼谈语法化、类推和功能扩展(提纲)》,2001年9月28日在浙江大学汉语史研究中心讲学的题目)(参见蒋绍愚2002)

梅祖麟就语法化作了具体的研究(见郭锡良主编《古汉语语法

论集》15、20页)、孙朝奋《再论助词"着"的用法及其来源》(《中国语文》1997年第2期,139—146页)也都是这方面的实例,可以参考。

张美兰(2001:324—325)曾考释《敦煌变文集》中的"短终",谓"为'断中'的同音通用,义同'短午'即'断午','过午不食'"。并说:"'断中'为唐代俗语。"

如果进一步考察,可以发现,魏晋以来译经就有"断……中……"的用法。东晋僧伽提婆译《中阿含经》卷五〇:"世尊昔时,告诸比丘:'汝等断过中食。''世尊,我等闻已:不堪不忍,不欲不乐。若有信梵志、居士往至众园,广施作福,我等自手受食。而世尊今教我断是,善逝教我绝是。复作是说:此大沙门不能消食。然我等于世尊威神妙德,敬重不堪。是故我等断中后食。'""断过中食""断中后食"属读关系为"断/过中食""断/中后食","断"和"中"本来不在同一个句法层面。后来经过重新分析,形成"断中"这一跨层新词,赋予其"过午不食"的含义。因此,考察"断中"产生的源头,当在中古时期。

2. 词汇化[①]

四川大学(现为北京大学)董秀芳博士在汉语双音词的形成、发展和规律探讨方面作出了引人注目的成绩,她的专著《词汇化:汉语双音词的衍生和发展》(四川民族出版社,2002)是在博士学位论文的基础上修改而成的。作者在书中探讨了诸如"从历时角度看,双音形式是怎么变成词的?词汇化背后的机制是什么?制约

---

① 词汇化是从词组到词的转变,狭义的语法化是词义由实到虚,广义的语法化包括词汇化。

双音形式词汇化的因素有哪些"等问题(绪论,9页),在把现代语言学理论运用于古汉语词汇研究方面进行了可贵的尝试。

作者认为:汉语双音词的最主要来源是短语,此外还有句法结构和跨层结构。作者在解释导致短语词汇化的原因时指出,在短语词汇化的进程中,语义方面的一个重要特点是可能发生了隐喻和转喻的变化。例如,"要领"原指"腰"和"脖颈",是一个名词性并列短语,由于它们是人体中的关键部位,以这一点作为相似关联,从人体部位认知域投射到一般事物的认知域,后来就出现了隐喻用法——指"事物的重点、关键"。在这一隐喻用法下,"要领"凝固为一个双音词。[①] (98—99页)

在"从句法结构到双音词"一章中,作者讨论了"语法标记,代词结构,否定结构,介宾结构,助动词结构"等句法结构的词汇化。并指出:"由语法性成分参与组成的句法结构词汇化为双音词是从一种能产的可类推的形式变为凝固的不能类推的单位。其内部动因多是由于句法结构中语法性成分的功能的衰退。"(219—272页)

在"从跨层结构到双音词"一章中,讨论了"否则""友于"等跨层词。(273—292页)最后,作者论述了"双音词语义和功能的演变",在解释方面作了有益的探索。

董秀芳的《词汇化与语法化的关系及相关语言现象的分析》一文,探讨了词汇化和语法化的关系。一如作者以往的研究论著:理论性强,结合汉语实际,分析细致。(2003年12月杭州会议论文)

实际上,"词汇化"和"语法化"是语言发展的两个方面,前者指

[①] 作者举短语用例如:《韩非子·说疑》:"虽身死家破,要领不属,手足异处,不难为也。"双音词用例如:《史记·大宛列传》:"骞从月氏至大夏,竟不能得月氏要领。"

从非词演变为词,后者则指从词演变为语法成分(词汇意义消失),相辅相成,缺一不可;目前学术界研究较多的是"语法化",董书探讨双音词的"词汇化"问题,有着重要的意义。

用现代语言学理论来指引汉语史的研究,是一种新的尝试。迄今为止,这一类的研究目前还不多见。我们希望,在不久的将来,有更多的年轻同行能够继续大胆探索,为汉语词汇史研究闯出一条新路。

(二)功能语言学、认知语言学

认知语言学是国外20世纪80年代以来发展起来的研究领域,是认知科学和语言学相结合的交叉学科,发展前景十分广阔。从目前来看,认知语言学又可分为认知语法学、认知语义学(隐喻、转喻、语法化)等分支学科。近几年,认知语言学成为外语学界和汉语学界的研究热门,介绍和研究都相当多。但在汉语历史词汇研究领域,与认知相结合的成果相对较少。结合汉语的认知研究主要有戴浩一《以认知为基础的汉语功能语法刍议》、谢信一《汉语中的时间和意象》、张敏《认知语言学与汉语名词短语》、沈家煊《"有界"与"无界"》及蒋绍愚的几篇文章等。

近年来,在对汉语事实作详尽描写的基础上,从认知角度进行分析、研究的硕士、博士学位论文有所增多,如:

谭代龙《义净译经身体运动概念场词汇研究》(北京大学博士学位论文,2005年5月),这是一篇以认知语言学理论为指导思想,尝试研究汉语历史词汇的博士学位论文。论文以唐代僧人义净(635—713)翻译的佛经为语料,以义净译经中指称身体运动概念的相关词汇为研究对象,描写初唐时期这类词语在义净译经中的分布情况,探讨概念场中各成员及其系统属性的历史来源和演变历程。从认知语言学的角度,对该类词汇系统的构成和演变进行深层次的探索。全文共分五章,前两章和末章分别是绪论、义净及其作品、结语;第三、四两章是论文的主干部分,讨论了义净译经身体非位移运动概念场词汇研究、义净译经身体位移运动概念场词汇研究,前者分为卧睡、跌倒、蹲坐、起立,后者分为前进、却退、内入、外出、到达、去往、返回、来、行走、旋绕、追逐、逃亡、隐藏、等待等概念场。

作者采用了德国学者特里尔提出的"概念场"这一术语,用来指称"概念",认为一个概念可能就是一个概念场,一组有紧密联系的小概念场又可以构成一个大概念场。作者举例说:"在指称'卧睡'这个相对独立的概念场时,汉语从古至今有几个大的变化阶段,每个阶段都有不同的一组词来指称。如在先秦时期是'寝寐',东汉以后则变成'卧眠睡',在现代汉语中则变成由'睡'来指称。'寝寐''卧眠睡'和'睡'就是我们所谓的'概念场词汇'。"(12页)

相关的博士学位论文有:

蔡言胜《〈世说新语〉方位词研究》,复旦大学博士学位论文,2005。

该文在古汉语方位词具体问题的讨论中,首次较全面地借鉴和引进现代认知语言学的研究思路、成果以及方法,旨在深化相关语言现象的探讨,并试图实现古今汉语相关研究的融合与沟通。

雷冬平《近代汉语常用双音虚词演变研究及认知分析》,浙江大学博士学位论文,2006年;中国社会科学出版社,2008。

本文将近代汉语常用双音虚词作为研究对象,旨在揭示一些常用却易受忽略的双音虚词的成词及演变规律,并尝试对这些演变作认知分析。

论文共分六章:第一章是概论,对近代汉语常用双音虚词作了界定,概述既有研究,阐明选题的研究意义。第二、三两章,分别对"打头""反正"等二十多个常用双音副词、"X 着""X 了"等五十多个双音介词的演变作了研究。第四、五两章,分别对"便是/就是"等双音连词和"便是""来着"等双音助词作了研究,比较异同,勾勒演变轨迹。第六章是总结,论述了近代汉语常用双音虚词演变研究的三个问题:一是总结近代汉语常用双音虚词演变的四条路径;二是揭示"隐喻""转喻"在近代汉语双音虚词语法化中的运作机制;三是讨论语法化研究中材料的拓展问题,强调了方言材料在虚词演变研究中的作用。

曾丹《反义复合词形成演变的认知研究》,浙江大学博士学位论文,2007。

本文以反义复合词(指由两个意义相反或相对的单音节语素所构成的并列式复合词)为研究对象。拟通过对反义复合词历时演变和共时状况的调查研究,揭示其演变机制、内在动因和认知理据,为汉语词汇研究的拓展作一些有益的尝试。反义复合词的形成及发展与人类的认知心理密切相关,其演变轨迹充分体现了认知对语言的影响。

全文共分六章。第一章为"绪论",论述了选题缘起及研究意义、反义复合词的界定以及相关的研究现状。第二至第四章是论文的主体部分,分别描写、研究了由名词语素、动词语素和形容词语素构成的反义复合词(各 5 组)。第五章讨论了反义复合词的同素异序问题。第六章探讨了反义复合词形成演变的认知动因。通过对具体语言事实的分析,作者认为:"认知经验""隐喻"和"转喻"是影响和推动反义复合词形成演变的重要因素。

相关硕士学位论文有:

许芃《〈庄子〉隐喻、转喻造词的认知分析》,山东大学硕士学位论文,2005;胡佩迦《对〈释名〉的认知研究》,四川师范大学硕士学位论文,2005;鹿钦佞《疑问代词"什么"非疑问用法的历时考察》,延边大学硕士学位论文,2005;李斌《含"进、出"类趋向词的动趋式研究》,上海师范大学硕士学位论文,2005;潘海峰《动后"上"的语法化过程和"V 上"结构的句法语义问题研究》,上海师范大学硕士学位论文,2005;葛新《方位词"上""下"的意义及其演变》,上海师范大学硕士学位论文,2004。

(三)语言接触

语言接触,是语言学界近年来比较关注的研究领域。历史上,汉族与众多少数民族、外族关系密切。在漫长的历史时期,汉语多数时间处于强势地位,继上古之后,中古、近代时期的语言接触也十分兴盛。

1. 中古汉语时期的语言接触

近年来,随着研究的日益深入,学者运用梵汉对勘进行汉译佛经语言词汇研究,取得了成绩。

以往的研究已经涉及此类现象。朱庆之(1992:239—242)利用佛经原典,考证了"经行""将无同"等词。姚秦鸠摩罗什译《妙法莲华经》卷一:"又见佛子,未尝睡眠,经行林中,勤求佛道。"指出"经行"对译梵文的 caṅkram,直译为"转圈走",意谓在某个范围内来回兜圈子。caṅkram 是由两部分组成的,caṅ－是"绕"的意思,是音译;"经",《广韵》"古灵切",声母、韵尾与梵文 caṅ 相近、相同,主要元音为[e]。kram 是"行"的意思,则为意译;"经行"大概属于音译加意译的梵汉合璧词。

朱庆之(2000)考证译经中"瘦"有"病"义及其来源。汉语"瘦"

并无"病"义,而译经中则可作为"病"的同义词而出现在"病瘦"这一并列复合词中。

如:

后汉安世高译《阿含口解十二因缘经》:"意亦有三痛:身痛者,谓得刀杖瓦石蹴蹋;二者病瘦;三者死。"(25/54/c)后汉昙果共康孟详译《中本起经》卷下《须达品》:"若使女人不于我道作沙门者,天下人民皆当豫具衣被饮食、卧床、病瘦医药,愿诸沙门当自来取之。"(4/159/b)后秦弗若多罗译《十诵律》卷一九:"若在箱箧中自然作声,盲者得视,聋者得听,哑者能言,拘躄者得伸,跛蹇者得手足,眜眼得正,病瘦者得除。"(23/134/c)

"病瘦"谓疾病、患病,名词。这是一种译经中的特殊用法。《说文解字·疒部》:"瘦,臞也。"本义是瘦瘠、肌肉不丰满。与"肥""胖"相对。未见指称疾病。朱庆之指出,译经中之所以出现"病瘦"这一汉语未见的词语,是因为"在梵文当中,与'瘦'本义相同、并时常被译成'瘦'的 kr̥śa,除了有'肌肉不丰满'或'细小'的意思外,还有虚弱的、衰弱的、病弱的意思,表明印度人是以'瘦'为'病'的,译者在使用汉语'瘦'一词的时候可能认为也应当有与梵语相同的病弱的意思,所以将'瘦'作为'病'的同义词来看待。"(参见朱庆之 2000、胡敕瑞 2002:262)

朱冠明《移植——佛经翻译影响汉语词汇的一种方式》(汉语史中的语言接触专题研讨会,2005 年 11 月,北京·香山)也讨论了这类问题。

作者指出,近些年来,学界对翻译佛经影响汉语词汇的研究逐渐深化,不仅找出了更多的来自佛教的外来词,也关注构词法的层面。如朱庆之(2000、2003)从梵汉对勘的角度研究译经对汉语词汇的影响，把一些更为隐晦的词汇借用发掘出来，如译经中大量存在的"仿译"现象。

该文则讨论了佛经翻译影响汉语词汇的另外一种方式——移植。这种方式只是使汉语词汇增加新的义项或者用法，并不产生新词。

所谓"移植（semantic/functional transfer）"，是指译师在把佛经原典语梵文（源头语）翻译成汉语（目标语）的过程中存在的这样一种现象：假定某个梵文词 S 有两个义项 S_a、S_b，汉语词 C 有义项 C_a，且 $S_a = C_a$。译师在翻译中，由于类推心理机制的作用，可能会把 S_b 强加给汉语词 C，导致 C 产生一个新的义项 $C_b(=S_b)$。C_b 与 C_a 之间不一定有引申关系，且 C_b 在译经中有较多的用例，成为 C 的一个固定义项，这就是语义（或用法）移植。

作者从梵汉对勘的角度，列举了 7 个例证，揭示这一类的"移植"现象。这里选二例以窥之。

"持"有"记忆、记住"义，译经多见。《摩诃僧祇律》："是奴利根，闻说法言，尽能忆持。……是奴聪明，本已曾闻，今复重闻，闻悉能持，其师大喜。"《法华经》："能问诸佛，闻悉受持。"和鸠摩罗什译《法华经》"受持"对应的梵文是 dharmma-dhara，这是一个复合词，义为"记住了法的"，由 dharmma（法）和 dhara（记忆）构成。dhara 是动词 dhṛ 的名词形式。据 Monier-Williams《梵英大词典》p.519，dhṛ 的本义即为"to hold"，此词又有引申义"to bear in mind, recollect, remember"，即"记忆、记住"。梵文的 dhṛ 和汉语的"持"本义都为"握持"，所以译师在译 dhṛ 这个词时选用了"持"，同时又把 dhṛ 的引申义"记忆"强加给了"持"。

佛经中常常尊称他人为"长寿"，类似于今天的"先生"，而与被称呼者实际年龄无关。《摩诃僧祇律》:"檀越见已,作是言:'阿阇梨,何故希行?多时不见!'比丘言:'长寿,我希行来,欲与我作何等好食?'"作者指出:"长寿"一词在汉语中只有"寿命长久"和"维持时间长久"的意思,不能作为对他人的尊称。而与"长寿"一词对应的梵文词 āyuṣmat 由词根 āyus(寿命)加表示领属的词缀 mat 构成,义为"具备寿命的",即"长寿的"。据 Edgerton(1953, Vol. Ⅱ:102),此词在佛教混合梵文中即可像巴利语的 avuso 一样作为称呼用语。可见译经中"长寿"作为称呼用语,正是来源于 āyuṣmat 的这一用法。

文章还申述了"移植"与词义引申以及梁晓虹(1994)提出的"佛化汉词"、颜洽茂(1998)提出的"灌注得义"的区别,并论述了"移植"的心理机制与原因。指出:"移植"与蒋绍愚(1989)提出的"相因生义"非常相似,它们有着共同的心理机制——类推,而且是一种错误的类推。所不同者,"移植"发生在两种不同的语言之间,而"相因生义"发生在同一语言之内。"佛经翻译带来的汉语与梵语的接触并不是一种直接的接触,而是通过少数作为译师的操双语者(多为母语为梵语的僧人)的译经而发生的。因此从移植最初的动因看,并非目标语的使用者有意识地去借用梵语词义,而是源头语的使用者为了具体的目的(译经)而采用的一种手段。移植的结果是目的语中的某些词增加了新的同义词。"作者认为,有两个原因使译经需要常常并列使用同义词:一是汉译佛经以四字格为主的文体。译师为了凑四字格,就需要在不改变文义的前提下添加同义词。二是梵文原典常常连用多个同义词来重复表达一个意思。因此,译师就会时常采用移植的方式来扩充他的同义词库,以适应需要。

朱冠明认为:部分作品特别是翻译佛经中,出现了一定数量的外来语言成分(移植或误用),不能笼统地视为反映了当时的口语。

2. 近代汉语时期的语言接触

(1) 早期:隋唐

董志翘《〈入唐求法巡礼行记〉词汇研究》(中国社会科学出版社,2000)。

唐代日僧圆仁《入唐求法巡礼行记》四卷,记载翔实,口语材料丰富,有许多唐代口语词。但其中也有一定数量的日语成分乃至用错的汉语词,董志翘已经作了很好的研究。其《〈入唐求法巡礼行记〉词汇研究》一书指出:"《行记》的词汇不是纯粹的汉语词汇,也不是纯粹的唐代口语词汇。它带有一种混合词汇的性质。"(54页)这些"混合词汇",恰恰反映了唐代语言接触的若干面貌。例如:

"件"在《行记》中有"上述"义,如:"为画造妙见菩萨、四天王像令画师向寺里。而有所由制,不许外国人滥入寺家,三纲等不令画造件像,仍使牒达相公。"(卷一,27页)"件"的这一用法,除了在日人撰写的汉籍如成寻《参天台五台山记》、圆珍《上智慧轮三藏决疑表》等中见到外,在其他汉籍中未见。作者指出,此类"件"也是一个日语词。因为日语"件"(くだん)是名词(与汉语作为量词不同),有"上述事项"和"曾经提过的那件事"两个义项,这种带有指代意义的"件"和《行记》的"件"非常相似,《行记》应该是日语的影响。

关于受日语影响的例子,书中还有另一种情况,即因音同致误的例子。碰到这类例子,作者就采用因声求义的方法,来破解语词。如:储、设,"俗家、寺家各储希膳,百味总集。"(卷一,79页)这里的"储"是设置义,"各储希膳"就是"各自摆设了美味的饭菜"。之所以圆仁把"设"写成了"储",是因为日语中的"設ける"、"儲ける"都读作"もうける",是同音词,因此而误。成寻《参天台五台山记》也有类似的用法,如:"代州大卿储斋并酒果,诸僧饱足。"(卷一)"储斋"就是"设斋",也就是摆下斋饭的意思。(76页)①

《行记》作者特殊的身份使《行记》中有日语影响的明显痕迹,有不少非汉语的成分。作者提醒我们,在利用时必须注意鉴别,以免把日语词当作汉语词(唐代口语词)。

比如,"北台在宋谷兰若"(卷二,172页),"在"字颇为费解。《研究》指出,"在"其实来源于日语"ある(有る、在る),这个词同时具有"有"和"在"两个义位,"北台在宋谷兰若"实为"北台有宋谷兰若"之意(兰若为梵文 aranya 的音译,指比丘习静修行之处)。圆仁用"在"表示"有",仍然是受到母语的影响。(72页)作者还进一步指出,以"在"表"有""这种错误更多地见于成寻的《参天台五台山记》",在成寻的这本书中,该用"有",误用了"在",该用"在"而误用"有"的例子很多。不仅日本僧人如此,连唐代新罗僧人慧超用汉文写成的《往五天竺国传》中也出现了"男人剪发在须,女人在发"一类的句子,并造成了前贤的误解。②可见这种揭示是十分必要的。

与"在"相类似的有"依"。"但公私之物无异损,依无迎船,不得运上。"(卷一)"依"是"因为"的意思,介词。唐代文献中未见类

---

① 此二例参见董志翘(2000)。
② "女人在发""女人发在""女人在头"一类的句子在慧超《往五天竺国传》中已经出现,日本学者高田时雄曾撰《慧超〈往五天竺国传〉的语言及敦煌写本的性质》(见桑山正进主编《慧超往五天竺国传研究》附录)指出,古代新罗语有与日语相同之处,就如日语的一个"ある"实分担着汉语"有""在"两个词的作用,慧超就是在汉语应该用"有"的地方误用了"在"。此据《研究·附录二》所载作者《评介两部研究〈往五天竺国传〉的新著》393—394页。

似的用法。《研究》指出:"这是一个受日语影响的词。因为日语中的'依る'(よる)与'因る'(よる)是同音词,因而都可以用来表示原因,相当于'由于'、'因为'之义。"(70页)

"令向镇家,兼送文牒。即盐官判官元行存乘小船来慰问。"(卷一,9页)"众僧皆下床而立,即先梵音师作梵。"(同上,70页)作者指出,这两例"即"的用法都用在句首主语前,相当于连词"于是",表示与前一事时间上的承接,其用法不见于其他汉语文献。日本学者小野胜年等译为"即ち(すなわち)",而日语的"即ち"用法很多,其中之一就是置于句首主语前作连词,相当于"于是"。圆仁在行文中无意露出了日语的痕迹。

"竟夜令人登桅子见山岛,悉称不见。"(卷一,4页)"令人上桅,令见陆岛,犹称不见。"(同上,5页)作者指出:"见山岛""见陆岛"的"见","显然是受了日语用法的影响。因为日语的'見る'正有'观察''看'的意思。日本三省堂《时代别国语大辞典·上代編》:'みる[見・視・看]目て見る,視覺を動かせて物事を認知する。/用眼看,通过视觉认识事物。"在北宋日僧成寻《参天台五台山记》中也可以见到类似的用例:"令见山岛,悉称不见。"(卷一,6页)"令人登桅见山。"(同上,6页)(《〈行记〉研究,60—61页)

表面上用的是汉字"即""见",实际上却是用日语词的含义,都是从中古到近代汉语时期的语言接触的实例。董志翘《研究》列举了十多例这样的例子,举一反三,给读者不少启迪。

(2)中期:宋元

汉语是SVO语言,阿尔泰语系则是SOV语言,在元代文献中,频频出现置于句尾的动词谓语"有",显示出SOV语言的影响,很明显,是受到了阿尔泰语系中蒙古语的影响。

置于句尾的"有",可以《老乞大》《朴通事》为代表:

《老乞大》:"这马恰才牙人定来的价钱,犹自亏着俺有。"(52页)"死的后头,不拣甚么都做不得主张有。"(59页)《朴通事》卷下:"《西游记》热闹,闷时节好看有。"具体可参看余志鸿、江蓝生、祖生利等人的论著。

语言接触往往是双向的,既有外族语言对汉语产生影响,反过来,汉语也会对外族语言、少数民族语言产生影响。有时候,这种方向的影响更大。例如,今蒙古语中,以"道人"(dao yin)指称和尚、僧人,就是受了中古汉语的影响。① 因为在六朝时期,"道人"就用来指称和尚,而非道士。《世说新语·言语》第 39 则:"高坐道人不作汉语。或问此意,简文曰:'以简应对之烦。'"(55 页)又第 63 则:"支道林常养数匹马。或言:'道人畜马不韵。'支曰:'贫道重其神骏。'"(68 页)

(四)借鉴其他理论

1. 胡敕瑞的研究

胡敕瑞《从隐含到呈现——试论中古词汇的一个本质变化》(《语言学论丛》第三十一辑,商务印书馆,2005)对中古汉语以来汉语词汇的一种重要现象——"隐含"到"呈现"作了深入的研究,值得重视。

胡文指出:中古汉语词汇发生了重大的变化,变化主要体现在不少词语从上古到中古发生了概念"隐含"到概念"呈现",主要类

---

① 此据照那斯图在"首届语言接触与汉语史研究国际研讨会"(2005 年 11 月 1—3 日,北京香山饭店)上的发言。

别有"修饰成分从中心成分中呈现""对象从动作(或动作从对象)中呈现""动作从结果中呈现"三类。

第一,修饰成分与中心成分融合。上古时,体词性中心的修饰成分和谓词性中心的修饰成分均可被隐含,中古这两类隐含的修饰成分同时呈现。

(1) 体词性中心的修饰成分"从隐含到呈现"

呈现方式是,原词保留作为体词性的中心成分,隐含的修饰成分呈现出来。其中又可分为 A、B 两式。

A 式:臂≥手臂,波≥水波。

B 式:金≥黄金,矛≥长矛。

(2) 谓词性中心的修饰成分"从隐含到呈现"

呈现方式是,原词保留作为谓词性的中心成分,隐含的修饰成分呈现出来。其中也可分为 A、B 两式。

A 式:白≥雪白,黄≥金黄。

B 式:见≥面见,眺≥远眺。

第二,对象与动作融合。上古有不少对象隐含在动作中,也有不少动作隐含在对象中;中古这些隐含的对象与动作则纷纷呈现出来。

(1) 动作中的对象"从隐含到呈现"

呈现方式是,原词保留作为动词置前,隐含的对象呈现出来作为宾语。其中又可分为 A、B 两式。

A 式:拱≥拱手,汲≥汲水。

B 式:发≥发矢,浣≥浣衣。

(2) 对象中的动作"从隐含到呈现"

呈现方式是,原词保留作为后置宾语,隐含的动作呈现出来作为述语。其中也可分为 A、B 两式。

A 式：忿≥怀忿，怒≥发怒/生怒。

B 式：城≥筑城，华（花）≥发花/敷华/开花/作花。

作者进一步探讨了"从隐含到呈现"动因。它们包括：①字形变化的因素；②语音变化的因素；③语义变化的因素；④汉语自组织的因素。此外，东汉以降，大量佛典被翻译成汉语，佛典原文可能对汉语词汇的"呈现"也发生过一定的影响。

"呈现"主要围绕性质状态、名物对象、动作行为等隐含概念而展开，其影响所及不仅直接表现在汉语词汇方面，同时也波及汉语语法。概而言之，在词汇方面，"呈现"加速了汉语双音化的进程，三类"呈现"分别导致了偏正、述宾、动补三种双音词语的激增，并由此固化了汉语双音节的构词模式，瓦解了汉语以单音词为主的基本格局；在语法方面，"呈现"消弱了上古的词类活用，促发了汉语名词、动词、形容词三大词类分家，在句法上则引发了介词短语前移、动补结构产生等一系列重大的变化。

基于"呈现"类别的多样及其影响的深远，有理由相信"从隐含到呈现"是中古汉语词汇的一个本质变化。

该文已经跳出了传统的考察从单音词到复音词的变化的旧模式，而是试图在新的理论指导下，对汉语词汇从上古到中古的变化作一个更深入细致的考察。作者认为，从上古到中古汉语词汇发展的总趋势是"从隐含到呈现"，反映了中古汉语词汇的一个本质变化。这样的探索，无疑是揭示汉语历史词汇演变规律的一次成功的尝试，为构建科学的汉语词汇史提供了一个范本，值得肯定。

2. 李明的一组论文

近年来，中国社会科学院语言研究所的李明发表了一系列文章,对词汇、语法的相关问题作了探讨,引人注目。

(1)《汉语表必要的情态词的两条主观化路线》,载《语法研究与探索》(十二),商务印书馆,2003。

文章从情态词(情态动词、情态副词)入手,考察了情态词的两条主观化路线,即"必要＞必然""客观必要＞主观必要"。

美国学者Sweetser认为情态的发展路线是:根情态 → 认识情态。并且认为:无论是"客观必要"还是"主观必要",都可以发展为必然。

而美国学者Bybee等通过多种语言的考察,总结出的情态的发展路线是

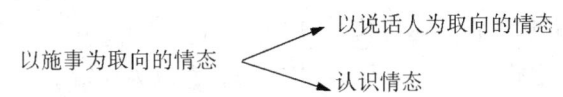

```
                              → 以说话人为取向的情态
    以施事为取向的情态  <
                              → 认识情态
```

依据她的观点,"客观必要"可发展为表"主观必要"或必然,但"主观必要"与必然没有转化关系。Bybee等明确指出:"以说话人为取向的情态"与认识情态的发展是各自独立的。

李明同意Bybee等人的观点。并通过"不要、不须、不用""是必、是须"和"须、必须、索、得(děi)"两组古汉语实例说明:汉语中存在着"客观必要＞主观必要"以及"客观必要＞必然"两条发展路线,但"主观必要"不太可能发展出必然义。另外,该文还说明:除"必要＞必然"的发展之外,表必要的情态词,自身有一条独立的发展路线,即由"客观必要"发展为"主观必要";将情态二分为根情态、认识情态的做法不能反映出这类发展,因而这种分类对于汉语是有局限的。文章还分析了"客观必要＞主观必要""必要＞必然"的动因,指出"客观必要＞主观必要"的动因是语用推理;"客观必要＞必然"的转化,是由社会物质世界向人的认识世界引申,即由

具体向抽象引申,其中必然有隐喻在起作用。并说明这两类发展都是"主观化"的过程。[①]

(2)《试谈言说动词向认知动词的引申》,载吴福祥、洪波主编《语法化与语法研究(一)》,商务印书馆,2003。

中古、近代汉语有一个显著的词汇现象:"谓、呼、言、云、道"等言说类动词有"认为、以为"义。有不少学者都曾论及这一现象。作者指出有两个问题值得进一步考察:①言说动词为什么引申出"认为、以为"一类认知义?文章联系其他语言中的相关现象,说明这种引申有深层的认知上的原因。②"认为"与"以为"二义有何关联?对这个问题,该文从"叙实性"(factivity)的角度进行了分析。

所谓"叙实性",试比较下例中的三个句子:

我知道你错了。|我认为你错了。|我以为你错了。

上例"知道"后的命题为真,"认为"后的命题不一定为真,"以为"则预设其后命题为假。"知道"类动词叙述的是事实,"认为"类动词叙述的不一定是事实,"以为"类动词叙述的内容违反了事实。这三类动词,可分别称之为叙实(factive)、非叙实(non-factive)、反叙实(contrafactive)动词。

作者把汉语史中有"以为"义的词语分为三组:(一)以为、将为、将作;(二)谓(又作"为")、呼、谓呼、言、谓言(又作"为言")、云、道;(三)谓为;将为道;将谓、将言。

全文的结构安排如下:第二节讨论汉语史中有"以为"义的词语,主要说明言说动词的引申遵循"言说义>认为义>以为义"的

[①] Traugott(1989:35)把意义越来越倚重说话人对命题的主观信念或态度的转化过程称之为"主观化"。"客观必要>主观必要""客观必要>必然",都是主观化的过程。引自李明(2003a)。

路线;第三节进一步探讨"认为义>以为义",谈人称、时态、否定、后续小句对反叙实义的影响;第四节进一步探讨"言说义>认为义",说明言说义到认知义的引申是由"以身喻心"的"隐喻"驱动的,这种隐喻符合人类认知的一般规律。

该文主要讨论言说动词向认知动词的引申问题,认为这一引申遵循"言说义>认为义>以为义"的路线。Traugott(1999:188)指出:"主观化"在语义变化中非常普通,实际也是最具渗透力的一种趋势。"言说义>认为义>以为义"的过程,正是词义一步步打上"人"的主观烙印的过程:第一步,指外在、客观行为的言说义转化为指内在、主观心理状态的认为义,这一转化,动因是"以身喻心"的隐喻;第二步,认为义在运用过程中反复地带上说话人的预设,最终,这种预设融入词汇的理性意义,成分理解该词意义的不可或缺的因素。

(3)《从言语到言语行为——试谈一类词义演变》,刊于《中国语文》2004年第5期,401—411页。

文章讨论了汉语中"从言语到言语行为"这类词义演变。这类词义演变是指,某些词语(用X表示),尤其是惯用语,发展出了"说X"这个意义。这类词义演变常发展出动词义,新义通常是不及物动词,往往进而发展为及物动词。新义具有很强的语用性质,通常是整个话语的用意而非该词语的字面义,表示"以言行事"这种言语行为。

现代汉语"再见"有再次见面>道别时的惯用语>说"再见"、道别("马林生……在自家院门口看到那群孩子像大人一样互相握手告别,大声再见。"王朔《我是你爸爸》)三种用法,作者称之为"从言语到言语行为"的演变。

从古至今都有类似的词义演变。如近代汉语中的"珍重",有多种意思,其发展的线路是:保重(禅僧分别时常用)>说"珍重"、道别(不及物动词)>向……说"珍重"、向……道别(及物动词)。

中古汉语时期的"不审",其发展途径也与"珍重"类似,不知道(问候语中常出现)>单用为问候语>说"不审"、问候(不及物动词)>向……说"不审"、问候(及物动词)。

与此相类似的还有"起居""寒暄"。

作者在列举了从跨语言角度看这类词义演变时,讨论了古汉语中的类似用法,并且列举贾谊《过秦论》"陈利兵而谁何"等"谁何""孰何"的用例,赞同杨树达把"谁何""孰何"看作是代词用作动词的意见,认为"'谁''何'义为'问、责问',就是来自'问谁……''问何……';'谁''何'都是疑问代词,用于发问,因此发展出'问、责问'义。"

此外,文章对传统所称的"意动用法"也提出了自己的看法。认为意动用法与"从话语来的动词"用法相关,是因为"认为、以为"义同言说义关系密切。一方面,言为心声,说什么往往就是认为什么,故"吾妻之美我"从上下文看明明是言语行为,理解为意动也无不可;另一方面,一个人的想法通常需要说出来才能为人所知,故"孔子登东山而小鲁"中的"小",明明是意动,也难免有言说的成分。也就是说,传统说称的"意动用法",有的是"从话语来的动词"用法。意动用法属认知域,"从话语来的动词"用法属言语行为域。传统的研究不关注言语行为域,存在漏洞。

本章参考文献

曹广顺　1995　《近代汉语助词研究》,语文出版社。

| 陈秀兰 | 2001 | 《敦煌俗文学语汇溯源》,岳麓书社。
| ——— | 2002 | 《敦煌变文词汇研究》,四川民族出版社。
| ——— | 2008 | 《魏晋南北朝文与汉文佛典语言比较研究》,中华书局。
| 陈增岳 | 1996 | 《古医籍校注商兑》,杭州大学博士学位论文。
| 程湘清 | 1992 | 《隋唐五代汉语研究》《宋元明汉语研究》,山东教育出版社。
| ——— | 2003 | 《汉语史专书复音词研究》,商务印书馆。
| 崔宰荣 | 2001 | 《汉语"吃喝"语义场的历史演变》,《语言学论丛》第二十四辑,151—190页,商务印书馆。
| 董秀芳 | 2002 | 《词汇化:汉语双音词的衍生和发展》,四川民族出版社。
| 董志翘 | 2000 | 《〈入唐求法巡礼行记〉词汇研究》,中国社会科学出版社。
| 杜 翔 | 2002 | 《支谦译经动作语义场及其演变研究》,北京大学博士学位论文。
| 方一新 | 1997 | 《东汉魏晋南北朝史书词语笺释》,黄山书社。
| ——— | 2003 | 《"不听"之"不允许"义的产生年代及成因》,《中国语文》第6期。
| 方一新 王云路 | 2000 | 《中古汉语研究》,商务印书馆。
| 顾之川 | 2000 | 《明代汉语词汇研究》,河南大学出版社。
| 郭 颖 | 2005 | 《〈诸病源候论〉词语研究》,浙江大学博士学位论文。
| 郭在贻 | 1985 | 《俗语词研究概述》,《语文导报》第9、10期。
| ——— | 1986 | 《训诂学》,湖南人民出版社;中华书局,2005。又《郭在贻文集》第一卷559页,中华书局,2002。
| ——— | 1988 | 《回顾我的读书生活》,《文史知识》第9期;收入《郭在贻文集》第4卷459—465页,中华书局,2002。
| 洪 波 | 1999 | 《坚果集》,南开大学出版社。
| 洪 诚 | 2000 | 《训诂学》,见《洪诚文集》,江苏古籍出版社。
| 洪艺芳 | 1999 | 《敦煌吐鲁番出土文书中之量词研究》,台湾中正大学博士学位论文;台北文津出版社,2000。
| 胡敕瑞 | 2000 | 《〈论衡〉和东汉佛经词汇研究》,北京大学博士学位论文。
| ——— | 2002a | 《〈论衡〉与东汉佛典词语比较研究》,巴蜀书社。
| ——— | 2002b | 《从〈论衡〉与东汉佛典三音词语的比较看东汉词汇的发展》,《语言学论丛》第二十五辑,243—256页,商务印书馆。
| ——— | 2005 | 《从隐含到呈现——试论中古词汇的一个本质变化》,《语言

学论丛》第三十一辑,商务印书馆。
胡晓华　2005　《郭璞注释语言研究》,浙江大学博士学位论文。
胡竹安　杨耐思　蒋绍愚　1992　《近代汉语研究》,商务印书馆。
黄树先　2001　"嬾隋"探源》,《南阳教育学院学报》,第 1 期;收入《中古汉语研究》(二)326—330 页,商务印书馆 2005。
——　2003　《汉缅语比较研究》,华中科技大学出版社。
江蓝生　1995　《说"麽"与"们"同源》,《中国语文》第 3 期。
——　2000　《近代汉语探源》,商务印书馆。
——　2003　《老乞大四种版本语言研究·序》,语文出版社。
蒋冀骋　1991　《近代汉语词汇研究》,湖南教育出版社。
蒋冀骋　吴福祥　1997　《近代汉语纲要》,湖南教育出版社。
蒋礼鸿　1988　《敦煌变文字义通释》,上海古籍出版社。
蒋绍愚　1989　《古汉语词汇纲要》,北京大学出版社。
——　1989　《论词的"相因生义"》,《语言文字学学术论文集——庆祝王力先生学术活动五十周年》,知识出版社;收入《蒋绍愚自选集》1—18页,河南教育出版社 1994。
——　1990　《唐诗语言研究》,中州古籍出版社。
——　1994　《近代汉语研究概况》,北京大学出版社;《近代汉语研究概要》,北京大学出版社,2005。
——　1998　《近十年间近代汉语研究的回顾与前瞻》,《古汉语研究》第 4 期。
——　2000　《汉语词汇语法史论文集》,商务印书馆。
——　2000　《20 世纪的古汉语词汇研究》,《二十世纪中国学术大典》,福建教育出版社。
——　2002　《"给"字句、"教"字句表被动的来源——兼谈语法化、类推和功能扩展》,《语言学论丛》第二十六辑,159—177 页,商务印书馆。
——　2005　《关于汉语史研究的几个问题》,《汉语史学报》第五辑,上海教育出版社。
蒋绍愚　江蓝生编　1999　《近代汉语研究》(二),商务印书馆。
李　明　2003　《汉语表必要的情态词的两条主观化路线》,载《语法研究与探索》(十二),商务印书馆。
——　2003　《试谈言说动词向认知动词的引申》,载《语法化与语法研究》

(一)》,吴福祥、洪波主编,商务印书馆。

李　明　2004　《从言语到言语行为——试谈一类词义演变》,《中国语文》第5期。

李　讷　石毓智　1997　《论汉语体标记诞生的机制》,《中国语文》第2期。

李如龙　2001　《汉语方言的比较研究》,商务印书馆。

李　申　1992　《金瓶梅方言俗语汇释》,北京师范学院出版社。

李泰洙　2003　《〈老乞大〉四种版本语言研究》,语文出版社。

李维琦　1992　《释"胡不"兼及contagion》,《湖南师范大学学报》第2期。

李文泽　2001　《宋代语言研究》,北京线装书局。

李行健　[日]折敷濑兴　1987　《现代汉语方言词语的研究与近代汉语词语的考释》,《中国语文》第3期。

李宗江　1999　《汉语常用词演变研究》,汉语大词典出版社。

梁晓虹　1992　《小慧丛稿》,香港亚太教育书局。

───　1994　《佛教词语的构造与汉语词汇的发展》,北京语言学院。

梁晓虹　徐时仪　陈五云　2005　《佛经音义与汉语词汇研究》,商务印书馆。

刘　坚　1978　《语词杂说》,《中国语文》第2期,116页。

刘　坚　江蓝生　白维国　曹广顺　1992　《近代汉语虚词研究》,语文出版社。

刘　坚　曹广顺　吴福祥　1995　《论诱发汉语词汇语法化的若干因素》,《中国语文》第3期。

卢烈红　1998　《〈古尊宿语要〉代词助词研究》,武汉大学出版社。

鲁国尧　2000　《欣喜·忧虑——序〈入唐求法巡礼行记词汇研究〉》,《入唐求法巡礼行记词汇研究》7—8页,中国社会科学出版社。

陆澹安　1979　《小说词语汇释》增订本,上海古籍出版社。

吕东兰　1998　《从〈史记〉〈金瓶梅〉等看汉语"观看"语义场的历史演变》,《语言学论丛》第二十一辑,143—173页,商务印书馆。

吕叔湘　江蓝生　1985　《近代汉语指代词》,吕叔湘著、江蓝生补,学林出版社。

马贝加　2002　《近代汉语介词》,中华书局。

马学良　1989　《开拓汉语史研究的新途径》,《中国语文》第6期。

梅祖麟　2000　《梅祖麟语言学论文集》,商务印书馆。

潘允中	1989	《汉语词汇史概要》,上海古籍出版社。
戚雨村	1997	《语义学说略》,引自论文集《现代语言学的特点和发展趋势》,上海外语教育出版社。
钱学烈	1991	《寒山诗校注》,广东高等教育出版社。
裘锡圭	1992	《古代文史研究新探》,江苏古籍出版社。
———	2004	《中国出土文献十讲》,复旦大学出版社。
史存直	1989	《汉语词汇史纲要》,华东师范大学出版社。
史光辉	2001	《东汉佛经词汇研究》,浙江大学博士学位论文。
[瑞士]索绪尔	1949	《普通语言学教程》,高名凯译,商务印书馆,1980。
孙锡信	1999	《近代汉语语气词》,语文出版社。
孙雍长	1985	《古汉语的词义渗透》,《中国语文》第3期。
谭代龙	2005	《义净译经身体运动概念场词汇研究》,北京大学博士学位论文。
谭耀炬	2004	《三言二拍语言研究》,巴蜀书社。
汪维辉	2000	《东汉—隋常用词演变研究》,南京大学出版社。
———	2005	《〈老乞大〉诸版本所反映的基本词历时更替》,《中国语文》第6期。
王 力	1957	《汉语史稿》,科学出版社。
———	1992	《汉语词汇史》,《王力文集》第十一卷,山东教育出版社。
王 锳	1985	《试论古代白话词汇研究的意义与作用》,《文史》第二十五辑,中华书局;又见蒋绍愚、江蓝生编《近代汉语研究(二)》,商务印书馆1999;收入作者《近代汉语词汇语法散论》7—27页,商务印书馆2004。
———	2004	《近代汉语词汇语法散论》,商务印书馆。
王云路	1997	《汉魏六朝诗歌语言论稿》,陕西人民教育出版社。
	1999	《六朝诗歌语词研究》,黑龙江教育出版社。
———	2000	《中古常用词研究漫谈》,《中古近代汉语研究》第一辑,上海教育出版社。
———	2001a	《百年中古汉语词汇研究述略》,《浙江大学学报》第4期。
———	2001b	《寒山诗的"知音"和"明眼人"——读项楚〈寒山诗注〉》,《书品》第3—4期;收入作者《词汇训诂论稿》277—289页,北京语言文化大

		学出版社,2002。
王云路	2002	《词汇训诂论稿》,北京语言文化大学出版社。
夏凤梅	2005	《〈老乞大〉四种版本词汇比较研究》,浙江大学博士学位论文。
向　熹	1993	《简明汉语史》,高等教育出版社。
项　楚	1991	《王梵志诗校注》,上海古籍出版社。
———	1993	《敦煌诗歌导论》,台北新文丰出版公司。
———	2000	《寒山诗注》,中华书局。
萧　红	2001	《"不听"作"不允许"解的始见年代及书证》,《中国语文》第3期。
谢质彬	2000	《"不听"作"不允许"解的始见年代及书证》,《中国语文》第1期。
徐望驾	2002	《皇侃〈论语集解义疏〉语言研究》,浙江大学博士学位论文;《〈论语义疏〉语言研究》,中国社会科学出版社,2006。
颜洽茂	1997	《佛教语言阐释——中古佛教词汇研究》,杭州大学出版社。
杨建国	1993	《近代汉语引论》,黄山书社。
杨荣祥	2001	《〈世说新语〉中的反义词聚合及其历史演变》,《语言学论丛》第二十四辑,191—226页,商务印书馆。
———	2002	《从〈世说新语〉看汉语同义词聚合的历史演变》,《国学研究》第9卷,北京大学出版社。
———	2005	《近代汉语副词研究》,商务印书馆。
杨小平	2004	《〈后汉书〉语言研究》,巴蜀书社。
杨永龙	2000	《近代汉语反诘副词"不成"的来源及虚化过程》,《语言研究》第1期。
———	2002	《"已经"的初见时代及成词过程》,《中国语文》第1期,41—49页。
叶爱国	1997	《〈史记〉已有"不听"》,《中国语义》第2期。
俞理明	1993	《佛经文献语言》,巴蜀书社。
———	2005	《东汉佛道文献词汇研究的构想》,《汉语史研究集刊》第八辑,巴蜀书社。
遇笑容	2001	《〈儒林外史〉词汇研究》,北京大学出版社。

袁　宾　1992　《近代汉语概论》,上海教育出版社。
张鸿魁　1994　《〈金瓶梅〉"扛"字音义及字形讹变——近代汉语词语训释方法探讨》,《中国语文》第 3 期,221—225 页。
张联荣　2000　《古汉语词义论》,北京大学出版社。
张美兰　2001　《近代汉语语言研究》,天津教育出版社。
张能甫　2000　《郑玄注释语言研究》,巴蜀书社。
张显成　1997　《简帛药名研究》,西南师范大学出版社。
———　2000　《先秦两汉医学用语研究》,巴蜀书社。
———　2002　《先秦两汉医学用语汇释》,巴蜀书社。
张小艳　2007　《敦煌书仪语言研究》,商务印书馆。
张诒三　2002　《隋以前若干动词与名词的搭配变化研究——兼论词语搭配的历时变化研究的性质和意义》,浙江大学博士学位论文;《词语搭配变化研究——以隋前若干动词与名词的搭配变化为例》,齐鲁书社,2005。
张永绵　1989　《近代汉语概要》,沈阳出版社。
张永言　1999　《语文学论集》(增补本),语文出版社。
张永言　汪维辉　1995　《关于汉语词汇史研究的一点思考》,《中国语文》第 6 期。
张振德　宋子然　1995　《〈世说新语〉语言研究》,巴蜀书社。
张志毅　张庆云　2001　《词汇语义学》,商务印书馆;修订本,2005。
赵克勤　1994　《古代汉语词汇学》,商务印书馆。
周日健　王小莘　1998　《〈颜氏家训〉词汇语法研究》,广东人民出版社。
周志锋　1998　《大字典论稿》,浙江教育出版社。
朱冠明　2005　《移植:佛经翻译影响汉语词汇的一种方式》,汉语史中的语言接触专题研讨会论文,北京香山;《语言学论丛》第三十七辑,商务印书馆,2008。
朱庆之　1992　《佛典与中古汉语词汇研究》,台北文津出版社。
———　2000　《佛经翻译中的仿译及其对汉语词汇的影响》,载《中古近代汉语研究》第一辑,254—255 页,上海教育出版社。

第十六章　存在的问题及展望

　　上几章,我们对古代、近现代特别是 20 世纪以来的中古近代汉语词汇研究作了回顾。可以看到,近百年来,中古、近代历史词汇研究蔚然成风,已经取得了可喜的成绩。尤其是近一二十年来,在整个学术研究环境得到改善的同时,中古近代汉语词汇研究发展迅速,成果十分突出。这一良好的发展势头进入 21 世纪后仍然继续保持着,并且还在若干方面取得了新的进展。

　　毋庸讳言,本领域的研究还存在着不少问题和不足,这是在前进中出现的问题,在一定时期内是难以避免的。但如果这些问题和不足长期得不到解决,将会影响甚至阻碍中古近代汉语词汇研究的深入发展。本章将分析现今存在的若干问题,并对今后的发展和动向进行展望。

第一节 中古近代汉语词汇研究中存在的问题

如前所述,中古汉语词汇研究领域取得的成绩是有目共睹的。然而本领域也还存在着一些问题和不足,表现在这样几个方面:

一、关于研究对象和分期问题

说到存在的问题,首先要提到的,就是研究的范围和对象仍不够明晰。

以中古汉语为例,什么叫"中古汉语"?这牵涉到汉语史分期问题,迄今学界尚有不同意见,有关的观点已见第一章。"近代汉语"也有类似的问题。

汉语史分期研究存在的问题主要表现在两个方面:第一,词汇史、语法史、语音史各有各的分期,未能划一。比较起来,词汇史和语法史的分期接近一些,语音史则分期较多,有的观点较近,有些就有距离。第二,就是对词汇史或语法史的分期学界也还有不同看法,有待于作深入的研究。虽然研究工作未必要在学界对"中古汉语""近代汉语"下了一个公认的定义、分期明确以后再进行,但分期不同,必然会导致范围和对象的不同,长此以往,就会影响研究的科学性和规范性。因此,对汉语史分期问题,仍然有必要作进一步的讨论和界定。

二、关于词汇的系统性问题

(一) 对词汇的系统性注意不够

"语言是一个系统。"(索绪尔 1949[1980:127])语言的词汇也是有系统的。

就目前的研究现状而言,已有的研究对词汇的系统性仍然注意不够,零星考释、单篇散札式的研究较多,系统、穷尽性的研究较少。

蒋绍愚《古汉语词汇纲要》第九章论述了近代汉语口语词汇的研究概况和研究方法。在介绍研究方法一节里,谈到近代汉语词汇研究有以下几方面的工作要做:

(1) 词语的考释

(2) 常用词演变的研究

(3) 构词法的研究

(4) 各阶段词汇系统的研究

(5) 近代汉语词汇发展史的研究

并十分中肯地指出:在这五个方面中,做得最多的是词语考释,而其他几方面都还开展得不够。

《纲要》的这个意见是值得重视的。索绪尔(1949[1980:127])说:"语言是一个系统,它的任何部分都可以而且应该从它们共时的连带关系方面去加以考虑。"1870年以后,历史语言学进入了一个新的时期,具体的标志就是青年语法学派的诞生。"语音规律无例外"是这一学派音变理论的精华。方言地理学提出了"每一个词都有它自己的历史"的著名口号和理论旗帜,想以此来反对青年语法学派"语音规律无例外"的音变理论。法国语言学家梅耶(1957)指出:"如果孤立地研究一个词或者一小组词、一个形式或一小组形式而不考虑它们在系统中的地位,那是会葬送整个历史语言学的。"

就古代汉语词汇而言,与音韵学、语法学、文字学、方言学等学科领域的发展相比,对词汇系统的研究是很不够的。

(二) 何谓词汇系统

对词汇系统的认识,自 20 世纪 60 年代以来有不同的认识,黄景欣、刘叔新几位都有阐述,值得探讨。(参见黄景欣 1961、刘叔新 1964)

从另一个角度看,词汇的系统性往往湮没在浩瀚而具体的词语当中,本身也不容易发掘。法国语言学家房德里耶斯用心理的联想作用来说明词汇的系统性。他说:词在意识中并不是孤立的,而是和它过去曾经出现过的上下文,和它过去曾经参加过的各种组合一起铭刻在我们的意识中的。此外,意识总是趋于根据词的意义方面、形态方面乃至语音方面的联系而把它们归成各式各样的组。在他看来,词汇的系统性就表现在词在意识中所形成的各式各样错综复杂的联想的网络。(参见《语言》,据胡明扬 1988)

美国历史语言学家马尔基耶尔教授在回答北京大学徐通锵先生关于"在过去,历史语言学集中研究语音的发展,很少研究词汇和语法,这是什么原因"问题时说:"首先,音位的数目在典型的语言中是很有限的,只有 20 个,或 30 个,或 35 个,或 40 个,很少超过这个数目。所以语音学的研究容易驾驭。……至于词汇,你要对付的或许也是一种系统,但它包含上万个单位。要把这堆庞大的材料组织到一个紧凑的系统中去是很困难的。""另一方面,语音的变化看来比词汇的变化有规律,能预见,因而比较能够用科学的公式来表示。……语音科学多年来之所以占有有利的地位,主要是因为单位的数目少,规律性明显。另一个极端,例如词汇,单位太多,看起来没有严密的结构,就是说,一种变化不一定触发别的变化,如此等等,预见性比较弱。"(《语言学论丛》第十三辑,210—

211页)

比如,中古以来,新产生的指示代词有"此中",义略同于"此",这里,这儿。以往学者也曾经作过研究。陈文杰研究"此中",就把它和"是中""彼中"联系起来研究,把它当作一个系统来对待,这比单独讨论"此中"要好得多。(参见陈文杰 2000/2002)

三、关于疑难词语和基本词研究问题

(一)以往研究的偏颇

以往的词汇研究比较多的集中在个别词语的考释上,而较少从史的角度对词义的发展演变作考察和研究,进而探讨词汇发展的规律和内部机制。加之考释的对象偏重于疑难词语,对在词汇史中占重要地位的基本词(有学者称之为"常用词")则未能给予足够的重视。笔者也是这样。虽然词语考释过去是、今后仍将是词汇研究的基础工作之一,但研究工作仅仅停留于此显然是不够的。蒋绍愚早在十年前就提出了研究汉语词汇应重视词汇系统及其发展变化和常用词演变的意见,(参见蒋绍愚 2005 第九、十章)可惜并未得到积极的响应。这既有认识上的问题,也有操作起来难度较大的原因。近年来,一些学者倡导并且身体力行地进行了基本词演变的研究,如张永言、汪维辉、李宗江等,并已取得了初步的成果。尤其是汪维辉《东汉—隋常用词演变研究》一书,在考察部分汉语基本(单音)词方面,取得了令人瞩目的成绩,影响深远。

基本词研究是汉语词汇史研究中的重要组成部分,通过基本词研究可以加强对词汇系统的研究,并由此沟通和近代汉语、现代汉语的关系,这个领域的前景是十分广阔的,但研究的难度也很大。诸如什么是"基本词(常用词)",如何进行基本词研究等,都是研究中值得重视的问题。

(二)如何看待疑难词语考释与基本词研究的关系

笔者以为,汪维辉《东汉—隋常用词演变研究》提出的应该重视常用词研究的观点是很有道理的,值得我们深思。当然,有些论断也可以进一步完善。这里就有些问题提出浅见,以供作者参考。

把蒋礼鸿、郭在贻等的中古、近代汉语词汇研究都排除在"严格意义上"的词汇史研究之外,或许还可以讨论。从本质上看,词汇史和训诂学两个门类没有高低之分,现代训诂学也早已摆脱了"经学附庸"的地位,从专家学者的书斋中走出,有自己的理论体系和研究对象,在学习研究古典文献、继承祖国优秀的文化遗产等方面发挥着日益重要的作用。但这个问题事关对词汇史以往研究的评价和未来的走向,值得探讨。诚然,蒋、郭两位的著作以疑难词语的考释见长,但是,以"俗语词"为中心的疑难词语也应该属于词汇史研究的范围。王力说:"无论怎样'俗'的一个字,只要它在社会上占了势力,也值得我们追求它的历史。""总之,我们对于每一个语义,都应该研究它在何时产生,何时死亡。……我们必须打破小学为经学附庸的旧观念,然后新训诂学才真正成为语史学的一个部门。"(《新训诂学》,《王力文集》第 19 卷)以蒋礼鸿的《敦煌变文字义通释》为例,正如作者所说,"研究对象则主要为唐宋时期的俗语词,并注意在精密考释的同时对俗语词的来龙去脉作史的探讨。"(《东汉—隋常用词演变研究》3 页)这已经"把语词的断代研究纳入词汇史和语言学史的范畴"。(《训诂丛稿》142 页)吕叔湘给《通释》以较高评价,认为需有几十部类似的著作,才可以编纂《汉语大词典》。《中国大百科全书·语言文字》卷把"《通释》"列为专条,周祖谟撰评说,《通释》"对研究唐五代民间文学和汉语词汇发展史都大有帮助"。

"抉发新词新义"也应该属于词汇史的范畴。笔者理解,通常所说的"新词新义"都是指一般词语,不包括基本词。以往的研究以发现新词新义、举几个较早的例子为满足,这是很不够的。但词汇史的研究如果脱离了新词新义的研究,是不可想象的。研究基本词的更替演变,假设旧词A被新词B所代替,相对于A词而言,B词就是新词。疑难词语与新词新义有时也有重叠交叉的现象。是不是说,只要是需要考释的词语,哪怕追溯了它的源头、考察了它的发展演变,直至消亡,也算不上是"真正意义上"的词汇史(汉语史)的研究呢?

作者指出,词汇史的目的是为了"阐明词汇的发展历史及其演变规律"。这无疑是正确的。但任何语言的词汇都由基本词汇和非基本词汇组成,汉语也不例外。要研究词汇发展史和演变规律,光靠基本词汇(常用词的核心)是不够的,还需要对所有词汇作详尽的描写和研究。何况有些"俗语词"在历史上曾经是常用词。常用词需要作"史"的考察和研究,非常用词也需要作"史"的考察和研究,并尽可能地用后代的作品和现代方言加以印证。蒋礼鸿曾经提出,研究古代语言"应该从纵横两方面做起",并把"解疑""通文""探源""证俗""博引"当作"俗语词"研究的五大要旨,这早就突破了传统训诂学的藩篱,而使历史词汇研究走上了科学的道路。(参见蒋礼鸿1984,骆驼1992)郭在贻(1988)也提出:俗语词研究"必须具备四个程序,方能称得上是高层次的研究工作,这四个程序是:求证、溯源(包括穷流)、祛惑、通文"。作者在第7页也承认,溯源是词汇史研究的一个方面。因此,在以往偏重于疑难词语考释、新词新义的情况下,强调词汇史研究的另一重要工作是十分必要的,也是理所当然的,但在强调注重基本词(常用词)研究的同时,也要避免一种倾向,即把词语考释和词汇史研究截然分开。笔者认为,上述这些研究,有交叉,有重合,难于一刀两断,截然分开,应该都属于汉语词汇史研究的范围,或者像蒋绍愚所提出的,属于汉语历史词汇学研究的范围。

总之,一段完整的词汇史,既需要有对基本词的认真研究和细致描写,也需要有对以"俗语词"为中心的其他口语词汇(包括疑难词语、新词新义)的考释研究,缺一不可。在以往对基本词研究严重忽视的前提下,强调基本词研究的重要性,矫正偏颇,是十分必要的,也是理所当然的。但最好不要把它和疑难词语、新词新义的研究考释对立起来,它们都属于词汇史研究的范畴,(参见王云路、方一新 2002:181)合则双美,殊途同归。

四、关于研究方法、借鉴理论问题

(一)注重理论,改进方法

这是和第二点密切相关的问题。对词汇系统性注意不够,说明研究方法缺少创新;反过来,方法上的因循保守,也影响了对词汇系统的研究。

从已有成果所采用的方法看,传统的训诂考释方法仍然得到沿用,这些方法包括排比用例、利用古训、审核文例、因声求义、参证方言、推求词源等。更为可喜的是,已经有学者在探索使用一些新的手段,在研究方法上有所突破。比如,有学者利用汉藏语系的亲属语言材料,来考释单凭汉语本身难以解释的词语;有学者借鉴、引进现代汉语语法研究中变换分析方法,来研究古汉语的语法问题;也有学者运用梵汉对照的方法,来研究汉译佛典语言。总之,在运用新方法研究汉语史方面,另辟蹊径,进行了可贵的尝试,这对深入展开历史语言研究,更好地解释汉语事实是十分有益的。

这个领域还很宽广,还有很多工作要做。例如,在研究词义演变时,学者们提出了不少有价值的观点。如"相因生义""词义渗透""词义沾染""同步引申"(类同引申)等,大大拓展了传统的词义演变理论,笔者深受启发。

像"步涉",其连用成词的年代不晚于西汉。本来"步"(步行)和"涉"(蹚水)在意义上既有联系又有区别。后来"步涉"可以泛指步行、行走,意义和"步"相同。到底是"涉"由徒步渡水义引申演变为泛指步行,还是因为"步涉"连用后,受"步"的影响,"涉"也逐渐地带上了(在陆地上)步行义?又如"动"有骚动、叛乱义,究竟是由其本身的意义(如萌动、发动)演变而来,还是因为"骚动"常常连言,受"骚"(《说文·马部》:"骚,扰也。"本义是骚扰、骚动)的影响,"动"的词义逐渐向"骚"靠拢,遂演化出骚动、叛乱义,与"骚"构成同义连文?凡此似均可作进一步的研究。

上古汉语中一组表示说、告诉(叫)义的词如"谓""曰""言""呼""云"等后来都产生了以为、认为义。这一义位的形成盖数"谓"最早,《左传·僖公二十四年》"臣谓君之入也,其知之矣"等先秦文献已见。后来"曰""言"等词也产生了认为义。是因为"谓曰""谓言"连用后受"谓"的影响,还是"曰""言"和"谓"在说、告诉义上同义,后来又模仿"谓"产生新义的方式,也连锁产生了以为、认为义?"呼"有认为义产生较晚(始见于东汉译经),则显系受到"谓呼"连用的影响。[①]

在词义研究的模式上,过去习惯于单个词语的考释研究,较少对一组词或一类词作整体观照及研究。

---

① 李明对此有较好的解释,参看本书第十五章第三节。

英国语言学家艾奇逊曾论及不同语言对事物进行分类,表示一种事物时用词有多寡之别,说:"每种语言都以不同的方式对世界万物进行分类,这是显而易见的。在某些方面一种语言的分类有时比另一种语言更细,但问题并不是这样简单。例如,阿拉伯语有相当多的词来表示不同种类的骆驼,而英语却有多种多样的词表示不同种类的狗。这种状况是异常错综的。"(参见艾奇逊1990:120—121)在炎热的西亚,骆驼是人们重要的运载工具,故阿拉伯语用不少词表示骆驼。欧美人视狗为朋友,养狗成风,故狗的名词众多。汉语中,许多词语有着民族特色,例如,关于"龙""凤",(参见张联荣2000:62—63)关于"皇帝"等等。

汉魏以来的中古作品中,也有一些上古未见的由同义(近义)词构成的语义场,试举两组:

一组是表示征召的近义词。

中古汉语中,表示征召、辟官义的词较多,常用的有辟、征、除等,但也出现了许多新的用法,如:召。《三国志·吴志·吾粲传》:"孙权为车骑将军,召为主簿。"取。《异苑》卷七:"义熙初,诸葛长民欲取为辅国谘议,澄之不乐,后为南康太守。"命。《晋书·谢沈传》:"郡命为主簿、功曹,察孝廉,太尉郗鉴辟,并不就。"请。《南齐书·高逸传·沈驎士》:"永欲请为功曹,使人致意。"拟。《世说新语·方正》第46则:"王中郎年少时,江虨为仆射,领选,欲拟之为尚书郎。"举。《古小说钩沉》辑《幽明录》:"武宣程羁,偏生未被举,家常使种葱。"拔。《世说新语·尤悔》第10则刘注引《寻阳记》:"亮复密往,值邵弹鸟于林,因前与语。还便云:'此人可起。'即拔为镇蛮护军、西阳太守。"起。《世说新语·尤悔》第10则:"庾公欲起周子南,子南执辞愈固。"

这几个近义词中,"召""取""命"是带有命令式的征召方式,表明了上对下的主从关系。"请""拟"则显得比较客气,是官员对有一定声望、影响的名士、隐士等可能采取的态度。"举""拔""起"则和官员对在野人士的举荐有关。除了抉发"召""取""命""请""拟""举""拔""起"等近义词的新义及产生原因外,还必须注意它们的词汇意义、使用范围以及与"辟""征""除"等词的异同,作细致而深入的研究。

中古时期,表示提拔、征召的词汇丰富,和当时选官制度有关。自曹操"唯才是举"的政策出台以来,举荐官员不拘门第地望,重才干,讲实学,故这方面的词汇较丰富。另一方面,也和自古以来的"官本位"有关。

另一组是"～手"式复音词。

六朝以来,以"～手"构成的新词多见:如称立即、马上为"逐手""应手"(见《宋语言词典》331页)"随手""急手",着手(做某事)为"动手"(《高僧传》218页)"藉手""创手""就手""付手""下手"(《六祖坛经》,见《唐五代卷》72页、《宋代卷》350页、《四友斋丛说》37页),打人为"与手"等。这些词(词组)中的"手"起什么作用,它们的异同联系如何等,均应进行比较研究。

(二) 提高研究的科学性、可信度问题

谈到方法和理论创新,以下几个问题应该注意。

一是如何提高研究的科学性和可信度。

讨论研究方法特别是汉语词汇史的研究方法,还应包括:如何创新、突破原有模式,避免研究的随意性、程式化。毋庸讳言,在以往的汉语词汇史中,不少考释或专题、专书研究比较随意,缺乏穷尽性定量研究和统计。也就是说,考释或描写一个词(词组、结构)

所举的例子不是穷尽性的,解释的结论也不具有可检验性。

二是如何创新,突破原有的藩篱。

现在的不少研究,已经陷于程式化的泥潭。比如专书语言(词汇)研究,基本上不出单音词与复音词、新词新义、同义词反义词、常用词与疑难词语等内容,缺乏新的思路和创新。

三是如何处理归纳和演绎。

归纳法与演绎法(同义并列、对文同义等,其实已经是一种演绎)是语言学研究的两种基本方法。一般认为,从事汉语史研究要用归纳法,不能用演绎法;或者先用归纳法,再用演绎法。王力(1983)指出:"逻辑上讲两种科学方法,一个是演绎,一个是归纳。所谓演绎,就是从一般到特殊;所谓归纳,就是从特殊到一般。我们搞科研,要先用归纳,再用演绎,不能反过来,一反过来就坏了。"江蓝生《演绎法与近代汉语词语考释》一文则论述了从事近代汉语语词考释,在因缺少用例而归纳法无用武之地时,可以运用演绎法。江文在研究方法上独具只眼,值得注意。

五、语料问题

近年来,中古近代汉语词汇研究领域不断扩大,语料的征引、利用更加丰富多彩。以中古汉语词汇为例,从所利用的材料上看,较早的论著一般只利用部分中土文献,如《世说新语》,再扩大一点,则有《搜神记》《古小说钩沉》《三国志》《后汉书》、乐府诗、二王杂帖等,较少注意其他作品。以往对佛经语料注意不够。近年来这种情况也有所改变。如《〈世说新语〉词语简释》基本上只征引小说、史书等作品为证,至《魏晋南北朝小说词语汇释》已经利用了一批佛典材料,《魏晋南北朝词语汇释》《中古汉语语词例释》等推而广之。胡竹安、张锡德《〈法显传〉词语札记》(《语文研究》1986年第 4 期)、张联荣《汉魏六朝佛经释词》(《北京大学学报》1988 年第 5 期)、吴金华《佛经译文中的汉魏六朝词语零拾》(《语言研究集刊》第二辑,1988)、太田辰夫、江蓝生《〈生经·舅甥经〉语词札记》(《语言研究》1989 年第 1 期)等是较早考释佛典词语的单篇论文,朱庆之、李维琦、俞理明等则直接以佛典为语料撰写专著。现今的中古汉语词汇论著中,举凡小说、史乘、诗文、佛经、道藏、科技书、杂著、金石碑帖、出土文物等,无不在挖掘、利用之列,采撷的范围更加广泛。

但在利用语料方面也存在着一些问题,比如语料的断代、可靠程度等。应该注意语料的鉴别分析和综合运用。这是值得研究者注意的重要问题,不可等闲视之。

对语料进行鉴别、分析应该成为研究工作的必要环节。就中土典籍而言,历代散佚严重,如小说、史书等;佛典部分则有着较多的译者年代问题,特别是早期的译经。

比如史书,东汉至唐以前的正史有《后汉书》《三国志》《晋书》《宋书》《南齐书》《梁书》《陈书》《魏书》《北齐书》《周书》《南史》《北史》《隋书》等十三种,但真正属于六朝人编撰的只有《三国志》《后汉书》《宋书》《南齐书》《魏书》五种,其余大致上只能算作唐代文献。对史书材料的断代问题,向来存在着不同看法。有学者认为应以史书所记载的年代定,也有学者认为应以作者写作的时间为依据,还有学者提出"应将史料分为记言与记事两个部分,记事部分可以断为成书时代,记言部分则应断为说话人所处的时代"。其实,把"记言部分断为说话人所处的时代"的语料是靠不住的,柳士镇对《世说新语》《晋书》异文语言所作的比较研究就证明了这一点。(参见柳士镇 1988)笔者以为,史书语料应该分为原始资料和其他资料两大类,它们作为语料的年代是有区别的。具体来看,东汉魏晋南北朝史书中的原始资料,是指正文中原文引录的当朝文献和《三国志》《后汉书》二书旧注中征引的汉魏六朝典籍。它们虽然也有史书作者加工润色、以意裁剪的可能性,但原则上应可认定为当朝人的作品。原始资料以外的部分都属于其他资料,包括记事和记言两大类。如记言部分的内容语言相对浅显,其中颇有生动俚俗、口语性强的例子,可能作者写作时确有所据。然而既已经过作者之手,则很难保证原汁原味,毫不走样,难于排除其增删改易乃至再创作的可能性。因此,记言部分从原则讲,仍然应该视同为史书作者年代的语料。(参见方一新、王云路 1997)

早期佛经的断代也存在着较多的问题。如东汉著名译者安世高的译经数量,晋释道安《众经目录》著录为三十多部,梁释僧祐《出三藏记集》卷十三记载为三十五部,《高僧传》卷一《安清传》说是三十九部;但到隋费长房《历代三宝记》,则跃至一百七十六部,(参见张永言 1984)唐代智升《开元释教录》虽然加以删汰,但仍剩九十五部之多。荷兰学者许理和认为有把握的东汉时期的佛经译文有二十九种,其中安世高的译经有十五种。吕澂《新编汉文大藏经目录》则考证,现存的安世高的译经应为二十二部。因此,多数题"安世高译"的佛经,其译者并非安世高。有研究者认为:真正是安世高翻译的佛经,怎么读都不像(地道的)汉语。笔者也以为,安世高所译佛经多为阐释佛经义理的,像《太子慕魄经》《奈女祇域因缘经》等故事性强,语言又较为流畅的佛经,当非安氏所译。吕澂考证此二经原本失译者名,但后来都误题"安世高译",应可信从。又如《兴起行经》失译者名,后误题后汉康孟详译;《无量清静平等觉经》原为西晋竺法护译,后误题后汉支谶译,等等。学者或径据此类佛经的原题译者作断代的语言研究,得出的结论难免令人怀疑。

在语料可靠的前提下,应该把中土典籍和佛典两大类语料结合起来进行研究,这样得出的结论会较为可信。

如上面提到的,较早的研究往往只注意中土文献,对佛典语料注意不够,这会产生很多问题。如有学者研究"贼"的盗贼义,利用正统的法律文献,得出了"贼"有盗义产生于宋元的结论,是值得商榷的。早期(不晚于三国)的翻译佛经中就已经出现了"贼"当盗讲的用例。如果读了这类先唐佛经,就可以避免误断。近年来这一现象得到了纠正,有关的论著中征引佛典语料已成为通例,这是很可喜的现象。另一方面,我们对佛典价值的认识也在不断完善当中,过分强调它的重要性而忽视中土典籍,同样是应该避免的。比较可取的是把两者结合起来进行研究。

除了以上谈到的之外,还想到两个问题,在此附带着提一下。

一是专书词汇研究(包括编纂专书词典)。专书词汇研究是词汇史研究的基础工程,意义十分重大。新中国成立近五十年来,虽然一直在强调专书词汇研究,也确实出现了一些质量较高的专书词汇研究著作,但这方面的研究显然还比较薄弱,需要作进一步的努力。总结已有的专书词汇研究的经验,规划、协调今后的专书词汇研究,是值得有关方面重视和进一步研究的问题。

另一个就是语料库建设问题。在电脑技术日新月异的今天,搞好语料库建设及信息交流工作非常重要。近年来海内外都有一些大的语料库建设工程,但其中重复建设的不少,造成了人力、物力等资源的浪费。建议至少先在国内由有关方面(如中国社会科学院语言研究所)牵头规划整理,统一部署,做好协调工作,避免重复劳动,最终做到信息畅通,资源共享。

六、关于书面文献与现代方言相结合问题

这里有两个问题:一是在研究中古近代汉语词汇时,应注意方言的影响,区分通语与方言词汇。二是注意利用现代汉语方言的活材料,为历史词汇的考释研究提供可靠的佐证。

(一)注意历史词汇中的方言成分

注意古汉语中的方言词汇,是汉语训诂学的一个传统。《楚辞·离骚》:"扈江离与辟芷兮,纫秋兰以为佩。"东汉王逸注:"扈,被也。楚人名被为扈。"《世说新语·雅量》第18则:"(褚)公东出,乘估客船,送故吏数人,投钱唐亭住。尔时吴兴沈充为县令,当送客过浙江。客出,亭吏驱公移牛屋下。潮水至,沈令起彷徨,问:'牛屋下是何物人?'吏云:'昨有一伧父来寄亭中。'"刘孝标注:"《晋阳秋》曰:'吴人以中州人为伧。'"

汪维辉《〈周氏冥通记〉词汇研究》认为:"(《周氏冥通记》)的语言具有六朝南方口语的特色,跟同是陶弘景撰写的《真诰》等书相比,反映当时日常口语的程度要高得多,是研究南北朝时期汉语的宝贵资料。"汪文讨论了"目/眼"等15组常用词和"蹴""艳"等60个疑难词语和新词新义,在探讨南朝方言词汇方面作了尝试。

(二)运用现代方言来印证中古、近代汉语词汇

罗常培(1956)曾经说过:"金元戏曲中之方言俗语,今日流传于民间者尚多,惟理董无人,索解匪易。"在以往的中古、近代汉语词汇研究中,研究者往往依据书面文献,较少利用现代方言,这在中古汉语词汇研究方面尤其严重。对此,有识之士如鲁国尧、蒋绍愚、李如龙等都曾经呼吁过。鲁国尧(2000)指出:"如果词汇史专家尤其是研究近代、中古词汇史的学人在古籍中搜集词语例证的

时候,同时把视线也倾注于现代方言的调查、研究,使两个分支学科交融,合则双美。"

(三)在印证方言时要注意科学性,忌简单比附

蒋绍愚(1989[2005:257])指出:"印证方言也要采取审慎的态度,特别是在读音有差别的时候,说近代汉语中的某词就是现代某方言中的某词,更要慎重。我们说不少近代汉语的词语还保留在现代汉语的方言中,并不等于说近代汉语的词语都可以在现代汉语方言中得到印证,也不等于说现代汉语方言中的词语都可以上溯到近代汉语中。在这方面,同样要防止主观臆断的毛病。"

此外,对从事中古、近代汉语词汇研究的学者来说,应该经常关心相关学科的进展和成果,及时加以吸收和借鉴。要改变研究者研究视野不够开阔的问题,切实推进这一领域的研究。

第二节 中古近代汉语词汇研究的展望

在已经过去的 20 世纪里,中古、近代汉语词汇研究业已取得了令人瞩目的成绩,发展势头良好。在新世纪里,如何保持这种良好的发展势头,使中古汉语、近代汉语词汇研究乃至整个汉语史研究、语言学研究"可持续发展",更上一层楼,这是值得每一个研究者深思的问题。

蒋绍愚(1998)对今后的近代汉语研究作了展望,指出未来的研究应该注意以下几个问题:

(1)基础性的研究工作仍应放在重要地位,不论是语音、语

法、词汇,都要继续扎扎实实地做好专书和专题的研究工作。

(2)不但要做好语料的整理工作,而且要做好语料的分析工作。

(3)近代汉语的研究者不要把自己限制在"近代汉语"的范围内,学术眼光要开阔一些。

(4)把近代汉语的研究和汉语方言的研究结合起来。

(5)在扎扎实实地掌握材料,认真细致地分析材料的同时,要注意方法问题,加强理论思考。

最近,蒋绍愚在《关于汉语史研究的几个问题》一文中,针对汉语史研究中存在的相关问题,着重谈了"汉语史研究的分和合""汉语史研究与现代汉语方言研究的结合""基础研究与理论思考的结合"三个问题,对今后研究的走向指出了指导性的意见,很值得参考。

我们认为,这几条意见谈得很好,很中肯,虽然是针对近代汉语研究来说的,但同样适用于中古汉语研究,对今后的研究工作具有重要的指导意义。

根据前辈学者的意见,参考以往研究的经验教训,结合个人的浅见,我们认为,从事中古近代汉语词汇研究,今后应该注意以下几个问题:

一、研究者的基本素养和学术视野问题

要学习、借鉴新理论、新方法,这也对学者们提出了更高的要求:第一,外语要好,主要指英语,如果能多几门就更好了。第二,少数民族语言要有所涉猎和了解,如果能精通若干种则更好。第三,加强计算机操作技能,能经常上网浏览相关的材料,在第一时间掌握第一手国内外的材料。能运用语料库检索,能

运用各种软件进行统计和分析,为定性和定量研究提供先进的研究手段。第四,联络要广。作为新世纪的研究者,面对瞬息万变的世界,要广泛地交友、联络,争取各种参加学术会议的机会,加强和外界的交流。清代学者江有诰研究上古韵部,躲在家中数十年,其成果和王念孙暗合。现代的学者不应该这样,也不能这样了。

上古汉语、中古汉语、近代汉语相融通,古代、现代汉语相融通,这是今后要努力的方向。

二、基本的研究课题和可开拓的领域

(一)专书及专题研究

专书研究和专题研究是汉语史研究的基础,应该继续进行深入的研究。以往每年国家社科基金项目课题指南中都有这方面的课题。似乎可以进一步做好规划工作。也就是说,应该由有关部门(如全国哲学社会科学规划办、教育部社科司)和单位(中国社会科学院语言研究所)负责协调和组织工作,对已有的专书及专题研究进行回顾,总结经验及教训。重要的是,对今后专书及专题研究进行部署。北京大学、中国社会科学院语言研究所牵头,选择了上古、中古、近代汉语中有代表性的二十部作品,进行专书专题语法研究。类似的系列专书语法研究,值得提倡。专书词汇研究也需要有组织、有系统地展开,这方面的工作做好了,才会有助于断代汉语史的研究,进而有助于整个汉语史的扎实研究。

(二)断代及总结性研究

在专书、专题研究的基础上,进行断代的词汇史研究,也已经提到研究日程上来。当然,等研究进一步深入,各个时期的重要典籍都有人作过专门的深入研究后再来作断代历史词汇的总结研究比较好,但就目前的状况而言,由于中古汉语、近代汉语的跨度大,时期长,重要的典籍也比较多,较短的时间内无法穷尽性研究,而自从20世纪80年代以来,中古汉语、近代汉语研究已经走过了二十多年的时间,取得了丰硕的成果,也需要从方法上、理论上特别是具体的研究上进行一些总结,为今后的研究提供参考。蒋绍愚《近代汉语研究概况》(修订本《近代汉语研究概要》)是一部系统研究、介绍近代汉语语音、语法和词汇研究的学术专著,开了一个好头。徐时仪《古白话词汇研究论稿》已经做了这方面的工作,笔者此书也在这方面做些尝试,期望为今后的研究提供点滴参考。

三、方法和语料仍可进一步挖掘和创新

(一)加强理论思考,重视方法论

汉语研究有着悠久的历史和优良的传统,前辈学者在治学态度、研究方法和研究成果等方面都给我们留下了丰厚的遗产,值得批判地继承。

但就整体研究的状况而言,在词汇史研究领域,理论思考的风气不很浓厚,方法显得陈旧。缺乏理论指导的情况还很普遍,这是值得我们认真思考的。

从词汇史研究的情况看,目前我们的研究融不进世界语言学的主潮流中,在国际语言学界没有一席之地,令人慨叹。自然,我们不应该妄自菲薄,在汉语历史词汇的研究方面,我们有着深厚的积淀,以往的成果足以让人自豪。但同时也应该看到,当前国际语言学界的主流在解释,在方法和理论,而这正是我们所缺少的,需要学者的共同努力。

和现代汉语研究相比,我们在接受新的理论,运用新的方法方面通常要慢许多,这是事实。相对而言,现代汉语学界比较活跃,对新的东西比较注意,反应比较迅速。就汉语史学界而言,从事语法史、语音史及方言史的学者对新理论、新方法的接受和运用比词汇史学者快,应用也更加广泛。凡此,都值得我们词汇史学者认真思考,加以改进。

(二)加强文献和方言的对比研究,掌握三重证据

20世纪20年代中期,王国维曾经就用地下出土材料来印证传世典籍,把出土文献和传世文献结合起来进行研究发表过很好的意见,称之为"二重证据法"。王国维(1994)说:"吾辈生于今日,幸于纸上之材料外,更得地下之新材料。由此种材料,我辈固得据以补正纸上之材料,亦得证明古书之某部分全为实录,即百家不雅驯之言,亦不无表示一面之事实。此二重证据法唯在今日始得为之。"在我们看来,不仅地下出土文献值得重视,现代活的方言或历史上曾经流行的方言的材料也很值得我们重视,所以,在新世纪从事汉语史的研究,应该把传世文献、出土文献和现代方言材料结合起来,实行"三重证据法",使研究结论建立在科学可信的材料之上。陈东辉(2002:75—83)曾经撰写专文,对这一问题进行了探讨,提出了古汉语研究中的"三重证据法"。他指出:在文献典籍和实物资料这两种史料之外,还有极为重要的另一种证据——活材料,指方言、亲属语言、民俗等方面的材料。"三重证据法即为文献典籍、实物资料、活材料这三种证据相互印证、相互补充。"应该引起学者的注意。

不仅汉语史各个时期应该融通,从事汉语史书面文献语言研究的学者和从事现代汉语方言学研究的学者也应该融通。对从事汉语史研究的人来说,当然只能根据传世的文献来研究汉语,但同

时，如果能利用现代丰富的方言资源，对研究结论的证实绝对是有利的。蒋绍愚（2001）曾指出："近代汉语和现代汉语的关系非常密切，把两者联系起来研究，可以相得益彰。"当然，我们不提倡用现代方言对历史语言的研究结论作简单的比附，我们希望在充分调查研究、详尽占有材料的基础上，科学地利用现代方言的材料，来证明根据文献材料得出的结论，为研究结论提供佐证。中国地大物博，方言众多，这是极其宝贵的语言资源，作文献材料和现代方言对比研究有着得天独厚的条件，这方面的工作有待于更深入，更广泛地进行。作历史词汇研究的尤其需要引起注意。

（三）加强对语料的整理和分析

1. 加强语料的编纂整理

语料的整理工作似可进一步进行。在这方面，近代汉语语料整理工作已经先走一步，刘坚、蒋绍愚主编的三卷本《近代汉语语法资料汇编》（唐五代卷、宋代卷、元代明代卷）是很好的研究语料，经过精心的校勘，有版本等方面的介绍，为研究者提供了方便。《中古汉语资料汇编》的编纂、整理工作也应该有所规划，着手进行。

2. 加强语料的分析

不光是整理，在此基础上，还应该进行分析。分析工作可分为两类：

一类是语料的鉴别。以中古汉语文献为例，中土文献和翻译佛经两类都有一些可疑的材料，或者是作者（译者）可疑，或者是年代可疑。前人在这方面已经做了大量的工作，但仍然还有许多问题。我们拟对早期的翻译佛经进行考辨，辨正译者，考定大致的翻译年代。

另一类是语料的深加工。2002年11月16—17日在台北中研院语言学研究所筹备处召开海峡两岸语法史研讨会,魏培泉教授让我们参观了他所领导的熟语料库建设。在这个语料库中,输入的材料还不多,但都可以进行自动分词、标注词性的工作,检索词语也很快捷醒目,要句中出现的就集中在句中出现,要句尾出现的就集中在句尾,被检索对象都可很醒目地显示。这样的语料库对于汉语史研究,会起到比一般的生语料库更方便的作用。希望今后有条件进行语料库建设的单位,能够在输入语料,精心校勘的基础上,进一步做好相关的整理和剥离等加工工作,为研究提供更为方便快捷的语料。

3. 加强语料的拓展

语料还需要进一步开拓。以佛经为例,比较多地注意《大藏经》,对未入藏的材料关注得很少。梁晓虹介绍过日本名古屋七寺中的藏外佛经,值得注意。佛经中的疑伪经特别是敦煌佛经材料也可以注意,梁晓虹、郑阿财都写过文章。

近代汉语小说的材料,以前主要关注唐宋传奇、宋元话本、明清小说,这自然不错。但是,对域外的汉文小说也有关注的必要。旅法学者陈庆浩和中国台湾、日本、韩国等地的学者合作,已经整理出版了《韩国汉文小说》《越南汉文小说》,目前正在整理《日本汉文小说》,其时代大约是明清以来,民国年间的作品,正好处于从近代汉语向现代汉语演变的过渡阶段,值得重视,应该审慎地加以利用。

此外,对明清的艳情甚至是色情小说,如台湾整理出版的《思无邪》等也应该放开禁区,让研究者进行研究。以往在这方面只注意《金瓶梅》,这很不够。类似学习《金瓶梅》的作品还有很多,《思无邪》所收罗的都是。

4. 加强电子语料库的建设,避免重复劳动

近些年来,电子语料库十分流行,研究者利用电子语料库检索语料,进行汉语史研究,大大节省了调查语料的时间,起到事半功倍的效果,提高了研究效率。[①] 这是应该肯定的。

但另一方面,在利用电子语料库的同时,也出现了一些问题,包括征引错误、张冠李戴等,使得研究结论大打折扣,甚至根本错误。因此,我们在利用电子语料的同时,要注意语料的核实、验证工作;也就是说,应该把从电子语料库检索得到的线索、例证尽可能地核对原文;避免出现纰漏。

值得提出的是,电子语料的深入加工、标注信息应该提上日程。一方面,现有语料多可以实现全文字串检索,但是古籍的特点是用字异体多、版本异文多,如何把这些信息集成到现有语料中从而既有利于检索,又保存了古书原貌,具有研究的必要性。目前较好的集成版本异文信息的成果如中华电子佛典协会(CBETA)"大正藏"电子本和香港中文大学"汉达文库"中的一些著作。另一方面,为了深入研究古代语言,对相关信息进行最大化收集,对古文献要进行分词处理、义项标注等操作,而如何更好地标注文本,获得信息,甚至实现古代汉语的自动文本标注都是有待深入研究的课题。目前仅有很少一部分标注过的文本,如北京大学"CCL"语料库标注了古代汉语部分文体,台北中研院建立了"近代汉语标记语料库"。

[①] 台湾清华大学(新竹)刘承惠撰《汉语动补结构历史发展》一书,纯粹利用台北中研院的电子语料库进行研究。这虽是个案,却也代表了一种趋势。

四、应该加强与海内外学界的联系,沟通信息,增进了解

(一)汉语史学界应该进一步加强联系,沟通信息

毋庸讳言,以往的汉语史研究分部门、分领域的趋势比较明显,不同学科之间,鲜见交流与联系,这其实不利于汉语史研究的交叉、融合,不利于整个学科的发展和深化。这样的局面应该打破。

国内大陆学者的研究分工比较细,搞语音、语法、词汇、方言的各有自己的组织和会议、刊物,彼此来往较少。这当然有利于专精。但同时,也为学科之间的沟通、融合带来了困难。如何合理、科学地处理宏通与专精的关系,值得我们思考。

其实不止是研究语音、语法和语义(词汇)的学者之间缺乏交流和融通,就是同样研究语音,上古音和中古音、近代音就可能较少交流,语法、词汇也是一样。按理说,汉语史包括了从上古到现代汉语以前的历史时期,其发展、演变是一个很长的过程,尽管从便于研究的角度,我们和大多数学者一样,主张对汉语史进行分期,作研究进行适当分工是必要的,但不能强调分离,而是要作融通。

(二)汉语史研究者之间加强合作,取长补短

我们对港澳台及海外学者的相关研究,特别是台湾学者的研究以前一直忽略,这是不应该的。目前,改革开放已经多年,两岸的学术交流也逐渐频繁,对他们的相关研究应该注意了解,并在此基础上对其成果加以借鉴。举例来说,台湾学者曲守约关于中古汉语词汇的研究成果,魏培泉关于汉语语法史的研究成果,以往大陆学者就关注不够。

总之,只要我们勇于开拓和探索,不断进取,在保持和发扬原有的优良传统的同时,努力学习国内外语言学界的新理论、新方法,结合汉语实际进行研究,开发、建设好大型的汉语语料库,充分

利用先进的检索手段进行更准确、更科学的研究，我们就一定会取得度越前人、无愧于我们这个时代的成绩。

本章参考文献

艾奇逊　1990　《现代语言学入门》，中译本，王晓钧译，北京语言学院出版社。

陈东辉　2002　《试论古汉语研究中的三重证据法》，载《古典文献学论考》75—83页，中国文史出版社。

陈文杰　2002　《早期汉译佛典语言研究》（四川大学博士学位论文，2000），见《法藏文库》"中国佛教学术论典·佛学硕、博士论文第七辑"第70册105—108页，台湾高雄佛光山文教基金会2002。

董秀芳　2002　《词汇化：汉语双音词的衍生和发展》，四川民族出版社。

方一新　王云路　1997　《谈六朝史书与词汇研究》，《庆祝中国社会科学院语言研究所建所45周年学术论文集》，商务印书馆。

［法］房德里耶斯　1920　《语言》，岑麒祥、叶蜚声译，商务印书馆，1992。

郭在贻　1985　《训诂丛稿》，上海古籍出版社。

——　1988　《〈禅宗著作词语汇释〉序》，《杭州大学学报》第2期；收入《郭在贻文集》第三卷502—504页，中华书局，2002。

胡明扬　1988　《西方语言学名著选读》，中国人民大学出版社。

黄景欣　1961　《试论词汇中的几个问题》，《中国语文》第3期。

江蓝生　1998　《演绎法与近代汉语词语考释》，《语言学论丛》第二十辑，商务印书馆。

蒋礼鸿　1984　《关于〈敦煌变文字义通释〉》，《杭州大学学报》第2期；收入《蒋礼鸿集》第六卷258—274页，浙江教育出版社，2001。

——　1997　《敦煌变文字义通释》，上海古籍出版社。

蒋绍愚　1989　《古汉语词汇纲要》，北京大学出版社；商务印书馆，2005。

——　1994　《近代汉语研究概况》，北京大学出版社；《近代汉语研究概要》，北京大学出版社，2005。

——　1998　《近十年间近代汉语研究的回顾与前瞻》，《古汉语研究》第4期。

——　2001　《近代汉语语言研究·序言》，天津教育出版社。

蒋绍愚　2005　《关于汉语史研究的几个问题》,《汉语史学报》第五辑第1—12,上海教育出版社。
李如龙　2001　《汉语方言的比较研究》,商务印书馆。
刘　坚　蒋绍愚　1990—1995　《近代汉语语法资料汇编》(唐五代卷、宋代卷、元明卷),商务印书馆。
刘叔新　1964　《论词汇体系问题——与黄景欣同志商榷》,《中国语文》第3期。
柳士镇　1988　《〈世说新语〉〈晋书〉异文语言比较研究》,《中州学刊》第6期。
鲁国尧　2000　《欣喜·忧虑——序董志翘〈入唐求法巡礼行记词汇研究〉》,见《〈入唐求法巡礼行记〉词汇研究》卷首,中国社会科学出版社。
罗常培　1956　《徐嘉瑞〈金元戏曲方言考·序〉》(修订本),商务印书馆。
骆　驼　1992　《〈敦煌变文字义通释〉评介》,《古籍整理出版情况简报》第262期。
[法]梅　耶　1957　《历史语言学中的比较方法》,岑麒祥译,科学出版社。
戚雨村　1997　《现代语言学的特点和发展趋势》,上海外语教育出版社。
石　锋　孙朝奋　2000　《访梅祖麟教授》,《梅祖麟语言学论文选》544页,商务印书馆。
[瑞士]索绪尔　1949　《普通语言学教程》,高名凯译,商务印书馆,1980。
汪维辉　2000　《〈周氏冥通记〉词汇研究》,载《中古近代汉语研究》(第二辑起改名为《汉语史学报》)第一辑152—177页,上海教育出版社。
———　2000　《东汉—隋常用词演变研究》,南京大学出版社。
王国维　1994　《古史新证——王国维最后的讲义》,清华大学出版社。
王　力　1983　《谈谈写论文》,载《王力论学新著》268—277页,广西人民出版社。
———　1992　《新训诂学》,《王力文集》第一九卷,山东教育出版社。
王云路　2000　《中古常用词研究漫谈》,《中古近代汉语研究》第一辑,上海教育出版社。
———　2001　《百年中古汉语词汇研究述略》,《浙江大学学报》第4期。
王云路　方一新　2002　《汉语史研究领域的新拓展——评汪维辉〈东汉—隋常用词演变研究〉》,《中国语文》第2期,181页。
徐时仪　2000　《古白话词汇研究论稿》,上海教育出版社。

徐通锵　1984　《美国语言学家谈历史语言学》,载《语言学论丛》第十三辑,210—211页,商务印书馆。
张联荣　2000　《古汉语词义论》,北京大学出版社。
张永言　1984　《"为……所见……"和"'香''臭'对举"出现时代的商榷》,《中国语文》第1期;收入《语文学论集》(增补本)243—246页,语文出版社,1999。
张永言　汪维辉　1995　《关于汉语词汇史研究的一点思考》,《中国语文》第6期。
张志毅　张庆云　2001　《词汇语义学》,商务印书馆;修订本,2005。

词语索引

【说明】1. 本索引收入正文所提及的全部词语。

2. 词语按首字音序排列。词语首字音同者,按笔画排列;笔画数相同者,按起笔的横竖撇点折顺序排列,如"挽""盌"均读为"wǎn",笔画数也相同,则按起笔顺序"挽"排在"盌"前。

3. 复音词语首字相同者,按该词第二字音序先后排列(二字以上词语依此类推)。多音词(字)分别排列,如"为"有"wéi"和"wèi"两读、"差"有"chā""chāi""chài"三种读音,均分别排列。

4. 词语后的数字为本书页码,同一条目所在的不同页码用逗号隔开。

A

阿～ 37,513,580,692,884,894,913,934,936,964,979,992,1057
阿八 913
阿保 694
阿德门 1164
阿弟 694
阿爹 693,913
阿堵 632,896,909,911,927,937,979,992,1047,1057
阿堵/阿堵物 717
阿堵潦倒 932
阿堕 937
阿父 693
阿公 694,992
阿家 694,793
阿娇 992
阿娇金屋 913
阿舅 693
阿郎 694,1018
阿连 913,992
阿练 513,694

阿练若 473
阿妈 1125
阿马 1125
阿弥 694
阿母 693,992
阿那 930
阿那律 472
阿尼 694
阿娘(孃) 461
阿孃 1185
阿侬 694,992
阿奴 34,694,920,971,979
阿婆 423,461
阿旁宫 913
阿戎 856,913,992
阿上 514,694
阿师 514,694
阿叔 694
阿谁 919,992
阿嵩 920
阿童 694
阿秃师 694
阿瘤瘤 938
阿翁 694
阿武婆 913

词语索引　1309

阿兄　694	爱著　807
阿呀喂　937	爱憎　119
阿雅　937	暧昧　426
阿雅伟　937	婩　288
阿燕　937	安　518
阿阳　894	安安稳稳　961
阿嚷　937	安伟　937
阿耶　959	安稳　966,973,1014
阿哪　937	安隐　966
阿爷　693	桉班　937
阿姨　693	庵　1156
阿与　937	庵老　601
阿子　992	菴　1156
阿子(阿紫)　694	俺　894,1005,1248
阿姊　694	俺咱　362
哎呦　937	唵　95,874
哀感　131	按　1123
哀戚　131	案　1156
哇喙　1093	案脉　153
欸乃　908,932	晻晻　658
矮子看戏,随人上下　1122	闇当　997
爱　964	卬/印　750
爱克斯射线　1164	遨头　1121
爱念　1185	熬糟　1163
爱女　1125	鏖糟　1163

鏖糟 922,1128,1163
拗花 97,1128
懊恼 423,1125
懊侬曲 497

B

八月韭,佛开口 1122
巴/祀 75
巴活 1101
巴结 1163
巴揽 947
巴子 1061,1162
巴子肉 1061
邑活 1101
蚆子 1061
粑子 1162
笆篱/篱笆 1162
拔 868,1288
拔/挩 828
拔白 974
拔马 766
把 444,580,1033,1253
把式 571
白 104,1132

白暗/黑暗 723
白笔 896
白丁 896,898
白干 220
白门 938
白日升天 496
白纱帽 938
白甚 1121
白屋 937
白衣 898
百倍虫 1164
百口 278,389
百种 580
摆拨 1126
败 874
拜 497
般/搬 75
版 497
半子 920
半择迦 388
伴 608
伴当 1248
棒喝 1121
包/色 752
雹釜 1088

词语索引　1311

保知　1097	逼切　463
报起　915	鼻头　695,892
报纸　1164	鼻涕　34
抱疾　421	比来　697
抱老/鼎老　602	比邻/邻比　1162
趵　889	比丘　515
趵突　894	比丘尼/尼/尼姑　181
鲍老　602	比至　993
杯　497	彼　530,724,979
悲毒　808	彼朝　725
碑　497	彼此　115
北方人　464	彼蕃　725
贝勒　937	彼方　725
背　853	彼国　725
被　229,1252,1253	彼军　725
被难　279	彼人　194
辈　1060	彼土　725
犇　1124	彼我　115
本分　884	彼中　319,1283
本无　101	鄙吝　394
本自　702,1007	鄙艺/鄙褒　277
埲土　881	必须　1269
埲　881	必自　702
埲/坋　870	必赤赤　1125
迸逐　419	苾刍　515

婢/䃼 58,785
壁角落头 961
滭 959
蹩地 419
蹩身 419
嚖嗓 986
饆饠 572
边 34,1255
鞭/硬 82
匾匦 419
碥 894
便 1098,1189
便、换 93
便/就 1250
便点 584
便了 884
便面 938
便是 1158
便自 702
标格/风范 1162
表 497
表子 1125
别见 995
别庐 497
别用心 232

憋憋焦焦 1124
冰矜 800
冰衿 878
兵 1206
兵厮 497
丙戌年 1248
饼 497
饼师 669
併当 910
併命 395
屏 852
屏当 34
并皆 549
病 148
病瘦 1260
拨置 211
波 423,894,1120
波/波浪 1161
波波碌碌 1124
波波摩摩 659
波查 928
波俏 1081
波逃 1096
波吒 1093
播琴 895

帛　497,1098

勃腾腾　1125

博　391,756,1125

博换　1125

博接　1018

博士　494

博物　1164

搏喏　1018

膊擔　1093

踏跳　872

薄媚　1120

垺土　881

逋　268

补代　1125

捕鸟师　670

捕鱼师　670

不安　177,397,726

不便　725

不辩　427

不并　1121

不成　245,310,317

不翅　763

不打不相识　1115

不登登　1125

不邓邓　1125

不调　1093

不分　976

不敢当　961

不管　220,319

不和　177

不会　220

不佳　177,645,726,856

不假　427

不减　421

不解　427,579

不经　421

不净　34,524

不可思议　1229

不肯　293

不快　178,645,1126

不量　503

不了　320

不免　304

不媚/薄媚/白面　796

不耐烦　898,922

不平　178

不平善　529

不清　1090

不情　1090

不审　1272

不审……不 427
不食汝馀 781
不适 178,645
不省 202
不腾腾 1125
不听 1206
不通 427
不委 581,827
不问 65
不须 423,1269
不要 1269
不用 211,1269
不韵 509
不在 529,726
不在有东西 529
不展 828
不中 97,883
不自喜 933
不作声 217
布袋 936
布帆 497
步 895
步涉 1287
部 894
埠 895

䧿䴊 1105

C

猜贰 312
猜摸 322
财阀 1164
采拔 803
采穞 948
采旅 948
采稆 948
菜蔬 1179
参 908
粲然 1158
惭贺 1093
惨醋 617
惨舒 665
苍头 884
伧 498,848,857,894,947
伧父 498,848
操抱 986
操暴 986
操练 614
曹公 721
漕 894

草 114	襜褕 851
草马 901	禅师 513
草书 497	产道 525
懆暴 986	划地 631,1121
骣 889	䭣然 1158
测 534,972	猖獗 935
侧近 1018	长/短 1221
策命 896	长年 923
曾不(无)/初不(无)/都无(未)/都不 637	长生久视 496
曾来 697	长寿 1261
扠 392	长头 579
杈枒/查牙/差牙 661	长物 200
差互 1123	长夜 494
差牙/差互 1054	常川 1124
茶 497	常奏 1098
查 926,967	场屋 934
查勘 926	怅怅 440
查理 926	唱 1060,1205
槎 926	唱叫 1060,1101,1125
蹅 610	钞 603
汊 608	朝典 427
差点 614	朝鲜 1248
差事 765,968,1018	圸 900
差 553,895,968	瞋毒 808
	沉吟 1060

趁却 579
趁 280,523,1078,1100
趁～、～趁 226
趁饭 227
趁哄 227
趁口 227
趁钱 228
趁食 227
趁市 227
趁熟 228
趁墟 227
称 174,497
称叫 772
称念 424
称首 1060
成吉思汗 103
成立 221,855
枨 34,523,764
诚 136
承 129,1057,1089
承闻 818
乘/我 84
乘骄 496
抭触 1123
吃 157

吃/食 1005
吃茶 1129
吃喝 1244
吃酒 937
吃食 603
吃盐米 1117
喫/吃 1005
池 1204
迟 394,1069
持 1261
持/捉 1011
齿冷 1159
～赤 103
翅 34
眙 1214
冲邈 511
冲热 580
充壮 110
抽丰 884
抽切 462
愁毒 808
仇家 969
仇香 1122
丑领/丑 780
瞅 1214

词语索引 1317

臭　1055
出　426,967
出场　1059
出都　973,1054
出色　1163
出身　975
初　1076,1123
初不　707
初来花下　1094
初头　695
初无　707
初自……不　707
挎蒲　498
除　551
除馑男　515
储　1263
楚　498
楚毒　810
处　1255
处分　930,1100,1154
触处　1097
触地　1078
触忤　427
触悮　872
搩　1016

川蕻苴　894
穿　156,1218
穿/著　1161
传　995
船　497
船步头　895
船师　670
疮门/小行道/大行道　525
床蓐　267
创手　1289
炊饼　1121
垂当　712
捶毒　810
春　608,930
春关　598
莼羹　497
绰　926
词头　1120
辞　850
雌　1062
此个　619
此家　996
此中　1283
次　1060
次对　920

刺/名/名刺/名纸/名帖/名片 635
刺促 659
刺史 497
謥詷 882
賨 849
从 1060
从前 215
从渠 1004
从容 207
从许 257,1078
促 395,817
殂 857
醋大 898,903
蹴 1294
蹴鞠 606
蹴踏 823
攛掇 958
攢沅/囋唅 249
巑岏 1093
爨弄 1076
催 422,1057
催切 463
摧兰 1083
摧梁 1083
脆风坏 123
脆风坏 123
翠 1120
磋磨 874
存/踣 75
撮弄 1076
措大 884,894,903,932
措大/醋大 599
错 1046
剉 903

D

搭纳 572
达 510
鞑靼/达达 572
怛然 428
打 442,906,917,919,967
打~ 35
打棒 296
打捶凿 112
打脊 928
打刺孙/莎搭八/牙不约儿赤/撒因答剌孙 572
打氆氌 598

词语索引 1319

打秋丰 898

打毬 606

打头 1258

打爷贼 918

打坐 278

大不熹 424

大慈大悲 1229

大道 496

大德 511

大都/北京 1248

大段 282

大古(里) 1125

大古来 1125

大家 856,913

大惊小怪 233

大辣酥 108

大郎二郎 580

大千世界 1229

大人 250,928,936

大使 1164

大手笔 898

大同少异 234

大小 302

大行 34

大行/小行 523

大韵 510

大照 1091

大自 702

憘子 892

歹 362,671,894

逮 419

代/大 56

带 1077

埭 532,793,920

待古里 1125

待诏 1091

戴 156

丹青 497

单刀直入 231

耽著 807

貀 1088

貀 1088

啖 157

旦 928

旦夕宿夜 1068

但当 710

～当 710

当可 1016

当年 460

当生/当身 460

当头　696
当应　1016
铛　497,1125
荡　932,1103
导师　513
导引　496
道　114,173,390,497,509,816,1270
道/说　1250
道行　101
道人　511,514,1057,1103,1266
道上不平善　529
道士　514,898,1057
得　987,993,1036,1192
得便　579
得失　426
得无/将无(不)/莫　637
的　426,1037,1190
的的　658
的缚/靮缚　57
得　1269
登　857
登时　421,897,936,964,1078,1080

登遐　912
等　937,984
等人　858
瞪　1214
镫　911
堤/堤塘　1161
觌　1214
狄鞮　99
敌方　969
敌家　969
底　900,912,930,936,937,1001,1004,1036,1037,1047,1190,1240,1253
底事　396
地　833,955,1001
～地　630
地面　1008
地质学　1163
弟子　205,502,979
第　983
第一　219
颠　791
颠不剌　1124
颠沛　896
点头　214

点心 936	东西不在 529,726
电影 978	东西逃避 529
店 532	东厢 497
淀 894	动 178,1070
雕 938	动发 179
吊 926	动手 1289
吊册 926	动摇 912
吊卷 926	洞 894
调 419	湩 418
爹 850,898,908,936	都～ 666
叮咛 352	都伯 858
钉治 664	都督都统 896
顶老 602	都皆 666
定 603,969	都卢/都、皆、悉 1239
定叠 1059	兜子/兜笼 1162
定是 211	都总 666
锭铤 896	豆流 1094
东床 898	逗遛 1094
东府 938	逗留 1094
东宫 720	鬪变 997
东山 498	鬪将 997
东头 695	鬪战 997
东西 529,726,948	毒 544
东西不平善 529	～毒 807
东西不善 529	笃疾 428

赌钱 498
杜撰 936
肚皮 890
端雅 511
端严 1118
端妍 511
端正/端政 419
端坐 352
短长 120
短终 1254
断肠 1120
断谷 496
断理/料理 127
断午/断中 831
断中 1254
堆/堆积 1161
队主 497
对 542,1096
对脉 155
兑换 214
碓 1156
对 1096
蹲鸱 718
趸当 897
顿 910,1070

顿/俱 776
顿首 277
遁迈 762
多少 116,229,967,1227
多谢 961
咄 959
掇皮/剥皮 56
夺席 1122
度 1060,1125
垛 881

E

阿旁宫 913
屙 92,581
讹病 871
恶 92,615,980,1028
恶得 937
恶垛 937
恶发 580,616
恶乎 1028
恶见 493
恶怒 616
偬 325
而 1028

词语索引 1323

儿 204,390,589,894,913,920,939,1060
儿夫 589
儿家 589
儿婿 589
耳 275,280,860
耳边风 912
尔 428,504,1227
尔曹 1028
尔耳 964
尔侬 621
尔汝 884
尔馨 170,979
耴稍 896
二百五 898

F

发 179,497
发动 179,392
发性 884
法 1030
法师 496,512
帆 927,1156
翻 926

翻跟头 931
翻金斗 931
翻筋斗 931
幡布 926
藩溷 300
凡百 1125
凡俗 1103
烦毒 808
烦疼 1123
烦疼/烦痛 297
烦痛 1123
反 515
反正 1258
犯 393,542
饭 157,497
方便 1054
方幅 976
方始 461
方头 932
方舟 497
防送 1081
妨妇 947
房卧 610
舫 497
放 1124

放火　918
放妻书　1121
放钱　909
飞白　497
非常　183
非直　290
肥䫂顬　986
分/恩、情　774
分茶　966
分付　885
分减　967
分疏　584,850,857
分说　461
分摊　967
分携　1060
分雪　581
分与　967
分张　966,1078
坋衍　306
粉　896
粉头　1125
粉嘴　1061
分外　961
奋发　426
粪壤　581

风才　511
风采　511
风度　511
风骨　511
风鉴　511
风局　511
风凉　314
风识　511
风素　511
风业　511
风仪　511
风韵　509,511
风姿　511
蜂糖　918
凤　1288
凤毛　909
佛　496,948
佛经　496
佛图　271
否　419
伏事　885
扶㨰　874
拂拭　419
服　156
服药　428

词语索引 1325

服子 1120
浮屠 948
俘俘 752
符 496
福无双至,祸不单行 1115
府 497
府君家君 898
俯近 1060
釜 497
父兄、父母、弟兄 118
父祖 389,757
父祖/祖父 194
负持 584
附近 927,1060
付手 1289
妇 419
～复 707
腹热肠慌 1124
複子 1120

G

该 1105
盖老 602,1162
干 461,894

干禄 876
干屎橛 581
干笑 911,1123
干鱼头 894
甘分 1125
甘蔗 468
赶趁 228
敢 1123
感 149,392,419,1098
感/憾 291
感切 463
幹蛊 965
刚肠 793
肛降 1102
駈駼 1102
高丽 1248
高韵 509
高坐 936
膏粱 896
告身 896
哥 936,1131,1153
哥/歌 73,608
割/削 633
割麦 461
歌/謌 81

歌歌/哥哥　1086
歌啸　497
革谏　1068
革履　1217
格　907,916
格是　930
隔　916
隔是　908,909
葛　497
葛巾　497
个　624
个小儿　939
给　424,1005,1253
根　524
耕治　664
更　845,1016
更个　790
更害　1089
工匠师　670
工射　497
公　427,504,936,979,992
公姥　118,937
公婆　937
功德无量　1229
功能　815

攻治　551
宫商　497
躬自　700
共　628,629,1036,1173
共皆　548
共皆同　112
共普　549
共事　527
共咸　548
供问/借问　829
勾　1119
勾当　224,584,612,890
遘～　151
孤　501,912
孤老　602
孤恓　617
姑娣　299
古来　697
谷　1205
谷道　526
蛊　896
鼓　1218
鼓动/煽动　1162
故　250,947,1029,1060
崓　894

顾命 303
顾遇 427
瓜步 895
瓜葛 919
瓜子 974
寡不敌众 235
寡人 501,912
掛/卦 83
乖别 125
乖角 314,617,884,921,930,1081
乖觉 1081
怪 201,816,1220
关白 1060
关节 460,598
关试 597
关心/关怀 1162
观 1156
观/看 1217
官 913,971,979,992
官话 1248
官家 913
官里 913
官人 936
官舍 497

管家(天子) 919
管中窥豹 917
冠/帽 1217
掼 961
光颜 159,310,419
广 995
广流 511
龟 362,1071
龟步 895
规往 964
袿衣 851
贵要 427
滚 966
辊 966
哾哾 1106
郭/埻 82
国家 719,857
㩧 960
果自 702
过 182,603,791,1018,1097,1252
过日子/度日/解日 638
过所 927,938
过堂 599
过午/过中 831

过夏 598
过以 1018
过自 702

H

还 422,460
害～ 151
寒食散 896
寒酸 362
寒暄 1272
寒鸦儿 1061
汉儿言语 1248
汉子 894,923
扞格 1089
行货 603
行情行市 94
好 1158
好不 443,580,1170
好仇 924
好歹 726
好汉 938
好平复 112
耗扰 464
呵梨勒果 475

欱笙 265
合斗 579
合门 424
合生 1121
合眼 461
何 980,1036,1098,1227
何当 980,992
何等 992
何忽 1060
何楼 1122
何事 502
何物 34,950,969,992
何许 992
何言 1078
何意 254
何缘 421
和 628,629,1173
和哄 1081
和尚 511,570,898
和尚/和上 515
曷 1028
貉子 498
嚇嚇 961
黑甜 1122
黑甜/黑酣 723

哏　1248

～很了　1005

狠　1248

恨恨　251,421,440

恒　428

桁　533

横　543,1103

横床　1122

横弹　1098

哄堂　1158

淘　848

后　81

候脉　154

呼　494,1018,1198,1270,1287

呼谓　494

呼吸　496

忽　273,627

忽地　912,929

忽尔　627

忽复　707

忽剌孩　108,1125

忽然　627

忽如　245,1078

忽若　127

忽自　703

胡　498,1028

胡饼　498,572

胡柴　928,1161

胡床　424,498

胡床/交床/交椅　181

胡粉　498

胡卢　1159

葫芦提　1124

胡麻/脂麻/芝麻　181

胡人　498

胡梯　498

胡贼　498

糊涂　884

鹕　265

虎/大虫　1162

虎刺孩　108

虎头蛇尾　232

互　1054

㸦　1054

户　1007

护　551

护前　258,973

笏　497

戽　293

华润　511

华艳 422
铧锹 1066
化人 460
话 461
画师 669
怀担 1088
怀耽 1082,1088
欢 423
欢伯 594
讙/喧、諠 76
还面/回面/回头 634
幻(虚幻) 460
换 208,323,393,523,762
换贷 421
患 1018,1087
患～ 149
患毒 809
患者/患子 633
黄白 496
皇 863
皇帝 1288
追 937
灰/尘 1161
挥霍 394
回 93,605

回钞 605
回倒 938
回干就湿 230,1103
虺隤/喴㖊/㖊喴 745
虺尵 958
毁/擘 75
毁撤 424
毁悴/哀毁 778
会 252
会自 1077
晦 391,541
惠 419
惠毒 809
秽污 287
昏狡 320
婚处 527,1097
浑 35
浑家 580
浑身 461
浑脱 878
浑羊没忽 965
混堂 1082
活泼 896
活人 1054
火伴 884,1248

词语索引　1331

火柴头　918
火急　461,580
夥颐　908
或　1120
或/惑　73
祸泉　595
嚄　908

J

击　1216
饥/饿　1250
积　30
积久　1068
鸡　894
鸡鸣歌　896
及　397,1116
及第/中第/高第　596
及以　550
及与　550
极　72,1116
极/剚　786
极差　968
即　1189,1265
即主　909

急急如律令　903
急健　1116
急脚　1121,1125
急手　34,1289
疾/患　1161
疾患　428
疾苦　1071
楫、棹/桨　1161
戢　208
几多　969,1046
己　424,982
己等　976
掎物　985
计数　283
伎俩　224
妓　497
济拔　803
济救　552
既自　703
跽　1216
鲫溜　884
加　761,968
加被　613
加人/假人　780
加手　424

加诬 968
加增 968
加诸 191,584,968
佳 428,519,520,1158
佳善 519
佳胜 856
家 668,1245
家常 580
家父 936
家公 922
家姑 936
家具 579
家君 936
家书 610
家数 885
家翁 922
家兄 936
家主翁 922
家姊 936
家祖 936
袈裟 872
颊 1153
甲子 1117
假 993
价钱 603

嫁处 528
驾 1218
间 1071,1255
间介 1089
间来 428
肩舆 497
兼 1120
笺布 497
俭 1121
简 1007
謇吃 419
见 253,982,983,1252,1265
见钱见谷 919
件 1263
荐 267
荐拔 803
洊 267
剑南烧春 912
健讼 714
渐欲 428
鉴拔 803
䀎 966
江降 1102
江绛 1121
江山 956

将　1008,1034	狡狯　498,919
将/将无　419	脚叉　1162
将/拿　1250	搅盆　1121
将当　711	勦绝　823
将牢　858,927	叫　1005
将谓　199,1078,1125	醮　1083
将无　947,1029	觉　126,436
将无同　856,973,1259	校　64,126,1014
豇駼　1102	校(较)　1093
讲师　1122	较　126
奖拔　803	较些子　623
匠　544	教　1005,1253
将帅　497	教、交、叫　1005
交　579,1005	皆～　666
交床　1125	皆大欢喜　1229
交关　94,896,1087	皆共　547
交礼　497	皆共咸　112
交涉　219	皆普　547
交通　527	皆悉　547,666
娇娃　912	皆悉普　112
角落头　225	皆咸　547
角䱉　792	接　1084
角束　1018	接吻　653
角眼　579	洁　1071
侥幸　1115	结花鬘师　670

搩手/磔手 552
姐 1153
姐夫 222
毑 1153
解 497,850,914
解白 749
解巾 938
解日 34
解脱 311
解颜 1159
解颐 1159
解墰 1093
借花献佛 1229
借问 613
藉/籍 750
藉手 1289
斤/斥 749
今来 697
今自 703
金刚不坏 1229
金陵春 912,930
金师 670
津贴 978
矜 800,854
矜战 800

筋弩 854
聿 886
仅 1144
紧急 1122
锦地 937
尽～ 666
尽都 666
尽皆 666
尽善尽美 230
尽行 1005
尽总 667
尽总皆 112
进/出 1259
劲粹 748
靳 851
京华 1014
京夏 1014
经 423
经行 494,1123,1259
秔稻 867
惊骇怪 111
惊急列 1124
惊忙 580
惊喜交集 1229
精舍 908

词语索引 1335

净手 726
竟 395
竟日 391
竟自 703
敬/惊(驚) 62
究 894
酒胡 1120
酒望子 920
旧 1198
旧来 698
救 552
救护 552
就 1189
就是 1258
就手 1289
舅 845,936
居贫 973
居然 920
娵隅 498,1235
矩午/短午 831
举 1288
举发 179
举却 436
举似 1191
飓 877

具 30
具委 663
具之 919
剧戏 352
惧 580
惧、恐/怕 1161
懅 424
绢 497
眷拔 804
弓 922
掩 611
决定 1125
诀 460
觉损 759
绝倒 884,935,1123,1158
绝谷 496
绝粒 496
厥尾 879
撅 879
橛株 879
矍 1214
裾 851
裾掖 852
军事 497
君 504,992,995

郡守 497

峻 510

峻急/急峻 1162

K

开除 1163

开士 496,512

开迈 511

开遮 125

楷法 306,497

楷书 497

看 34,1214

看/接对 783

看客 305

看脉 154

扛 1238

囲 960

拷打 320

靠山子 918

颏 418

柯 860

咳 1105

可 424,519

可～ 35

可不 395

可蓝/蓝/岚 181

可人 888,1123

可笑 68,626,834

可儿/可人 780

可可 584

渴 894

客作 884,922,934,1128

客作儿 894

课马 919

肯 1121

肯酒 1125

空复 708

空门子 515

空手 216

空语 854

空自 703

涳涳 1093

孔目官 1120

恐 1121

口号 222

口若悬河 234

口子 585

口自 700

扣打 297

窟咤 927
苦切 462
苦毒 809
袴褶 424
酷毒 809
快儿 926
快手 896
快性 1163
快婿 898
侩 535
脍 497
狂 1094
狂水/狂药 595
狂喜 461
况复 708
亏 427
盔 926
窥 1214
馈 1005

L

拉飒 904
来 984,1191
～来 697
来朝 300
来久 191
来去 1103
来去自由 225
来着 1258
赖 918
赖子 964
濑 895
兰弹/阑单 794
兰阁 487,498
兰若 388
兰子 460,963
岚 474
蘭弹 1093
懒 854
懒/惰/慵/懒惰/惰慵/慵懒 1161
懒设设 1124
烂仔 963
郎 898,933,1084
郎称 932
郎当 932
郎君 856,937
郎忙 1122
郎主 856
狼狈 875,904

狼藉	926	老贼	979
狼犹	1005	老子	979
狼抗	660,798,859	涝朝	1122
榔槌	926	酪	498
朗	1007	嬴	428
朗拔	806	嬴人	175
浪	580,584	雷声大,雨点小	235
捞定儿	1117	诔	497
牢九	916	累重	919
牢丸	916	冷丁丁	1124
老	993	冷苏苏	961
老伧	857	冷笑	883
老毒	810	哩	1006
老革	846	离散	926
老狗	883	黎	926
老来	698	梨花春	912,930
老郎	1115	～里地	1008
老娘	1115,1121	～里路	1008
老奴	979	里许	912
老女不嫁,踢地唤天	423	理自	701
老婆	590,958,993,1106	力助	299
老师	993	历头	1129
老鼠	993	立	30
老头	696	立地	631
老兄	979,993	立钦钦	1124

丽 1158
利 393
利害 120
利家 604,1248
利钱 603
例皆 823
连 1173
连翻 1104
廉字 885
脸 315,1153
练若 873
恋毒 810
恋想 428
恋着 772
恋著 807
凉衣 497
两婆 497
两婆/两 292
亮拔 806
亮直 511
悢悢 854
谅阁 912
疗 551
聊复 708
聊自 1077

寥翘 1093
撩乱 912
撩扑 301
撩治 580
潦倒 884
缭戾 419
獠 1120
了 630,993,994,1036,1131,1192,1252
了不 707
了动 188
了具 662
了了 200,401
了蔫 927
了鸟 932
了事 856
了无 707
了知 662
了自 706
了自…不 707
料理 422,921,930
料理/撩理 127
劣 973
劣(仅) 919
猎家 668

猎师 669
临哭 912
𠳐 851,874
伶仃 932
灵妃步 895
灵利 884
剑利 889
绫罗 497
零布 1061
零丁 927
零落 641
欶 339
领 910
令 510,1252
令弟 936
流转 1014
六十四种恶口 388
龙 1288
龙象 513
龙钟 904,934
龙锺 932
笼东 932
优侗 248,872
䧿 1214
娄罗 890,904

偻罗 884
偻儸 932
搂罗 918
卢奴 894
录 1060
渌老 601
路上般次不善 529
露 114
露头 1103
露跣 1103
窗 497
榆 417
论 174,509
罗汉 496
落第/下第/放落 596
落度 897,947
落窠槽 1122
落窠臼 1122
落魄 878
落苏 790
落托 932
骆驼 476
履/鞋 1217
率 1007
绿 79,718

词语索引　1341

绿沉　642

绿头巾　362

绿酦　718

绿酦/绿蚁　79

律师　218,513

M

抹布　926

抹儿　1061

麻茶　1075

麻胡　727

马价　603

马容　857

骂人　958

埋金　1083

买/卖　1221

买金家　668

迈/遁迈　419

麦浪　1235

麦条子　937

卖弄　936,938

～脉　152

脉术铖术　896

蛮语　498

蛮左　938

满/盈/拍　1161

满中　397

曼　947,994

慢　268

漫　580

漫/墁　80

忙　95,307

忙劫劫　1124

忙怕　1100

盲目　1217

毛　937

毛血　269

冒惨　875

帽/冠　1161

貌哨　985

魈魍　878

么道　103

麽/们　1252

没的　1007

没下梢　1124

美　510,1158

美丽　511

寐/眠　1011

门户人　1125

门生 598,896,936
门下 884
门子 936
们 1172
们浑 35
扪摸/捻捉/摩扪 526
闷绝/迷闷/昏迷 539
盟/阋 437
懵挣 1124
梦琼 1083
梦楹 1083
弥复 708
迷丢没邓 1124
迷闷 205
迷著 807
米哈 103
米罕 103
觅 469,488,1219
祕器 896
密地 632
蜜章 896
免冠 1217
眄 1214
面 158
面/脸 1250

面缚/自缚 782
面首 1106
面汤 1179
面子 585
面自 700
灭 993
蔑 426
民 971,979,992,995
民词 322
名胜 856,1014
名帖 935
(天)明/(天)亮 1250
明拔 805
明府 913
明公 884
鸣 285
呜/鸣 437
茗 497
茗饤 123
茗柯 122,933
铭 497
命 1288
命过 493
命县丝发 232
摩 629

词语索引 1343

魔浆 595
抹邻 103,1125
懡㦬 617,872
没忽 986
没娑 579,764
殁故 846,933
殁忽 986
殁死 933
陌目/霡霂 56
莫 460,624,834,936
莫非 626
莫教 626
莫漫 1077
莫是 625
莫须 626
莫要 625
莫要……否 457
蓦 628
蓦忽 823
趄/蓦/陌 805
楳頥 986
默自 703
铧 877
某甲 872
模样 912

母 1153
姆 979
木/树 163
木大 1122
木师/画师 669
目 173,497,509,748,1213
目/眼 167,1294
目击道存 230
沐猴 107
慕 270

N

那 123,472,619,1004,1227
那/捺 62
那边 620
那得 172,423
那个 619
那汉 1103
那忽 34
那里 620
那头 620
纳亨 792
捺 791,959
乃便 424

乃当	711	㲹	874
乃复	708	呢	1006,1191
乃淘	927,937	内史	497
乃自	704	内谒	850
乃祖	896	内助	213
妳母	937	恁	1130,1248
奈何	934	恁的	790,928
奈园	722	恁底	937
耐烦	892	恁麼	1004
袱襻/喏哈	248	能	131,894
袱襻子	932	能/解	775
袱襻子/愚痴子	292	能/善	774
男/女	1221	能亨	1122
男根	524	能榖	1122
男女	580	泥	612,930
南濒	849	泥人娇	930
南第	720	拟	542,1288
南来北往	235	你	936,1172,1227,1248
南无	474	你们	894
难	835	你侬	621,937
难道	1008	你咱	362
难提婆罗	464	逆旅	424
㹢儿	1125	匿	273
恼躁	926	念见	1121
闹	536,874	娘	98

娘子 936,937
捏 461
涅舌 579
您 1005,1130
宁……不 1015
宁……不耶 1015
宁当 421
宁底 937
宁可 457
宁馨 170,896,898,909,919,927,930,950
妞 937
牛车 497
牛马 119
侬 422,488,894,908,992,1047
浓美 298
脓血袋 1101
奴 589,898,979
奴材 922
奴家 790,928
弩门 103,1125
怒发 616
暖房 936
暖酒 461
女根 525

女妓 193
女郎 976,1071
女人/女子/女弱 539
女弱 175,389
女士/士女 193
女婿 497
女直 1125

O

偶 1076

P

扒头 1125
爬拉 1163
怕 580,1157
拍浮 614
拍张 497,927,1054
排比 442
排挤 1220
攀慕 579
盘缠 604
盘马 497
盼 1214

盼头 1163
叛 92,1057,1236
胖肛 1102
彷徨 255
旁边 912
傍边 467
傍人 460
抛 874
抛青春 930
喷饭 1158
烹 1218
烹鲜 714
彭排 896
棚推/棚头 597
蓬颗 895
蓬块 895
捧腹 1158
批排 81
批判 642
披靡 203
皮解库 1125
皮里 1054
皮囊 1125
皮鞋 1217
疲 317

疲极 802,1017
疲极/极苦 1162
脾 323
匹、辟、僻/躄 63
辟 497
譬/犹、若 775
偏 799
偏露 1083
骗 642
骗马 773
票 926
票帖 926
慓 926
贫道 501,979
品 497
品题 497
聘 497
平 519
平安 518
平乘 497
平复 519,553
平健 518
平康 518
平平 518
平人 210,1097

平善 919

平完 520

平愈 520

平豫 520

平章 580

评 605

评脉 155

屏 852

軿 852

凭底 937

颇 270,471

颇自 704

迫切 464

破 497,993

破除 219

扑登登 1125

扑杀 1120

菩萨 496

蒲柳 907

浦 895

普度众生 1229

普皆 549

普悉 549

普咸 549

瀑流 894

Q

期 1098

期集 599

欺 1115

欺巧 111

碛磨 874

殇 863

恓惶 616

其 979,1028,1255

奇特 511

奇羡 258

耆婆 465

耆婆/耆域 473

骑射 497

乞 968,972

乞儿 460

岂当 711

岂复 708

起 497,1289

起病 318

起家 497

起居 1272

起理 1071

起首 613
起舞 497
启 497
气鞭 82
泣瑰 1083
契丹 573
碛 894
千山万水 234
谦苦 1240
鸧 1081
前进士 598
前来 698
前头 695,696
钱本 604
钱积 931
乾没 896,904,934
欠安 646
欠爽 646
倩 898
羌饼 101
墙/壁/墉/垣 1219
墙上泥皮 1125
瞧 1214
峭/悄 785
茄子 790

茄子/落苏 1162
～切 461
切脉 153
窃 1018
亲家 922,930
亲亲 428,787
亲情 609,755,798
亲自 700
亲嘴 652
侵伤 427
琴 895
禽荒 196
勤苦 1240
勤勤 421
寝寐 1257
青庐 497
青州从事/平原督邮 721
轻吕 1130
卿 504,936,992
卿咱 362
清 510
清～ 35
清辩 510
清标 510
清才 510

词语索引 1349

清畅	510	清婉	510
清称	510	清微	510
清纯	510	清闲	1054
清辞	510	清虚	510
清粹	510	清选	510
清淡	510	清言	497,510
清格	510	清远	510
清贵	510	清约	510
清和	510	清真	510
清惠	510	清职	510
清鉴	510	清峙	510
清举	510	清中	510
清朗	510	情好	973
清厉	510	情人	217
清令	510	擎	912
清流	510	顷来	698
清伦	510	请	497,1288
清论	510	洭	848
清明	510	穷酸	362
清贫	510	丘山	426
清识	510	秋露子	102
清士	510	求	1219
清疏	510	求守	352
清谈	497	求守/守请	1162
清通	510	求趁	229

泅戏　868
区区　253
佉　1093
屈　199
蛆妒　579
蛆姞　1093
蛆儜　1093
躯老　601
麹米春　912,930
渠　992,1106
渠侬　621,894
取　1255,1288
取合　812
取急　813
取假　813
取钱　812
取容　812
取死　813
取忘　813
去　390,845,914
去就　772
去天入地　529
呿嗟　1120
权　419
劝　206

却　630,856,993,1093

R

然　984,1227
然/狱　74
染～　151
染著　807
瀼　894
饶　959
热落　1178
人　1245
人客　225
人事　896
仁　504,947,1130
任使　427
仍复　712
仍更　257
日　114,1159
日来　698
日头　1159,1249
日子　919
戎士　497
容貌　159
容貌姿　111

容易 245
融液 392,819
肉 497
肉薄 767,861,921
肉芝 496
如 419
如痴如醉 234
如此 790
如幻如梦 1229
如是我闻 1014
如似欲 111
如馨 170,979
汝 504,1005,1028
汝辈 1028
汝曹 1028
汝等 1028
乳媪 975
入破 1120
蓐食 768
软饱 723,1122
软脚 918
软刺答 801
软语 388
捼/挼 75
若 993

若个 584
若其 419
若为 316,423,1078
若下春 930

S

撒敦 1125
洒家 1124
洒脱 1163
萨薄 467
萨因 108
槃 863
赛 1126
赛因 108
三四 396
三十六着,走为上着 1115
伞 926
丧 1057
丧美 1083
嫂/姨 876
色 1101
色像 159
僧 496,515
僧来看佛面 961

僧人　511
杀　993
沙家　894
沙门　511,515
沙弥　511
沙魔　922
纱罗　497
莎塔八　1125
煞　930
煞/杀　627
煞强如　1124
山偈　1121
苫俫　1125
縿　908
闪　72,611,762
扇　940
扇削　940
善能　758
善能/能善　824
善思　858
善儒　1068
善业　102
善知识　513
商略　174
商谜　1121

晌　895
赏拔　804
赏誉　497
上　269
上报　272
上来　698
上人　388,496,512,979
上士　419,515
上头/后头　695
上下/弄　751
上章　496
上坐(座)　513
烧饼　572
烧春　930
少赖　428
奢遮　1179
舌本　758
舌人　99
舌子　585
阇梨　513
设　390,993
设主人　300
社火　1129
慴/习　752
慴伏/习伏　86

词语索引　1353

舍弟　909,936
射　497,605
射戏　497
射雉　896
申　914
身　427,856,971,992
身东西毛　529
身毛　529,726
身自　700
呻唤　1116
什么　949,1172
什没　621
什摩　581
沈(沉)吟　920
哂　1158
甚的　1005
甚底　1005
甚麼　1001,1004
甚物　950
甚至　184
甚自　704
生　439,928,930,1004,1084,
　　1198
～生　585
生活　897,919,1179

生老病死　1229
生受　1179
生鲜　1084
声传　427
声唤　1116
䚯　952
省　1214
胜士　513
剩　352,394,1126
剩/利　777
剩烈　1095
尸骸　1087
失性　127
师　544,669,1245
湿肉伴干柴　1124
十八地狱　1229
石冻春　912,930
石炭　934
石馳步　895
时/处　775
时对　579,1093
识拔　804
实情　423
食　156,497,1005,1158
食/啖、吃　1011

使 1252
驶流 870
屎头巾 362
屎 325
士女 193
世尊 496
市 1007
式占 896
势要 1116
事 540
事当 579
事力 973
事须 788
事意 426
视 1214
视/观 1239
视/看 1011
视脉 154
视瞻停谛/视瞻不转 779
是 30,1028,1036
是必 1269
是须 1269
是也不是 1005
是中 1283
适来 581,698

适适 933
释氏 496
收 35
收拾/并当 1162
收掌 1123
～手 1289
手笔 497
手力/脚力 1162
手谈 497,1125
手谈/坐隐 720
手子 585
手自 701,1078
守 1057
守请 421,1057
首过 496
寿算 198,1125
寿算/算寿 824
瘦 34
书 497,1055
书吏 896
书信 893
殊途同归 477
殊未 1077
疏 854
输 1157

词语索引　1355

输/败/负　1220	思量　580
输芒　790	思寻　974
孰　1028	思韵　509
孰何　1272	思至　130,860
熟　1198	思在/实在　829
属　266	死　993
属客　266	死活　180
属文　497	死马医　920
署暑　896	死生　120
束修　925	死友　397,1069
竖笠　926	四大　1082
庶自　704	寺　496,898,1156
裋褐　887	泗/洟　1220
墅　497	俟　1084
率　1007	覗　1062
双生儿　476	松醪春　930
谁　1227	嵩呼　1121
谁何　1272	送故　973
谁侬　622	颂　497
水潦　193	搜牢　927,1069
睡　1257	叟　894
顺承门　1248	俗谭　902
顺城门　1248	俗言讹　932
丝　497	俗字　902
私试　598	肃戒　427

酸丁 362
酸毒 809
酸寒 362
酸切 461
算术 476
虽复 708
随岚 475
随声迁就 235
随手 1289
遂复 709
遂自 424
损 1097
睃趁 615
所 419,983,984,1003,1016,1255
所见…… 273
所可 974
所苦 390
所以 1003
索 497,895,1269
索子 282

T

他 991,992,1036,1172

他侬 621
塔 1156
踏 930
嗒啥 248
挞打 927
台阁 938
台制 426
抬举 223
抬举/台举 1086
抬举/提拔 1162
奋子 894
太白 1216
太阳 976,1159
太阴 1159
太守 497
太难生 352
泰山 898
贪著 807
贪着 772
檀那/檀施/布施 181
檀越 873
叹 174,497
赕 849
汤饼 497
唐 947

唐自 704
傥江 884
粏 907
倘 993
陶家 668
特当 711
疼 470
腾掷 821
睼 1213
踢蹿 954
綈 955
提拔 804
题名 598
题目 173,497,509
体中 428
体自 701
涕 1206
涕/泪 1220
涕/泗 1220
唒唾 872
替 938
髢 288
天波 894
天家 913
天行 1125

天韵 509
天子 497
田地 1008
田家 668
觍颜 321
挑/担 1161
调 418
调达 873
跳踉 419
跳掷/跳踯 820
贴 535,605
铁落/帖落 312
听纳 427
听事 497
庭 497
停 427,1078
停待 919
停宿/宿停 426
挺生 312,802
艇 1156
通 426,510
通家 896
通知 221
同居 975
同年 598

同异 180
彤管 896
童子 1212
痛切 463
偷 1157
～头 37
头陀 515
投 392
投/掷 1011
投间 394
投老 920,1125
透掷 820
趆/透 536
秃头 477
屠家 668
塗步神 896
土风 896
土豪 896
土窟春 912,930
土气 975
吐利 1123
湍 895
推搜 986
推问 1125
托 422,1116
托大 215,1006
托地 631
脱 974
脱复 709
脱帽 1217
迤 881
沱 894
驼汉 1125
庹 960

W

瓦舍/瓦子/瓦市 600
瓦师/砖师 670
歪剌剌 1124
外行 1248
玩习 539
翫习 1017
宛/充 80
宛转 419,421
莞尔 1158
挽歌 497
盌盘 497
晚来 698,1125
晚头 696

碗 1156

腕/踠/腰 85

亡/忘 74

王 1245

王/旺 73

枉 1094

往/还 1221

往还 598

往来 81

忘忧君 594

忘忧物 594

望 1213

望实 427

望头 1163

为 70,497,544,1003,1029

为当 711

为逆 516

违和 178,646,726

违忧 646

围棋 396,497

唯我独尊 1229

惟岚 475

维那 873

委 826,855,1126

委命 1050

委弃 421

委悉 663,826

委知 663,826

碨 1156

为了 1004

为什摩 581

为着 1005

未曾 1063

未委 827

未下 996

未展 827

位宫 849

谓 1270,1287

谓/语 1239

谓顾 953

谓呼 34,1270

谓言 1270

渭阳 716

恞 451

温克 201

温暾 912,922,930,1128

温噱 878

文笔 497,896

文章 497

闻 114,1082

吻　652,1018
问端/问头/问题　643
问讯/讯问　1162
我　1028,1248
我辈　1028
我曹　1028
我等　1028
我庚　717
我们　894
我侬　621
我咱　362
卧地　630
乌龟头　918
乌鬼　904,918,929
乌育　1130
污　92,287
呜　34,865,947,977,1018
呜/呜口/呜噈　526
呜/噈/吻　648
呜噈　650
呜唼　650
呜损　651
呜咂　651
呜嘬　651
歕　866

无　1029
无复　709
无赖　1076
无梁　1235
无状　919
吾　1005
吴语　498
五杯盘　1133
五奴　362
五体投地　1229
五盌盘　1133
五碗盘　1133
五泄　895
五洩　895
五形　308
五盏盘　1133
五盅盘　1133
伍伯　460,896
妩媚　1158
舞师　669
悟　932
兀底　633,937
勿复　709
勿勿　34,428,800,835,898,
　　927

词语索引　1361

勿勿恩恩　886
物　1071,1252
物故　846,933
㪿故　846
误　394
瘟　932

X

夕来　699
枅枅(析析)/惜惜　784
枅/析　753
希差　618
息妇　591,910
息耗　120
奚　1028
悉～　667
悉都　547
悉共　546
悉共普　112
悉皆　546,667
悉皆普　113
悉普　547
悉咸　546
睎　1214

傒　894
傒音　498
傒语　498
溪　947
溪狗　498
㵎　324
嬉　931
习　538
习坎　189
习/慴　752
席纠　1120
媳妇　591
洗　555
洗鼻　557
洗胖　560
洗髀　560
洗耳　558
洗腹　559
洗脊　560
洗脚　556
洗口　558
洗面　558
洗泥　884
洗身　560
洗手　559

洗手面 559
洗手足(脚) 559
洗头 557
洗尾 560
洗膝 560
洗胁 560
洗心 559
洗牙 560
洗牙齿 558
洗眼 557
洗足 556
喜 964
喜/爱 1201
戏 497
系颈蛮邸 271
细酸 362
郤跻 35
瞎眼 1217
下 391
下官 502,898,914,936,979,992
下食 973
下手 1289
夏课 598
嗄饭 1123
先辈 599

先来 699
先子 913
秈 867
嗎 286
贤 504,1130
贤儒 1068
咸～ 667
咸共 548
咸共悉 112
咸皆 548,667
咸皆普 113
咸普 548
咸悉 548
嫌 426
嫌责 427
显拔 805
险 1121
险妆 1121
县官 497
县令 497
现身说法 1229
宪制 427
乡下人 217
芗泽 267
相 428,982,983

相～ 1007
相帮 959
相打 226,392,792,936,1103
相师 670
相闻 428
相於 878
相与 896
香 1055
详 254
详雅 511
翔涌 1121
想 428
䎃 325
向 428,1204
向来 699
相公 928
相脉 154
象意 1178
逍遥 1057
消息 209,504,967,1154
销忧药 595
小 1272
小便 897,898
小差 553
小大 303

小尔 554
小极 954
小佳 553
小间 554
小减 554
小姐 936
小可 554
小宽 554
小郎 936,979
小郎/小叔(子) 647
小妮子 884
小娘 1125
小起 554
小却 555
小损 555
小行 34,494
晓来 699
笑 1158
些儿 623
些个 623
些子 623
谐耦 869
谐偶/谐耦 537
颉颃 305
写 934

写/抄录 1162
泄 895
洩 894
谢恩 599
谢欢喜 926
谢娘 928
谢灶 926
解 497
蟹 790
心口思惟 460
心猿意马 1229
新妇 590,910,979
新妇/息(媳)妇/新娘、新人 590
新婚 497
新娘 592
新人 593
新镞镞 959
～馨 585
信 136,275,927,934 939,1046,1055,1076
信然 268
信使 884
信受 115,427
信受/信 778
信自 704

兴哥 926
星花 1083
䭊 865
刑辟 757
形 129
形/身 776
形容 159
形势 1057
行 1005,1132,1255
行茶 814
行复 709
行酒 813
行卷/温卷/请见/谢见 598
行来 757,1069
行隶 497
行气 496
行食 813
行水 814
行香 814,913
幸 862
性理 391
凶门柏历 896
兄 1153
胸前雪 529
窭 417

休息 967
休养 967
修理 316
羞死 883
秀彻 511
秀绝 1083
绣罳 851
须 866,1269
墟 895
鬚 866
许 1255
～许 585
许负 845
许可 1123
续 947,1084
续复 712
续自 705
婿 419
轩渠 1159
轩轩 996
玄箸 887
旋岚 475
选官 497
靴 938
雪上加霜 223

寻 488,1219
寻找 1005
寻自 705
巡绰 926

Y

丫头 894
鸭 362,918
牙 604,1054
牙不约儿赤 1125
牙儿 1123
牙家 604
牙郎 910
牙人 604
牙税钱 604
龂龃 1193
捱摆 928
哑然 1159
哑哑 1159
轧轧 1106
烟花 1125
烟月 1125
焉 1028
嫣然一笑 1159

严惮 802
言 1076,1270,1287
言语/话 1250
阎浮 466
颜 159
颜采 162
颜华 160,310,419
颜类 160,419
颜貌 160
颜容 160,321
颜色 160
颜形 161
颜仪 256
颜状 160
颜姿 161
塩悗/塩炁 431
眼见 426
眼中钉 961
眼子 585
砚 1156
艳 1158,1294
验脉 154
谚语始 932
唁 1105
骸 1105

骸骸 659,1105
諺 1105
鞅掌 196
扬声厉色 424
羊酪 498
阳秋 728
洋洋/佯佯 784
仰 919,937
养名 850
幺 934
妖冶 1158
䚘 895
窈窕 1158
药水 978
要当 421,1016
要紧 461
要欲 427
要自 705
耶耶 938
爷 898,936
也 1028
也波 1124
也麼哥 1124
也无 629
野马 387,905

夜来　97,699,1081

夜市　1007

夜头　696

液　392

一般/一般般　728

一般般　912

一川　1081

一旦　426

一房一卧　1082

一切　1227

一双　895

一丝不挂　233

一同　318

一文　957

一种　245,1106

伊　269,979,992

医师　669

衣　156

依　930,1264

依违　119

依因　309

仪　35

宜当　1016

宜可　1016

宜适　1069

宜适/仪适　783

宜应　1016

姨娘　936

移病　850

乙密　1068

已见　995

已自　705

倚　790

倚立　817

椅　790

椅掎　1093

椅子　936

义居　766

易可　1014

弈　497

弈/戏　538

意　427

意忌　822

意谓　1125

悒毒　809

癔质　1083

因此/所以……　1005

因复　709

因即便　112

因为……　1005

阴人　176
愍懃　352,1103
引拔　804
饮　157
饮设/设饮　290
雩　955
隐　418,955
隐起　1070
应　302,833
应当　1016
应可　1016
婴儿　1212
营乱　66
营治　664
赢　1158
颖　269
影响　1191
应手　1289
硬　1158
慵懒　579
壅治　664
永别　125
优　858
优婆塞　515
忧惨　664,772

忧毒/痛毒　807
幽居　1083
尤　136
邮　136
犹复　710
犹自　705
油饼　572
油瓶盖　1117
游集　757
游肆　757
逌（攸）尔　1158
友爱　975
友于　188,713
有　103,1266
有～　511
有马　896
又拜　934
又行　934
右军　721
诱諆/诱詃　86
诱詃　822
于　70,426,947
与　1005
与手　939,1289
盂　926

鱼/渔 83

鱼步 895

於 1028

昇 534

踰/蹋 85

禹步 496

郁毒 809

预若 1089

欲得 421,1018

欲拟 1018

欲似 1018

喻如 1089

喻若 1089

愈 553

御 1218

冤家 641,898,969,1101

渊 510

元由 896

员外 928

袁闾 859

圆果 926

缘 419,947

远 114

怨对 977

怨家 668,969,1101,1103

怨家/冤家/敌头 634

怨嫌 464

愿得 423

曰 1287

月日 1123

阅骑 497

越发越晒 1061

云 1270,1287

云根 722

云子 916

陨首 272

运/般（搬） 1161

运急 296

韵 509

蕴籍 852

Z

喳 651,1018

咂 651

宰 1218

宰相肚里好撑船 961

宰治 664

再见 1271

再三 396

再四 396
在 1264
(正)在 1005
在陈 717
在思 829
在意 1125
在原 188
咱 894,1005
～咱 362
偺们 937
喒 894
谮述/赞 780
兟 889,960
早是 1082
早世 266
早晚 34,117,187
藻拔 806
慥(燥)暴 986
燥暴 986
躁暴 986
贼 426,515,918,1293
贼家 969
憎毒 810
齰 938
鲝鮯 767

攃手/磋手 537
乍可 948
乍自 705
舴舡 1093
斋 497,532
摘索 1093
宅 497
占相 772
盏 531
颥 866
站 362,571
醮 1083
张 973,1214
长成 397
长老 513
长者 938,1125
掌 894
丈夫 979
丈人 936
招提 388,898
朝来 197
找 931
召 497,1288
遮莫 441,460,584,626,879,
    912,917,928,930,1082

遮要 419

娖隅 501

着 1131,1173,1192,1252

著(着) 630

者 580,984,1028,1036,1245,1255

者个 898

这 872,1003,1004,1036,1227

这边 620

这的/这底 633

这个 619

这里 620

蔗糖 948

贞琬 1083

针指 915

珍重 1272

真成 352,584,1078,1103

斟酌 930

甄拔 804

诊脉 153

朕 137

镇 929

争口 199,1124

征拔 804

钲 926

徵 497

丞 132

拯拔 805

整娖 920

整擉 920

正白 419

正当 396

正尔 421

正复 710

正使 421

正直 973

证见 1097

郑重 934

政 1076

政当 426

政复 710

政可 427

之 31,979,1028,1036

支郎 515

知 1202

知拔 805

知识 1125

知委 281,581,663,826

知悉 663

祗 1084

祗当 580
执照 218
直/有 289
直系 305
值 993
只管 322
只今 610
只如 629
纸 1156
指受 1096
至到 293
～至 130
至尊 936
志 1069
志欲 190
炙 497
治 551,794
～治 663
治护 552
治师 669
治鱼 794,1125,1127
致 114
掷 819
掷投 821
智度 1084

智量 1084
稚拙 885
中 497
中表 973
中宫 719
中家 852
中统钞 1248
中夜 424
中诏 938
终堂 1083
舟/艘/船 164
州郡 953
周旋 1054
粥 497
骤 580
骤/数 783
偢 894
朱蒙 849
诛/责/让 1220
珠沉 1083
诸馀 912,1082
竹叶春 930
逐凉 580
逐手 1289
主簿 497

主臣　909
主人母　424
煮　1218
助　754
住　926
住地　631
注　960
著述　497
箸　926
箚　985
爪老　601
专甲　609
专由/专　778
专（颛）愚　419
砖师　670
转经　424
庄伟　424
状　1069
状类　161,321,419
状貌　161
准(準)　791
准脉　155
准折　821
桌(卓)/椅(倚)、椅子　607
灼然　896

著　156,424,993,1004,1190
～著　806
著便　626
着手　1289
镯　926
咨　1084
姿首　352
姿颜　161
资拔　805
缁流　515
髭　288
矲　866
子　544,913,984,1036
～子　37
子弟　641
子妇　591
子卯　896
子孙/孙子　193
子细　912
子姪　284
姊　1153
姊妹　119
㳄　894
自　256,982,983,1077
～自　700,701,1007

自爱 428	自守 983
自雹 1088	自说 984
自搏 938	自损 984
自察 984	自叹 984
自大 983	自谓 984
自尔以来 858	自想 984
自非 983,993	自修 984
自分 397	自宣 984
自复 710	自言 984
自归 984	自隐 584
自害 984	自用 984
自呼 421	自在 983
自济 984	自责 984
自禁 984	自知 984
自可 984	自致 984
自理 427	自恣 984
自力 428	自纵 984
自疲 984	自作自受 1229
自欺欺人 1229	宗稷 896
自然 983,1068	宗强/强宗 294
自丧 984	宗师 513
自烧 984	总 580
自胜 984	总悉 549
自是 984	纵复 710
自手 419	棕/棶 58

词语索引 1375

驺虞 924
走 1005,1157
足/脚 166,1217
卒暴 421
俎 497
钻 936
尊 504
尊公 856
尊君 856
尊老 936
尊兄 936
尊者 513
昨来 699
作 71,497,544,957,1029
作～ 35,671,810
作伴 683
作保 957
作碑 671
作婢 671
作病₁ 672
作病₂ 672
作采 672
作藏 691
作船 673
作炊 673

作辍 957
作辞 673
作达 683,811
作恶 516,684
作伐 957
作法自毙 957
作烦 684
作反 516,684
作坊 957
作佛 671
作父 672
作妇 672
作覆 684
作感 684
作歌 684
作羹 678
作梗 957
作估 673
作卦 673
作怪 684
作官 673
作捍 685
作活 685,957
作火 674

作祸 674
作臞 678
作屐 674
作几 674
作计₁ 685
作计₂ 685
作伎 674
作家 421,675,957
作家居 675
作家室 677
作奸犯科 957
作茧 675,957
作蹇 675
作健 423,685,811
作酱 679
作娇 686,811,957
作劫 675
作金 676
作酒 679
作军₁ 676
作军₂ 676
作郡 681
作窠 676
作脍 679

作乐 497,690
作吏 676
作簏 692
作乱 516,686
作虑 686
作么生 957
作媒 676
作谜 676
作糜 679
作面子 957
作墓 677
作难 516,686
作闹 957
作逆 517,687
作孽 517,687,957
作佞 687,811
作奴 677
作叛 517,687
作妻 677
作气 677
作器 677
作妾 677
作人₁ 671
作人₂ 672

词语索引 1377

作人脚指 957
作如此嘴鼻 957
作色 678,957
作善者降百祥作恶者降千灾 957
作舍道旁三年不成 957
作声₁ 678
作声₂ 678
作声价 957
作诗 497,680
作食₁ 679
作食₂ 679
作使 678
作势 687,957
作是念/作是说 1239
作适 687,811,973
作书₁ 680
作书₂ 680
作耍 812
作率 686
作死马医 957
作獭 957
作态 687,688
作炭 681
作汤 680

作调 688,811
作偷 688,811
作威福 957
作文 680
作屋 681
作物 788
作息 118
作戏 688
作县 682
作相须读书人 957
作笑 689
作械 689
作许 352
作言 681
作谣 681
作药 681
作业 689
作疑 689
作义 683
作异 517,689,811
作俑无后 957
作友 683
作缘 690
作贼 517,639,812

作鲊 680

作斋 691

作帐 690

作棹 683

作者 690

作直 691,811

作治 691

作州 682

作粥 682

作主人 301,682

作字$_1$ 682

作字$_2$ 683

作嘴 652

作罪 691

做贼 640

坐 1199,1216

坐地 631

坐隐 497

座主 513,598

后 记

这部《中古近代汉语词汇学》书稿,从1997年接受任务至今,已经过了十年多时间,不可谓不长,然而多次修改、一再拖延,至今才看了两次校样,真是百感交集,别有一番滋味在心头。

大约是1997年时,由钱学森、周培源、季羡林等先生发起编纂一部大型丛书"中国现代科学全书",计划全面反映20世纪现代科学各个领域的研究概貌。其中"语言学卷"由程湘清、何乐士两位先生担任主编,下设若干分卷。何先生找到王云路和我,希望我们来承担其中的古代汉语词汇学部分。因为云路要完成国家社科基金项目的最终成果——《中古汉语词汇史》书稿,腾不出时间,所以书稿就由我来承担。记得在1997年的冬天,"语言学卷"的系列书稿承担人聚集到北京开会,商量书稿的体例、要求、交稿时间等。除了程先生、何先生两位主编和各位作者外,季羡林先生也到会讲了话,当时,他自称"米寿之人"。主编与丛书作者约定:书稿要全面反映20世纪语言学相关领域的研究状况,对有代表性的成果进行介绍、评述,两年内完稿。我和何先生商量,把书名定为《20世纪中古近代汉语词汇学》,着重反映20世纪中古、近代汉语词汇研究的状况,以与《20世纪上古汉语词汇学》相区别。

大约在1999年春天,我交出了初稿,何乐士先生约请北京大学蒋绍愚先生审稿。蒋老师很客气,在审稿意见上写了不少肯定的话,给予鼓励。同时,蒋老师也指出:书稿的不足之处在于:未能揭示中古、近代汉语时期的词汇特色。这的确是一针见血。

正当我在进一步修改，准备交稿时，何乐士先生告诉我，因为经费等原因，"中国现代科学全书"这套丛书不出了，已经完成的书稿，作者可以自寻出路。过了一段时间，我就把修改稿寄给了商务印书馆，承蒙商务特别是张万起先生的大力支持，《中古近代汉语词汇学》得以在商务立了项，草签了出版协议。

既然已经不是丛书中的一种了，既然商务已经接纳了拙著，我就想，似乎可以乘此机会，把自己在中古近代汉语词汇研究方面的点滴心得和浅见作一些整理和归纳，把书稿写得充实、系统一些。于是，本书的写作方针作了很大的调整：全书分成上、下两编——上编是对中古、近代汉语词汇研究的相关问题的专门论述，包括汉语史分期、中古近代汉语词汇研究与相关学科的关系，中古近代汉语词汇研究的内容、意义、材料、方法，社会生活与词汇发展等；下编则为关于中古汉语、近代汉语词汇的研究简史，包括古代、现代和海外，有关概论类、考释类两大类著述的介绍、评述以及问题和展望等。字数也一再膨胀，成稿后，竟成为一部六七十万字的书了。再接下来，就是我对书稿的一而再、再而三的修改、充实，战线拖得很长，时间花得很多。这其中，除了在杭州时可利用的时间外，还包括2001年2—3月赴日本静冈县立大学、2002年10—11月赴台湾中正大学、2004年7—9月赴日本京都大学、2006年9—11月赴巴黎法国高等社会科学院等数次出访，在境外时都在忙于修改书稿，补充材料。

当初之所以写这部书稿，是试图对20世纪以来的中古、近代汉语词汇研究作一次较为全面的总结，为今后的发展提供一些参考。但写着写着，就旁伸枝蔓开去，打不住了。加之写作时间拖得很长，写作风格、表述方式等都不尽一致，对最新的研究成果也反映得不够。书稿的所谓价值，可能是"资料丰富"，缺点和不足，则是内容庞杂、行文粗糙，前后重复，尽管交稿后直至近日在校稿时，都在不停地修改、调整，但上述问题积重难返，改不胜改，这是我很觉愧疚的。

书稿在写作过程中，得到过很多师友和同学的指正和帮助：内子王云路、好友汪维辉兄、友生真大成博士都通读了拙稿，姚永铭兄也读过部分初稿，都提出了很多中肯、宝贵的修改意见。张永言先生、蒋绍愚先生以及友人李宗江、吴福祥、杨荣祥教授等也都关注拙稿的完成，给予了不少帮助。曾丹、赵庸、柴红梅、李倩博士和博士生孙尊章等也都为书稿作过补充资料、是正讹误的工作。校样出来后，博士生郭晓妮、姜黎黎、和谦，硕士生路方鸽、张艳帮我一一核对了全书的引文，减少了错误。此外，还有多位师友和同学给予了帮助，恕不一一列名。还必须提到的是商务印书馆的张万起先生、周洪波副总编和责任编辑何瑛同志。张先生提携后进的宽厚胸怀令人感铭。洪波兄虽公务繁忙，仍然时时关注拙稿的排校、出版，解决具体困难。小何年纪虽轻，但对工作认真负责，兢兢业业，她细心审读拙稿，提出了不少有价值的修改意见，还拨冗为书稿编制了"词语索引"，方便读者。谨在此一并表示衷心的感谢！因学识水平有限，书稿中疏漏、谬误之处在所难免，凡此均应由我本人负责。

书稿当年是应何乐士先生之约而写的，现在，终于完稿要出版了，但何先生却已离开了我们，谨以这本不成熟的小书纪念可敬的何先生。

需要说明的是，2000年12月，浙江大学汉语史研究中心有幸成为教育部人文社会科学重点研究基地之后，首批的两个重大项目之一，就是由云路负责的"中古近代汉语词汇史"，这部《中古近代汉语词汇学》就是该项目的最终成果之一。

二校样看毕，已经是2008年9月底了，再过几天，就是国庆节了。站在新世纪的初叶，总结中古近代汉语词汇研究的方方面面，回顾、反思既往的研究，既是时代对我们的要求，也是现代学者理应承担的工作，只因个人学识不逮，心有馀而力不足罢了。拙著倘能给读者以些微帮助，笔者的目的就达到了。真正高水平的总结性力作，则诚望于来者。盼望方家博雅，不吝赐教。

方一新
2008年9月28日于杭州山水人家寓所

图书在版编目(CIP)数据

中古近代汉语词汇学(全两册)/方一新著.—北京：商务印书馆,2010(2020.9重印)
ISBN 978-7-100-05876-6

Ⅰ.①中… Ⅱ.①方… Ⅲ.①汉语-词汇-研究-中古②汉语-词汇-研究-近代 Ⅳ.①H13

中国版本图书馆 CIP 数据核字(2008)第 088206 号

权利保留,侵权必究。

ZHŌNGGǓ JÌNDÀI HÀNYǓ CÍHUÌXUÉ
中古近代汉语词汇学
(全两册)
方一新 著

商 务 印 书 馆 出 版
(北京王府井大街36号 邮政编码100710)
商 务 印 书 馆 发 行
北京市白帆印务有限公司印刷
ISBN 978-7-100-05876-6

2010年11月第1版	开本 850×1168	1/32
2020年9月北京第2次印刷	印张 43⅝	
	定价:102.00元	